La noblesse d'État

Grandes écoles et esprit de corps

Pierre Bourdieu

ピエール・ブルデュー

国家貴族 I

エリート教育と支配階級の再生産

立花英裕訳

Bourdieu Library

藤原書店

Pierre Bourdieu

La noblesse d'État
Grandes écoles et esprit de corps

国家貴族 Ⅰ／目次

第II部　叙　階　127

第III部　グランドゼコールの〈界〉とその変容　229

〈II巻目次〉

凡例

一　〔　〕は、以下の場合に用いる。①固有名詞、その他必要に応じて本文中に付した訳注。②理解を容易にするために訳者が本文につけくわえた補足。③原語を示した方がよいと判断される語句の表示。④学校名や会社名、資格などで略号で表記されることが多いもの。この場合は、邦訳名の下に〔　〕で略号を示した。例：国立行政学院〔ＥＮＡ〕

一　訳者による原文についての注記が長い場合は該当個所に＊を付して、その段落の切れ目に示した。

一　フランスの学校制度や教育事情などについては、原則的に個別に訳注をつけるのではなく、全体像を示すようにまとめ、解説1、2、3として巻末に付した。

一　原文の《　》は、「　」に置き換えた。

一　原文イタリックの箇所のうち、強調を意味する箇所には傍点を付した。

一　書名、新聞・雑誌名は『　』で示した。

一　原文では特別な処理がなされていないが、固有の概念であることを明示した方がよいと判断されるものについては、〈　〉で囲って示した。〈界〉〈公〉など。

一　重要な用語については、できるだけ同一の訳語を与えるようにつとめ、必要に応じて原語をルビで示した。例：心構《ディスポジシオン》え。多義的な意味内容を含み単一の訳語で示すのが難しい語は、ルビをつけることによって同一語であることを示し、分化《ディヴィジオン》、分類《ディヴィジオン》＝分業のようにした。

一　学校名など組織・機関の表記については、本文や図表の読みやすさを考えて省略表記を用いる場合がある。

一　引用文献の出典表示は原則として原語のまま掲げたが、入手しやすい邦訳のあるもの、本文理解のためにも文献タイトルの訳があった方がよいと判断されるものは、邦訳名を示すか、特に訳出して示した。

一　引用文は原則として新たに訳しているが、すでに邦訳があるものについては、既訳を掲げているものもある。その場合は、出典・訳者を明記している。

国家貴族 I

エリート教育と支配階級の再生産

「コレージュ出の偉くなった子どもたちは
欲に目が眩み、一飛びに百合の花に飛んで行く
息も荒く、歌声をあげ、愛人を想い
無知の鎧で身を固め、富を鼻にかけ
古代ローマのカトーよろしく、僅か二十歳《はたち》で
滑稽千万な判決を聞く耳も持たず言い渡す」

薔薇の花瓶の中にあったもの、あるいは暴露された高等法院、一七八九年

序

社会構造と心的構造

一般に考えられている通り、社会学の目的は、社会領域を構成している相異なる諸世界の内奥深く埋もれている諸構造と、それを再生産ないし変形する作用をもつ諸「メカニズム」とを日の下に明らかにすることにある。しかし、次の点でむしろ心理学に近いのであり、一般に広まっているイメージとはだいぶ異なるかもしれないが、社会学が客体的構造をこのように探査することは、とりもなおさず、行為者《アジャン》が上述のように構造化された社会世界に対して抱いている実践的な知識の中で作動させる認知構造をも探査することなのである。社会構造と心的構造の間、社会世界の客体的分化《ディヴィジオン》——とりわけ、相異なるさまざまな〈界〉の支配者と支配を受ける者との分化——と、行為者がそこに適用する世界観と分類《ディヴィジオン》＝分業の原理との間には対応関係《コレスポンダンス》が存在している。

二つの研究方法は、「構造主義」と「構築主義」と特徴づけることができようが、当然の論理として分離不可能なものである。しかし、研究上の必要から、客体的構造の探査（本書では、第Ⅲ部）を優先させるか、逆に、行為者《アジャン》が行為・表象するにあたってそこに投入する認知構造の分析を優先するかを迫られることになる（本書では、第Ⅰ部）[1]。そこでの表象《ルプレザンタシオン》とは、それを通して行為者が社会的現実を構築し、彼らが相互コミュニケーションを進めるにあたっての条件そのものをすり合わせる《ネゴシエ》ところのものである。しかし、構造と「メカニズム」との分析研究がその解明力を発揮し、真の記述が可能になるのは、行為者、それが生徒であろうと、教員であろうと、行為者が評価選別し、実践するなかで適用する認識、評価、行為の図式を分析研究することによって得た成果を取り込むことができたときである。学校機関は巨大な認知機械を思わせる。この機械は、成績分布上の前回の位置《ポジシオン》に応じて試験をうける生徒たちを絶えず再配置するわけだが、その評価選別は、実のところ、行為者がそれぞれに独立していると共に客観的に相互作用を働かせる認知機械として行動することを通して生み出す無数の行為と効果との帰結にほかならない。そして、逆に、行為者が、彼らの表象活動においても実践活動においても作動させる構築行為を分析するにあたっても、その意味が十全に把捉されるのは、分析が、行為者の作動させる認知構造の社会的生成をも把捉することを自己に課したときだけである。このプロセスにおける〔社会学的〕分析研究の目的は、主観的な経験に先立つ《アプリオリ》社会形態を理解することであるが、だからといって、エスノメトドロジーのように装い新たに時代の趣味にあわせた本質分析とはきっぱり袂を分かっている。たしかに、行為者は社会的現実を構築するのであろう。たしかに、彼らは闘争と交渉の中に入るや自らの世界観《ヴィジョン》を押しつけようとするのであろう。しかし、彼らがそうするにあたって依拠している視点、利害関心、世界観《ヴィジョン》原理はいつでも、まさに彼らが変形か保全を企てている世界そのものの中で彼らが立っている位置《ポジシオン》＊によって決定されるのである。選好システムは社会的に構成されたもので、その基本構造がさまざまな選択を生じさせ且つそれに統一を与える原理となっている。つまり、学校機関、教科の選択だけでなく、スポーツ、教養、政治的意見においても、選好システムの基本構造が選択の原理となっている。そして、そのような選好システムの基本的構造を社会空間の客体的分化に連結する関係は、充分理解可能な関係なのである。たとえばグランドゼコールの生徒を例にとるなら、その関係の中で、経済資本と文化資本における権力〈界〉の二つの極の間へと入っていくのである。

＊本書には、「位置」という用語が頻出する。この語は、「社会的地位」のように「地位」と訳した方が日本語として自然かもしれないが、社会空間における「位置」という意味でも用いられている。しかも、本書では「地位」と「位置」は必ずしも区別されず、「地位」であり、かつ「位置」であることも少なくない。そこで、できるだけ「位置《ポジシオン》」と訳すようにし、フランス語による発音のルビをつけた。

文化人類学は社会の物理学ではないが、現象学や記号学に還元されるものでもない。統計学によって明らかにできるプロセスは数々あるが、たとえば、出自の異なる生徒を差異による振るい落としにかけるように進行するプロセスがある。それは、錯綜しているにもかかわらず、見事な規則性を示すので、記述するにあたって、機械論的なメタファーを借りてみたい気持ちにもなるだろう。事実、社会世界において作動しているのは、自ら動く力をもたない交換可能な物体の粒子ではなく、識別可能であり且つ識別能力を有した行為者であり、彼らは事物に叙階をあたえる無数の操作を行っており、それを通して、社会秩序が持続的に再生産され、変形していくのである。しかし、だからといって行為者は、根拠を十全に把握して行動する意識ではない。識別は、分類選別行為の根拠に働いているとともに、それによって生産されるもの、すなわち、実践や言説、あるいは様々な事業の根拠にも働いているのである。しかし、識別能力は、ある企図をもつことによって発生する様々な可能性の中で選択をするにあたって明確に自己の最終目的を定めるような意識が行なう知的行為ではない。そうではなく、ハビトゥスの実践的《プラティック》操作である。すなわち、分類選別と、分類されうる実践《プラティック》を生成する図式がハビトゥスであり、それは明晰な表象をもつにいたらないままに実践の中で機能する。また、それは社会空間において示差的な位置《ポジシオン》が心構え《ディスポジシオン》として身体化されることによって生産されるものである。ここでいう社会空間は、ストローソンがお望みのように、まさに、様々な〔社会的〕位置《ポジシオン》の相互的外在性によって規定されている。ハビトゥスが発生論的に（また構造的に）いって一つの位置《ポジシオン》に結びつけられている事実から、いつでもそれが身体化された形態であるところの図式を通して表明される傾向があり、そこでハビトゥスが表明するものは、社会空間を構成している相異なった、あるいは相反する位置《ポジシオン》（たとえば、上・下）であり、同時に、この空間上での実践的立場である（私の地位は高い、ないし低いが、それをしっかり維持しなければならないというようなこと）。ハビトゥスの、内面的自己規定にしたがって自己を永続化させようとする傾向、自己保存の努力《コナトゥス》〔スピノザの用語〕は、状況に対する自律性を確立することによってなされるので（つまり、物質のように、環境による外在的な決定に従属するのではないので）、それは差異としてのアイデンティティを永続化させるところの傾向となる。ハビトゥスは、再生産戦略原理において作動している。再生産戦略原理は、乖離、距離、秩序関係を維持する傾向があり、それによって、社会秩序を構成する差異の体系全体を再生産することに実際上（そしてまた、意識的で意図的なやり方ではなく）協力しているからである。

したがって、社会的現実が要求する二重の読みを行なうとは、とりもなおさず一元的アプローチから二重の意味で決別することである。[2] 一元的アプローチの不十分性が痛感されるのは、とりわけ権力を分析するときである。というのも、権力は、教育システムの権力と同様、その行使者と、それを忍従する者たちとに自ら進んで取り込む姿勢があるからこそ行使されるのだから。「国家のイデオロギー装置」と一口で言うが、その象徴的暴力を理解するには、権力を行使する組織体の客体的諸特性と、権力行使下に置かれる行為者の社会的に構成された心構え《ディスポジシオン》との間の関係を精密に分析しなくてはならない。以下のことが理解できれば、象徴的効力の奇跡は奇跡ではなくなるのである。すなわち、取りつかれているといっても言い過ぎでは決してない、影響力の真の魔術的作用が効力をおよぼす程度は、権力下に置かれた者が権力の効力に寄与する程度に応じているのであり、彼が権力に従う程度は、事前に権力を認知することの学習を通して、その心構え《ディスポジシオン》ができている程度に応じているのである。実は、事態が以上のように進行するのは次のような事情からである。

権力が認識と行為の諸カテゴリーを作動させるのは、教員による課題の採点のときや、生徒の進路希望や科目の好き嫌いという個人レベルの行為を通してであり、そこにおいて制度の「意思」と権力が遂行されるのであるが、そのような認識と行為の諸カテゴリーが、組織体の客体的構造と直接的に一致しているのである。なぜならば、そうした諸カテゴリーは、これらの構造を内面化した産物だからである。

　本書を通じて、このような取りつかれた者たちが何度も登場することだろう。彼らが制度の意思の忠実な執行者になるのは、彼らが人間に化した制度そのものだからである。そして、彼らが、支配されているにしろ、支配しているにしろ、制度を渇望してやまないのは、あるいはその渇望をとことん活用するのは、まさに彼らが制度を内面化しているからであり、制度と一体化し、制度に実体をあたえているからである。この憑依の様々な形態を前にした学問の責務は二重であり、相矛盾しているようにみえる。学問は、それが物事にはつきものだからといって、そうした形態を自明とみなす無邪気な傾向を批判し、そこに現出するのが観察されるあらゆる情念の恣意的で正当化不可能な性格、そして、もしこういってよければ、その病的な性格を指摘しなければならないのである。時にはやむをえず、異化《ディスタンシアシオン》のレトリックに訴えることもあるだろう。自明性なるものに肩入れする通念を打ち破るためである[3]。こうしたレトリックは、ありきたりの論争におけるなんでも批判しないでは気が済まない心性と一緒くたにされかねないが。しかし、学問はまた、ゲームへの参加としてのイルーシオに根ざした情念の論理をも解明しなければならないのである。情念はハビトゥスとそれが適応している〈界〉との間の関係の内に自己を投入するのであり、そうした情念の存在理由、その必然性を明らかにし、そうすることによって意味もない罪障意識を解消しなければならない。情念は、その選択が、権力の誘引力に自発的に服従することによって自己を疎外するような自己責任放棄の自由による選択と見なされるとき、まさに罪障意識に追い込まれるものである。したがって、学問は、「中央集権主義的な」世界観と、それを単に逆転させただけの世界観との間の単純な二者択一を退けるのである。前者の世界観は、「イデオロギー装置」に象徴的な強制力を持つ主権的権力をあたえることによって、そこに、疎外されたあらゆる行動とあらゆる表象の根拠をすえるのである。学問はまた、それを単に逆転させただけの、「自発主義的」と呼ぶことができる世界観もしりぞける。そこでは、個々の被支配者の内に必然性のない服従の根拠が置かれ、権力の束縛、命令、誘惑に対する「自発的隷属」といった表現で記述されがちである（「権力は下から来る」*）。

*『性の歴史 I』にあるフーコーの言葉。『第三身分とは何か』で有名なシェイエスの言葉「信任は下から来なければならない。権力は上から来る」が下敷になっているのだろう。

被支配者はいつでも自らの支配状況に進んで肩入れするという点を再確認することは大切だが、すぐさま、そのような共犯関係に彼らを促す心構え《ディスポジシオン》もまた、支配の、内面化された効果であることを確認しておかなければならない。マルクスの言葉を借りれば、「支配者は自らの支配によって支配されている」ような事態を生む心構え《ディスポジシオン》と、それは同じなのである。象徴的暴力は、このように、それを甘受する者たちの積極的な共犯――かといって、意識的で意志的だというのではないが――がなければ行使されない拘束の特異な形態である。しかも、彼らは、意識的な目覚めに依拠した自由を奪われている度合いに応じて、規定されているのである。この、暗黙の内に同意を得た拘束は必然的に、客体的な構造が、それに調和する心的構造と邂逅する度に行使される。認知構造と、それを産出する客体構造との間の原初的な共犯を基礎として、絶対的で直接的な服従が制度化される。この服従は、生を受けた世界での通念的経験の服従なのであり、生を受けた世界とは、既成秩序の内在的傾向がその先を行こうとする内発的期待に対して恒常的に先回りするがゆえにすべてが自明に見えるという、驚きのない世界である。

分析はまた、後に見るように、大学〈界〉に参与している行為者たちにも有効である。彼らの内に必然的に含まれるのが、権力、さらにまた「自発的隷属」について書きながらも、自分は自分の分析の外にいると考える者たちである。彼ら固有の利益関心《アンテレ》が醸成され、投資される小世界《ミクロコスム》の社会構造に彼らの心的構造が客観的に調和するかぎりにおいて――そして、そのかぎりにおいてのみ――彼らは、それを意識することなく、彼ら自身の上、すなわち彼らの無意識の上に行使されている象徴的支配の実効に手を貸しているのである。彼らを社会空間に結びつけている相同関係が存在するが故に、学校空間を組織しているヒエラルキーは、教科間のそれにしろ、学科間のそれにしろ、学校間のそれにしろ、とりわけ学校の課題提出や提出する生徒の優劣原理となって内面化された状態で作動するときに活発な媒介となり、そのような媒介を通して、社会構造の客体性の中に書き込まれたヒエラルキーが効力を発揮するのである。実践行為を方向づける諸原理が無意識の状態に置かれているかぎり、通常生活における相互交渉は、マルクスの語を借りれば、「事物によって媒介された人間たちの間の関係・交渉」である。判定する者と判定される者との間に介在するのが、判定の「主体」の無意識という形をとって現れる、経済資本と文化資本との分配構造であり、またその変形である認識と成績評価の原理である。

このようなわけで、教育社会学は知識社会学の一分野であり、それもけっして小さくない分野なのであり、また権力社会学の一分野なのである――権力哲学の社会学であることは、ここでは置いておこう。この社会学は、よく見られがちなように、ある種の応用科学でもなければ、したがって下位の科学でもなければ、教育者にとってのみ意味のある科学でもなく、権力と正当化に関する一般文化人類学の基礎に位置している。事実、教育社会学が導いてくれるのは、社会構造の再生産と心的構造の再生産に関わる「メカニズム」の原理である。二つの再生産は、発生論的に、また構造論的に構造に結びついているために、これらの客観的構造の真実を人に見誤らせるように働き、そしてそれを通して、構造の正当性を認知させるように働く。別の著作において示したように、差異化された社会において観察されるような社会空間の構造は、根本的な差異化の二原理、すなわち経済資本と文化資本の産物であることから、学校制度は、文化資本布置の再生産において、そしてまたそれを通して、社会空間構造の再生産において決定的な役割を果たしているのであり、だからこそ学校制度が、支配的位置《ポジシオン》の独占を賭けた闘争の中心的な争奪の対象となったのである。

葬りさらなければならないのは、「解放学校」の神話である。それが保証してくれるものは、属性原理〔ascription〕に対する業績原理〔achievement〕の勝利〔タルコット・パーソンズの概念〕、受け取ったものに対する勝ち取ったものの勝利、生まれに対する実績の勝利、遺産や閥族主義に対する実力と才能の勝利だった。神話を埋葬した上で、学校制度をその社会的効用がもつ真相の下に認識しなければならない。すなわち、支配と、支配の正当化の根拠の一つとして。断行困難な決別ではある。というのも、それを行なう責任がある者たちが、すなわち文化の生産者たちであり、正当化の幻想の最初の犠牲者――そしてまた、最初の利得者だからである。「無意識であること」が利益になる人々の誰もが、「文化」〔原文は大文字 Culture〕の再興の企てをどんなに焦慮を込めて歓迎するかをみるだけで分かることだ。こうした「文化」再興の企ては、文化資本の特権者たちのナルシシズムが、彼らの卓越した自賛の平凡極まりない社会的根拠が暴かれたことによって受けた傷の痛みを麻痺させる薬効があるだけである。

科学的開示は、人を解放しうるものをもっているにもかかわらず、時に苦痛を引き起こすこともあるわけだが、苦痛がよってきたる原理を求めるならば、文化資本が、その固有な性格として、心的構造を、認識と行為の図式、世界観と分類＝分業諸原理という形式の下に内面化した状態において存在しているという事実の内に含まれているのである。大革命、それが象徴のレベルにおいてであろうと、宗教上のものであろうと、政治的なものであろうと、芸術的なものであろうと、あるいはまた、科学的分析もまた革命の一つ、それもとりわけ根源的な革命の一つであろうが、ひとたび大革命が勃発するならば引き起こされる反動の激しさが示しているように、思考や行為に内在する図式を客体化することは、意識の構造そのものへの、正当化しがたい攻撃なのである。それはまた、フッサールが「自然な態度」と呼んだところの、魔術にかけられた世界体験の根底にある原理に対する攻撃なのである。「学校戦争」や文化的なものをめぐる議論ほど、宗教戦争に醜似しているものはない。社会保障制度を改革する方が単語のスペルや文学史の授業プログラムの改革よりも易しいにちがいないが、それは、文化資本所有者——それも、どちらかといえば小規模所有者。彼らは、文化における「貧乏白人《プティ・ブラン》」〔一般に植民地白人入植者の下層をプティ・ブランと呼ぶ〕のようなものだ——が、文化における任意の要素を勝手気ままに墨守することによって、自らの資産を守るだけでなく、なんらかの彼らの心的構造全体のようなものを守ろうとしているからである。

この、物神的《フェティシスト》盲目の内に根を張ったファナティスムを批判するべく、社会科学は進んで作業するのだが、社会科学がここでも他のテーマに対してと同じように服している使命とはものごとを不自然化し、非運命化することなのであり、そうすることによってヒエラルキー化と成績評価の原理のもつ歴史的根拠と社会的決定諸要素を解明するのである。そして、それらの象徴的効力は、学校成績による進路決定の効果においてとりわけ顕在化するのだが、そのような歴史的根拠と社会的決定諸要素とが絶対、普遍、永劫のものとして生命を保ち、支配していることを社会科学は暴き出すのである。

第Ⅰ部　分類選別の学校的形式*

魔術による判断と推論形式が有効であるためには、吟味検討を逃れている原理をもっていなければならない。マナが特定の場にあらわれていることが議論されることはあっても、マナの存在自体が議論の対象になることはない。ところで、これらの判断と思考形式の諸原理とは、それがなくては判断も思考も不可能なのだが、哲学においてはカテゴリーと呼ばれるものである。それはいつでも言語内に現前しているのだが、はっきりそれと認められるものではまったくなく、むしろ、意識を方向づける諸慣習、それ自体無意識な諸慣習の形態の下に存在する。

マルセル・モース「幾つかの宗教的現象の分析のための序論」(一九〇六年)

第1章

二元論思考と相反命題の調停

統計母集団「成績優秀賞受賞者」の諸特徴〔「**解説1**」参照〕を示す統計学的諸関係の体系《システム》ほど、成績判定《ヴェルディクト・スコレール》を支配している心的構造と社会構造を把捉する上で好適な研究対象はないだろう。全国リセ学力コンクール成績優秀賞受賞者〔以下、原則として「成績優秀者」と略記〕は、学校「エリート」を絵に描いたような存在であり、エリートを選出する選別図式が、そこに射影テストのように浮き彫りになっている。学校における成績優秀なるものの定義は定式化されていないし、定式化不可能だが、そこには、見たところ筆舌に尽しがたい原理がある。それが自ら姿をあらわし、正体が図らずも露呈されるのは、多かれ少なかれ制度化された選別手順の中においてでしかありえない。この手順は、実のところ、相互選出《コオプタシオン》〔たとえば、アカデミー・フランセーズの新会員選出が現会員によって行われるように、現時点での成員による、新任者の選出方式のこと〕であり、選別における親近性《アフィニテ》に基づく実践感覚《サンス・プラティック》によって方向づけられる。

以下の分析検証が依拠するアンケートは、一九六六年、一九六七年、一九六八年の全国リセ学力コンクール成績優秀者に対して郵便によって実施されたものである。回答率は異例に高い数値に達した（それぞれ、八一%、七九%、七一%）。これは、成績優秀者の精神状態《エティック》を明かす好指標である（特に、三回目のアンケート送付が一九六八年五月の後、ほどなくしてなされたことに留意〔バカロレアの試験は六月に実施される。また、この年の五月に、いわゆる五月革命があった〕）。回答者集団は、集計可能な基準との関係においていかなる有意な偏りも示していない。たとえば、見本集団の三三%が女子であり、成績優秀者全体の中の女子が占める割合は三二・五%である。理系の生徒は二三%であり、パリのリセの生徒は成績優秀者の三五・五%で、全体の中の三九%である。アンケートは二〇年間（一九六六年—一九八六年）

継続して実施されたが、主要な変数に対応して分析された統計値の構造は、全期間を通じて見事に一定であることが見て取れる。ただ、僅かに従来の傾向が強まってはいるが、これは、競争が激化し、社会的出自による受賞傾向が強まったことにたぶん由来する（**補遺1**および**2**参照）。

これらのデータは、いかにも当時を彷彿とさせる。ということは、普通受け止められるように、古びてしまっているか、無意味になった過去なのだろうか。たしかに、本書で分析対象にされている選別システムが隆盛していた頃の教育制度の内実は、過去のものとなった。つまり、一九六八年、学生批判、社会学的成果の流布（社会学が研究対象になりうることに注意を引くよい機会である）、教員集団の変貌、そしてとりわけ、学習科目の重要度が大きく変化した時代である〔「**解説1**」参照。特にコレージュとリセの項〕。フランス語、そしてとりわけ哲学が教科の王座から引きずり下ろされ、数学がそれに取って代わった。以上の全てからいって、当時の教員が用いた評価用語《タクシノミー》は、今日もはや意味をもたないかもしれない。そんなものを無邪気に誇示しても、援用された資料の少なからぬ部分が太古の化石に見えてしまうのがオチである。それはその通りだが、ただ、たとえば哲学にしても、周辺科目として幾分か英雄的だったステータスを失い、同じ周辺科目でも、エリートを選別する科目と見なすにはかなり無理がある周辺科目に落ち込んだものの、知的な〈界〉の幾つかの領域では、いまだに思考の最高形態（その唯一の形態ではないにしても）と同一視され、なおも選別の分岐点となりうる重要科目であり続けているが、それはハビトゥスの過去執着現象《ヒステレシス》が生む効果によるもので、それを事ある毎に煽っているのが、文化担当ジャーナリストの懐古趣味である。同様に、次のような点を示すこともできるだろう。フランス語教育〔国語教育〕が、聖なるテキストの祭壇としての「使命《ヴォカシオン》」を本質的には失わないですんでいるのは、記号学と、言説分析の諸形態との理論的切断が見掛け倒しであることによってもたらされた猶予のおかげである、と。

だが、本質的な点はそこにはない。社会学者は、時と場所が限定された具体的研究対象を、単なる一つの機会、ないし口実とするわけではないが、その偶然的な面、あるいは、もしその方がよければ、素朴な意味での歴史的説明に関心を払うわけでもない。彼が目指すのは、一つの歴史《イストワール》＝物語を語ることではなく、社会世界《モンド・ソシアル》の一状態ないし一出来事を分析すること――それは、今日のサンギヨーム通り〔パリ政治学院《シアンス・ポ》〔IEP〕の所在地〕の高級官吏の卵の育成でもよければ、一八世紀リヨンの裁判官教育でもよい――であり、そこから、他の歴史対象に適用可能な理解と説明の原理を引き出すことである。この種の理論的探索《アンデュクシオン》が目指すところは、歴史上の一例を「可能態の個別例」としてあつかい、そこから、一般的であればあるほど後の適用において有意義な一まとまりの原理ないし仮説を引き出すことである。このようにして、本書において供される分析は、たとえば、数学教員がどのような選別体系《クラスマン》とどのような指標に基づいて、二〇年前のフランス語の教員と同じくらいうまく、あるいはよりうまく、学業成績を通して社会的固有性を把捉し、いわばその結果を自然にみせる《ナテュラリゼ》か（自明のものにするか）を検証しようというものである。

特定の〔歴史的・社会的〕局面において観察される分類選別《クラスィフィカシオン》の学校的形式をめぐる社会学的分析（そして、そこに限定しての話である。こんな言い方をするのは、社会科学内においてさえ幅を利かしている哲学的といわれる論文の愛好者を意識してのことだ）が引き出してくれる問いは、極めて相異なった実践者や状況をめぐる研究であれば、いかなる研究であっても呈示しなければならないし、また呈示できるような問いである（こう言うのは、データに隷属しきった極端な実証主義的幻想を意識してのことだが）。すなわち、一九八八年〔本書刊行の前年にあたる〕における数学教員が成績の優劣を述べるにあたって用いる認識カテゴリーや表現形式があるわけだが、もちろん、こう言ったからといって、フランス語や哲学の小論文《ディセルタシオン》の場合においても、数学の小論文の場合においても、優劣があるという現実を否定しようというのではまったくないが、こうした認識カテゴリーや表現形式によって、数学教員が、実際の試験の出来具合《ペルフォルマンス》や要求される水準《ペルフォルマンス》に含まれる社会的次元を打ち消すなり押し隠しているとしたら、それは、どのような点においてなのか、またいかにしてなのか、そしてまた、優劣の原因を問題にすることを避けているとしたら、それは、どのような点においてなのか、またいかにしてなのか、という問いである。優劣の原因は、教員の守備範囲をこえているし、彼の責任が及ばないこともあるが、しかしまた、直接に彼の責任に関わることもある。たとえば、教員が示す規範である。試験の出来具合を評価するにあたってもちいる言葉づかいである。こうした言語は非歴史化されており、また、ものごとを非歴史化する言語なのだが、にもかかわらず社会的含意や社会的前提が染みこんでいて、それゆえ、それらを本質に転換してしまうように巧みに作られているのである。

この場合、それはまた本書全体について言えることだが、要求される努力の量に応じた成果の詳述を諦め、時に遺憾に思うことがあっても二つの要請の間で心残りな妥協を受け入れるしかなかった。すなわち、一方には、実証的に証明しなければならないという要請がある。綿密で網羅的な手続きによって、研究においてなされた全ての作業と得られた結果、すなわち、具体的にいえば、数百の統計表を作成、分析しなければならないし、山のようなテキスト――インタヴューや著作の抜粋、歴史的資料――を入念で、細大漏らさない形式の中で展開しなければならない。また他方では、証明の一貫性が問われ、読みやすさ《コミュニカビリテ》が問われる。そのためには、証明の手順を必要最小限にとどめ、読者に信用してもらうように依頼しなければならない。読者は、いつでも、必要不可欠な補足事項がより詳細に与えられている関連文献にあたることができる。

諸精神の教科

「実力順」による選別は、コンクールの思想にあまりに密着しているので、教科による選別もあることを見えにくくしてしまう。哲学やフランス語、そして次席に控える数学のような科目は、秀才や天才を呼び込むと考えられ、顕著な文化資本の所有と結びつけられる。対照的なのが地理学や自然科学のような科目で、なによりも勉学が要求されると思われている。歴史や古典語、ないし外国語は中間的な位置《ポジシオン》を占める（**表1**参照）。主要な相違は、文化との関係様式の指標に関わる。一方には、学習内容が漠然としてはっきりせず、成績の可否にかかわる基準が曖昧であり、不確かなので、たとえ強固な意思をもち学業熱心な者でも挫けてしまう科目がある。こうした科目の基準は、あらかじめ習得された能力が要求され、それがなんであるかは（「読書量が勝負だ」と言われるように）しばしば定義しがたい。他方には、「きちんとした」学習への意欲がそのまま反映される学習へと誘う科目があり、このような科目は「手堅く」て、「やっただけのことがある」ように見える。というのも、どこを一生懸命やればよいのかが分かり、容易に勉強の成果が算定できるからである。

ラテン語・ギリシア語の成績優秀者は、「優等賞」の占める割合が極めて高く（六三・五%、それに対して、哲学は二八・五%、フランス語は僅か一六・五%〔表の数値と少しずれがあるが、原文の数値を尊重す

表 1—1　科目別全国リセ学力コンクール受賞者の諸特徴

科　目	哲学	フランス語	古典語	歴史・地理学	外国語	数学	物理	自然科学	その他
実　数	21人	12人	30人	41人	52人	31人	17人	15人	40人
	%	%	%	%	%	%	%	%	%
性別									
男	61.9	66.7	63.3	87.8	26.9	100.0	100.0	86.7	57.5
女	38.1	33.3	36.7	12.2	73.1	—	—	13.3	42.5
父親の学歴									
無回答	4.7	8.3	6.7	9.7	21.1	12.9	11.7	13.3	15.0
学歴なし	4.7	—	—	4.8	5.7	—	—	—	2.5
CEP（職業教育証書）	23.8	25.0	13.3	17.1	3.8	3.2	11.7	33.3	17.5
BEPC(中等教育前期課程学習証書)	14.3	—	13.3	12.2	7.7	6.4	5.9	20.0	7.5
高校卒	4.7	8.3	30.0	17.1	9.6	12.9	5.9	6.7	17.5
各種専門学校	—	—	—	2.4	—	9.7	5.9	6.7	5.0
学士	33.3	41.7	23.3	21.9	46.1	35.5	17.6	20.0	30.0
1級教員資格（アグレガシオン）	14.3	16.7	13.3	14.6	5.7	19.3	41.2	—	5.0
受験時の年齢									
無回答	—	16.5	—	—	—	—	—	6.5	5.0
15—16歳以下	—	—	—	—	—	6.4			
15—16　歳	4.7	33.3	26.7	7.3	7.7	29.0	5.9	—	2.5
16—17　〃	38.1	8.3	40.0	43.9	42.3	41.9	52.9	6.7	25.0
17—18　〃	42.8	41.7	30.0	41.4	30.7	16.1	41.2	66.7	30.0
18—19　〃	14.3	—	3.3	7.3	19.2	6.4	—	20.0	37.5
課題の評価									
無回答	19.0	8.3	3.3	4.9	5.8	6.4	5.9	—	50.0
平均	4.7	25.0	—	2.4	13.5	12.9	5.9	—	7.5
良 bon	66.7	50.0	66.7	70.7	61.5	45.2	47.0	60.0	22.5
優 très bon	4.7	16.7	23.3	22.0	15.4	32.2	35.3	40.0	15.0
特優 excellent	4.7	0.0	6.7	0.0	3.8	3.2	5.9	—	5.0
年度中に得た賞									
無回答	23.8	—	3.3	2.4	11.5	12.9	—	6.7	15.0
ナシ	—	8.3	—	4.9	5.8	3.2	5.9	13.3	50.0
1科目受賞	9.5	33.3	3.3	7.3	11.5	3.2	5.8	26.7	12.5
複数科目受賞	38.1	41.7	30.0	39.0	38.5	32.3	29.4	20.0	12.5
最優秀 excellence	28.6	16.7	63.3	46.3	32.7	48.4	58.8	33.3	10.0
あなたは一番よくできる生徒ですか									
無回答	14.3	8.3	—	—	5.7	6.4	17.6	6.7	2.5
特にそういうわけではない	—	16.7	6.7	2.4	—	6.4	—	—	2.5
いいえ	42.8	50.0	33.3	46.3	55.8	48.4	11.8	53.3	80.0
はい	42.8	25.0	60.0	51.2	38.5	38.7	70.6	40.0	15.0
成績がよかった理由									
無回答	—	8.3	3.3	—	—	6.4	—	—	5.0
天分	28.6	50.0	40.0	31.7	50.0	29.0	47.0	6.6	45.0
努力	19.0	—	3.3	2.4	3.8	9.7	5.9	13.3	2.5
運	4.8	8.3	—	4.9	3.8	3.2	—	—	—
勉強方法	19.0	25.0	40.0	43.9	21.1	29.0	29.4	46.7	25.0
先生	19.0	8.3	3.3	12.2	13.5	16.1	11.8	26.7	22.5
他	9.5	—	10.0	4.9	7.7	6.4	5.9	6.6	—
名前があげられるか、名前を知っている過去の受賞者									
無回答	52.4	50.0	50.0	58.5	59.6	51.6	47.0	40.0	55.0
1人もなし	14.3	16.7	10.0	12.2	15.4	12.9	11.7	40.0	22.5
1人以上あり	33.3	33.3	40.0	29.2	25.0	35.5	41.2	20.0	22.5
あなたはどんな生徒ですか									
無回答	52.4	41.6	46.7	53.7	51.9	54.8	41.2	40.0	60.0
要領がいい	19.0	16.7	16.7	22.0	21.1	16.1	23.5	33.3	25.0
努力家	9.5	16.7	26.7	19.5	7.7	16.1	29.4	—	—
粘り強い	14.3	8.3	3.3	2.4	15.4	9.7	5.9	26.7	12.5
頭がよい	4.8	16.7	6.7	2.4	3.8	3.2	—	—	2.5

表1—2　科目別全国リセ学力コンクール受賞者の諸特徴

科　目	哲学	フランス語	ラテン語・ギリシア語	歴史・地理学	外国語	数学	物理	自然科学	その他
実　数	21人	12人	30人	41人	52人	31人	17人	15人	40人
	%	%	%	%	%	%	%	%	%
関心が高い職業									
無回答	—	—	10.0	4.9	7.7	9.7	5.9	—	7.5
弁護士	—	—	3.3	2.4	1.9	3.2	—	—	2.5
外交官	4.7	25.0	3.3	48.8	9.6	—	5.9	26.7	7.5
エンジニア	—	—	—	—	5.7	12.9	11.7	13.3	—
教員・研究者	71.4	41.7	63.3	31.7	32.7	67.7	76.5	53.3	42.5
芸術家	23.8	33.3	20.0	12.2	42.3	6.4	—	6.6	40.0
地理学への興味									
無回答	4.7	—	3.3	—	3.8	3.2	—	6.7	—
なし、あまりない	28.6	41.7	26.7	—	25.0	45.2	29.4	13.3	42.5
普通	33.3	33.3	40.0	12.2	44.2	35.5	41.2	60.0	32.5
かなりある、とてもある	33.3	25.0	30.0	87.8	26.9	16.1	29.4	20.0	25.0
理想の先生									
無回答	—	—	3.3	—	—	3.2	—	—	2.5
頭がいい	9.5	25.0	3.3	14.6	9.6	12.9	11.8	6.7	7.5
良心的な配慮	9.5	—	6.7	19.5	3.8	12.9	—	40.0	5.0
教育家	33.3	16.7	46.7	48.8	63.5	58.1	58.8	33.3	55.0
学識	4.8	—	10.0	4.8	3.8	—	17.6	6.7	10.0
創造性	42.9	50.0	16.7	12.2	15.4	12.9	11.8	6.7	15.0
その他	—	8.3	13.3	—	3.8	—	—	6.7	5.0
映画館に行く頻度									
無回答	4.7	—	—	—	1.9	6.4	—	6.7	7.5
まったく行かない	9.5	—	10.0	4.9	3.8	6.4	—	13.3	—
週1回	23.8	50.0	10.0	9.7	25.0	16.1	17.6	26.7	25.0
月1回	47.6	25.0	43.3	51.2	38.5	32.3	52.9	33.3	37.5
不定期	14.3	25.0	36.7	34.1	30.8	38.7	29.4	20.0	30.0
政治的傾向									
無回答	19.0	16.7	23.3	14.6	17.3	19.4	5.9	20.0	15.0
特になし	—	8.3	—	4.9	13.5	3.2	5.9	6.7	7.5
極左	19.0	8.3	3.3	9.7	7.7	6.4	17.6	13.3	10.0
左	33.3	50.0	30.3	22.0	28.8	32.3	47.1	13.3	25.0
中道	23.8	—	20.0	26.8	17.3	12.9	17.6	40.0	27.5
右	4.7	8.3	6.7	7.3	13.5	9.7	—	6.7	10.0
極右	—	—	3.3	7.3	1.9	6.4	—	—	2.5
その他	—	8.3	13.3	7.3	—	9.7	5.9	—	2.5
志望するグランドゼコール									
無回答	61.9	58.3	56.7	70.7	69.2	58.1	52.9	46.7	80.0
なし	23.8	8.3	—	—	5.7	—	—	13.3	20.0
高等師範学校	14.3	33.3	40.0	19.5	15.4	16.1	29.4	6.7	—
理工科学校	—	—	3.3	—	3.8	12.9	17.6	6.7	—
国立行政学院	—	—	—	4.9	1.9	3.2	—	6.7	—
政治学院	—	—	—	4.9	3.8	3.2	—	—	—
その他	—	—	—	—	—	6.4	—	20.0	—
自分の数学の実力をどう思いますか。									
無回答	4.7	—	3.3	4.9	—	6.4	—	—	2.5
とても苦手	14.3	25.0	—	12.2	15.4	—	—	—	7.5
苦手	28.6	25.0	6.7	12.2	21.1	—	—	33.3	27.5
普通	33.3	33.3	46.7	48.8	42.3	3.2	—	53.3	42.5
得意	14.3	16.7	33.3	17.1	21.1	35.5	47.1	13.3	17.5
とても得意	4.7	—	10.0	4.9	—	54.8	52.9	—	2.5

＊全国リセ学力コンクールは、第一学級もしくは最終学級時に受験する。

る。以下同様〕）、どの項目についても全体的に秀でている。彼らは、文科系の他の科目の成績優秀者よりも、クラスで一番できる子だと自分を考えている（全体の六〇％、哲学の生徒は四三％、フランス語の生徒は二五％）。そして文系の生徒の中では、数学に強いと思っている生徒の数が最も多く（四三・五％、対するに〔フランス語が〕一九％）、数学が苦手だという者は一人もいない。彼らは課題《ドヴアール》について、とてもよく出来ていると評価するか、ものすごくよくできていると自己評価する傾向が、フランス語成績優秀者よりも強い（二六・五％に対して、一八％）し、彼らがこうありたいと思う生徒を描くにあたって、彼ら自身を描くにあたって用いる形容を同じく用いる傾向が強い。これは彼らが学業を認められたことに応じた自信の表れである。彼らはほとんど全員高等師範学校《エコール・ノルマル・シュペリウール》〔ＥＮＳ〕に進学を希望している（九二・五％。未回答者を除く）。彼らは、教員や研究者としての職業を一番高い位置《ポジシオン》に置く傾向が他の生徒よりも強い（六三・五％、対するに、フランス語成績優秀者は四一・五％、地理学成績優秀者は三五％、現代外国語〔古典ギリシア語など今日話されなくなった外国語と区別する呼称〕成績優秀者は三三％、歴史の成績優秀者は二九％）。やはり同様に、ラテン語・ギリシア語成績優秀者が、過去の成績優秀者の名前を言える率が一番高く（八〇％、それに対して、自然科学の成績優秀者は三三・五％）、全国リセ学力コンクール成績優秀者の会への入会を考えている。

社会的位置《ポジシオン》の対立――「優秀《ブリアン》」と「まじめ《セリユー》」という典型的な対比の中に集中的に表れる対立、あるいは、文学の一級教員資格《アグレガシオン》と文法の一級教員資格《アグレガシオン》との対立〔「**解説1**」**教員養成と教員資格**参照〕。それが最も鮮明に表れるのは、社会空間の中での支配階層出身のフランス語成績優秀者（成績優秀者の中で女子が大きな割合を占めている）と、中間階層出身の古典語成績優秀者を対比してみるときである。後者は、たいていは核家族の出身で、親に「尻を叩かれてきた」（就学前から文字を学び、早くから全国リセ学力コンクールの話を聞いてきた）し、優秀賞によって報われることになったと思われる従順さと勤勉の美徳を高度に（七五％）持ち合わせている。彼らは、強く学校的な価値を信奉している（全国リセ学力コンクール成績優秀者の会への入会を正当化するにあたって、「人文学《ユマニテ》の擁護」の必要性を説き、「学力低下」という教員好みの話題を自ら好んで持ち出す）。その対極が、社会空間の支配階層出身のフランス語成績優秀者で、きまって早熟であり、その半数は飛び級をしており、教員に対してはなによりも創造的であり、優秀であることを例外なく要求し、学業成功の主要な要因としては、生来《ドン》の頭のよさを挙げ、他の成績優秀者よりもはっきりと地理学を見下す態度をとり、学校的教養に対して固定的な考えをまったく持ち合わせていない。

才能がものをいう科目は、家族から受け継いだ文化資本、いわゆる「自由《リーブル》」な「教養」（「学校的」の対極）にとってもっともうまみのある投資対象となる。それはまた、家庭内のしつけによる日頃の教育を通してのみ習得される教養に狎れ親しんでいることがものをいう科目である。他方、社会空間における被支配階層出身の生徒がもつ倫理的心構え《ディスポジシオン》は、他の領域よりも労苦が直接に反映されるような職務に向いているが、そのような心構え《ディスポジシオン》を発揮できる科目がある。そして、前者の科目は、後者の科目に較べると、より高い社会的地位を与える求人の対象になるのである。

地理学への軽侮が顕著なのは、フランス語や数学の成績優秀者である（数学成績優秀者の四五％、フランス語成績優秀者の四一・五％が、地理学に興味がないか、あるいはごく僅かの興味しか抱いていない。それに対して、たとえば現代外国語成績優秀者は二五％、自然科学成績優秀者は一三・五％である）。フランス語成績優秀者はまた、優秀な成績の理由を説明するにあたって「才能《タラン》」を挙げる傾向がもっとも強い（歴史、地理学、自然科学の成績優秀者は、むしろ方法的で、コンスタントな勉学の成果だとする）。もう一つだけ付け加えれば、フランス語と哲学の成績優秀者は、理想の先生を「創造的な人」と考えているのに対して、歴史、地理学、自然科学の成績優秀者はむしろ、「誠実な人」と考えている[1]。より意味深いのは、フランス語や哲学のような、もっとも高貴だとされる文系科目の成績優秀者は、他の成績優秀者に較べて、読書量や読書の多様性、あるいは直接には教えられていない、絵画や音楽のような科目について知識に秀でている（他の成績優秀者よりも、取り上げられることの稀な画家や音楽家を引き合いに出す）。

きわめて学校的な教養、あるいは学校の授業で教えられたのではないとしてもいかにも学校風の「古典的」で、「書籍的」で、「学校臭い《スコレール》」知識、選好、勉学法を身につけた成績優秀者たちとは違うのがフランス語や哲学の成績優秀者だが、彼らは、様々なやり方で、自分たちが一定の自由な態度をもっていて、しっかりした自信をもっているので、より「自由」で、あまり「学校的」ではない教養に対して、開明的なディレッタント的関係、何にでも親しみを覚える関係を保つことができる。その関係は、学校によっていまだ認知されていないか、まだ組み込まれていないような領域にまで広がったり、移行することもある。そんなわけで、彼らは映画観賞に行く頻度が最も高く（フランス語成績優秀者の五〇％、哲学成績優秀者の二四％が少なくとも週に一回、映画に行く。それに対して地理学成績優秀者は一七・五％、ラテン語・ギリシア語成績優秀者は一〇％(2)、とりわけ、そうした「自由」科目（映画、ジャズ）において「教養ある」態度をとる傾向がもっとも強い。

ジャズについて、この対立を分かりやすく示してくれる評言をいくつか挙げておこう。[1]「きわめて豊かで魅力的な芸術表現」（フランス語、化学関係エンジニアの息子）。「ジャズの内には、情感の言語とも呼べるものが時にある」（哲学、ジャーナリストの息子）、「ジャズは独創的な芸術的試みであり、黒人の宗教的フォークロアと、ヨーロッパのフォークロアとの原初的混合に由来する。黒人がジャズにもたらしたものは、力強く、抗しがたいリズムである。……演奏者が芸術作品の中に込めたもの全てを、人は感じることができるのである。他方、ジャズの旋律は、固定したものでもなければ、不動のものでもなく、逆に、変奏してもいいし、新たな独創的解釈を施してもいい。これは、楽譜の中に「閉じ込められた」他の音楽作品とは対照的である」（数学、技術エンジニアの息子）。[2]「リズムはモダンで、人間のありとあらゆる憧れを表しているようである。とりわけ、黒人によって演奏されたとき、それが言える」（自然科学、商人の息子）。「ニューオーリンズのブルースの時代のジャズは、黒人の、一種不幸な精神を表している」（自然科学、機械工の息子）。

知識人の駆け出しよろしくといった態度をとる傾向を示す指標は、次のような事実の中にも認められる。フランス語と哲学の成績優秀者は、彼らの社会的出自と政治的見解との間の直接的な結びつきを倒錯させたり、煙に巻いたりする傾向が強いのに対して、他の教科においては結びつきが明確に見て取れるのである。フランス語や哲学の成績優秀者は、よく革新や極左的な意見を表明する（それぞれ、五八・五％、五二・五％）。その頻度は、相当数が中道的立場を示す地理学の成績優秀者と比較しても高いのである。それに対して、古典語成績優秀者は、社会的には幾分劣る立場にあるにもかかわらず、保守を表明する頻度が僅かながら高い（一〇％、一五％）といえる。まず第一点として、この傾向は、学業の成功が顕著になるにしたがって一層明白になる（というのも、成績優秀者の一二・五％が極左を表明しているのに対して、次席賞《アクセシ》では七・五％になる）。第二点として、穏健な立場（革新、中道、保守）を選択する者と未回答者との合計が、地理学では七〇％、自然科学では六〇％、古典語では五六・五％に達するのに対して、フランス語では三三％にまで落ち込む。そして最後の点として、社会的に出自が上位の成績優秀者は、フランス語や哲学で他の教科よりも革新を表明する度合いが高い。こうしたことを確認するならば、次のように想定することが許されよう。このような政治的選択は、知識人の間に極めて広範に行き渡っている表象と価値観への帰依を表しているのである。あるいは、さらに正確に言えば、現在通用している社会的定義における真正な知識人になるためのプログラムに必要とされている諸事項に関して意見を表明することが、一定の知識人としてのイメージを実現する権利と義務につながると考えられていることを表しているのである。

哲学の成績優秀者は、フランス語成績優秀者を含め他のどの成績優秀者よりも、日々の実践《プラティック》においても意見表明においても「知識人」の態度を範とする心構え《ディスポジシオン》をもっている。ほとんど全員が「知的な」雑誌を一冊か数冊、『レ・タン・モデルヌ』、『テル・ケル』、『カイエ・プール・ラナリーズ（分析のためのカイエ』』を読み、最もよく自己を代弁してくれる思潮が何かと訊ねられれば、なんなく自己規定できる（その逆が、ラテン語・ギリシア語成績優秀者で、彼らの大部分は回答を寄せていない。あるいは、フランス語成績優秀者とも異なる。彼らは、自己規定にあたって幾分躊躇を見せる）。また、自己の思想の独自性をはっきりさせるためであるかのように、自己規定にあたって数多くの留保をし、微妙な相違を明らかにすることもある。「一番重要なことは、なにが自己を代弁してくれるかということではなくて、むしろ、なにがこちらの必要性に答えてくれるかである。たとえば、マルクス主義でも、その理解を深めてくれるよきヘーゲル専門家によるマルクス主義の方に学ぶべきものがある」（営業部門管理職の息子）」。ほとんど全員が、知的な抱負を抱き、文学を専門にすることを考えている（「旅の物語ではなく、物語が旅そのものなのです」管理部門管理職の息子）。作家、詩人、小説家になることを考えている者もいる（「自分は書かなくてはならないという深い欲求があります」。営業部門管理職の息子）哲学を専門にしようとする者もいる（「哲学は他の全ての科目を包含する」。作曲家の息子）。同様の思考傾向の中で、哲学の成績優秀者は、彼らにとっての理想的な未来が何かを示すように促されると、抽象的な用語を用い、「未来のヴィジョン」を語る者として答えがちである。「革命。搾取の終了」（郵便物仕分けセンター・チーフの息子）。「階級なき社会」（営業部門管理職の息子）。「戦争なき未来。開かれた社会」（上級管理職の息子）。このように、彼らは、自然科学の成績優秀者と極めて鮮明な対照を示す。自然科学成績優秀者は、より直接的な関心を表明する。彼ら自身の未来、さらに端的に言えば、未来の職業に関わることが多くなる。「僕は医者になることです」（商人の息子）。「僕の希望する職につけたらいいし、家庭をもちたいです」（職人の息子）。高貴とはされない科目の成績優秀者が個人的関心事から離れるときは、実力主義を弁護する。「お金を基盤とした不平等が解消して、あらゆる必要性が満たされ、大部分の時間が芸術と文化にあてられるような平和な社会における、仕事の実力に基づいたヒエラルキーが、生まれや人種に取って代わること」(地理学成績優秀者。郵便局長の息子)。

フランスの教育制度が、エリート中のエリートに見出す特性、それはまた成績優秀とはどのようなものかを定義してくれる特性でもあるが、それが理念型タイプの内に凝縮された形で実現されているのが見出されるのが、フランス語成績優秀者であり、幾分ランクが下がるが哲学成績優秀者である。(3) こう言ったからといって驚いてはならない。文系科目の伝統が声高に表明している価値観と、それらの科目で優秀な成績を納めている者の実践や言辞からうかがわれる価値観との間に完璧な調和があることを思えば納得できるからである。文学的教養に関する学識ある報告書を長々しく分析するよりもむしろ、一九六九年に優秀賞を受賞した小論文《ディセルタシオン》二点を手早く検証した方がいいだろう。一種の客観的偶然によって、両論文は「創造性」と「読書」をテーマにしているのだが、そこからみえてくるのは、人文主義的、人格主義的で精神主義的なイデオロギーに染め抜かれている人文系教科の教育伝統と、学校臭いものにことごとく低い評価をあたえることが「個性的」なる表現の崇拝に結びついている教育伝統との間にある、あの深い親近性なのである。(4) 実際、そこには、作家の活動を「創造」と「神秘」として描き、また、作品解読を「創造的」な読みと見なして、そこに読者の「私」と著者の「私」との精神的一致をみるようなカリスマ的表象があり、それを支えとして、恣意的な情感と感情の主観的な高揚がなされる。そんなものは個人的吐露、ロマン主義的神秘主義ないし、実存的情熱のうぬぼれた自己中心主義のための口実にすぎないのだが。(5)

以上みたように、「秀才向き《タラン》」教科の生徒と、「猛勉向き」教科の生徒とを対比させている体系的な相違点を分析することを通して明白になるのが、評価判定を構造づけている二律背反的でかつ補完的な諸属性ないし諸長所の対立的な体系である。そこから諸カテゴリーの表を作成できる。この表は、教師や（良き）生徒の頭脳の最深部に書き込まれていて、学校のあらゆる現場、あるいは学校教育的に考えうるあらゆる現場に適用されている。ようするに、先生や生徒といった人間はもちろんのこと、彼らの製作物、講義、課題、思考、言説を含めた現場である――「優秀な／ぱっとしない」「自在な／勤勉な」「品位がある／品位に欠ける」「教養のある／教科書的な」「個性的な／凡庸な」「独創的な／月並みな」「生き生きとした／平板な」「鋭敏な／粗野な」「目ざましい／さえない」「速い／のろい」「利発な／鈍重な」「上品な／不器用な」など（「**解説2**」**フランスの試験**、参照）。

例証にあたっては、様々な資料がありうるが、数多くあるなかでも、一級教員資格《アグレガシオン》や師範学校の審査委員会の評語は、公表された文書の司法的といってよい性格からしても見ておいていいだろう（「**解説1**」**5 教員養成と教員資格の項**参照）。「手短にいえば、知識の確かさからみても、……用語の的確さ、あるいは、真の意味で品位のある情操からみても、読解《エクスプリカシオン》の答案は全体的にみて、知識の不足、混乱、品位のなさを懸念させる印象を残した」（文学一級教員資格《アグレガシオン》。男子。一九五九年）。「審査委員会は、不器用さや個別的な解釈の誤りがあっても寛容な態度をとる用意があるが、馬鹿げたうぬぼれ、衒学的態度、品位のなさに対してはいつでも厳しい態度で望む」（ユルム高等師範学校《エコール・ノルマル・シュペリウール》入学試験。国語読解《エクスプリカシオン・フランセーズ》、一九六六年）。「このようにすれば、勤勉に調べただけの、ぱっとしない陰気な印象を与える努力から抜け出て、品位のよさと正確さとを合わせもつ、余裕のある翻訳に到達できるのである」（同右）。「（テーマが）このように易しいので、何人かの余裕に満ちた生徒が見事に他を抜き去るだろうと期待された」（文法一級教員資格《アグレガシオン》。男子）。大学の評価判定が依拠する対立諸項目のなかでも、もっとも強力なのが、たぶん、博識と才能《タラン》の対立である。博識は、いつでも、刻苦精励によるものではないかと疑いの目でみられる、才能（一般教養の概念と相関している）は、あらゆる学力の中で一番軽視されている記憶力だけがものをいう教科を低く評価する根拠になっている。「一般教養の欠如が目立った。……受験者にとって、道を見失いがちな専門書よりも有益なのだが」（文学一級教員資格《アグレガシオン》。男子。一九五九年）。「誰にでも才能があるわけではない」（同右）。「しっかりした才能を示す答案が一〇枚ほどあった」（同右）。「秀才に実力を発揮させるテーマ」（文学一級教員資格《アグレガシオン》。一九六二年）。「私たちはこう言いたいくらいである。知識量は劣るかもしれないが、能力において勝っていてほしい」（同右）。「また、われわれが評価したいのは、受験生のよきセンスと判断力であって、ただ平板に記憶力を評価するわけではない」（文学一級教員資格《アグレガシオン》。男子。一九五九年）。「もちろんのこと、文献学に不可欠な暗記の努力は無視するものではないが、思考によって得られる教養こそが、言葉になったものにその意義をあたえるのであり、究極的には、その教育的・人間的な拡がりをあたえるのである」（文法一級教員資格《アグレガシオン》。女子。一九五九年）。

　文系教科の成績優秀者が、答案が評価されたことを自ら説明するにあたってもちいる論旨をみるならば、科目間の階層《ヒエラルキー》における客観的な位置《ポジシオン》と、様々な教科が社会的に結びつけられている表象と不可分にある自己像との間に完璧な対応関係がみられることが例証されるのである。

一方にみられる自己解説――「文体かもしれない」(フランス語、医学部教授の息子)、「独創性、緻密さ、感受性」(フランス語、化学系技術者の息子)、「個性をもっていることが評価された理由ではないかと思う」(フランス語、ジャーナリストの息子)、「個性的であったこと。あまり学校臭さがなかったこと。明晰であったこと」(哲学。職人の息子)。他方の自己解説――「たぶん、かなり完成度の高い地図、それから、他の山脈よりも中央山地《マシフサントラル》とヴォージュ山脈についてより広範な知識をもっていたからかもしれない」(地理学。従業員の息子)。「構成が明快だったこと」(地理学。郵便局検査官の息子)。「簡潔さ、明快さ」(自然科学。労働者の息子)。「図式の質と数。構成の緻密さ」(自然科学、営業関係部長の息子)。古典語は中間的な位置《ポジシオン》を占めているようだ。数学や物理学の成績優秀者は、大抵の場合、明晰、綿密、正確さ、細部の精密さを挙げる。しかし、表現方法の評点に対する言及も皆無ではない。「書き方。論証の進め方の緻密さと方法」(数学、航海術教育の教授の息子)。「私の答案が評価されたのは、明快さと、取り上げた問題に対してかなり迅速な解決法をあたえたことだと思います」(数学。予備クラスの教授の息子)。「早くて手際のいい解決法」(数学。医者の息子)。

教科を分類選別するためにもちいられ、各教科に要求される資質を規定するためにもちいられる同じ評価用語はそのまま、教科の選択を迫られる「模範的な《ディスィプリネ》」生徒が自己の資質を認識し、評価するにあたっても、彼の認識と評価を組織している。そこから了解できることは、学業の成績評価が、「職業適性」を決定するだけの権能を有していることであり、統計的な分析からは、様々な教科に社会的に認められている性格と、それを専門とする人々（あるいはそれを教授する人々）の心構え《ディスポジシオン》との間に厳密な対応関係があるのがみえてくる[6]。生徒が教科を選択するのと同様、教科の方も生徒を選ぶのであり、教科や人生設計、生徒の一般能力《カパシテ》に関わる認識の諸カテゴリーがあり、それを生徒に押しつけることによって選別がなされるのである。生徒は、教科ないし、その教科の勉強法（たとえば、理論的にせよ、実際的にせよ）の様々なタイプと、学校教育を通して形成され、評価された自己技能との間に相似があると感じているのである。ある教科に自分が向いているという確信は、成績評価によって作られるのであり、それによって強化されるのである。成績評価は、しばしば「天賦の才」を語る言葉によって表明され、「職業適性」の決定時に、大いに寄与するのである。そして、生徒の確信とは、その確信を通して〔学校〕制度があらかじめ準備している《プレディクシオン》ものを完遂する道の一つなのである。

自在な余裕《エザンス》の高評価

教科間の差異は、二重の意味で社会的差異に重なりあう。主要な科目であるフランス語や古典語、そして数学や物理学は社会的にもっとも重要であり、高貴《ノーブル》とされていて、こうした主要科目で報われる生徒は、大抵の場合、社会的位置《ポジシオン》からいっても、文化資本の点からいっても恵まれた家庭の出身であり、リセ、それも第六学級から最終学級〔リセの最終学年のこと。詳しくは「**解説1**」の「**1学年（教育段階）の呼称**」参照〕にかけて古典科の王道を歩み、中等教育で飛び級をした者が比較的多く、進路指導や将来の道についてもよりしっかりした情報を得ている〔「**解説1**」**1 学年の呼称、及び「教育制度改革」リセの項**参照〕。このような状況をみると、教科間の教科的階層《ヒエラルキー》が、平均年齢に従った成績優秀者の階層に一致していても驚くにあたらない。ようするに、理系であれば、数学の次に物理学と自然科学がくるし、文系であれば、フランス語や古典語の次に歴史と地理学が、あるいは現代外国語がくるのである。

カリスマ的な秀才《ヴァルール》にあたえられる高評価は、ともすると学校機関の中で学習事項の本来的な意味での習得努力を軽視させるのだが、それがもっともよく確認できるのが、「天賦の才」の指標として褒めそやされる早熟への信仰《キュルト》においてである。

早熟の観念は社会的な構成物であり、その定義は、もっぱら、一つの〔能力の〕実践が遂行されるに至った年齢と、それを遂行するにあたって「正常」とみなされる年齢との間、より端的にいえば、それが基準集団において遂行される最頻値年齢との間、すなわち、特定の学習段階に到達した個人の最頻値年齢との間の関係の中でなされる。そこから直ちにみえてくることは、性的な早熟が多かれ少なかれしっかりと制度化された年齢層の区分定義を基準としているように、学校教育における早熟の観念は、知識の漸進的習得における諸段階《グラドゥス》を踏まえ、特定の年齢に結びついた学年級において配置されたカリキュラムが存在することを前提としている。ところで、フィリップ・アリエスが示してくれたように、このような構造は一六世紀の初めにならないと構成されない。中世における未分化の教育法では、「諸能力の構造化と年齢の構造化」との間に関係があるという観念は知られていなかった。[7] カリキュラムの構造が明確になり、固定されるにつれて、そしてとりわけ一七世紀以降、早熟な出世が稀になるとともに、早熟が秀才の指標として、また社会的成功への約束として現れはじめる。

早熟な生徒の究極は、「神童」、ないし今日いうところの知能指数が異常に高い者だろうが、彼らのほとんど奇跡的といってもよい習得速度は、普通の個人が必要とする遅々とした学習過程を省略できる天賦の能力がどのような意味をもっているのか確認させてくれる。実のところ、早熟な性格は、文化的恩恵が学校教育的に変換されたものにほかならない。大学入学資格《バカロレア》の上級免状をもっている父母をもつ成績優秀者の割合は、第一学級の時に一八歳またはそれ以上、あるいは最終学級の時に一九歳またはそれ以上の成績優秀者の内の（それぞれ）三八％〔父〕と三％〔母〕であり、第一学級の時に一七歳、あるいは最終学級の時に一八歳では、三九％〔父〕、二一％〔母〕、第一学級の時に一六歳、あるいは最終学級の時に一七歳では、五二％〔父〕、三一％〔母〕、第一学級の時に一五歳、あるいは最終学級の時に一六歳では、六九・五％〔父〕、三七％〔母〕である（社会的出自も、同じ論理で変化していく）〔学力コンクールは第一学級か、あるいは最終学級の時に受験するから以上のような記述になる〕。このような状況を見れば、早熟と呼ばれ、現実には文化的遺産の発現であるものが、成功のあらゆる指標に緊密に結びついていても驚くにあたらないのである。

天賦の才という観念は早熟の観念ときわめて密接に連合しているので、年若いということがそれだけで秀才であることの保証になる傾向がある。一級教員資格《アグレガシオン》の審査委員会が、初回受験者、「年若い秀才」が占める割合に、試験の結果が良好であったことの徴を認めてもおかしくない。「ところで、今年は、これらの年若い合格者の内に何人か優秀な者がいた。二七名の合格者の内、一四名が教職経験者ではない。その内の八名が上位一〇名に名前を連ねている。（……）彼らの好成績によって現場の教員の功労、が忘れられるわけではない。教員は、劣悪な教育環境の中に置かれても果敢に努力し、困難に打ち勝った。（……）しかし、初回の受験で頭角をあらわした諸君に謝意を表することにやぶさかではない。彼らは、熱意と説得の意気込みによって口述試験を活気づけたことはもちろんのこと、何ものにも換えがたい証言をしてくれた」（文法一級教員資格《アグレガシオン》、男子、一九六三年）。「口述試験では、二年生〔グランドゼコールの準備クラス二年生のこと、つまり年少の受験者〕がともするともっとも優秀であることを示した。やりとりの中で、彼らはより活気があったし、反応がより早く、心構えにおいてより優れていた。受験回数が増えるにしたがって、重々しさが、優雅さに取って代わられる」（ユルムの高等師範学校《エコール・ノルマル・シュペリウール》入学試験、哲学口述試験、一九六五年）。審査委員会の寵児となる早熟な生徒は、特別に甘くあつかわれる。知識の欠落部分や誤りが、「若気の至り」として、彼の優秀さを証するに益することさえある。「彼女たちは昨年度に較べて若い。未熟な点があり、経験に欠けるところがありはしないだろうか。そうした欠陥はすぐに直ると考えるべきではないか。不器用で、無邪気だが、その下に、天賦の才と、やはり将来を約束してくれる長所が隠れている」（現代文学一級教員資格《アグレガシオン》、女子、一九六五年）。

実のところ、早熟とは、学校機関が重視する教養の習得様式を示す特別に確実な指標の一つであるにすぎない。もし学校の評価用語《タクシノミー》が学習態度の相違を体系的に見抜き、態度の洗練度がどのようなものであろうとそれがいつでも社会的差異に対応しているとすれば、それは教養の領域における習得方法が習得内容を活用する時の態度に見られる形式として残っているからである。学校に対して個人がもつ関係、学校が伝授する教養や、学校が用い、要求してくる言語に対して個人がもつ関係は、その関係様式において、彼の家庭環境と学校世界との間の距離に応じているのである。それはまた、システムの中で生き延びるためにあらかじめ授けられた彼の運、すなわち、彼の所属グループに客観的に結びついた特定の学校的位置《ポジシオン》にアクセスできるかどうかの可能性に応じている。行動や、あるいは言説が真正の意味で「教養がある」とみなせるようなときに「自在な余裕《エザンス》」とか「自然」といった言葉遣いをするのは、そこにどんな努力の跡も、どんな勉学の跡も残されていないからだが、こうした定義の定義しがたいニュアンスを認めると信じるならば、それは、実は、習得様式に突き当たったからなのである。「自在な余裕《エザンス》」と呼ばれるものは、家族の中で気がつかずに慣れ親しむことによって教養を獲得した者たちの特権である。彼らは高度な教養を母親から授乳された教養《キュルチュール・マテルネル》として身につけ、無意識の習得に特有の親密な関係を維持することができるのである。

家庭がもたらしてくれる援助は、社会環境が異なるに応じて異なった諸形態をとる。明白な形をとった援助（忠告、説明その他）、そしてそのようなものとして受け取られた援助は、社会的水準が上になるにつれて増大する（庶民階級では一〇％だが、中層階級では二五％、上層階級では三六％になる）。しかし、成績が向上するにつれて援助は減少するようである（というのも、次席者《アクセシ》は、三八％のケースが助力を受けたと明言するのに対して、成績優秀者は二七％が助力を受けたといっている）。いずれにせよ、援助は、子どもが家族から受けとる、あらゆる種類の「恵み《ドン》」の目に見える部分にすぎない。たとえば、留意しておきたいことは、成績優秀者の中で、子ども時代（一一歳以前）から家族と共に美術館を訪れたことがある者の割合は、社会的出自が上になるにつれて増大することである――このことは、家族から他にも直接的なあるいは細々とした激励を受けていることを示す指標の一つにすぎないが。社会的カテゴリーが上の子どもは、日頃のなにくれとない援助や、目的のはっきりした援助をふんだんに受け取っているのに対して、中層階級の子どもは、とりわけ直接的な援助を受け、庶民階級の子どもは、例外的事例を除けば、直接的に学校で役立つような以上の二つの援助形態のどちらも受け取ることができない。

勿体ぶった採点をすることによって、すなわち教員が教養と言語への関係（それは、いうまでもなく、内容においても形式においてもしっかり現実に存在する相違に結びついているのだが）を成績評価にあたっての中心的な採点基準《ポワンダプリカシオン》にすることによって、伝統的な評価用語集は教員によって活用され、ステレオタイプ化された品質形容詞と、儀式的な定型表現のコーパスの形をとりつつ、学校の「成績」において、テクニカルであると共に、分かちがたく審美的で、倫理的な「成績」の判定理由を構成するようにあらかじめ定められているのだが、そのような評価用語は、生徒の社会的出自と成績との間の関係を打ち立てると共に、それを隠蔽する中間幕として作用するのである。学校機関は、それを組織している構造そのものによって構造化されている心構え《ディスポジシオン》をもった人々には当然しごくに認識されるのだが、学校成績の評価用語集も同じ当然しごくの態をなしており、それを支える伝統的な語彙を通して、学校機関は、教育学的な、あるいは政治的な配慮の及ばないところで、社会的差別の権力を行使しているのである(8)。だからこそ、教員は、中立性という幻想にとらわれつつ、比喩や形容詞の選択が明かしているように、その社会的偏見をほとんど隠すことなしに、成績判断を下すことができる(9)。たとえば、「まじめ」を意味する形容詞群の集合体を通して、学校的評価用語は、中間的な位置《ポジシオン》を出自にもつ生徒に特徴的な実践行動を生み出す統一的な原理を名指すのである。中間的な位置《ポジシオン》を出自にもつ生徒は、文化資本の欠落に結びついたハンディキャップを勉学によって克服すべく、熱意を必要不可欠の手段とするしかない。プチブルジョア階級を出自にもつ成績優秀賞受賞者がたいていは粘り強さを自らの長所としているのは、[10] 学校成績評価に彼らが服していることを明白に身をもって示す中で、彼らの学校における実践行動の客観的真実を表明しているのである。それは、彼らの刻苦精励と緊張の様態において、社会システムの中で自己を維持していく（あるいは、よく言うように、「しがみつく」）ためには持続的でへこたれない努力をしなければならないことを必然的に表わしているのである。

上述した諸特徴の他に、次の事実に言及しておくべきだろう。中層階級出身の成績優秀賞受賞者は、もっとも多く文化団体に属している（上層階級出身者が一四％に対して、二九・五％）。この傾向はとりわけ従業員や小中学校教員の子息に顕著だが、そもそも、彼らは団体一般に属することが多い。彼らは自分の努力の全てを学校活動に注ごうとする傾向を示すが、その別の指標（ただし、こちらはもっと曖昧である）として、彼らが他のグループほどスポーツをしない（三九％がスポーツを行っていない）ことがあげられるだろう。労働者の子息も同様（四六％）だが、極めて恵まれた家庭の子息は異なる（二四・五％）。しかし、とりわけ、他の生徒たちよりも通常の学校生活（飛び級もなければ、留年もない）を送り、他の生徒たちよりも優等賞をもらう回数が幾分多い。優等賞は、大学入学資格におけるただし書きのような賞罰とは反対に、勤勉な仕事ぶり、そしてたぶんまた、先生に対して、先生の教えや、課される規律に対して従順であることへの報奨である。彼らの内の四〇・五％が一年の内に優秀賞を受け取っている。それに対して、上層階級の子息は三八％である。同様に、小中学校教員の子息の六〇％が優秀賞を受けているのにたいして、教授の子息は三五%である（教授の子息が、たいてい、選別と競争が激しいパリのリセの出身であることは、この相違を説明するに十分でない）。文系・理系のグランドゼコールの入学準備クラスにおいて、中流階級の子息は、もっとも多く優秀賞を受け取り、逆に大学入学資格における良以上の成績はもっとも少ない。

結局、このようにいえるのではないだろうか。知識、技能《アプティテュード》、倫理的心構え《ディスポジシオン》の指導期間が長ければ長いほど、被支配階級出身の子息は、自らの勤勉さ、粘り強さ、従順さを認めてもらえるのだが、上層階級出身の生徒は学年末試験の折りに、より容易に自らの資質を際立たせることができる。とりわけ、口述試験は、現行規定からいって、カリスマ的な快挙を遂げやすく、見事な発表ができるのである。持続的であるか、そうでないかといった相違や、頭の回転が速いか遅いかといった相違対立は、早熟と晩成の対立と相関しており、このような恣意的なかたちで学習事項や諸能力の評価に入り込んでいるのである（こうした対立は、理解の速さと課題作成の速さを生き延びるための鍵だとする準備学級においては選抜のもっとも重要な原理となる）。

学校的中庸

教員の教育実践、とりわけ選抜作業からかいま見られるのは、学校的価値観と社会的価値観《ヴァルゥール・モンデーヌ》との間の緊張した関係であり、また、プチブルジョア的心構え《ディスポジシオン》とブルジョア的心構え《ディスポジシオン》との間の緊張関係である。学校は、そうした緊張の場になっている。学校機関は、「学校」の外で獲得できる教養しか本当には認めないが、かといって、教養に対する生真面目な関係を頭からおとしめることができない。そうなれば、たたき込んで教えるという、学校固有の様式を否認することになるからである。本質的なところでは学校を最小限にしか頼りにしていない者たちを優遇しながらも、学校が全てである生徒を完全に否認するわけにはいかない。彼らの良き意思と従順さはいささか鼻につくが、それをおとしめるわけにはいかないのである。

そして、実のところ、「学校」は、教養と好ましくない関係をもつことに寛容な傾向がある。それが、学校とよき関係を保つための代償のように見える範囲内でのことだが。一級教員資格《アグレガシオン》審査委員会は、「無遠慮な振る舞い」や「人を見下した態度」（文化と審査委員会への不敬の印）をもっとも手厳しく退け、一級教員資格《アグレガシオン》志願者に対して、少なくとも学校機関と、学校が擁護している価値観への帰順を、きびきびした物腰と熱意のこもった発言を通して表明することを要求する。審査員は、たえず、「自ら責任をとる態度《アンガジュマン・ペルソネル》」と「信念」をもつように願っていると訴える。それは、まさに「無責任でいい加減な態度《アンススィアンス・クパーブル》」や「巧みな責任逃れ《プリュダンス・アストュスィウーズ》」の対極にある――「彼女は、知性と節度をもって、自ら責任をとる態度《アンガジュマン・ペルソネル》を示す勇気をもった」（現代文学一級教員資格《アグレガシオン》、女子、一九六五年）。審査員は、スタイルの内に、話し方の内に「熱意をこめる」ように求めるのであり、幾分か「無邪気」だとしても、フレッシュな感じに好意を抱くのである。彼らは「よき授業のためには、機転がきかなければならないし、うまく切り抜ける術さえももっていなければならない。文字にすぎない思想も、そこに最小限の熱意を込めれば、精神にとって真正な喜びになるのだ」と忠告する（文法一級教員資格《アグレガシオン》、女子、一九五九年）。「言葉遊びと小難しい言い方への学校臭い愛着によって、ともすれば、問題を正しく捉え、批判的な記述を行い、明晰さの要求に応えることがおろそかになっている印象を試験官はあまりによく受けた」（ユルム高等師範学校《エコール・ノルマル・シュペリウール》入学試験、哲学口述試験、一九六五年）。彼らがたしなめるのは、「文学に懐疑的で、曲芸的な論理を展開し、「その通りだが、しかし違うとも言える」といった展開になれた受験者」（文学一級教員資格《アグレガシオン》、男子、一九五九年）である。だからといって、「節度を失わない程度に、熱がこもり、思わず微笑を誘う、質のよい修辞学」（文学一級教員資格《アグレガシオン》、女子、一九五九年）に訴えるのが駄目だというのではない。

このようにして、「学校」がプチブルジョア的心構え《ディスポジシオン》とブルジョア的心構え《ディスポジシオン》の間で保つ両義的関係は（それが、社会的基盤において意識されることはないが）、学校じみたやり方による課題の作成様式に対して学校がもっている両義的関係にぴったり重なる。まるで、両者が重ね合わされて印刷されているかのようである。いうまでもないことだが、「学校」という語が喚起する人間集団の擬人化が申し分ないものになるのは、個別の行為者を通してである。より正確にいえば、彼らの心構え《ディスポジシオン》を通してである。それが、いわば位置《ポジシオン》に内在している傾向を「再活性化する」のである。そのような訳で、個別的ケースについてみれば、プチブルジョア出身の教授（とりわけ、下級教員の子息の場合）は、逆説的な、さらには相矛盾する立場に入りやすい体質をもっている。教育システムがそれをうまく調整してくれるのである。彼らは、一方では、プロレタリア的階層と、自由業のインテリゲンティア階層に対立しがちであり、他方では、権力〈界〉の支配的位置《ポジシオン》を占めている者に対立しがちだが、そしてまた、文化に関しては、根本的に相対立する立場間の関係の中で自己規定することを強いられているので、自ずと「中庸」の立場に立つ傾向がある。それは、知的前衛とブルジョアジーの保守的な惰性との間で判定を下す役目を仰せつかっている文化擁護の官僚組織にぴったりの態度である。

単純な知的労働者の労苦を厭わない心構え《ディスポジシオン》を軽蔑する一方で、人脈社会《モンダン》での成功を道義的にたしなめるというのは矛盾だが、それは、「学校じみたもの」への学校的低評価と表裏一体となった「秀才」賛美に向かいながらも、本来的な意味での学校的長所も認知しないわけにはいかないからである。そこから緊張が生じるのだが、それを和らげるのが中庸と節度の賛美であり、平均的な美徳の総体としての学校的中庸を規定している（予言者に対する僧侶的な美徳と言ってもよい）。「完璧な良き生徒」の穏健な折衷主義に対比されるのが、「ぱっとしない」優等生の「骨惜しみしない」猛勉や、ディレッタントのはったりじみた厚かましさだが、それと同様に、優雅な慎みがあり、熱意が剥き出しにならないアカデミックな良きトーンの節度ある安定感は、物知りであることを感じさせながらも、知識に対して品のいい距離が感じられ、才気走った空虚な才気の疑わしい巧妙さや、あるいは、創造的であろうとするあまりに破綻する向こう見ずな態度に対比されるのである。同様に、知識の受け売りにみられる気取った平板さや、知識偏重《ピュル・エルュディシオン》に歪んだ鈍重さとも対比される。

一級教員資格試験《アグレガシオン》評は、受験者に対して、行き過ぎはいかなるものであっても避けるべきだと繰り返し言うが、二つの優秀さの形式が別々に追求しうることを認めるのにやぶさかではない。「二枚の最優秀答案を見ると、誰もが従わなければならない答案作成法など存在しないことが分かる。一枚は、独自の展開を繰り広げながら、一種的確な調子が安定して維持されており、まるで作品の内部に身を据えて、作品の優れた点をおのずから見せてくれているかのように、作品の律動に驚くばかり忠実に従うことによって他に抜きんでている。もう一枚は、文章はあまりうまいとはいえず、骨身を惜しまない、方法的で、密度の高い書き方によって段落を重ねる中で、そしてまた高邁な闘いでもしているかのように、主題の核心をしっかり掴んでいる。論の展開は理路整然としていて、文句のない称賛に値する。余裕のある達筆と努力を評価することによって、審査員は、全ての受験者に次のことを理解してもらいたい。どんなにすばらしい天才でも、不勉強なら駄目になってしまうし、勉学はいつでも秀才を生み出すにいたるのだということを」（古典文学一級教員資格《アグレガシオン》、男子、一九六七年）。しかし、審査員がなによりも称賛するのは、学識における二つの相対立する形式を和らげながらうまく調合して節度よく結びつけることである。「とってつけたような称賛の言葉、あるいは、きまって難癖をつける態度、どちらも感心できないが、いかなることがあっても、二つの態度のいずれをとってもいけない」（古典文学一級教員資格《アグレガシオン》、女子、一九六二年）。「一番大事な結論に少しずつ向かっていくにあたっては、無味乾燥でもなければ、冗漫でもない、その中間の、軽快で、節度のある柔軟なやり方がある」（同）。テキストを読んで理解したあとは、無理に気の利いたことを言おうとするのではなく、しかし、つまらないことに足をとられずに、お門違いなことを言わないようにしながら、（……）」（文法一級教員資格《アグレガシオン》、男子、一九六三年）。「これ見よがしな表現や、いたずらに抽象的な表現は比較的少なかった。……「流行」の用語も比較的少なかった。（……）しかしながら、簡潔さと明晰さへのこうした努力はほめられてしかるべきだが、エッセーとしての文体がおろそかにされ、だらしない雑談、さらには品位の欠けた雑談に陥ってしまってはいけない」(現代文学一級教員資格《アグレガシオン》、女子、一九六五年)。「今後の受験者のために言っておきたいが、国語読解《エクスプリカシオン・フランセーズ》とは、……不可欠な字句説明と、文学的な説明とをうまく融合したものなのである」(文法一級教員資格《アグレガシオン》、男子、一九五七年)。「余裕に満ちた雄弁においては、不適切な用語があっても、大言壮語があっても、一般化の大風呂敷を広げてもいけない。(……)――できることならではあるが――、文章に気品があることがここでは最も大事な美徳である」(文学一級教員資格《アグレガシオン》、男子、一九六五年)。「人の顰蹙を買い、滑稽にみえるのは尊大で傲慢な調子である。偉大な作家たちに教えをたれんばかりの調子、敬意が欠けているだけでなく、人を馬鹿にした一種憐憫のこもった調子はいただけない。ユゴーは恥ずかしげもなく修辞的表現をひけらかしているとお説教を垂れる答案があった」(文学一級教員資格《アグレガシオン》、男子、一九六二年)。

大学の「良き趣味」の内実を規定している諸特徴は、相対立する諸要素の融和を求めてやまない前述の態度から必然的に引き出される。「判断」と「趣味」、「節度」、「洞察力」の混合が、思念《パンセ》、含蓄《ニュアンス》、品位《ディスタンクシオン》を生み出すのであり、それが、強迫観念のように「適切で、かつ鋭い」と評されるのである。そして、「調子や趣味の欠陥」、「恥じらいのなさ」、「品位のなさ」を免れさせてくれるのである。

「このような微妙な事例における、(……)唯一の判定基準は趣味のよさである。それが、唯一可能な態度であり、目配りを利かせながらも、作品への共感をあらわす態度である」(古典文学一級教員資格《アグレガシオン》、女子、一九五九年)。「(……)簡素で、手際よいコメントをすること」(文学一級教員資格《アグレガシオン》、男子、一九六二年）。「的確な調子を掴むこと」（文法一級教員資格《アグレガシオン》、男子、一九六二年）。「翻訳したものを人に聞かせ、味わわせるにあたっての才能、それなりの熱意、翻訳の文構造だけでなく、その巧みさを引き出す趣味のよさといったものは、未来の教員――あるいは現職の教員――に対して当然要求すべきものだが、ことごとく失望させられた」（文法一級教員資格《アグレガシオン》、女子、一九五九年）。「このテキストは、基礎的な文法知識だけでなく、思考力や細心さが要求される」（文学一級教員資格《アグレガシオン》、男子、一九六二年）。「国語読解《エクスプリカシオン・フランセーズ》のいいところは、細心さ、知的柔軟性、そしてまた、天賦の判断能力を試す関門になることである」（ユルム高等師範学校《エコール・ノルマル・シュペリウール》入学試験、国語読解、一九六五年）。

採点の実態に対する教授陣の態度に見られる矛盾は、職種階級が上にいけばいくほど目立ってくるが、自ら落胆した演技《ジュ》をしてみせるときほど、その矛盾が如実に見て取れるときはない。教授陣がそんな演技をせざるをえないのは、未来の教員を評価する目的の小論文《ディセルタシオン》が単なる学校演習以上のものであり、演習とは別の何かであるという素振りを見せたいときである。「現実においては、われわれは、もっと程度の低い、情けなくなる基準にしたがって採点しなければならなかった」（文学一級教員資格《アグレガシオン》、男子、一九五九年）。教授陣は、「創造的な」心構え《ディスポジシオン》（「独創性」、「創造」等々）や「個人」の資質を高く評価し、知識やテクニカルな練達は、「学校的マニュアル」にすぎないとか、「教科書的知識」だと貶めて省みないことがあるが、かといって、「学校的規則」から僅かでも逸脱しようものなら、間違いなく減点対象になるのである。秀才たちを神明裁判にでもかける宣託のようなイメージがほころびて、中等教育教員採用試験としての散文的な現実が露呈したときは始末におえない。「受験であることを忘れるわけにはいかないが（いうまでもなく、それは無理な話だとしても）、テキストが試験問題のために書かれたのではなかったことを忘れないでおくことは、たぶん、よい方法なのである。テキストは、人間が他の人間に差し向けた呼びかけとして書かれたのだ」（文学一級教員資格《アグレガシオン》、男子、一九六二年）。良き生徒は良き生徒でしかなく、よき先生になることしか約束していないのだが、試験としての現実があまりに乱暴に剥き出しになると、その魔術は破られ、一職業としての現実に引き戻されることになる。だが、この職業は、たぶん、他のどんな職業よりも聖職として担われることが要求されているのである。そうでなければ、虚構を破壊してしまうよりは、たとえ虚構だろうとなんであろうといいから、「それらしい振りをする」ように奨励されていることをどう理解したらいいのだろうか。創造性を気取って見せたり、時間をかけて準備したものを即興であるかのようにいかにも率直な振りをすれば、採点者側が見て見ぬふりをするのは間違いない。ところが、とってつけたような学校盲従主義的態度をとったり、わざとらしい態度をとるようなことがあれば、「ゲームに参加する」能力がないか、その気がないと疑いをかけられるのである。「本人による論述展開が要求されているにもかかわらず、受験者がそれに換えて、『これ以上うまく言うことはできないだろう』と慎ましく断りつつ、（……）ある批評家から一ページを丸ごと借りて引用することは言語道断である」（文学一級教員資格《アグレガシオン》、男子、一九六二年）。

　しかしながら、学校的因習に対して月並みな批判がなされるときほど、「学校的なもの」の真実が見事に喚起されるときはない。「受験者の中には、小論文は三つの部分に分かれていなければ、よいものにはなりえないと信じているらしい者がいる」（文学一級教員資格《アグレガシオン》、男子、一九五九年）。「彼ら（受験者）は、古色蒼然とした作法《ルセット》に従っているにすぎない。学校的伝統が踏襲してきた作法で、何代も前からそこで説かれてきたものは型通りの作法《オートマティスム》であって、そこから期待されるものといったら、思考の努力を免除することである」（同）。「試験で取り上げられるやいなや、テキストは例外なく荘重なたたずまいをもつようになるようだ」（同）。「〔一級教員資格《アグレガシオン》試験問題に〕取り上げられた作品が、あくまで人間の著作であることを肝に命じてほしいものだ」（文学一級教員資格《アグレガシオン》、男子、一九六二年）。そして、受験者が「教えをたれる」とよく非難されるとしても、そもそもそれが彼らに課された仕事なのだが、それは、教員としての権威《マジステール》を振るう特権を就任前に簒奪しているからなのだろうが、それだけでなく、演習の真の目的があまりにも歴然としてしまうからなのである。

同じ矛盾が、よりはっきりした形で、生徒が自分の勉強や、教員、また彼自身の技能《アプティテュード》について抱く表象に再現されるのを示すのはわけもないことである。より「学校的」で、限定された学問指導への願いが表明されるかと思えば、監督や規律に煩わされない、高邁《ノーブル》で、自由な勉学という理想的で高尚なイメージが先立つことがある。また、高尚な「師」に期待されるものは、「頭が切れて」、「あまり学校臭さがなく」、「聖なる情熱」に突き動かされていて、「生き生きとしていて」、「教えてくれるものを好きにさせてくれ、一般の人々とのコミュニケーションを打ち立てる」（リールの生徒との対話において記録された表現。他箇所でも同様の表現があった）能力をもっていることだが、そのような意見をもっている同じ人間が、「役に立つ」、「きちんと用意され」、「明快なプランにのっとった」、「分かりやすくて」、「資料の豊富な」「授業」に惹かれることは珍しくない（全国リセ学力コンクール成績優秀者の例にも見られた通り）。二つのタイプへの期待の度合いは、分野や、とりわけ生徒の出自と教科によってまちまちだが、一ついえることは、カリスマ的な価値観がいつでも優先することで、その前に出ると「学校的な」諸要求はことごとく引け目を感じ、悪いことでもあるかのように見えてしまうのである。

しかし、逆説的にも、他のどんな分野の教員よりも哲学の教員が重視する「自律性《メトリーズ》」への礼讃を仲介にすることによって、学校的制度は、他の制度的規則によっては確保しえない献身と自己犠牲《ドン・ド・ソワ》を手に入れるにいたる。実際、学校制度とは、拘束でもあり、学習プログラムでもあり、時間割でもあり、あるいは教科書でもあるのだが、それと同時に、これもあくまで制度的なものとしての自由だとはいえ、制度的規則に違反するのではなく、それを超越（保全）するために制度的規則と駆け引きをしてみせる自由をも付与してくれるのである。そのもっとも典型的意味でのカリスマ的な見事な答案《プルエス》は、ほとんどいつでも原則的に、ありきたりの制度的庇護をどちらかと言えば大袈裟に辞退してみせるのである。これこそが、人間としての品位を自己付与するための最適な手段なのである。そこには、言語の曲芸的な駆使がある。難解なほのめかしがある。困惑させる引用、あるいは開き直った晦渋さがある。また、それと並んで、出典を隠したり、計算された冗談を挿入したりするための手段ないし代替物となる技術的作法が用いられている。そうした見事な答案がその象徴的効果を発揮するとしたら、それは制度によって用意された権威に裏打ちされた状況があるからなのである。制度は、受験者が自己の人格を引き上げるために職業的権威を利用するだけの自律性《メトリーズ》を認めてやるのだが、そのことによって、公務員が、確実に、その人格の全能力と熱意とを職業に捧げてくれる手段を確保するのである。同時に、制度は、伝えるべきものを伝える「他の人に換えがたい」作法によって著者が獲得する権威を、自らの伝達のために取り込んでしまう傾向がある。

ここで理念型の著書から一部を引用しておくべきだろう。そこには、否定的な言辞（「たしかに……だが、しかし」）を通して教授という職業の真実と、この職業の経験の真実が共に述べられている。ここにある吐露が、職業の伝統的定義によって力づけられることによって、あらゆる優れた教授実践の完璧な定義の一部をなしている。「たしかに、師が弟子と出会うのは、公教育の規範と諸制度によってである。少なくとも、一般的にはそう言えるだろう。しかし、このテクニカルな様態が支配的であるかぎり、二人の関係は教育の関係に留まっている。教諭、教員は、誠実に公務員としての役割を果たしているが、本来的な意味での師ではない。普通、師であることは、一定の物質的・技術的条件が前提となるが、それを利用しているのであって、それに仕えているのではない。学校施設、その課程、教育プログラムは、二人の出会いのための口実であり、出会いを可能にする機会なのである。ただ、これらの条件は必須である。なぜなら、師と弟子の関係がその外で結ばれることはないからである」「人が師になるのは、教育委員会によってでもなければ、国民教育省令によってでもないし、教員資格証の試験、学士試験や一級教員資格試験《アグレガシオン》に合格した日になるのでもない。辞令は、教諭や教授を任命できるが、師を認定するには無力である。それに、どんな辞令も師の資格を剥奪したり、解任することはできない。（……）繰り返し言うが、教員の大半は師ではない。彼らはよき公務員として授業や講義をするのである。彼らは、取得した知識を授けるが、彼らが説く真理を超えたところに、より高次の真理が君臨しているとは思いもよらないのである。（……）教授に要求されるのは知識である。師に求められるのは別の能力であり、知識の超越と相対化があって初めて可能になる」「官庁のテクノクラートが処方する時間割、プログラム、教科書といった現実は、一種のだまし絵にすぎない。たしかに時間割を儀式的に墨守することは、一般に、行政執行官の目をくらますと同時に、規則に従わなければならない大多数の人間を仕事につかせるのには役に立つ。それに時間割は必要である。それがなかったら、学校という社会は、（……）たちまちのうちに物理的にも精神的にも解体に晒されるだろう。しかし、時間割は口実でしかないのだ。その真の機能は、めったにない幸運な出会いを用意することにある。そこから、師と弟子とのあいだの対話、すなわち、各自が自己と対峙することが始まる」(11)。

一方には、制度の客体的構造があり、それは知識や著者の配分、そしてまた、客体的に階層化された「教科」（ないし、「科目」）間における師弟の配分に見られる構造があり、他方には、心的構造があり、その顕在化が把捉されるのは、分類選別された提出課題や分類選別の手続きに伴う言説においてである。このように、制度の客体的構造と心的構造との間に観察される相同性からは、次のように結論づけることが許される。認識や評価、思考や行動を構造化している図式がたたき込まれ、押しつけられるのは、学校制度の構造を通してであるとともに、それと同じくらい、教育的課題をこなすことを通じてである。

客体的な構造内部の様々な位置《ポジシオン》に客体的に結びついている諸特性と、それに対応した生徒、ないし師の社会的かつ学校的な特性との間には調和があるわけだが、その原理は、心的構造と、制度の客体的構造（各コース、学校、あるいは教科間の階層）との間に成立している一見解きほぐしがたい弁証法の内部にある。行為に関するある種の機械主義的な見方に抗弁するために、社会的行為者が個人的に、あるいは集合的に、社会的現実を構築するのだと言っておくのはいいことだが、よく相互行為論者《アンテラクシオニスト》やエスノメソドローグが言うように、社会行為者が、その構築作業の中で作動させる諸カテゴリーを作り出すのではないことを忘れないようにしなければならない。無意識の主観的構造は、学校成績評価（これだけではないが）にみられるような構築行為《アクト・ド・コンストリュクシオン》を作動させているものではあるが、その構造は、客体的構造の身体化《アンコルポラシオン》という長く緩慢とした無意識的プロセスの産物なのである。このようにして、学校制度の客体的構造（教科間の階層がその一例）、そしてまた、それとの相同性を通して社会空間の諸構造が、少なくとも陰画的に、これらの諸構造の保全ないし変形をもくろむ諸行為を方向づけているのである。問題は、最近の流行にしたがって、新聞・雑誌などで、主体の死ないし再生を告げる連中がそれをどこに位置づけているかなのではない。一行為者は、必ずしも彼自身の思考や行為の主体ではないのだが、そのような行為者に対して、構造の保全ないし変形において現実に彼に帰着する役割を付与することが問題なのである。そしてまた、行為者が、その役割を通して無意識によって導かれる中で、構造に向けられた諸行為を行う外見上の主体になることを引き受けるときに、それと知らずに担っている責任を彼に戻してやりたいだけである。だから、無意識は「疎外」と言ってもいいだろう。というのも内面化された外在性《エクスオリテ》にほかならないのだから。

第2章

正当に評価されないことと象徴的暴力

教授集団がくだす成績判定において暗黙のうちに採用されている諸カテゴリーを仮説として提案したが、その目的は、全国リセ学力コンクール成績優秀者の一見本集団における社会的・学校的諸特性の偏差を明らかにすることにあった。このような仮説は、科学的厳密性に関する実証主義的見解から見れば、とんでもない挑戦に見えるかもしれない。たしかに、諸事象をめぐって問いを立てるかわりに、諸事象を生み出した問いをめぐって問いを立てるようなやり方に、実証的な裏付けをいかにしてあたえられるのだろうか。研究プログラムの対象は、行為者たちが研究対象を生み出すために作動させる実践的プログラムなのであり、〔研究の〕実践上においては研究者（あるいは読者）の頭の中にある実践的プログラムなのである。実のところ、全国リセ学力コンクール成績優秀者へのアンケートによって記録されたデータを明らかにするために前提にしなければならない諸点をことごとく直接的にかつまた体系的に検証することが可能になったのは、なんとも平凡ではあるが、方法的に構築されればまたとない資料になる書類が発見され分析されたからである。[1] パリの高等師範学校《エコール・ノルマル・シュペリウール》〔ENS〕女子入学受験準備クラスの哲学の先生が一九六〇年前後に四年間にわたって成績を記録したカード（一五四枚）が手元にある〔入学準備クラスについては「**解説1**」参照〕。成績（一人の生徒につき五件か六件）の他に、生徒一人一人について筆記による課題や口頭発表について評点を説明する「評語《アプレシアシオン》」がついていて、更に、生年月日、両親の職業と住所、中等教育時代に通学した学校名が記載されている。

この資料によって可能になるのは、答案のコメントの中でもちいられている様々な形容詞間の関係を検討することである――これらの形容詞は、各形容詞に異なった価値を付与している差異の体系を形成していて、先生による評価を構造化していると共にそれを表現していると想定できる。また、一方に答案に下された評点があり、他方に、これら二つの評価形式〔評点と評語〕の対象になっている生徒の社会的出自が記載されているので、その間の関係を検討できることになる。とりわけ、ごく普通の教師によってなされた成績表と、それを正当づけるために用いられた理由とを一種対照表にしたものを分析することによって、分類選別の学校的形式を把捉できるにちがいない。この分類選別の学校的形式は、エミール・デュルケムとマルセル・モースが語っている「分類の原初的形態」と同様、社会構造を取り込んだ産物なのであり、その社会構造がとりわけ学科やコースへの分化を通して学校制度を組織しているのであり、それ自体が社会空間構造と相同的な関係にある。

われわれは、教師の成績判定を組織している認知構造を探査するにあたって、統計学的にはより高度なテクニックに訴えるよりは、ジャック・ベルタン(2)から借用した極めて簡素な検証方法を用いることを選んだ。この方法は、分かりやすい形式によって分析データを提示できる長所をもっていて、理由を明らかにするモデルに一目でわかる見やすさを与えているのである。

この分析の第一段階においては、各形容詞を縦列に並べ、各生徒をその社会的出自にしたがって横の行に並べた上で、成績評価において用いられている形容詞があればその欄を黒く塗りつぶし、形容詞に対して表現を緩和する語や限定的な語がそえられている場合には、その欄を灰色にした。たとえば、「余裕をもって表現できるが、詰まることもある」「勤勉だが、自主性に欠ける」「意見に偏りがみられるが、正鵠を射ており、論理展開がしっかりしている」「散漫で、平板だが、一定の構成力がある」といった緩和や限定的表現がある場合は灰色になっている。**図1**の縦列は、一生徒に対して教師が与えうる評価

図１　教員による評価カテゴリー（認知機械による分類選別１）

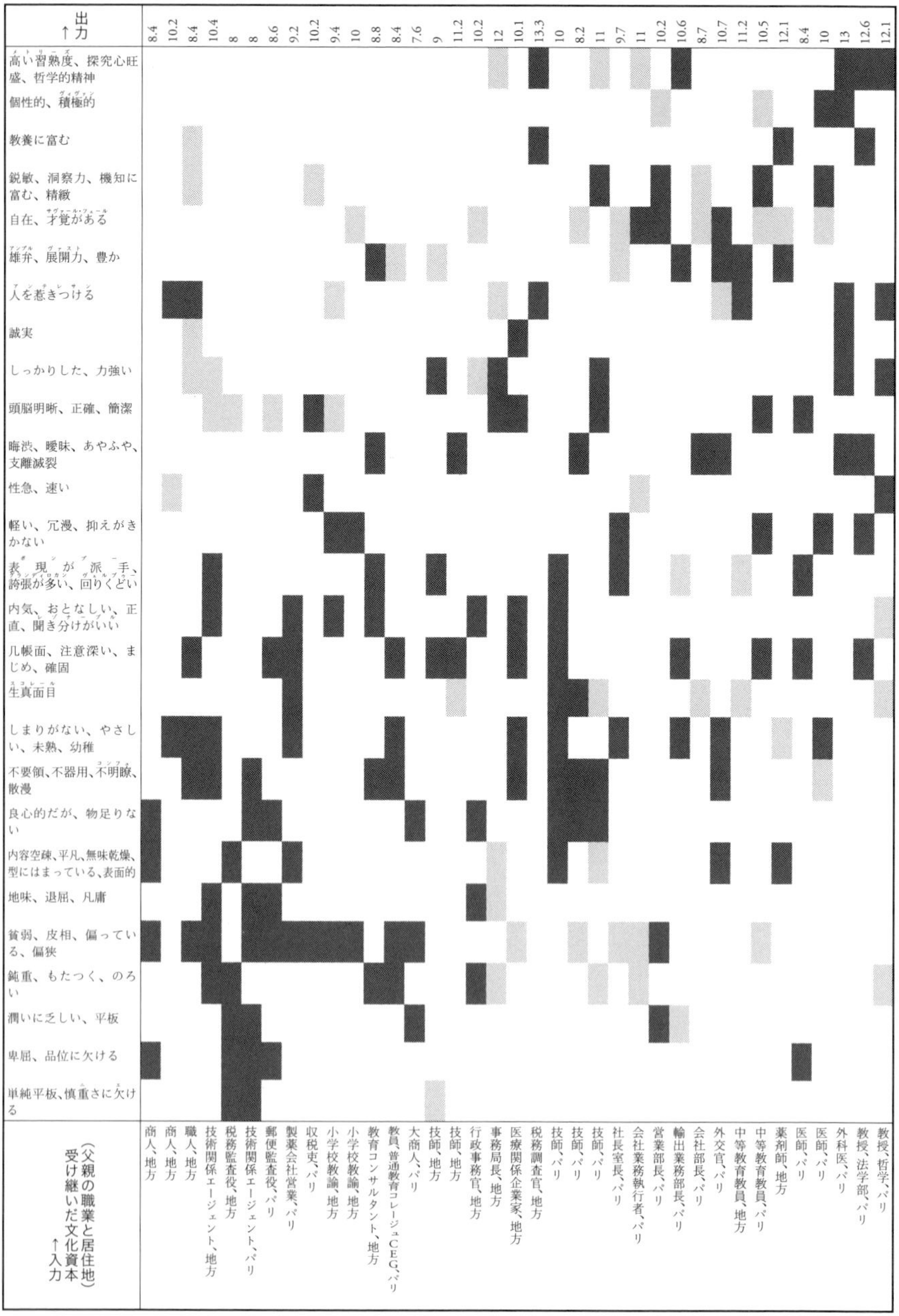
出力
↑
8.4
10.2
8.4
10.4
8
8
8.6
9.2
10.2
9.4
10
8.8
8.4
7.6
9
11.2
10.2
12
10.1
13.3
10
8.2
11
9.7
11
10.2
10.6
8.7
10.7
11.2
10.5
12.1
8.4
10
13
12.6
12.1
高い習熟度《メトリーズ》、探究心旺盛、哲学的精神
個性的、積極的《ヴィヴァン》
教養に富む
鋭敏、洞察力、機知に富む、精緻
自在、才覚がある《サヴァール・フェール》
雄弁《アンプル》、展開力《ヴァスト》、豊か
人を惹きつける《アンテレサン》
誠実
しっかりした、力強い
頭脳明晰、正確、簡潔
晦渋、曖昧、あやふや、支離滅裂
性急、速い
軽い、冗漫、抑えがきかない
表現が派手《ポンプー》、誇張が多い《グランディロカン》、回りくどい《ヴェルブウー》
内気、おとなしい、正直、聞き分けがいい《レゾナーブル》
几帳面、注意深い、まじめ、確固
生真面目《スコレール》
しまりがない、やさしい、未熟、幼稚
不要領、不器用、不明瞭《コンフュ》、散漫
良心的だが、物足りない
内容空疎、平凡、無味乾燥、型にはまっている、表面的
地味、退屈、凡庸
貧弱、皮相、偏っている、偏狭
鈍重、もたつく、のろい
潤いに乏しい、平板
卑屈、品位に欠ける
単純平板、慎重さに欠ける
（父親の職業と居住地）
受け継いだ文化資本
↑
入力
商人、地方
商人、地方
職人、地方
技術関係エージェント、地方
税務監査役、地方
技術関係エージェント、パリ
郵便監査役、パリ
製薬会社営業、パリ
収税吏、パリ
小学校教諭、地方
小学校教諭、地方
教育コンサルタント、地方
教員、普通教育コレージュCEG、パリ
大商人、パリ
技師、地方
技師、地方
行政事務官、地方
事務局長、地方
医療関係企業家、地方
税務調査官、地方
技師、パリ
技師、パリ
技師、パリ
社長室長、パリ
会社業務執行者、パリ
営業部長、パリ
輸出業務部長、パリ
会社部長、パリ
外交官、パリ
中等教育教員、地方
中等教育教員、パリ
薬剤師、地方
医師、パリ
医師、パリ
外科医、パリ
教授、法学部、パリ
教授、哲学、パリ

の圏域《ユニヴェール》を表している。次に、類似した意味をもつ形容詞や、ほとんど常に共に用いられる形容詞を一纏めにして、二七の項目に分類した。形容詞の階層と社会的出自による階層との間において、できるだけ各項目が一列に並ぶような関係を見出すことによって、データを「対角線化する」ようにした（横行と縦列の項を漸次入れ替える操作による）。このようにすると、形容詞が大雑把にいって、もっとも低い評価を意味する語から最高のほめ言葉へと並び、社会的出自による階層は、家庭の文化資本を基準として並べてみた序列にほぼ一致することが確認できたので、ある年次の生徒たちを、受け継いでいる文化資本の量に応じて並べることにした——あるいは、もっと正確に言えば、他に適当な基準がないので、生徒の両親の職業を考慮し、またパリか地方かによって居住地を分類することによって、生徒が所有している文化と、教育システムとの距離に応じて並べた。したがって、中間的な位置《ポジシオン》を出自とする生徒（農業経営者や労働者、あるいは一般事務員の子どもは、事実上、この教育水準には姿をみせない）から支配的位置《ポジシオン》を出自とする子どもまでが順に並んでいる。後者の子どもについては、文化資本が相対的に少ない領域（産業関係、管理職）から、もっとも大きな領域（大学教授）までが並び、自由業はその中間的位置《ポジシオン》をしめている。最後に、図表の上端に、各生徒について一年間に提出した答案の平均点を並べた。

認知機械

一目で分かることは、最大級のほめ言葉が現れる頻度が高くなるにつれて、生徒の社会的出自も上にいき、評点も高くなる（幾つか逆行しているものを除いて）ことである。どうみても、パリ出身者が優位に立っていることを示していると思われる。首都出身の生徒は、社会的出自が同等の場合、いつでも、稀にしか用いられないほめ言葉を受け取る頻度が僅かながら高いのである。しかも、この教育水準において、そしてまた、学校エリートに限定されている文系入学準備クラスにおいては、地方出身者がはるかに優先されて選出されているにもかかわらずである。社会空間の中間的領域を出自とする生徒（彼らは、平均点が七・五点から一〇点の間にくるグループの半数以上を占めているし、一二点以上の少数グループ内には全くいない）は、否定的な評価をもっぱら受ける対象になっている。特に、「思慮に欠ける《サンプレ》」とか「自主性に乏しい《セルヴィル》」とか「品がない《ヴュルゲル》」といったもっとも否定的な評価が彼らに集中しているのである。彼らに好んで用いられる評価用語を集めてみれば、ブルジョアが、プチブルジョアに対して抱いているイメージ、ケチなブルジョアというイメージが構成されることが判明するのである。すなわち、「貧弱」「偏狭《エトロワ》」「凡庸」「良心的《コレクト》、しかし物足りない」「要領が悪い《マラドロワ》」「不器用」「論理不明瞭」などなどである。彼らに付与される美徳にしても、否定的なものばかりである。すなわち、「学校臭い」「丹念《ソワニュー》」「注意深い」「まじめ」「方法的」「内気」「おとなしい」「誠実」「聞き分けがいい《レゾナーブル》」等々。頭脳明晰、毅然、洞察力、精緻《シュプティル》、知性あるいは教養といった、とっておきの美点を認めてもらえるときでさえ、必ずといってよいほど限定的な言葉を伴っている（**表2**の評価用語1bを参照。その理念型的性格が注目される）。実業ブルジョアジー出身の生徒は、全員、最悪の評価用語を免れており、評価の低い語が向けられても、たいていは限定的な語を伴っている。とっておきの評価用語を受けることもあるが、それでもたいていは留保もつけられている。知識人階級出身の生徒の場合は、否定的評価用語は弱められた形でさえ受けることはないし、プチブルジョア的美徳を与えられることもない。そして、きわめて頻繁にもっとも望ましい美点を与えられている。

表２　評語事例表

	1	2	3
a 8点から10点	父親、技術関係営業、パリ 慎重さに欠ける、凡庸、漠然としている、構成力脆弱、展開力に乏しい貧弱な論拠。 要約は正確だが、卑屈な印象。 潤いに全く欠ける。 巧みな表現が散見される（借用？）が、部分的で、散漫。	父親、技師　母親、一般事務員 パリ近郊 論旨不明瞭。哲学的考察があるも未消化。期待を抱かせるも、探求がなされているわけではない。生真面目なだけに終わっている。 混乱、積極性がある。自在な表現、しかし、ぎくしゃくしている。 構成が破綻している。知識不足、下手な知識休むにたり。 幾つかの意見が提示されているが、相互に連関がない。 良心的な仕事。 向上がみられる。	父親、医学博士、パリ 知識がある。しかし、文体にめりはりをつけるために哲学的概念を使っている。派手な饒舌、学識がある。 構成力。 卑屈な印象をあたえる要約。 知識がある。それなりに明晰な表現力。しかし、具体的な分析に欠ける。 よく出来ている部分が散見されるが、うまくつながっていない。雑多な引用。
b 10点から12点	父親、家具職人 母親、郵便集配人 地方 頭は悪くはないが、幾分幼稚、中途半端で不要領、しかし、面白いところがある、ある程度の教養がある。 ピントはずれの知識、意見はしっかりしているが、きわめて一面的。 誠実で、まじめ、幾分内気、ドイツ語がうまい。 同じことが言える。不器用だが誠実、真面目、例の巧みな引用。	父親、輸出関係部長代理、パリ 話題豊富、長文、かなり的を得ている、しかし、回りくどいところあり。 まじめ、よく考えている、迷いがある、困難にぶつかると、そこで止まっている。 形式が散漫で、平板。しかし、うまく組織だてている、テーマに対する全体的視野がしっかり構築されている。字が汚い。訂正が多い。 かなりよく出来ている。まじめ、しかし、テーマをきっちり定義できていない。 しまりがない、幾分くだらないところもあるが、的確な部分もある。 不慣れな用語を乱発。	父親、物理化学教授 母親、自然科学関係教授 パリ近郊 精確、行き届いている、明晰だが、幾分偏狭。 完全な的外れが幾つかある。しかし、レベル《カリテ》は低くない。 精確だが、人をむやみに刺激するところがある。 洞察力あり、かなりよく書けている。不正確なところが見受けられる。
c 12点以上		父親、管理部門上級管理職 母親、小学校教諭 地方 よい出来、教養もあり、思考力に富む、かなりうまく書けている、知りもしないことに首を突っこむことがある。 かなりよく出来ている。 面白い。高い習熟度。	父親、外科医、パリ 面白いが、混乱がある。 しっかりしていて、論旨をうまく運んでいる。結論が幾分謎めいている。しかし、真に哲学的。 きわめて個性的、構成力あり、しかし、表現力に欠ける。 力強い、かなりよく書けている。 おもしろいが、論旨不明瞭。表現力不足。

この表では、数名の生徒の成績カードに書きこまれた先生の観察、記録を、平均点とともに全て記載した。

各生徒に対するコメントの数は一定していない。先生はいつでも評点にコメントをつけるわけではない。

実のところ、採用されている分類選別方式は、差異を最小化する傾向がある。評価用語《タクシノミー》の中間的な位置《ポジシオン》を占めている形容詞の〔表の中での〕配分がきわめて広く分散している理由は、その位置《ポジシオン》のせいだけに帰することはできないし、たとえ意味が近いにしろ異なった形容詞を一纏めにしたせいでさえもない。分散の理由は、たぶん本質的には、同じ形容詞が様々な組合せの中に組み入れられ、そのことによって、極めて多様な意味を受け取ることにある。特に「しっかりした」のような品質形容詞の場合がそうで、「行き届いた」とか「注意深い」などと結びつきながら、プチブルジョア的な非の打ち所のない凡庸さのもつ美徳（「良心的だが、しかし物足りない」の「しかし物足りない」が見事に伝えているもの）を認定する遠回しなやり方に他ならないのである。一方、この語が、「頭がいい」とか「精緻」に組み合わされると、学校的美徳の完璧な総合を表現することになる。

他方で、評点が同じか、あるいは同等であっても、生徒の社会的出自が低ければ低いほど、評価用語が手厳しくなり、露骨な表現が用いられ、婉曲な言い回しではなくなるのが観察される（この印象を直接的に確かめるには、一覧表において、同じくらいの評点を得た社会的出自の異なる生徒、すなわち、たとえば、1b、2b、3bのように同じ行に位置している生徒に対してなされた判定を読んでみるといい）。判定理由の言葉は、それが表している評点よりは、社会的出自によりしっかり結びついているように見て取れる。その理由はおそらく、判定理由の言葉から、先生が生徒について抱いているイメージが滲み出ているためである。そこには、先生が生徒の身体的特徴から得た知識や、提出課題のテクニカルな評価において明示的に認められている判定基準とはまったく無縁な基準との関係でなされた評価が働いている。

無記名の答案を採点するのとは違って、ここでは先生の判定が、生徒の「人格」そのものについての直接的で長期にわたる知識に依拠している。すなわち、生徒の提出した課題や授業での演習、あるいは生徒の外見を通して受け取られた、漠然とした、決して明言化されないが、測定され組織化された指標全体に依拠しているのである。答案の筆跡に特に明確なコメントがなされることもあるが、「拙さ」や「幼稚さ」が顕著なときは、社会的に無色とはとてもいえない実践的な評価用語によって注意が向けられ、評価されている。たとえば、「品位がある」、「幼稚」、「品がない」といった相対立する語の周辺に評価用語が組織立てられている。答案のプレゼンテーションに言及されることはめったにないが、これもまた、社会的に有標な評価の格子を通して把捉される。行き過ぎた無礼講も馬鹿丁寧な几帳面さもともに退けられる。文体と「一般教養」はどちらも考慮に入れられるが、その程度は一様ではなく、教科（たとえば、哲学やフランス語）によって基準が変化するようだ。

明白に思われる点は、〔各教科に〕固有の素養――個別例としては、哲学書の著者についての知識、哲学用語のテクニカルな駆使、問題設定、厳密な証明手順の能力等――が、筆記試験の採点において、通常考えられているほど重要視されてはいないことである。学校的演習に固有の評価要素を指示する品質形容詞（「一面的」「表面的」「不明瞭」「散漫」「方法的」「晦渋」「曖昧」「甘い」「乱雑」「明晰」「精確」「単純」）を別にすれば、用いられている形容詞のほとんど全てが、人格的資質を指すもので、まるで、先生が学校的虚構をすっかり真に受けて、文学批評か芸術批評の流儀で、厳格に規定された学習項目に沿った能力を問うのではなく、ある理想を目指した心構え《ディスポジシオン》全体を判定しているかのようである。この理想は、おまけに定義しがたいもので、明晰さ、毅然たる態度、厳密さ、誠実、自在な余裕《エザンス》、要領のよさ、洞察力、緻密さ、気立てのよさといったものの独特な調合なのである。品質形容詞が、芸術作品のほめ言葉に使われる形容詞よろしく、意味内容の空疎な間投詞にも似た曖昧さに満ちていて、そのことからしても、通常の言語に潜在する分類選別体系を実践的に体得している者でなければ、とても判別もできなければ、意味を明確にできないことが分かるのである。

疑問の余地がないことだが、人格全体を評すると言わんばかりの判定は、本来的な意味での容貌、それはいつでも社会的に有標なのだが、そうした容貌ばかりではなく、服装や装飾、化粧、そしてとりわけ態度や身のこなしも考慮の対象に含めている。これらは、社会的に構築された評価用語《タクシノミー》を通して認識されるのであり、人格的資質や価値を示す記号として解読される。[3] たとえば、高等師範学校《エコール・ノルマル・シュペリウール》同窓生の追悼文において、亡くなった人物を呼び起こすために、その身体的外見の描写にたっぷり紙幅を割くのは、それが、故人の回想に役立つばかりでなく、人格の外見的相似物《アナロゴン》として機能するからである。このことは、人との最初の出会いについても言える。最初の出会いとは、「初源的直感」の機会であり、だいたいは身体的ヘクシスと口調を思い浮かべることですむのである。「彼の人となりからは、あるのかないのかはっきりしない体をしているが、それをもてあましているかのような印象を受ける。長すぎる首の上にのった顔は親しみをあたえるが、同時にどこか異様な雰囲気がただよっていた。首はいつも心なしか傾げられ、金髪によくある色白で、病弱で甘やかされた子どもを思わせた——たぶん、年配の心配性の女性たちに甘やかされすぎたにちがいない——目は大きく見開かれ、はっきりしない、どことなく海を思わせる青色だった。鼻は、大コンデ風〔一六二一—一六八六。アンリ二世の息子。フロンドの乱の中心人物〕か、一七世紀風〔高くて鉤型になった鼻〕で、その上に度をこさない程度に見事に広がった額があった」(ロベール・フランシオンの追悼記事、高等師範学校年報《エコール・ノルマル・シュペリウール》、一九七四年、四六頁)。そして、このポートレートに表現されている直感が全体として人物の知的・精神的性格を見事に彷彿とさせるのは、身体的ヘクシスの表現が、図らずもなされた人相学的研究に提供している指標体系によって、出身階級が、正しいにしろ間違っているにしろ、そこに捉えられているからなのである。「繊細な品のよさ」「詩人」「彼らしい資質が、交際を拒絶するのではない内気さによって半ば見えにくくなっている」。同じように、別の人物に対して与えられた美徳の数々(「力強い仕事ぶり」「多様で豊穣な学術活動」「頑強で、労力を惜しまず、いつでも微笑を湛え、人の良さがみえる」)にしても、彼のヘクシスを種々雑多な記述を通して描く回りくどい言い換えにほかならない(ルイ・レオの追悼記事、高等師範学校年報《エコール・ノルマル・シュペリウール》、一九六二年、二九頁)。

通常は、評価カテゴリーの左右両極の二列、すなわち社会的出自と評点だけしか見えないわけで、そこから社会的出自と学業成績との相関が確認されるのだが、このような制約条件の下では、図は単純な機械の図式を表しているにすぎない。この機械は、表には出ない社会的出自にしたがって序列化された生徒を受け取ると、公然たる学校的分類選別にしたがってあらためて序列化しなおすのだが、その結果は当初の序列に極めて近いものになっているのである。実のところ、左右の二列を見るだけでは、この奇怪な認知機械に固有な特徴を見逃してしまう。機械は、データと成績評価との一連のオペレーションを行いながら、入力時の選別と出力時の分類選別とのあいだに密接な照合を見つけ出す傾向を客観的にもっているのだが、しかし、公式には、その原理、すなわち分類選別にあたっての社会的基準は決して考慮されることはないし、それを認めることも決してないのである。担任をしている生徒のある者にプチブルジョアジーに典型的な性格を付与している先生に対して、彼の評価は社会階級による判定に依拠しているのではないかと疑ったら、たとえその判定が結果として一致していると言っても、憤慨することだろう。実のところ、公式の評価用語《タクシノミー》は、体系づけられた形容詞という形式の下に客観化されていて、矛盾した二重の機能を果たしている。それが、成績評価においては表立って考慮に入れられていない入力時の選別と[4]、出力時の分類選別との間を繋ぐものになっていて、かつそれを隠すスクリーンになっている。社会的出自を否定する論理に基づいて機能しながら、社会的分類選別を実現してしまうのであり、それと見て取れないままにそれをやりのけてしまうのである。

　学校的認識を表現し、実践の中でそれを構造化している評価用語は、支配者の評価用語を無色化し、見分けがつかなくなるような形式、すなわち、表現が婉曲になった形式をとる。その編成は共通に配分された資質の階層に従っており、被支配者（「大衆」）には、「自主性の欠如」「下品」「鈍重」を配分し、中間的位置《ポジシオン》を占めている者（「プチブルジョアジー」）には、「矮小」「偏狭」「凡庸」「良心的」「まじめ」等々を、支配者には、「誠実」「雄弁」「豊かさ」「自在な余裕《エザンス》」「要領のよさ」「洞察力」「才気」「精緻」「知性」「教養」などを配分するのである。学校的評価用語は、実践状態における分業と世界観との原理的体系であり、卓越性《エクセランス》に内在する定義に依拠している。すなわち、社会的に支配的な位置《ポジシオン》にいる人々に対して社会的に配分された資質を優れたものとすることによって、彼らの存在の様態とその身分を神聖化する定義である。

　実際、この分類選別システムを仲介にしてこそ、分類選別の学校的オペレーションは、行為者の社会的属性とその学校的位置《ポジシオン》との間に対応関係を打ち立てるのである。そしてまた、学校的位置《ポジシオン》もまた、教育序列にしたがって、学校名や学科、あるいはコースにしたがって序列化され、師もまた、教員の位階や配属校の場所にしたがって序列化されている。階層化された学業的位置《ポジシオン》の中での行為者の序列は、それ自体で、受け継いだ資本を学業資本へと変換する主要なメカニズムの一つになっている。しかし、このメカニズムが機能するには、相同性が隠蔽されていなければならないし、〔採点時の〕認識を実質上表現し、構造化している形容詞の対《つい》が、社会的支配者の評価用語における対立項（「目ざましい」／「ぱっとしない」、「軽快」／「愚鈍」など）を社会的に最もよく無色化したものでなければならない。あるいは、この対立項群の表現をぼかした形式でなければならない。「愚鈍」は、「重々しい」「固い」「頑固」に席を譲り、「おつむが弱い」は「お人好し」に、「軽快」は「率直」に席を譲る。見たところ口が悪いが、実のところは、無愛想ながらも温情主義的な善意によって和らげられている。

あきらかに乱暴な幾つかの付加形容詞は、通常は使用を禁止されるであろう――たとえば、「自主性に欠ける」は「慎ましい」（慎ましい人々）とか「控えめ」（「控えめ」な人々）というところ――が、見誤ってはいけない。学校的虚構によれば、判定はまだ向上する可能性を秘めた未成年に対して下されるものであるから、より不躾で、率直なあつかい（「やさしい」「未熟」「幼稚」を参照）をしても正当化されるのである。「お仕置き」が必要な状況では、象徴的懲罰を与えることが許されるのであり、施設が異なり、時代が異なれば、身体的罰が与えられていたのである。厳格さと規律の伝統は、どの「エリート校」にも共通している。とはいえ、これらのことから、先生に象徴的攻撃の自由が与えられ、大目に見られていることを十分に説明できるわけではない。

評価は書面によるものにしろ、口頭によるものにしろ、先生の価値観を肯定し、押しつける機会であり、エリートの生徒がほぼ完全に服従を受け入れ、従順であることからして、そのまま通用しておかしくない。きわめて意味深いのは、文系入学準備クラスの先生に対する弔辞のなかで、教え子の一人が、その先生が答案に与えていた極めて伝統的な評価――内容・形式ともに――を感動をこめて思い起こしていることである。「誰一人として、彼の生徒に対する教えを忘れてはいません。私たちにはもっともなことに思えました。それをあくまで生徒に課してくる彼の熱意として感謝していました。（……）彼のやり方は、ちょっと普通考えられないような、いかにも彼らしいものでした。彼は生徒たちと本当の意味での対話を――その頃から既に――していました。彼が答案を返してくれるときは、タイプライターで打った講評が答案に張り付けてあったのです。クラスの生徒数は四〇人かそれ以上でした。しかも、私たちは苦もなく大判で八頁もの答案を提出していたのです。時には、読みにくい字で。彼の「手紙」は、半頁以上のことがよくありました。生徒の役に立ってやりたい、生徒をよく理解したいという心遣いがありましたし、炯眼に満ちていましたので、彼の叱責が時に手厳しくても、愛情のこもったものであることをはっきり感じていました。彼の辛辣な言葉は、生き生きとしていて、時にユーモアに満ちていて、的確でした。彼の名言は記録に残してあります。「恐るべき達筆。――文体は味気なく、勢いがない。――君の論理展開はワァッフル焼きだ。――どこまで行っても、電報の電信線しか見えない長旅。――澄んだ水中の逆流。――君は論文をボクシングだと思っているのかね。殴り合いといった様相だが、時にまともなことを言っている。……」（ポール・テュフローの追悼記事、高等師範学校年報《エコール・ノルマル・シュペリウール》、一九七四年、五二頁）。

師の自惚れが生徒の側の追従によって迎えられるのは、「不躾な率直さ」がエリートたちにふさわしい唯一のコミュニケーション様態であるという確信の内に双方が一体感を味わっているからである。エリートの先生がエリートの生徒に向かって、エリートの理想像に一致しないからといって投げつける悪罵や追放は、**図1**が明瞭に示しているように、実のところ、普遍性の外見の下に、一部のエリートしか相手にしていないのだが、エリートの表象を刷り込むことを目指した儀礼の一部を形成している。

このように現実から遊離させる通過儀礼のありふれた儀式作法としての学校的成績判定が社会的基盤を直接的に吸収したものであるなどとは、判定をする者にとっても、判定を受ける者にとっても思いもよらないことである。このような驚くべき集団的になされた否認は、単に、個々人の否認が寄せ集められて凝集した結果ではない。実のところ、この場合だけでなく、いつでもどこでもそうなのだが、集団的信仰は、学校世界の客体的分類＝分業構造と、そこに参加している行為者が適用している世界像と分類＝分業による認知構造との間にある無媒介的な調和の中に内在している。実際、もっとも掴みがたい行為原理がそこにある。この原理は、構造の中にあるのでもなく、意識の中にあるのでもない。客体的構造と、身体化された構造、すなわちハビトゥスとの間にある。行為や歴史、そしてまた構造の維持や変形があるとしたら、それは、行為者が存在するからである。しかし、行為者は、一般に個人という概念でくくられるものに還元されないからこそ、他に影響をあたえ、ものを動かすのである。そして、社会化された組織体として、ゲームの中に入り、それをプレイできる性向と能力とを同時に含む全体的心構え《ディスポジシオン》を付与されているのである。師や生徒のそれぞれが、ある答案を「ぱっとしない」とか、ある発表を「及第だが、物足りない」と認識し、そのように評価するとき、あるいは、自己がどのように見られているか、自己認識し、自分がラテン語に向いているとか、地理学に向いているという風に見るとき、各人において作動しているものは、社会空間の客体的構造でもなければ、この空間の各位置《ポジシオン》における主観的意識でもない。それは客体的構造と主観的構造との間の存在論的照合関係なのである。一方には、分類選別原理――学校（大学とグランドゼコール）、学科、コースなど――に従って分化され組織された〈界〉構造があり、それが、誰にも見抜かれないような形で、もっとも基本的な社会分類選別原理を再生産するのであり、他方には、支配者の評価用語を無色化した形態としての学校分類選別の日常実践的オペレーションによって作動する評価用語があり、それが、相対的に自律的な〈界〉の機能によって、またその機能のために生産されることによって、通常の言語の評価用語を第二次的なレベルにおいて無色化するのである。このようにして、学校の言語は、世界観と分類＝分業の原理の主要な媒体であり、行為者に彼らの目標をそれと判別できないような形であたえるという前提において、行為者が彼らの論理による活動を自己決定するという条件の下でのみ、作動できるメカニズムの機能を可能にすることに貢献するのである。

生徒や師といった、学校システムの分類選別された生産物は、おそらく、学校評価用語の下において自己認識を可能にする連続的分類選別を媒介にすることによって、各人の構造内部での位置《ポジシオン》に従って異なるさまざまな程度において、客観的分類選別に偏向的に適応された分類選別原理を実践的に駆使する能力を獲得するのだろう。――客観的分類選別によって、彼らはすべてのものを（彼ら自身も含め）学校的評価用語に従って分類選別できるのであり、この客観的分類選別は、社会的分類選別を学校的分類選別、すなわち、受け入れられているとともにそれと判別できない社会的分類選別へと変形させる機械として、彼らの内で――まったくの善意に基づいて――機能するのである。学校的評価用語とは、学習プロセスの中で心的構造になった客体的構造である。学習プロセスは、この構造に従って組織され、同じ対立項目に従って同じように構造化された言語によって言語化された処罰に服した世界の中で遂行される。学校評価用語が分類選別をするとき、評価用語自体がその産物であるところの諸構造の論理自体に従っているのであり、それが適応される対象そのものなのである。それは、同じ原理にしたがって組織された社会世界においてたえず肯定されているのを見ているので、自明の感情をもって用いられている。この自明性こそが、社会世界の型通りの経験を特徴づけるものであり、また、その裏側に隠れた思いも寄らぬもの、思いもよらない感情を特徴づけている。

　分類選別のオペレーションを担う行為者が、社会的分類選別をするという社会的機能を果たしうるのは、この機能が、学校の分類選別のオペレーションという形式をとるからである。行為者がやるべきこと（客観的な意味で）をうまくやるとしたら、彼らが実際にやっていることとは別のことをやっていると信じているからであり、やっていると信じていることとは別のことをやっているからである。ミイラ取りがミイラになったのであり、彼らは、実際に実施していることの最初の犠牲者である。彼らは、学校固有の分類選別、より個別的には「哲学的な」（あるいは「文学的な」）分類選別を行っていると信じているし、文学なり哲学の教科についてのカリスマ的評価（「哲学的精神」など）をつけた証書を発行していると信じているからこそ、システムは、彼らの実践の意味を真の意味で簒奪するのであり、世界中の金を積まれても彼らがしないであろうことをしてもらうことを得るのである。

　また同様に、行為者が厳格に学校的成績判定をしていると信じているからこそ、彼らの学校的言語の婉曲的判決理由の下に隠れて社会的判定（よくも悪くも）が、固有の位置《ポジシオン》決定効果を発揮できるのである。学校的成績判定は、その対象となっている者たちに、生徒としての彼、哲学の学徒としての彼に向けられており、彼の「人格」、彼の「精神」、あるいは彼の「知性」に対してなされていると信じ込まされているのであり、どの道、決して彼の社会的人格ないし、もっと露骨に言えば、教授の息子としての彼、商人の息子としての彼に向けられているものでは絶対にないと信じ込まされているのである。そのことによって、社会的判定の婉曲的形式である学校的成績判定は認知されている、すなわち、見間違えられているのに対して、社会的判定は認知を得ることができないのである。社会的評価を学校評価に変質させることは、どうでもよい単なる言葉遊びではなく、言葉に象徴的効果を付与し、日常活動《プラティック》に持続的に作用を及ぼす力をあたえる社会的錬金術操作である。判決文が包み隠さずに言い渡される（「あなたはたかが労働者の息子ではないか」）か、あるいは、もう一段階言い換えられて（「あなたは品がない」）言い渡されるならば、象徴的実効性を発揮し得ないであろう。それどころか――そんな言葉が、よく言われるように、先生の口から漏れるとは考えられないとしても――、学校やその奉職者たちへの反抗を引き起しかねないだろう。ところが、その判決文に、学校〈界〉に特有の検閲がなされて、見間違う形式をあたえられると、受け入れ可能になり、受け入れられるのであり、認められ、内面化されるのである（「良心的だが、物足りない」「くだらない」「退屈な文体」）。学校的資質の学校的評価用語は、制度が、人間の優秀さに関する諸カテゴリーの表として提示するものだが、それはまた、各行為者と彼の「職業」との間にも介入するのである。そして、たとえば、ある学科やあるコースへの志向を支配しているのである。志向自体が、あらかじめ学校的成績評価によって方向づけられてもいるのだが。

学校的審判は疲れることなく更新されていき、最初の成績表から最後の弔辞まで教師につきまとう。

その油断ならない鼓舞がもつ象徴的実効性は、婉曲的作業におそらく多くを負っている。婉曲的作業は、礼儀を失しない範囲において、また、アカデミックな用心深さから脱しない範囲において不利益な判定を下すときに教員特有の修辞によって実現される。業績の報告書、推薦状、論文の報告書、あるいは、相互選出《コオプタシオン》の手続きにおける候補者推薦演説は、その行間を読むことを知っており、僅かなほのめかしを聞き取る同僚に向かってなされるものであるが、賛美の言葉が「被支配者」や「最小限」の資質に言及するものであれば額面通りには受け取れないのである。そこでは、補足的な言葉（「秀でた」など）が不在であり、あるいは、その月並みな表現によって化けの皮がはがれていたり、とりつくろった表記（「平均点くらいのところ」「将来を期待できる」「さらに努力をすれば」「資料のカードを並べただけのようなところがある」）によって歪められている。「私はX嬢を大学入学時より存じあげている。彼女は、いつ見ても、きわめてまじめで、勉学熱心な生徒に見受けられました。彼女から、何度かにわたって、一級教員資格試験《アグレガシオン》の課題を受け取ったことがありますが、評点はだいたい平均点くらいのところに位置していました。将来を期待できると思われます。したがって、さらに努力をすれば、試験に合格できるのではないかと思います」「X嬢は、一九七〇―一九七一年度（フランスの学校暦は九月に始まり翌年の七月に終わるのでこのような表記になる）に、私の指導の下に修士論文を書きました。とてもまじめで、よく資料を駆使し、なかなかしっかりした知的レベルの論文でした。ただ、いくぶん資料に密着しすぎていて、距離をおいた視点に欠けていました。X嬢の長所を評価する余地があるとすれば、一級教員資格試験《アグレガシオン》の最初の受験には失敗しましたが、再度挑戦するべきだろうと思います。彼女が準備をうまく進められることを願っています。一言付け加えれば、彼女は勤勉でありまた慎み深い人です。この点も考慮にいれれてしかるべき点かと思われます」（推薦資料、一九七二年九月）。

言説の権能を真に計るには、言語活動をその生産と使用の社会的条件に関連させるべきであり、言葉とそれを発話し受け取る人々を共に生産するところのメカニズムの中に、ある種の言葉の使用方法によって引き寄せることができる権力原理を言葉の外側に探し求めるべきである。しかるべき言語のしかるべき使用は、象徴的権能が実効性をもつための条件の一つでしかなく、一定の条件が整わなければ有効にならない条件なのである。学校的婉曲表現の権力が絶対的なものになるのは、それが、そのようなものとして選出された行為者に働きかけるときだけである。彼らの生産の社会的・学校的条件が婉曲表現を認知するようにあらかじめ準備しているのである。

学校制度が及ぼす象徴支配の効果が発揮されるのは、学校システムが伝授する役目を担っている教育内容の構造が、それを教育する役目を担っている師の心的構造と、教育のメッセージが向けられている生徒の心的構造に一致している時である。たとえば、ある哲学の先生が、彼の社会的無意識の全てをそこに投入しつつ、認識《エピステーメ》と通念《ドクサ》とのプラトン的区別や、あるいは、「人」と「日常的おしゃべり」とに関するハイデガー的言説を、それを受け入れる用意ができたブルジョア未成年の前で語る時が、そのケースにあたる(5)。このような授業は、学校的コミュニケーションの必要上、単純極まりない表現にならざるをえず、思索者と「俗人」や「通俗的意味」との間の距離を貴族的に強調するだけに終わりがちである。これこそが、哲学教師の哲学の隠された原理であり、たやすく未成年者たちを熱狂させることができるものなのである。秘教的で高度に婉曲的な形式の下に社会世界についての支配者的世界観を提示する哲学的言説の単純化されたヴァージョンが、しかるべき受取人の前でしかるべき形で披露されるなら、まちがいなく感謝されるだろう。このような表現を許していただけるなら、この感謝こそ、それを判断しないままに受け入れる形式なのである。上品な人と品のない人、稀なるものと通俗的なものが見分けがたくなるのは、哲学的理念の天空を経めぐった果てに、「真正なるもの」と「真正ではないもの」とが「類まれ」な形式の下に現れるときである。あるいは、師と弟子との入信の度合いによるが、「本来的なもの〔engentlichket〕」と「非本来的なもの〔uneigentlickeit〕」との形式と言ってもよい[6]。

同僚の評価と大学的精神《モラル》

教師的了解の諸カテゴリーが適用されることによってなされる成績評価判定を一通り受けた末に教職の道に入った者は、そのまま、同じ世界観と分類＝分業の原理によって下される評価判定に服することになる。それを証明するために、われわれは、入学志望者に対して下された評価判定を分析するにあたって用いられたのと同一の手続きにしたがって、高等師範学校《エコール・ノルマル・シュペリウール》同窓会年報に掲載された追悼記事を検討してみた。追悼記事は、亡くなったメンバーの一人に対してグループの者が下す最後の判定だが、その中では、故人がグループに加入することを決定した分類選別原理がなおも適用されるのである[7]。このようにしてみると、小論文になされた「評語」で用いられているのと極めて類似した分類選別的形容詞のシステムが、追悼記事においてなおも機能しており、この学校的評価用語が社会的分類選別手段として、職歴の全期間を通して作用しつづけていたことが観察されるのである。その証拠に、高等師範学校《エコール・ノルマル・シュペリウール》出身者の職歴の相違が社会的出自の相違にむすびついているのが観察される。ところで、高等師範学校生《ノルマリアン》こそは、選別と教育、そしてまた選別調整の複合的な効果によって形式的にも現実的にも「平等」にあつかわれていたのではなかったろうか。

図2は、高等師範学校《エコール・ノルマル・シュペリウール》同窓会年報一九六二年度版、一九六三年度版、一九六四年度版、一九六五年度版に掲載された追悼記事を基にして、**図1**と同じやり方で作成された。社会的出自が記載されている計三四名の卒業生について、記載内容を基にして、主に父親の職業、時には母親の職業、出生時における居住地、家庭の文化的雰囲気を知らせるなんらかの記述を参考にして序列がつけられている。受験準備クラスの生徒の場合にみられるように、この分類は、いうまでもなく恣意的な要素を免れていない。とりわけ、ブルジョアジー出身やプチブルジョアジー上層階級の生徒についてそれが言える。将校の階級が不明だし、とりわけ学歴があきらかになっていない（たとえば、サン・シール・コエトキダン陸軍士官学校なのか、それとも理工科学校《ポリテクニク》なのか不明）。教授の正確なステータスも不明であるし、工業や商業関係企業の規模もわかっていない。このような情報不足だけが問題なのではない。社会的履歴の厳密な分析、ましてや直線的な序列化の確定にあたっては、権力〈界〉構造の社会史とその構造内部での様々な職業の差異的位置《ポジシオン》の変遷史が前提条件になる――いかなる「社会移動」研究もこの点を考慮にいれたことはない――。さらに、家庭の職業的位置《ポジシオン》と居住地の相対的重みを計るのはきわめて難しい。このように高度の教育レベルにおいては、最高度の大学イメージに結びついた資質が一層執拗に要求されるので、パリ出身か地方出身かの相違（その相違は、いまでも訛りという形式の下にハビトゥスの内部

図２　学校的分類選別から社会的分類選別へ（認知機械による分類選別２）

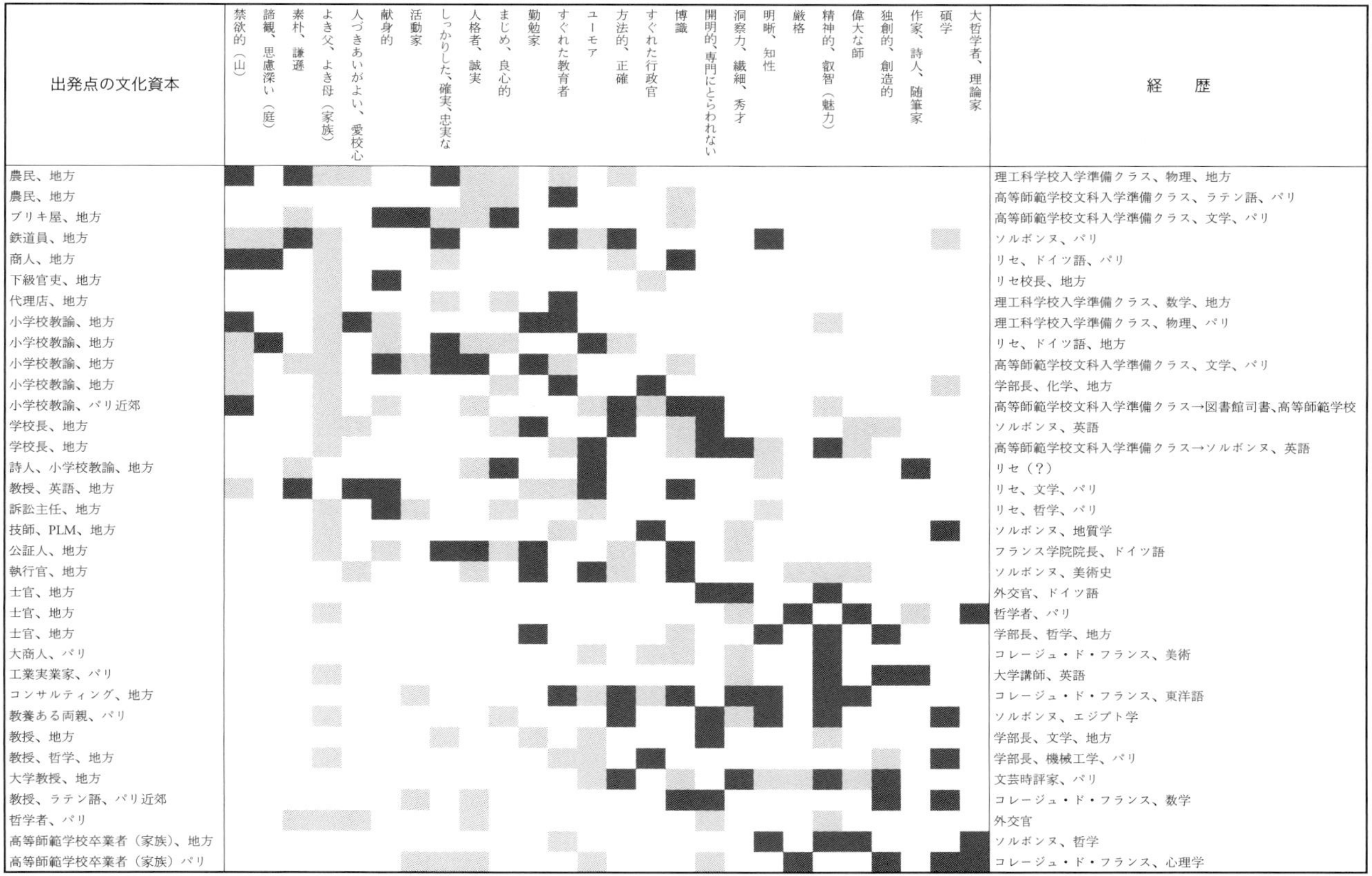

に残っているオイル語圏話者とオック語圏話者との対立によって二重に裏打ちされている）は決定的な重みをもってくると考えられる(8)。

年報を一〇年程度にわたって調査し二六項目の修飾表現（多くは形容詞）を抽出した上で、取り上げた追悼記事のそれぞれについて相対的にきわめて大きな重みをあたえられているとみえる資質（一〇を越えないようにした）を黒く塗りつぶした枠で示した（長文の追悼記事では、数度にわたって繰り返しとりあげられた資質、ごく短い追悼記事では、とりわけ強調されている資質や、誇張された表現が用いられている資質を黒枠で示した）(9)。亡くなった教授を性格づけるために用いられる形容詞体系は、倫理的可能性の空間を示している。この空間は教授の位置《ポジシオン》に結びついているが、その真の意味は、権力〈界〉の中で他の位置《ポジシオン》に結びついている他の職業との比較によってでなければ明らかにならないだろう。具体的に言えば、この空間の境界が見えてくるのは、普遍性の外見を装って空間を組織している評価用語が、外交官のように大学〈界〉の外に出た高等師範学校卒業生《ノルマリアン》の美徳を名指すには全くそぐわないことが露呈したときである。外交官を褒めたたえるときは、まったく別の栄光ある表現にゆだねられる。それは全く別の言説圏域《ユニヴェール》なのである（「祖国への献身」、あるいは「国家への奉仕にすべてが捧げられた一生」）。つまり、全く異なった社会世界であり、教職に敵対し、さらには両立し得ない世界（「教育を天職とはしませんでした」「教室という古びた枠組みでは窮屈に感じたのです」「彼の高邁な心は、もっと広大な地平へと彼を導きました」）としての高級官吏か大実業ブルジョアジーの世界なのである。

権力〈界〉は闘争の場であり、そこで争われている様々なものの一つは、倫理的評価原則の序列化である。倫理社会学が最初にやらなければならない仕事は、権力〈界〉の様々な位置《ポジシオン》に、実践的に、あるいは露わな状態で結びついている美徳の体系の目録を作成し、分析することである。われわれが比較論的分析研究に委ねるためにまず集録したのは、一連の儀礼的挨拶文――弔辞、祝辞など――である。そこには、様々なグループが彼らのメンバーの一人を通して自己称賛を行うのが見られ、なにかを明示的に示し、組織化し、普遍化する作業の核心的な時となっている。それを通して、グループは、自らの慣習を倫理に変換するのである。あるハビトゥスが彼らの間で共有されているとすれば、それは、彼らの仲間の境界内で実質上普遍化されているからなのだが、そのように客観的にシステム化されたハビトゥス原理を変容させて、普遍的だと自画自賛する明示的諸規範のこれ見よがしに一貫したシステムにするのである。故人を称賛することは、このような倫理的生産の試みにとって願ってもない機会である。事実、故人の称賛は、グループを分裂させている争いの中断を強いるのであり、グループを、そしてまた誰よりも先に讃辞を述べる者自身を褒めたたえることを可能にしてくれる――意見の相違を目立たなくして同一化することによって相手を取り込んでしまう序文によくみられることだ。グループの一人が傑出していれば、それ故に潜在的な脅威になりうるわけで、そのようなメンバーに讃辞を捧げることは、そのことによって祭り上げてしまい、無力にし、彼の名前の下に蓄積された象徴資本を簒奪するための闘争なのである。

高等師範学校卒業生《ノルマリアン》の上には様々な同質化作用が働いているが、それにもかかわらず彼らの社会的出自と大学での成功との間には統計学的な相関があり、それは決して機械的な原因結果によるものではない[10]。相関性は、漸次的・持続的に、無数の評価行為――そして自己評価行為を通して構成されていく。評価行為は、現実なるものを構築する道具であるところの学校評価用語を作動させるわけである。先生とは、分類選別された産物であり、評価選別行為の学校的原則に従って相互に分類選別しあい、また、自己をも分類選別してやまない。彼らの望みや自己尊重の内容が決定されるのはたえざる自己評価行為によってだが、そのことによって、彼らの野心は、制度が下すはずの評価を先取りし、またそれを呼び込むのである。この点で、弔辞の表面的言葉に惑わされてはいけない。弔辞は故人の慎ましさを賛美し、大学やパリでの「輝かしい経歴」を犠牲にして、彼が田舎での家族生活の喜びを選んだというかもしれない。また、運と希望の弁証法が密着している以上、客観的な決定要素と主観的な決定要素とを区別しても無駄である。地方の人間は、彼らを望まないパリを望むはずもなかったのであり、中等教育の教授が大学を拒否したのは、彼の方が拒否されたからでもある。成功した社会適応は、必ず行為者が自らの運命に共犯的に協力するように導くものである。

ちょっとした「選択」を通してこそ、それらしい将来へと導く道程が徐々に形成されるのだが、それだけに、この選択は各人が俗世から身を引くことに寄与するのであり、弔辞が賛美するところの死へと導く美徳、運命の愛〔*amor fati*〕へと、いささかの自己欺瞞的術策をも介して至るのである。序列化（学校、居住地、学科）の様々な原理がそれぞれ相対的に独立しているので、一種霧のような効果を生み出し、挫折が自ら望んだ拒否に変わり、喪失した希望を慰謝するために必要な過程を容易にしてくれるのである。パリの名門リセの哲学教授は、たとえ学会誌に僅かしか寄稿しないにしても、無名の地方大学の英語教授をうらやむことはないと易々と確信しているし、その逆も真なのである。以上のことから、弔辞というジャンルが課す法則に強いられた讃辞の作用を検討するならば、「もっと出世できる」と信じていた者がなおも自尊心を失わずに安らかに眠れる喪の作用について、かなり正確な理解をうることができるのである。

　学校評価用語が生み出す集合は、純粋な論理とはまったく異なる関係によって結合されている。個別のケースとして、教職の美徳圏域《ユニヴェール》、すなわち、最高の大学的栄誉を実現する態度の圏域《ユニヴェール》について見れば、そこに観察される序列化は、それと密着して想定される履歴の序列、すなわち教育制度の序列に対応している。それはまるで、各行為者が、この序列化された資質の圏域《ユニヴェール》内で彼の美徳が占める位置《ポジシオン》に応じて客観的に場所を与えられているかのようである。教授集団は、彼らの同僚の中でも最優秀の者に認められる資質を自己の資質として認知することによって、そのような序列化された資質圏域《ユニヴェール》を作っている。資質圏域《ユニヴェール》のもっとも低い極には、最小値の資質が位置している。すなわち、「青少年の教育者」の全てに期待されている資質であり、良き父、よき母の家庭的美徳、もっとも基本的な教員資質である生徒への献身、職業意識である。その対極には最高度の完成がある。それはより通俗的な美徳の否定面を否定しながらも、その原則的な積極面までは否定しない完成である（大哲学者は、家庭の父としての美徳や愛校心を讃えられる）。

　このようにして、「物故した同僚」は、生前にいつも分類選別されていたのと同じやり方で分類選別される。すなわち、巧みに序列化された大学的資質を基準にして、その評価が、職歴の最後の段階においてなおも、社会的出自との目に見えないが、検証しうる関係を維持しているのである。もっと日陰の者たち、地方の無名の先生には、基本的な資質、たいていはよき父、よき夫の美点を連想させるよき先生の資質が与えられる。次に来るのが、ランクの低い学問的資質、まじめさ、博識、質実さである。あるいは、周知のように学校制度が半分しか認知しない幾分学校的業績、翻訳、校訂のようなランクの低い活動における上級の資質である。

文化への単純労働者的奉仕者のつましい美徳の上には、最高の栄誉の大学的定義の限界を破って自らの優秀さを証明する術を知っている者たちの目ざましい資質がある。至高の称賛は、グループが理想とする最高の栄誉を実現する者に対して、その者に近しい者によって捧げられるのだが、それは、いつでも学校的評価選別の想定している学校的評価選別の彼方の領域に彼を位置づけることを目的としている。

以上の三つのカテゴリーを例示するために、高等師範学校《エコール・ノルマル・シュペリウール》同窓会年報（一九六二年版）から三つの追悼記事を抜粋紹介しよう。

――ポール・シュシェ、一八八六年一月一〇日、ヴェルサイユ生まれ。父、商人。地方のリセのドイツ語教授。

「ホフマンについての論文を提出したあと、彼は、数多くの翻訳を行い、余裕と気品をもって、精確にテキストを転換してみせた。また、長い序文をつけるのが常で、時に誤解されるか論争の的となっている文学的問題の核心がどこにあるのかをえぐりだしてくれた。

（……）その気になれば、たいして手間隙もかけずに、シュシェは見事な博士論文を仕上げられたことだろう。そうなれば、大学への門が彼に開かれたろうし、昔の恩師たちを喜ばせたことだろう。困難のために実現できなかったわけではない。そんなものは彼にとって何程のこともなかったし、彼の要求が高すぎたためでもなかった。彼は決まった時間を自在に孜々として学問研鑽に捧げていた。内面生活が彼の全てだった。読書、瞑想、旅。彼はリュックを背中に長い道のりを踏破した。自転車にも乗った。岩場に足を踏みしめ、指を這わせてアルプスを登攀し、雄大な地平線を見下ろしたことも一度ではない。

そして、静穏な家庭生活。彼が家庭を築いたのは一九二六年だった。結婚の相手は、我々公教育の同僚の一人だった。そして、彼が望んだ通りに、家庭を活気づけ、生活を豊かにしたのである」（三六―三七頁、三八―三九頁、五四―五五頁）。

――ロジェ・ポンス、一九〇五年八月二八日、エクルドルヴィル生まれ。母、初等教育教員、祖父、農民。リセ、ルイ＝ルグラン校、高等師範学校《エコール・ノルマル・シュペリウール》文系受験準備クラス、文学教授。

「この稀に見る成功を説明するには、彼の精励刻苦に求めるしかないだろう。ロジェ・ポンスは、偉大なる人文主義者であり、パスカルであろうと、ディドロであろうと、クローデルであろうと、ジッドであろうと、テキストと著者に自己を捧げていた。それぞれ固有の天才に従って、その声を聞かせ、そのすばらしさがどこにあるかをじっくりと教えてくれた。著者に代わって自己を主張したり、著者の弱点を探るような姿勢はなく、飾り気のない、もてなしの雰囲気があった。ロジェ・ポンスは、一級教員資格《アグレガシオン》試験の誠実な試験官であり、視学でもあったが、あくまで教育者だった。その経験と学の全てを教育と教員の便に供した。（……）ロジェ・ポンスの残した原稿は膨大である。そして、どんな小さな注にも、堂々と展開された評論においても、細かいところまで神経が行き届いていたし、注意深く細部の精確さと完璧さを期す姿勢を崩さなかった。そして、いつでも、その文体には力強さがあり、明晰で感動にみちていた。しかしながら、彼はよき職人であり、他の人たちにとって便利な道具をたえず作成していたし、業務や、交友、義理に神経をすり減らし、ついには運命に裏切られてしまった。ロジェ・ポンスの内にはモラリストが住んでいたし、批評家が潜んでいたが、それを示す偉大な作品については、それを予感させるもの、その序、その素描しか書かれなかった。彼にとって一番大事なこと、もっとも個性的なことが至る所に潜んでいたが、自由に吐露されることはなかった。いかにも大学人らしい禁欲主義とキリスト教的謙遜があいまって、それを妨げてしまったのだ（美徳は、残酷で破壊的な仕業をなすことがある）」。

――モーリス・メルロ＝ポンティ、一九〇八年、ロシュフォール＝シュル＝メール生まれ。父、砲兵士官。高等師範学校《エコール・ノルマル・シュペリウール》入学試験審査委員、コレージュ・ド・フランス哲学教授。

「あの時代の彼がまだ目に見えるようである。彼の慎ましやかな物腰、注意力を込めて耳を傾ける姿勢、的確だが、漂う沈黙によって幾分謎めいて聞こえる答え。彼の内には、どことなく貴族的なものがあった。出会いを深いものにする距離とでもいおうか。（……）モーリス・メルロ＝ポンティは、生まれながらの大哲学者だった。ある意味で、彼はアランやベルクソンの後継者であり、また別の意味ではサルトルの近親者だった。そして、同様に、フッサールやハイデガーの影響を受けた」。

認可された《ポシーブル》美徳の空間

したがって、教職に入る高等師範学校卒業生《ノルマリアン》の前に広がる、この認可された美徳空間の構造との関連において、各人に付与される美徳の社会的価値が決定されるのである。同じように、認可された位置《ポジシオン》の空間は、上掲の事例にみるように、地方のリセの現代語教授からコレージュ・ド・フランス哲学教授まで広がっていて、そこに実現可能な職歴の空間の輪郭が与えられているわけだが、入学当初は平等なあつかいを受けるので、高等師範学校《エコール・ノルマル・シュペリウール》の特定の学年に属する全ての生徒に向かって門戸を開いているのである。この空間との関係の中で個別の職歴の相異なる価値が決定されるのであり、それが成功と挫折の主観的経験の客観的基礎になる。だからこそ、追悼記事が分け隔てなく、褒めたたえる美徳や経歴がどのように受け取られるかその様態は二重性をもっている。それ自体として捉えるなら、下位の美徳は、栄誉の大学的定義を構成する諸要素の中でも最下限のものであり、基礎的で、したがって平凡であり、だからこそ根源的であり、そのようなものとして、絶対的に無条件の認知と感謝の対象になる。これらの資質が欠けていたら、グループに所属していること自体に疑念が発せられるであろう。しかしながら、一方の側においては、必要性から徳になった大学的禁欲主義が真に意味するところのもの、大学的栄誉が禁欲主義にまで身を落としたら否定的なものになってしまうという真理は、決して完全に忘れられることはない。簡素で節度ある生活、叡智と晴朗な内面に裏打ちされ、諦念と自負、謹厳と献身に支えられた生活は、上述の平凡な先生の誰彼が送っている生活である。彼らは、庭の手入れをし、リュックを背中に山という山を踏破し、子どもたちの面倒を見ているのだが、そのような生活が認可された経歴〈界〉の中にあらためて位置づけられるなら、あるがままの姿を顕すしかない(11)。下位の美徳にしても、そしてまた中位の美徳にしても、もっともこちらの方はより専門に直結し、道徳一辺倒でなく、たとえば、教育者としての能力、頭脳の明晰さ、方法、あるいは下位の学術《アンテレクチュエル》的資質である学識、厳密さ、的確さが含まれることになるが、こうした美徳はどれも支配者側の美徳の劣った形式でしかなく、その価値の実相は、支配者側の美徳との相関の中でしかみえてこない。支配者側の美徳だけが、みじめにも労力をつぎ込み、凡庸に学校的なものの中で価値がある部分を救い出し、その価値を贖ってくれるのである。学識が、その価値を十全に発揮するには、「気品」をともなわれなければならないし、学者が本当に認められるには、「彼の専門に閉じこもっていてはいけない」のである。精神的美徳は、上位の美徳が稀薄になっていけばいくほど、讃辞の中で次第に重みを帯びてくるのだが、それはこの美徳が頂点を占めている圏域《ユニヴェール》において学術的《アンテレクチュエル》美徳がもつ限界を受諾することを通してなのである。ここにおいても皮肉極まりない真実が、うっとりするような賛美の中から透けて見える。事実、意味深いことに、一般的に言って、支配を受ける者の資質には、諦念、謙遜、控えめな態度、栄誉の拒否、道徳的潔白さが結びつけられているのであり、そのことによって、挫折を味わった過度な期待によくみられる怨恨にとらわれることなしに、下位の位置《ポジシオン》に甘んじることができる。目立たない人々が謙譲を栄誉ある価値とみなす同業集団から暗黙のうちに支えられているとしたら、それは、彼らが得失を逆転させて、彼らの凡庸な境遇を選択的な美徳に変容させてみせるときであり、それを通して、あまりに派手な栄光を必然的にうさん臭い名声として貶すか、疑惑の目を向けてみせるときなのである。(12)

公式の記録作者が讃える諦念と叡智は、その客観的な基盤を、教育〈界〉の様々な集団が〈界〉の相対的な序列の内部において保持している相対的自律性の中に見出す。これらの分化した〈界〉のそれぞれは、高等師範学校卒業生《ノルマリアン》という位階に所属することに内在する野心に対して、それ固有の実現形態を提供する。それは少なくとも主観的には他のいかなるものも比肩できない経歴、およびそれに伴って決定的にランクの異なる生活スタイルという形態をとって現れる。それは、たとえば、地方リセの哲学の一級教員資格教員《アグレジェ》であり、彼の物腰の飾り気のなさと、彼の生活のすぐれて哲学的な叡智によって、ランクの下の同僚たちの尊敬を勝ち得るだろう。あるいはまた、高等師範学校《エコール・ノルマル・シュペリウール》か理工科学校《ポリテクニク》の入学準備クラスの先生は、師範学校《ノルマリアン》卒の称号に挑戦するために次々に登場する世代に取り囲まれていて、彼らは、彼を「学校」の栄光に満ちた表象の中に含め、絶対的な称賛を捧げるだろう。このようにして〈界〉のあらゆる水準が形成されるのである。

　無数の例の中から二つほど示してみよう。「ある日、パスロンは、ラフな格好で、堆肥を積んだトラックをサンタンドレの付近の曲がりくねった道の上で運転していた。中腹に来たところで彼はトラックを止め、一息つくために、絶景が見渡せるベンチに座り、たばこを吸い始めた。そこにヴァカンス中の都会風の家族が通りかかり、彼の傍に座ったのである。父親は子どもたちに田園風景を指し示し、『農耕詩《ゲオルギカ》』の一節をラテン語でそらんじた。パスロンは、立ち上がり、詩の続きを吟じながら、トラックに再び乗り込んだ。あとに残された旅行客たちはあっけにとられ、ウェルギリウス〔前七〇―一九。ローマの詩聖。代表作に『アエネイス』がある〕を知っており、しかもその詩を暗唱できるニース周辺の農民に賛嘆の念を抱いたのである」（ジャック＝アンリ・パスロンの追悼記事、高等師範学校《エコール・ノルマル・シュペリウール》同窓会年報、一九七四年、一二〇頁）。

「そのとき、彼は発見したのだった。彼よりも先を行っているドイツ人がいて、その成果を一刻も早く発表しようとしていたのである。（……）このことを知ったとき、彼は深く落胆し、幾分呆然としてしまった。そして、多くの人が彼を鼓舞したにもかかわらず、中等教育に復帰する願いを出した。（……）高等師範学校《エコール・ノルマル・シュペリウール》に在職していたときと同じように、彼はラフレッシュでも地味な生活を送っていた。もっぱら家族のことを思い、公の世界からは隔たった生活だった。しかし、町で彼を知らない者はいなかったし、一身に尊敬を集めていた。というのも、彼は機会あるごとに人々を助けてやったのである。それもまったく飾り気のないやり方で。(……)これ以上ないほど慎ましく、いかなる野心も抱くことなく、なに一つ学校に希望をだすこともなく、彼は三五年間、引退までラフレッシュにいた」(ポール・ブラセル追悼記事、高等師範学校《エコール・ノルマル・シュペリウール》同窓会年報、一九六二年版、四一頁)。

ここに見られるように、高等師範学校生《ノルマリアン》であれば誰でも、この認可された美徳の圏域《ユニヴェール》を様々な程度に分有しているのであり、ごく自然な成り行きとして、いかにも高等師範学校生《ノルマリアン》らしい形容詞で茶化すのである(高等師範学校生《ノルマリアン》的ユーモア)。このような知的であるとともに道徳的でもある美徳の独特な組合せを、教職集団の「エリート」たちは誇りにするのであり、また自らにも要求するのであるが、そこに、社会空間の中でのこの集団の位置《ポジシオン》を決定しているものが十全に表現されている。教授に固有の心構え《ディスポジシオン》は、「ブルジョア」(支配者の位置《ポジシオン》)の心構え《ディスポジシオン》にも、「芸術家」(権力〈界〉の被支配領域における実社会的秩序の支配を受けている位置《ポジシオン》)の心構え《ディスポジシオン》にも対立する特性をもっているのだが、その原理が見出されるのは、彼らが、権力〈界〉を組織している二つの序列、すなわち、政治・経済権力の序列と、知的な権威と名声の序列との中間的な高さに位置している事実の中である。作家や芸術家からみれば、あまりに「ブルジョア」的であり、「ブルジョア」の目にはあまりに「知的」に映るのであり、彼らの二重の意味での中途半端な挫折の代償になっているのが、貴族的諦念であり、家庭生活に結びついた満足なのである。それらは、彼らの社会的経歴と、それに相関した結婚の戦略に結びついた生活の条件と心構え《ディスポジシオン》によってもたらされている。その生活スタイルの原理に家庭的な美徳と貴族的な禁欲主義があり、そのおかげで、彼らを正当化してくれるあらゆる原理が消失しても、自尊心の最後のよりどころが得られる。このような家庭的な美徳と貴族的な禁欲主義ゆえに、そしてまた、「公共奉仕」や「献身」の精神が証してくれる世界への所属感とこの世界の栄光を分かちもっているという感情ゆえに、そして、この精神《エスプリ》は受勲によって報いられ、行政官としての経歴への道を開くこともあるのだが、それも含めて、教員は、彼らが讃辞を捧げている知識人や芸術家よりもむしろ高級官吏に近いのである。

教職集団の顕著な特性の一つは、同族結婚〔ここでは、同じ職業をもつ者同士の結婚〕の率が極めて高いことである。六期にわたる文系高等師範学校生《ノルマリアン》たち（一九四八年から一九五三年まで）の結婚戦略について、一九六四年に行ったアンケートによれば、彼らの八五％が結婚している。そして、既婚男性の五九％の相手が教員であり、その内の五八％の相手が一級教員資格教員《アグレジェ》であり、さらにその内の四九％が、女子高等師範学校出身者である（それ以外の者についてみれば、六％が知的職業をもつ女性と結婚しており、四％が自由業を営む女性と結婚しており、二％が一般管理職の女性と結婚しており、二八％が、アンケート実施時点で、職業をもたない女性と結婚していた）。このタイプの結婚戦略が、教職の過保護的圏域《ユニヴェール》への自閉に寄与している度合いはどんなに重視してもしすぎることはない。芸術家と比較するなら、大学人の方が「ブルジョア」的、「行儀のよい」ふるまいをすることが明白になるだろう。フランス名士録（一九六九―一九七〇年度版）に掲載されている大学人、作家、芸術家のサンプルを分析することから判明することは、独身の大学人の比率がきわめて低いことである。すくなくとも、名士録に記載されている作家や芸術家よりもはるかに低い（作家や芸術家は、たぶん、もっとも「自由な」カテゴリーを形成しているわけではないが、独身率は一六・六％である）。離婚率もきわめて低い（作家・芸術家が一〇・七％であるのに対して、〇・九％）。平均的な子どもの数ははるかに多い（一・五六に対して、二・三九）。社会的秩序にしっかりと組み込まれていることは、彼らの多くが受勲者であることからも明らかである（六五・一％がレジオン・ドヌール章を受けている。それに対して、作家は三九・二％）。

この職団は、認知していながら、そしてまた、作家や芸術家において賛美している価値観をみずから実現できないが、だからといって、彼らの職能に対応する価値観を捨て去ることはない。このような二重性の真実は、リール大学学長が、当時リセの若い哲学教授だったジュール・ロマン（一八八五―一九七二。小説家。代表作『善意の人々』）に対して下している極めて曖昧な判定の中に読み取れる。「教養があり、独創的な精神。たぶん文学的野心のために幾分焦点ぼけのところがあるが、充分に許容される範囲である」[13]。矛盾は役職の規定自体に内在しており、職団の社会的特性が再生産するのであるが、それを乗り越えるチャンスがあるのは、大学〈界〉の外に出て（あるいは、ぎりぎりのところ、コレージュ・ド・フランスのような「自由地帯」に身をおいて）、知的栄誉の要求する理想を実現する人々だけである。このようにして、知的かつ実社会的《タンポレル》な二重の放棄が課されているのは、職団のより下位の層であり、それは彼らが、実社会的、非社会的圏域《ユニヴェール》の中で支配を受けている位置《ポジシオン》にいるためだが、それ以上に、この職団の中位階層が受ける実社会的価値が中途半端に混入した聖別《コンセクラシオン》においてこそ、非所有の象徴的逆転である禁欲主義と名誉への職業的軽蔑との真実が顔を覗かせているのである。つまり、大学の圏域《ユニヴェール》ぎりぎりのところで学術的理想を実現する人々においては、認知されている基準そのものの視点からみれば下位に位置する学術的栄光の一形式への接近が許されるのであり、それに対して、この非権力の圏域《ユニヴェール》において提供される権力（学部長、学長など）を渇望して手にするか、あるいはそれで我慢する人々――しばしば前者と同じ人間である――においては、この二重の意味で中途半端な成功に内在する二重の野望が認められるのである。

認識と評価の教職的図式は、あらゆる実践に構造をあたえている生成図式《シェーム・ジェネラトゥール》と同じように機能する。とりわけ、あの典型的な文化的生産物のカテゴリーである、講義、教科書、博士論文といった、大学固有の業務についてそれがいえる。大学的中庸という、この、知的な事象における節度と均衡の美徳への崇拝、それは、創造や独創性においてさえあらゆる過激な形式の拒絶を含意している。このような大学的中庸を構成している心構え《ディスポジシオン》は、たぶん、大学人が芸術家とブルジョアとの間で占めている中間的な位置《ポジシオン》、二重否定の位置《ポジシオン》に内在するものである。実際、精神的な美徳《モラル》の領域でみいだされた矛盾は、学術的な美徳の領域においてその対応物をもっている。実際、たとえば知を総括する伝統における独創性の要請と、教養・折衷主義の要請とのあいだの矛盾は、文化的生産物の企てそのものの目的のなかに内在している。文化的生産物は、再生産が要求する諸条件に従属しているため、いつでも、単純な再生産の部分を含んでいる。この部分は、講義や教科書のような下位の形態から、百科事典や辞書のような学問的基準作成権力の行使を典型的に表している著作物を経て、博士論文や講義のまとめとして出るのが通例の著作にいたるにしたがって、稀薄になり、隠蔽される。

追悼文の検証から明らかになることは、中等教育の教員が著作を物していないことである（一人だけ例外的に、翻訳を出している者がいる）。高等師範学校《エコール・ノルマル・シュペリウール》や理工科学校《ポリテクニク》志望の入学準備クラスの教員が書くものは、もっぱら、教科書など、様々な教育的著作である。「これらの本は、よく考えられており、分かりやすく書かれているので、出版されると、生徒たちにとって貴重な参考書となり、このうえなく便利な道具となった」(ギヨーム・リュモーの追悼記事、数学コース入学準備クラス物理学教授、高等師範学校《エコール・ノルマル・シュペリウール》同窓会年報、一九六二年版)。同じ用語を、国民教育省高級官吏の著作に対してもちいることができる。たとえば、アルディ学部長の業績に用いられているのをみよう。「アルディがダカールに到着するやいなや待ち受けていた大事業は、さまざまな教育計画の課程作成のために必要な教科書や著作物を教員に提供することだった」(高等師範学校《エコール・ノルマル・シュペリウール》同窓会年報、一九六五年度版、三八頁)。高等教育の教授は、大部分、博士論文や学術的まとめの著作を物している(「輝かしい研究蓄積をまとめ、控えめだが、膨大な学識を示すことに真の意味で成功している」(オーレリアン・ディジョンの追悼記事、高等師範学校《エコール・ノルマル・シュペリウール》同窓会年報、一九六三年版、五八頁)。数は少ないが、「機知」や「洞察力」、「魅力」や「明晰さ」とともに小説や「独創的な」評論が書かれている。学術的専門家たちの間で使われる意味での「作品」や「大著」が論じられるのは、コレージュ・ド・フランスの教授の場合だけである。

追悼文に対する社会学的検証によって発掘される認識と評価の図式は、エピクロスやスピノザ、ラシーヌやフロベール、ヘーゲルやマルクスの大学的読解にも有効である。その保存と価値評価が教育システムに委ねられている諸作品は、歪曲されることによってたえず再生産されている。その歪曲度は、作品を産出した図式が、「御用注解者」によって採用される図式から離れていれば離れているほど大きくなる。仲介者たちは、ヴェーバーが言うように、「彼らの態度に固有な色眼鏡をかけて」読み、彼ら自身の像に合うように再創造することほどよいことはないと確信しているのである。歪曲作業はジャンル毎になされ、大学〈界〉の各読み手によって専門化されているのが実情である。いまさら言うまでもないことだと思うが、たとえば、古典のテキストのもっとも流布した読み方（あの「エピクロスの園」を想ってみようではないか！）は、庭いじりの好きな地方人の美徳に全てを負っているではないか！　あるいは、ハイデガーの通説的解釈、というよりは秘教的解釈は、あの貴族的禁欲主義に全てを負っているのではないか！　あの、無気力で低俗な群衆を逃れて杣路や深山に入っていく貴族的禁欲主義、もっと具体的なイメージで語れば、次々にやってくる〔ろくでもない〕生徒たち、「世俗的な」付き合いや「どうでもいい」好奇心から引き離してやらなければならない生徒たちを避ける貴族的禁欲主義のことである。

したがって、評価選別の同一のシステムが、学校の全課程を通じて止むことなく機能しているのである。奇妙きわまりない競争である。誰もが評価選別を行い、誰もが評価選別される。そして、もっとも高く評価選別された者が、競争に入ってくる者の最良の選別者になるのである。この競争は、全国リセ学力コンクールから高等師範学校《エコール・ノルマル・シュペリウール》入学試験や一級教員資格認定試験《アグレガシオン》へ、そして一級教員資格認定試験《アグレガシオン》から博士課程へ、博士課程からソルボンヌへ、ソルボンヌからフランス学士院へと、その終着点、あらゆるコンクールを勝ち抜いてきた最良の者がたどり着く終着点に至るのである。そして、行程の最後にたどり着いた者が、事実上、あらゆる評価選別作業を管理する。彼らがそのすぐ下のレベルの評価選別の審査機関《アンスタンス》への参加を管理しているのであり、その下のレベルは次のレベルを管理するというように、どこまでも続いている。審査機関の階層を通して機能する外部監査にしても、――大学人は、自らの評価ランクを向上させようと心を砕くかぎり、それが彼の業績に関してであろうと、大学内での業務に関してであろうと、現実に施行されている評価選別に対して敬意を示さなければならないからだが——大学人の自動的に調節され、自己適合していく心構え《ディスポジシオン》の効力を強化するだけである。このような心構え《ディスポジシオン》は、評価選別に先行するあらゆる作業を通じて濾過され刷り込まれているのである。「真の」大学人にとって、大学の審判は最後の審判である。

このようにして、学校制度がいかに機能するかが見えてくるのである。学校制度は、いかなる直接的指示を押しつけられることもなく、いや、それどころか大抵の場合、その目的を授ける者の意図や、目的を実現すると見なされている者大部分の意図に抗しながらも、巨大な認知機械として評価選別を行い、外見的には中立を装っているが、あらかじめ存在している社会的評価選別を再生産するのである。しかし、機械に譬えることは、制度の全体的機能が目に見えるようにするために有益ではあるが、そのために見誤ってもいけない。上掲のモデルの評価選別機械は、社会的評価選別を学校的評価選別に変換し、あるいは、学校的評価選別を社会的評価選別に変換する論理を提示した図表にあるとおりだが、それは、選別手段の核心に、道具（分類された形容詞群）と認知行為（その評価）を置くものである。学校制度は、学校的に才能があるとされて社会的にもっともよく資質を備えている者を見つけ、認知する能力をそなえているのだが、そのような学校制度が果たす認知機能は、無数の認知行為を通して職務を遂行していくのである。認知行為は、個々の思い込みと中立性の確信をもって実施されるのだが、学校的構造の再生産が要請する諸条件に対して、客観的には協調し、主観的には従属する形でなされるのである。というのも、認知行為が作動させるのは、実質上、認識と評価のカテゴリーであり、それは、学校構造の刷り込みによる変形された産物だからである。

わざわざ言うまでもないかもしれないが、ここではいわゆる「構造主義的」見方からはかけ離れたところにいる。「構造主義的」見方では、「支配的イデオロギー」や「国家のイデオロギー装置」に一種、自己充足的な力学が与えられ、行為者は無為に追いやられ、ゲームにくわわれなかった。構造は、その力学の中で、またこの力学によって再生産され、変形されるのである。また、「個人主義的」な見方からも遠いところにいる。個人主義的見方では、行為者は再導入されるのだが、中身のない計算機のように交換可能で、空疎な志向に還元されている。このどちらのケースにおいても理解されていないのは、実践活動の質の論理である。この論理は、生物学的な個人的性格が社会的に構造化されたものであるハビトゥスと、歴史から客観的に継承されたものであり、教授たちが日々模範的に現働化している構造との間の関係の中で決定される。この論理を捉えるには、民族学者が親族の用語、あるいは植物や、動物、ないし病気の分類において用いた相関的ないし構造主義的様式を学校による選別に適用しなければならない。ただし、エグゾチックな風物《クリオーサ》の研究において目に余る行為哲学は排さなければならない。たしかなことは、学校的評価や芸術的判定において用いられている評価用語が効果的にものを構造化することができるとしたら、それは用語自体が構造化されているからである。しかし、このような分類選別の対立項目の各項の意味ないし機能は、それが挿入されているシステムの外では理解できないのが真実だとしても、だからといって、それらを使用の実践的条件から分離した、厳密に内在的な分析が正当化できるというわけではない。次のことが同時に、かついかなる矛盾もなしに認められなければならない。実践活動は、いつでも、複合的な認知構造を作動させる現実構成の行為を企てるが、この認知的活動は、決して、自己を意識した知的活動だとするわけにはいかないのである。実践活動の知は、認識を組織し、実践的機能との関連で実践活動を構造化する生成図式《シェーム・ジェネラター》を作動させる。この図式は、何代にもわたって蓄積された実践活動の産物であるが、実践によってしか、また実践の中でしか習得できないものであり、目に見える表象をもたずに実践されるものである。それは、変形操作子として機能するのであり、それを通して、この産物としての客体的構造が実効的な存在となり、再生産ないし変形へと具体的に向かうのである。

補遺1　全国リセ学力コンクール成績優秀者（一九六六―一九八六）の社会的出自の変遷

アンケートは毎年実施され、基本的に同じ方法（一九六八年からは、質問が簡素化された）がとられた。アンケートから見て取れるのは、父または母の職業に基づいた社会的出自による成績優秀賞受賞者の割合が極めて安定していることである。「教育の民主化」という一般通念に反して、アンケート開始時において大きな割合を占めていた社会的カテゴリーが増加する傾向が僅かながら見られる（「エリート」階層においても確認できる）。父親が教授の成績優秀者は、一九六六年では一五％だったのが、一九八六年では二四％になっている。父が上級管理職の成績優秀者は、一九六六年では二七％だったのが、一九八六年では四〇・五％になっている(同様の傾向が母親の職業からも窺われる。母親が教授の成績優秀者は一九六六年では一二％だったのが、一九八六年では二九％になっている)〔原著では補遺1のタイトルも含め「一九六六―一九八八」となっているが、データとしては一九八六年までしか提示されていないので、「一九六六―一九八六」と訂正した〕。

図3　全国リセ学力コンクール成績優秀者の社会的出自（父親の職業）

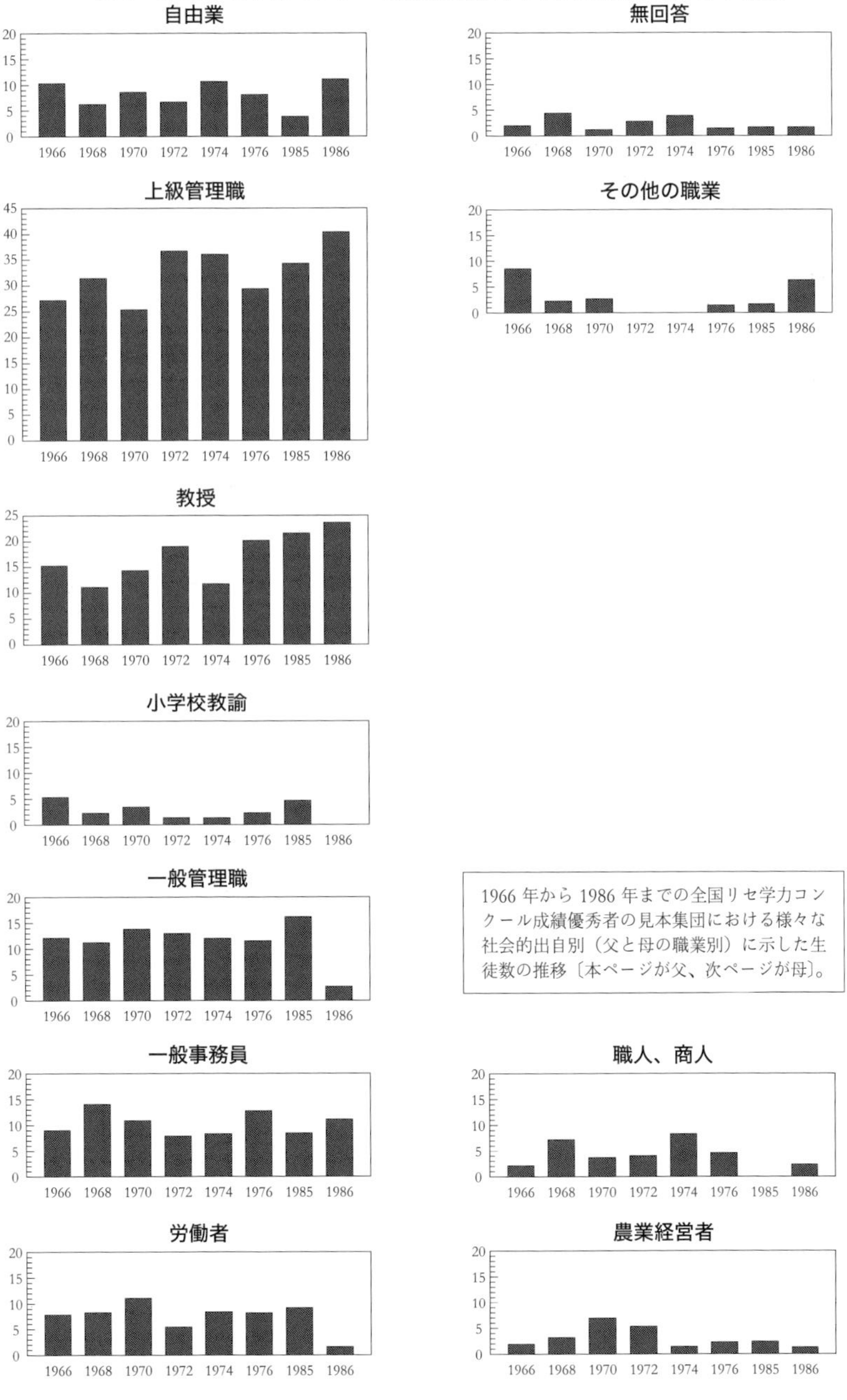

1966年から1986年までの全国リセ学力コンクール成績優秀者の見本集団における様々な社会的出自別（父と母の職業別）に示した生徒数の推移〔本ページが父、次ページが母〕。

図4　全国リセ学力コンクール成績優秀者の社会的出自（母親の職業）

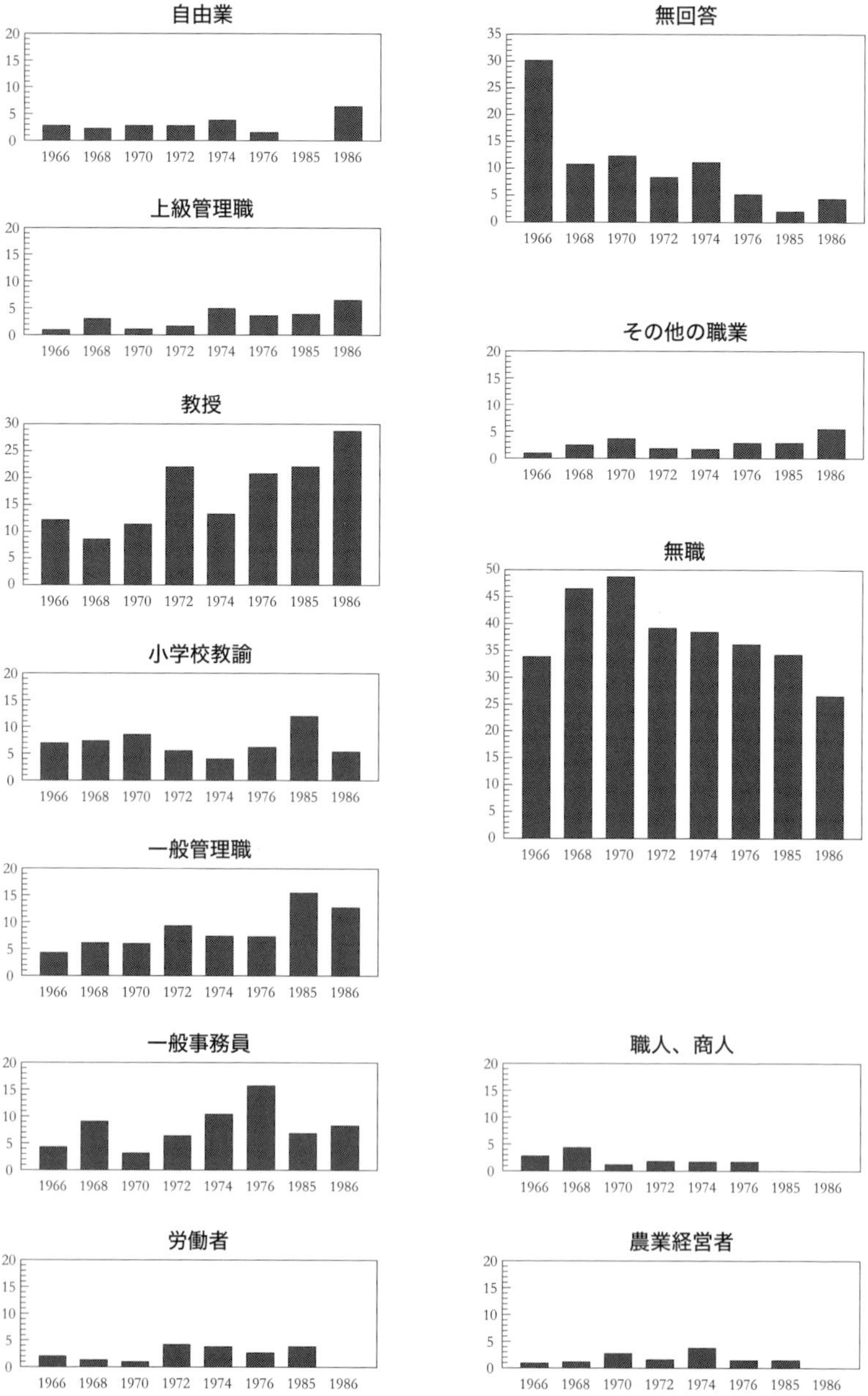

補遺2　選別と選別性向

全国リセ学力コンクール成績優秀賞受賞者の社会的・学校的特性を検証すると、この集団の選別が、選別と淘汰を支配する一般法則にしたがっていることが判明する。その法則というのは、ある学校的集団が、より高度な教育課程に位置すればするほど、あるいは同じ教育課程であれば、学校や学科ないしコースの階層内で上のランクを占めれば占めるほど、もっとも恵まれた人々に対してより広く門戸を開けるのであり、ある学校的カテゴリーの社会的構成は、それを生み出す厳正な選別論理のいかんに直接にかかっていることである。このようにして、成績優秀者集団は、最終学級の集団に対するその卓越性が社会的優位の体系的全体によって他から区別されるのだが、その選抜は二段階にわたってなされている。すなわち、中等教育学校機関が全国リセ学力コンクールのために最良の受験者を推薦することによって実施する選抜と、受験者に対して試験官が行う選抜である。その結果、成績優秀者の年齢がより若くなる（成績優秀者の五〇％が、第一学級の時に一七歳以下の生徒か、最終学級の時に一八歳以下の生徒である。それに対して、同じ学級の全生徒数に対しては〔当該年齢が〕三二％になる）[1]。成績優秀者は、パリ地域出身者が比較的多く（パリ地域の割合は、リセの後期課程〔第二学級から最終学級までの三年間〕の生徒全体の二〇％であるのに対して、成績優秀者は三五・五％である）、第六学級の段階からリセに通学していることもいえる（八〇・五％。それに対して、一九六二―六三年のクラス〔第一学級と最終学級〕に登録している生徒全体の二七％。ということは、生徒が受賞するときは、大部分がこの学年に属しているということである）。彼らはまた、社会的ステータスの点から見て、比較的恵まれた家庭に属している（というのも、六一％が裕福な家庭に属している。それに対して、第二学級の生徒全体では一七％、大学生全体では三一・五％である）。文化資本の点から見ても同じことが言える（成績優秀者は、その四七％の父親がバカロレア以上の学歴保有者であり、それに対して全就業人口中の三％にあたる。また、母親がバカロレア以上の学歴を保有している者は二三・五%である。全就業人口中の一・一%)。上層階級を出自にもつ成績優秀者の割合(六一%)は、大学に登録している学生における割合よりも明らかに高く、入学準備クラスにおける比率に極めて近い。文系入学準備クラスでは六二・五%、数学コースおよび、その他のグランドゼコール入学準備クラスでは五七・五%である(2)。

ある任意のカテゴリーに属する生徒(あるいは、大学生)をとった場合、このカテゴリー集団全体の社会的、学校的にみた統計学的特性を示す程度が低下するとしたら(逆に、このカテゴリーにとって稀有な特性を示すなら)、それは、このカテゴリー出身の生徒が成績優秀者になるチャンスが低下していくのに応じている。(なぜなら、カテゴリー全体がまさに排除を決定する特性を示しているからである)そして、この傾向は、生徒が、教育課程のより高いレベルのランクを占めているほど強くなり、教育課程の任意のレベルにおいては、学校、学科、コースの序列の中でより高いランクをしめているほど顕著になる。

全体的な統計学的データが欠如しているために、相異なる社会階級出身の全国リセ学力コンクール成績優秀者の社会的学校的特性を、最終学級の対応する階級出身者の特性と、体系的に比較することはできない。しかし、指標全体から見ると、この場合でも、一般法則が再確認されると結論できるように思われる。このような次第で、労働者の息子や娘は、それぞれ成績優秀者の五%、九%を構成するが、全体的に見て、比較的教育水準が秀でているらしい家庭に属している(3)。成績優秀者の父親が労働者の場合、まったくの無学歴は八・五%であり、一九%が中等教育前期課程修了証BEPCをもっている。それに対して、労働力人口全体の中での無学歴者は五八%、BEPCは二%である。労働者の息子の成績優秀者で落第したことのある者は数が少ない(受験者全体の一九%に対して、五%である)。学業中に飛び級をした者の数は相対的に多い(二三％。受験者全体の平均二四％に極めて近い比率である）。このような優遇措置は、通常、上層階級出身生徒にのみ許されている。[4] 同様に、彼らは、比較的少人数の家庭の子であり（平均一・八人。それに対して、農業経営者の家庭は平均三・三三人、受験者全体の平均家族人数は二・八五人である）、農業経営者の息子は第六学級からリセに入学していることが多い（四六％。農業経営者全体では、一六・五％、農業賃金労働者では、一一％である）。また、コンクール受験時点でパリのリセに在籍していることが多い（二三％）。[5]

中間階層や小学校教諭の息子は、全員、第六学級からリセに入学している。彼らは、極めて早い時期に全国リセ学力コンクールの話を聞いており（第三学級よりも前に聞いている者がそれぞれ三六・五％と四〇％。それに対して、成績優秀者全体では二七・五％である）、前年度に成績優秀者を出したリセに属している比率（六五％）は、上級管理職や自由業の息子（六一％）と同じである。

同様に女子生徒についても、成績優秀者になる確率はあきらかに低く、成績優秀者全体の三二・五％でしかないにもかかわらず、最終学級の四八％を占め、男子生徒よりも優位な特性を備えていることが観察される。女子成績優秀者の内の六七％が上層階級に属している。男子成績優秀者は五八％である。中等教育前期課程以上の〔コレージュ以上の〕学歴を保有する父をもつ女子成績優秀者が七九・五％であるのに対しては、男子成績優秀者は六六％である。女子成績優秀者の母親は、男子成績優秀者の母親と同じ比率で高等教育の学歴をもっていて、男子成績優秀者の母親よりも、ＢＥＰＣや大学入学資格《バカロレア》を保有している比率が高い（女子成績優秀者四〇％、男子成績優秀者二五・五％）。また、小学校教諭か教授である比率がより高い（女子成績優秀者二六％、男子成績優秀者九％）。最後に付け加えれば、女子成績優秀者は、比較的大人数の家庭をもっており、高等教育を受けた家族の者の数が多い（高等教育を受けた家族のメンバーの平均数は二・九人である。それに対して男子成績優秀者の場合は二・五人）。その上、女子成績優秀者は、男子成績優秀者よりも進学速度が全体的に早い。第六学級以降に飛び級をした者の数は二六％であるのに対して、男子成績優秀者の場合は一九・五％である。落第したことのある女子成績優秀者は二一％で、男子成績優秀者は二七％になる。とはいえ、一層正確を期するために比較にあたって考慮しなければならないのは、女子は文系において男子学生よりも年齢が低く（女子の六九％が第一学級において一七歳であり、最終学級では一八歳である。男子の場合は四九・五％）、特に言語科目で受賞していることである（成績優秀者の七三％が言語である）。言語は、学校的序列の中では低い位置《ポジシオン》にある教科なのである。そしてまた、自然科学では成績優秀者の一三・五％が女子であるが、それ以外の理系の教科では成績優秀者がまったくいない。そこから言えることだが、全国リセ学力コンクール成績優秀者の表面的なデータだけを見ていると、全体的に、女子生徒が男子生徒と同じランクに到達するにあたっては、他の点で不利な分を代償してくれる有利な点をもっていなければならないことを過小に捉えてしまいがちある。

同じ論理が、数学や物理での受賞に働いていることが理解できる。数学や物理の賞の数は、文系教科に較べて半分しかないことから少ないが、実際のところは、基礎数学の生徒だけが狙いうる賞である。基礎数学の生徒は、最終学級の二一・五％であるから、哲学クラスの生徒や、とりわけ消去法によって選択するに至った実験科学の生徒に較べると（最終学年クラスのそれぞれ三八・五％と三一・五％）、相対的に多く成績優秀者に選ばれることになる。したがって、数学や物理での受賞は、文系の科目の受賞に較べてより大きな資本所有を想定させる。彼らは、あきらかに年齢がより低く（数学成績優秀者の七七・五％が、第一学級では一七歳以下であり、最終学級では一八歳以下であった。それに対してフランス語成績優秀者の場合は五〇％

である）、全員男子であり、成績優秀者を多く出すことで有名な学校で勉学している比率がより高かった（数学成績優秀者の八〇・五％、物理成績優秀者の八二・五％が、前年に成績優秀者を出したリセ出身者。それに対して、フランス語成績優秀者と哲学成績優秀者は五〇％）。数学と物理の成績優秀者は、社会的に恵まれた家庭の出身者であり（その七三％が上層階級出身者で、フランス語成績優秀者は六六・五％、哲学成績優秀者は五七％である）、文化的にも恵まれている（彼らの父親の六五％が、大学入学資格以上の学歴を保有している。哲学とフランス語成績優秀者は、それぞれ五八・五％と四七・五％である）[6]。

ここにおいてもやはり、一般法則を適用できる。成績優秀者は年齢が低ければ低いほど、したがって、同じレベルに時間をかけないで到達できればできるほど、そのカテゴリーの中では稀少な特性をより多く備えているのである。したがって、より恵まれないカテゴリーに属する成績優秀者であれば、年齢が低ければ低いほど、不利な点を補ってくれる代償的な利点をもっているのである[7]。

このようなわけで、より若い年齢層に下っていけばいくほど、相対的に少数の恵まれた家庭を出身とする成績優秀者の比率が高くなっていくのが見られる。これは、父母の学歴水準や、さらには、教授を父親に持つ者の比率、はじめて美術館に訪れた年齢の推移が物語っているように、社会的位置《ポジシオン》の視点からも、文化的水準の視点からも言えることである。社会的に有利な早熟な子どもたちは、学校的見地からも有利である。というのも、第六学級から秀才コースを歩み、パリ地域のリセに在籍し、学業についての情報を豊富に得ている者の数が相対的に一番多いのである。この早熟性は、極めて早期に顕在化し――というのも、成績優秀者の三分の一が、小学校入学以前に読み、計算できる――、そして、学業期間中に期待を裏切ることは決してなく、グランドゼコールにおいて決定的に認知されることになる。グランドゼコールは、そこに到達した者たちに対して、永続的な出世の早道を確保し、同じ位置《ポジシオン》ならいつでもより早く、そして望むのであれば、同じ時間でより遠い地点、より高い地点へと送り出す社会的軌道に乗せてくれるのである〔当時のリセとコレージュの関係については、「**解説2**」参照〕。

補遺3　受賞した二点の小論文において目立つテーマ[1]

□**創造**

「〝内発的創造〟のような現象があった」（小論文1）、「作品を書いているのは、〝別の私〟である」（小論文1）、「作品が自ら筆をすすめるのだ」（小論文1）。

□**神秘**

「芸術的才能の神秘」（小論文1）、「「言葉の」魔術的力」（小論文1）、「その美の神秘」（小論文1）、「読書の神秘」（小論文1）、

□**精神的な自己発見《イダンティフィカシオン》**

「青い水の岸にたっているのは私だ。その人と眼差しを交わしたのは私だ」（小論文1）、「私たちが自ら創造したこの作品」（小論文2）、「私が出会うのは私自身だ」（小論文2）、「書いているのは私だ」（小論文2）、「私自身を再び見出したときのすばらしい瞬間」（小論文1）、「作品が私自身の創造になる」（小論文2）、「読者

の役割は、受動的なものではない」(小論文1)、「私も文学的創造に参加できる」(小論文2)、「私が創造しようとしている人物」(小論文2)。

□精神主義的主観主義

「同一の登場人物、同一の身振り、同一の文からなんと様々な異なった解釈がなされることか」(小論文1)、「そして、各人にとって、小説の登場人物、小説の情緒から特別な意味が引き出されるのだろう」(小論文1)、「……は私を感動させる」(小論文1)、「人は判断を下すことができるだろうか」(小論文2)、「私にとって……」(小論文2)、「……私に刻印を残した」(小論文2)、「文学作品は、私の内に、様々な印象と情感に満ちた谺を生み出す」(小論文2)、「それらを私たちの好みと感受性にしたがって解釈するために」(小論文1)、「わたしたちは、一冊の文学作品を理解できるし、それを説明し、なによりも、それを感じることができる」(小論文2)、主観主義的な愛着は、ごく自然に、「還元的」に見えかねない論述をことごとく拒否させる。「作品を、まるで工業製品であるかのように、あらかじめ決められた基準の物差しで計るのは危険である」(小論文2)、「文学作品は、一人の登場人物に凝縮されるだろうか」(小論文2)、「文学作品は、そうした全てのものをこえた何かを表している」(小論文2)。

以上のような検証の有効性を疑い、依拠している資料が全体を代表するものであるかどうか疑問を呈する向きのために、文学と文法の一級教員資格認定試験《アグレガシオン》、および、高等師範学校《エコール・ノルマル・シュペリウール》〔ENS〕入学試験の試験講評の一部を引用しておきたい。そこには、文学テキスト解釈の原則が「定義」されており、そこから、「国語解釈」教育における明解な規則と、「創造的」読書についてしっかりした教育を受けた生徒の小論文との間には大きな差異がないことを確認できれば幸いである。「二つの小論文は、繊細な文学的センスを示している」（文学一級教員資格《アグレガシオン》、男子、一九五九年）、「ここには、愕然とするような文学的感覚の欠如がある」（文学一級教員資格《アグレガシオン》、男子、一九六二年）、「なんらかの音楽的、詩的感受性を示すことが必要とされる」「感受性が必要である。――清新な感受性、多少無邪気でもかまわないから、専門的ではあっても、どこまでたしかなのか所詮わからない宣言書の中に詩作品の秘密を探すような態度を拒絶することである（ラブリュイエール〔一六四五―一六九五。ルイ一四世末期のモラリスト〕が既に言っていたではないか。「台所にはいってはいかん」）。また、素朴に、「偉大な心をもった召使」の親密な感動を摘み取らなければならない。作品を愛する記憶によって明敏になった感受性である」「価値ある語、独創的な表現、内面生活の震えを感じさせる内容の濃いくだり、まだ表現しきれていないが、生き生きと感じられる気持ちなどをまず評価した」「最初の触れ合いから生じる生き生きとした精神があれば、嵩張るだけの専門的知識は重要ではない。ネルヴァル〔一八〇八―一八五五。詩人、小説家。象徴主義的な幻想の世界を描いたロマン主義者〕の狂気についてくだくだしく書くよりは、「シルヴィーのやさしさとユーモアに満ちたパッセージをしっかり読むことである」（ユルム高等師範学校《エコール・ノルマル・シュペリウール》入学試験、国語解釈、一九六六年）、「詩句を元の文脈に戻したら、それを私たちの内部で歌わせることだ。……詩による治癒によっても、苦悩はなおも完全には静まらない。私たちは、最後の詩行を、いまだ閉じない傷口のように、私たちの身体と心の中で感じるべきである」（文法一級教員資格《アグレガシオン》、女子、一九五九年）、「受験者が、この魔術的な詩句に出会ったら、是非とも忠告したい。テーマについていま一度ゆっくり夢想してみることである」（文学一級教員資格《アグレガシオン》、男子、一九五九年）。

□自己中心主義《エゴティスム》

「小説が真の意味で完成するのは、自己を読むという、この行為の中においてであり、私たちの人格のほとばしりの中においてなのです」（小論文1）。

□ロマン主義的神秘主義

「そこで、私は遠く逃れた」（小論文2）、「この夢の中に私は深く入り込んだ」（小論文2）、「逃れやすい感覚が私の日常生活の中に空想や驚異を忍び込ませた」（小論文2）、「妖精の世界」（小論文2）、「神秘的な影」（小論文2）、「（語の）魔術的力」（小論文1）、「この作品を創造したのは私たち（読者）なのである。そこに自分の夢や幻想を持ち込んで」（小論文2）、「奇妙な、そして時に幻想的な」（小論文2）、「作品は、時に論理の法則に挑むことがある」。

□実存的情熱《パトス》

「無数の夢がたえず私につきまとい、私を引き裂く」（小論文2）、「疲れを知らない探求」（小論文2）、「絶望的なほど無意味な鉄道」（小論文2）、「一人の人間の苦悩の叫び」（小論文2）、「心の痛み」（小論文2）、「確信の不在」（小論文2）。

補遺4　四人の成績優秀賞受賞者プロフィール

補遺4　4人の成績優秀賞受賞者のプロフィール

教科とランク	フランス語次席賞	翻訳次席賞	地理学次席賞	自然科学次席賞
父親の職業と居住地	アメリカ証券取引所事務所所長、パリ	電子工業関係エンジニア、リール〔フランス北西部、北県の県庁所在地。人口100万人程度〕	販売担当社員、オタン〔ブルゴーニュ地方ソーヌ・エ・ロワール県の小都市。人口2万人程度〕	豚肉製品店主、シャルトル〔カテドラルで有名なユール・エ・ロワール県県庁所在地。人口40万人程度〕
受賞の理由	選択した小説の独創性。たぶん、文体？	翻訳がよかった。	僕の答案は中くらいの出来で、それ以上のものではなかった。あまり熱を込めて書いたとはいえない。それほど地理学に惹かれていたわけではないし、正直言って、充分な知識をもっていなかった……このような条件の下では、小論文全体の調子によって体裁をつけるしかない。大局的な見地からテーマを定め、細部に入りすぎて全体を見失わないようにして、文章の流れをさまたげるような数字やデータを1つも入れないようにした。	簡潔さ。明晰さ。
コンクールに向けての勉強	しなかった。本をたくさんよんだが、全国高校学力コンクールを目指してのことではない。	ラテン語の勉強は全然しなかった。	しなかった。たしかに、授業の内容とは無関係な本をたくさん読んだ。しかし、地理学関係の本はたまにしか手にとらなかった。もっぱら歴史やフランス語の分野に集中していた。	しました。自然科学の本を読みました。
将来の進路（複数回答可）。その理由。	作家、少年事件担当裁判官、画家。比較的独立していて、孤独であるから。	教授、ジャーナリスト、外交官。社会に対して様々な関係をもてるから。	幾分場違いな告白かもしれないが、僕は書くことができればと思っていた。当てにならない希望に人生をかけるわけにはいかないので、治水林野庁に就職しようと目標を定めた。そうすれば、私が好きでたまらない自然に近づけると思ったのです。しかし、残念なことに、この方向に進むことはできませんでした。あまりに科学的な性格が強すぎたからです。のこっているのは、教職の道です。歴史の先生になりたいと思っています。そして、できれば、準備クラスか高等教育関係、大学の先生になりたいものです。	自然科学の研究者、教授、獣医（もしかしたら）。解剖学や動物学が好きです。

教科とランク	フランス語次席賞	翻訳次席賞	地理学次席賞	自然科学次席賞
好きな作家	ガルシア・ロルカ、ボードレール、ランボー、ロートレアモン、サン・ジョン・ペルス、モンテーニュ、サンドラルス、ブルトン、ダレル、カフカ、クノー、マラルメ、クローデル、シェークスピア、聖書、ドストエフスキー、ゴーゴリ、ボスケ、アポリネール、ミショー、ヴィアン。	カミュ、ヘミングウェイ、フロベール。	これも、微妙な質問です。ひとつはっきりしていることは、どんな作家もそれぞれなにかをもたらしてくれるものです。このような質問は選択を強要するものです。(……)ルソー、次にヴィニー。それから傾向はまったく違いますが、ヴァレリーとジッド。	無回答。
好きな画家	ゴヤ、ボッシュ、ゴッホ、シャガール、モジリアニ、ピカソ（デッサン画家として）、ビエラ・ダ・シルバ、デュビュフェ、マッタ、タピエス。	ドラクロワ、レンブラント、ルノワール。	私の好きな画家のリストは長くなる。画風が異なる画家が何人か混じっていても驚かないでほしい。どの画家にも、優れた面がある。セザンヌ、ゴッホ、マネ、モネ、ドガ、ゴーギャン、ブラック、トゥールーズ・ロートレック、ドーミエ、ピサロ、ルノワール、以上がフランス。エルグレコ、ゴヤ、ベラスケス、以上がスペイン。ティツィアーノ、ヴェロネーゼ、コレッジョ、レオナルド・ダ・ヴィンチ、以上がイタリア。フランドル地方については、ブリューゲル父子、レンブラント、ルーベンス。	ピカソ、ゴッホ〔綴り字に誤りあり〕。
コンサートに行く頻度	5ないし6回。バイロイト音楽祭（3晩続けて）。	0回。	コンサートには行きませんでした。	今年は、1回です。
美術館に行く頻度	毎土曜日。展覧会を見て回る。オランジュリー美術館、ルーヴル美術館その他。人類博物館に1度行った。	リール美術館。ゴッホの展覧会。	私には、真に重要な美術館を訪れる機会が1度もありませんでした。意義のある展覧会にも行ったことがありません。すべて、パリか大きな都市で催されるからです。オタン市の美術館や、私の住んでいる地域の美術館はすべて訪れたと言ってもあまり意味のあることではないでしょう。一般に、どれも貧弱ですから。意味のない絵画展をいくつか見ましたが、大きな展覧会には1度も行きませんでした。	近代美術館。科学技術博物館（パレ・ド・ラ・デクーヴェルト）。国立自然史博物館。

教科とランク	フランス語次席賞	翻訳次席賞	地理学次席賞	自然科学次席賞
映画鑑賞の頻度	週1回から月1回程度。	3カ月に1回程度。	学校で毎週1回、映画の上映会があります。大抵は、「駄作」と呼ぶのがふさわしい映画ばかりです。	3カ月に1回程度。
新聞・雑誌	定期的に読むもの：『アメリカの芸術』『エクスプレス』『レアリテ』『フィガロ・リテレール』『カンディード』『目』『イリス』『タンタン』『スピルー』『マッド』『カナール・アンシェネ』。時々：『パリ・マッチ』『エル』。	『パリ・マッチ』『エクスプレス』。時々：『ル・モンド』『イストリア Historia』。	もちろん私は、『ル・モンド』『ヤヌス』『歴史の鏡』『イストリア Historia』『パリ・マッチ』『ヌーヴェル・リテレール』……のような雑誌や新聞を読みます。時には他の雑誌を読むこともあります（『トランスモンディア Transmondia』『大学評論』）。	定期的に読むもの：『ル・モンド』時々：『化学と生活』『フランスの猟師』。
自分ともっとも近い思想潮流	実存主義。	哲学学年を待って決めたい。	まだ十分に知識を得ていませんし、思想的に成熟していない年齢です。私にとって、哲学は、これから発見しなくてはならないものです。1つの思想潮流の内に自己を認知しようというのは少し早いのではないかと思います。	ロマン主義。
前回の休暇で過ごした場所	何人かの級友と共に、ギリシア。ペロポネス半島、ギリシアの島々、トルコに立ち寄った。	ドイツの友人と共に。ドイツ。シラーの生家、ヤクストハウゼン、ルートウィヒブルク、シュトットガルト、チュービンゲン。	私は自分の休暇を1人で過ごす習慣があります。私が好きなあの孤独がいいのです。もちろん、Xに家族と共にとどまるのですが。そこは、Xの見事な森があります。正真正銘のルソー的隠遁地です。	記述なし。
訪れたことのある外国	スイス（1952-1966）、英国（64、65、66）、ギリシア（67）、オーストリア（65）、イタリア（67）、スペイン、サルデーニャ、ベルギー。	（西）ドイツ（1961年から1967年まで）、東ドイツ（65）、オーストリア、スイス（1964）。	まだ外国を訪れる喜びを味わったことがありません。とても行きたいのですが。フランスをよりよく知るように努めることで我慢しています。	ベルギー（65）。
最も重要な現代詩人	アラン・ボスケ、サン・ジョン・ペルス、P・エマニュエル、H・ミショー。	アポリネール、クローデル、プレヴェール。	記述なし。	ブラッサンス。

教科とランク	フランス語次席賞	翻訳次席賞	地理学次席賞	自然科学次席賞
最も重要な劇作家	イヨネスコ、ベケット、ピンター、オバルディア、コクトー。	ジロドゥー、アヌイ、テネシー・ウィリアムズ。	記述なし。	記述なし。
文化活動、今年度観た演劇作品	『帰還』『キリン』『ある日、私は真実に出会った』『ベケット』『夏』『白痴』『料理』『クリピュール』『リア王』『椅子』『おお、良き日』『王が死す』『この次、それを歌ってあげよう』『受け入れがたい証言』『道を知る』。	『マリー・スチュアート』。	すでに述べたように、このリセは、文化活動に力を入れていない。したがって、これらの諸点について私の知識が乏しいことに驚かないようにお願いします。今年度は、3つの作品をなんとか観ることができました。『フェードル』『出口なし』『キンナ』です。いずれにしても、文化活動の拠点から遠い田舎に暮らしているので、休暇中にこれらの欠落を埋めるのは難しいのです。	『攻撃』『検察官』。
造形芸術活動	リセの外でやっています。絵画とデッサン。	いいえ。	私は孤独と自然の中にいるのが好きです。しかし、それは趣味と見なしてもいいでしょう。それなら、写真ということにします。	いいえ。
ジャズについての意見	ええ（好きです）。あまり詳しくはありませんが、クラシック音楽と同じように美しいですし、たぶん、より生命力があります。	ええ（好きです）。いいえ（その理由を述べることはできません）。	ジャズについてしっかりした判断をくだすことはできません。あまりよく知りませんから。感動する曲がないわけではありませんが、ごくまれです。私を捉える曲はごく僅かだと認めます。	いいえ（好きではありません）。
スポーツの実践	スポーツクラブで、乗馬、テニス、クラシック・ダンス、スキー、水泳。	水泳。	学校で貸されるスポーツをなんとかやる程度で満足しています。「なんとかやる」というのは、まさにその通りで、この科目があまり好きでありません。適性に欠けているというのも事実ですが。この活動が押しつけられていることが、嫌いな理由にであることも事実です。	師範学校でサッカー、バスケットボール。
ラジオの聴取	時々、フランス・ミュージックとフランス・キュルチュール。好きな放送は、バイオリンとバイオリン奏者（コンサートへの招待）。	よく聴く局：ヨーロッパNo.1、フランスアンテール。たまに聴く局：フランス・キュルチュール。	もちろん、私はラジオを聴きます。特に、フランス・キュルチュールとフランス・ミュージックの放送です。この2局だけが、私を豊かにしてくれます。聴けない時は、フランスアンテールで我慢します。(……)残念なのは、演劇作品や文学談義をもっと流してくれないことです。にもかかわらず、これらのラジオ局は、すばらしい文化の伝播者です。	よく聴く局：RTL、ヨーロッパNo.1、フランスアンテール。好きな番組：バラエティー、クイズ番組。

第Ⅱ部

叙階

昔は、戯れにこう言ったものだ。「神が、その人に任務を授けたのなら技能も授けている」。今日、この言葉をまともにとる者はだれもいまい。

ヘーゲル『法の哲学——自然法と国家学の要綱』序文

第1章

貴族階級の養成

一般に流布している教育事業のイメージはもっぱら技術的能力《テクニック》を養成する役割があたえられているというもので、しかもそれがあまりに自明なこととしてまかり通っているため、現に厳しく批判されているケースにおいてさえ、そのイメージを疑問視することは至難である。たとえば、与えられた職務に必要とされる職能《コンペタンス》の中でももっとも明らかに必要とされる部分はもっぱら実地において習得されるのに対して、実際に学校で習得するなり、修了証書が公式に保証する職能の一番核心的な部分は、古典ギリシア語や画法幾何学の知識であり、実際には決して役に立つことなどないとの批判を耳にするのが常である。まして、学校で習得したテクニカルな能力は、それを保証しているとみなされている修了証書の社会的権能が大きければ大きいほど、職務の実践においては見向きもされないのだからなにをかいわんやである。いずれにしても、テクニカルな能力は短い期間しか用をなさない。たとえば理工科学校卒業生《ポリテクニシアン》なら、彼の社会的成功を示す最良の指標は、彼がエンジニアとして、あるいは研究者としての純粋に技術職的な職責から放免されて行政職に就く年齢がどれだけ早いかによって示される。しかし、そのような見方においてもっとも困惑させられるのは、次のような学校である。すなわち、イギリスのパブリックスクールのやり方よろしく、あるいはパリ政治学院《シアンス・ポ》〔IEP〕や国立行政学院《エナ》〔ENA〕にみられるように、要求される心構え《ディスポジシオン》を家庭教育によって予め身につけた生徒を確保できるように周到に按配された方式を採用している学校であり、それがあまりに見事なので、ローマ帝国時代に言われていたように、「魚に泳ぐのを教える」ことでよしとしているのではないかと疑わざるをえないような学校である。

あまりに偏った見方と思われるかもしれない。思慮深い精神からは、見事に中庸をえた指摘を受けることになりかねないとすれば、視点を逆方向に転回させて問題を捉え直さなければならない。教育事業にテクニカルな意義しか認めようとしないイメージが支配的だからこそ、それに抗して次のように問うてみることができる。教育事業の使命が、支配する位置《ポジシオン》に就くための準備をさせることであるならば、部分的に、そしてそれは教育の純粋にテクニカルな次元に至るまでそう言えるのだが、聖別《コンセクラシオン》する行為なのであり、一つの制度的儀式であって、分離・聖別されたグループを創り出すことを目指しているのではないか。言い換えるならば、エリート校の技術的能力養成機能は、結果として、儀式的排除の社会的機能を隠蔽しながら遂行しているのであり、合理性を建て前とする社会が、みずからの貴族階級を生み出す叙任式に合理的正当化の外観をあたえているのではないだろうか。(1)

以上の問いに答えるにあたって、その存在そのものが問いを体現している対象を選ぶことにしたい。時と場所による限定を受けており、したがって実証的な観察と分析に適した対象、グランドゼコール入学準備クラス〔「**解説1**」参照〕である。とはいえ、それを「エリート校」圏域《ユニヴェール》の個別的なケースとしてあつかわなければならない。「エリート校」とは、権力〈界〉に入るように招かれた者を教育し、その大多数が権力〈界〉を出自としている者たちを聖別《コンセクラシオン》する行為を担った制度である。このように見ていけば、個別的な学校の特殊な性格の中に留まりつつ、その特殊性の結果生み出される事象に見られる不変体と変化する部分とを、またそれらの事象を生み出すメカニズムに見られる不変体と変化する部分とを、可能な限り完全にかつ具体的に捉えることができる。

しかしさらには、研究対象となる学校が一個別ケースを代表している「エリート校」の考えうる諸形態の圏域《ユニヴェール》を探査しなければならないだろうが、そうであれば、まさに比較史の大規模な研究になるだろう。幽閉と禁欲を基本内容とした入会儀礼的な試練の論理、それがエリート校の普遍相を性格づけているのだが、その論理をたとえば明らかにできるならば、各国の伝統にしたがって変化する、試練の形態と性格のヴァリエーションを総合的に検討することができるはずである。こうした試練は、ほとんどどんな活動に依拠することも可能で、とうの昔に死語になった古典語でもよければ、クリケットでも、サッカーでも、あるいは格闘技でもいい。そうしたものが卓越性《ディスタンクシオン》を生み出すのである。そして、様々な相異なるナショナルな伝統を性格づけている権力〈界〉構造の特殊性の中に、以上のヴァリエーションを決定する原理を求めなければならないし、たとえば、ヴィクトリア朝時代のパブリックスクールにおける団体スポーツ崇拝が、よく言われるように、反知性主義に結びつけられるだけでなく、もっともこれは、他の貴族集団（たとえば、日本）にも観察されるし、同じ目的が異なる結果を生んでいるわけだが、「忠誠」と、集団的利益への服従の軍隊的価値観に依拠した帝国的エリートの心構え《ディスポジシオン》に結びつけられるように試みなければならない。とするならば、権力正統化のきわめて実際的な仕事、より広い立場から見れば、社会的正当化《ソシオドセ》（社会を正当化すること）の仕事とは、支配者が自らの相続者を託する学校に対して時と所を問わず要求してくる仕事なのだが、そこで決定される仕事内容は、再生産されなければならない権力の基盤に従って変化するのではないか、更に端的に言って、任意の時代における権力〈界〉支配を可能にしている資本の種類、ないし権力の形態に応じて変化するのではないかと問わなければならない。

入学準備クラスの生徒に関する調査は、イヴェット・デルソーとモニック・ド・サン＝マルタンの協力を得て一九六八年に実施された。質問表によるアンケートは、その年の三月になされたが、対象となったカーニュ〔高等師範学校《エコール・ノルマル・シュペリウール》〔ＥＮＳ〕志望を中心とした文系入学準備クラスを学生隠語で「カーニュ」という。「**解**

説1及び3」参照〕は次の通りである。パリのリセは、コンドルセ校、フェヌロン校、ルイ＝ルグラン校、モリエール校。ブレストのケリシェン校、クレルモンフェランのブレーズ＝パスカル校、リールのフェデルブ校、リヨンのパルク校、トゥールーズのピエール＝ド＝フェルマ校（総数三三〇名）。また、トープ〔理工科学校《ポリテクニク》志望を中心とした数学コース入学準備クラスを指す学生隠語〕のタイプA、A′、Bは、パリについては、オノレ＝ド＝バルザック校、コンドルセ校、ルイ＝ルグラン校、サンルイ校、ヌイイ・シュル・セーヌのパストゥール校、クレルモンフェランのブレーズ＝パスカル校、リールのフェデルブ校、リヨンのパルク校、トゥールーズのピエール＝ド＝フェルマ校、ヴェルサイユのサント＝ジュヌヴィエーヴ校である（総数八八一名）。サンプルは、「入学可能な」生徒集団を反映するように作成された。そのため、全登録生徒数の中での各入学準備クラス登録生徒集団の比重を考慮するのではなく、グランドゼコールに合格した全生徒数の中での各入学準備クラス合格者数を反映させた。たとえば、パリのカーニュ生〔文系入学準備クラスの生徒をkhâgneuxという。ここでは、カーニュ生と表記する〕は、一九六七年に文系ユルムと文系セーヴルの合格者の六〇・五％を送り出しているので、サンプルでは五八・五％を占めている（一九六七―六八年度のカーニュ生全体の中では五二％にすぎない）。また、ルイ＝ルグラン校、アンリ四世校、フェヌロン校のパリ有名校は、一九六七年のユルムとセーヴル（文系）合格者の四九・五％を送り出しているので、サンプル集団の四八％を占めている（カーニュ登録生徒全体に対しては三一％にすぎない）。同じ考え方に立ち、ルイ＝ルグラン校、サンルイ校、ヴェルサイユのサント＝ジュヌヴィエーヴ校は、一九六七年に、高等師範学校《エコール・ノルマル・シュペリウール》ユルム校理系合格者の四三％、理工科学校《ポリテクニク》合格者の三九％、中央学校合格者の三六％を送り出しているので、アンケート対象になった生徒の三七％を占めている（しかし、一九六七―六八年度に特別数学クラスに登録している生徒の二〇%にすぎない)。同様に、地方校、とくにリヨンのパルク校は、サンプルの中で、入学準備クラス生徒数全体の中で占める比重よりも大きな比重をサンプル集団の中で占めている。

比較の必要上から、以前に実施した二つのアンケート結果も利用した。一つは理系の学生六〇〇〇人の集団になされたもので、もう一つは、文系の学生二三〇〇人の集団になされたものである。一九六八年二月と三月には、入学準備クラス生徒と大学生を対象にした一連のアンケート(四〇人)、パリおよび地方のカーニュの教授二〇名、トープの教授二〇名、パリおよび地方の文系・理系大学の数学と物理学の教員四〇名、フランス語、ラテン語、ギリシア語教員四〇名を含むサンプル集団により詳細なインタヴューアンケート(総数一六〇名)を実施した。最後に、多様なインフォーマント(有名リセの校長、カーニュおよびトープの元教員、元生徒その他)に会見し、様々な資料(会報、雑誌、記念出版物、小説その他)にあたり、入学準備クラス生活の儀式的な側面(隠語、通過儀礼その他)に関する情報を収集し、同時に、聖別や信仰形成のプロセスによって生み出された――人知れない――内密な体験を語るあらゆる種類の表現を記録すべく努めた。

グランドゼコール入学準備クラスは、イエズス会系コレージュとナポレオンによる大学を出自とする押しも押されぬ制度であり、分離された空間内に学業的にも社会的にも類似した属性を多くもつ未成年を集める。この選別的な幽閉は、その結果として、きわめて均質的な集団を作り出す。しかも、その均質性は、同級生同士の長期にわたる持続的な接触に由来する相互的社会化を通じて強化される(**表3**、**表4**を参照)。交際を可能とする社会領域を区切ることは、身分違いの結婚（この語の広い意味で）の可能性を減ずることに貢献する。しかも、それは長期にわたる。というのも、未成年時代に特有の力によって結ばれた感情的絆が、後になってなされる相互選出《コオプタシオン》をあらかじめ左右するからである。

グランドゼコール入学準備クラス、およびグランドゼコール自体が、大学よりもはるかに都合よく、大実業ブルジョアジーの期待に応えるものなのである。大実業ブルジョアジーは長いあいだ国の教育に不信を抱いていたし、学生生活の「危険」や「誘惑」、知的世界の壊乱的影響から子どもを引き離そうとしてきた。その意味において、イエズス会系コレージュのサント＝ジュヌヴィエーヴ校は、理系のグランドゼコールへの入学準備を着実にしてくれる学校であり、おそらく禁欲的な教育の理想を体現していた。そのような教育は、カトリック系ブルジョアジーにとってさえ、生活スタイルが変わり権威像が変容する中で、時代と調和させるのがますます難しくなりつつあった。この学校は、生活規範と学校規範との間、居住地と勉強の場との間を一切区別しないことによって、より総合的な教育の中に入学試験対策を取り込んだのである。このような教育は、「人間的であるとともに精神的であり」、「生徒が学校で学ぶべきことの一切を一貫した勉学の中に統一する」（『奉仕する《セルヴィール》』サント＝ジュヌヴィエーヴ校同窓会会報。八二号、一九六九年四月、五七、八七、一〇八頁）ものだった。学校が約束しているのは、まさに、「全面的な委任教育」である。文化活動、社会活動（眼の不自由な人々への読書、北アフリカ系の人々への講義、青年の家での企画）が催され、政治的、社会的、宗教的活動の報告講演会が開かれた。それは、施設付き司祭や卒業生の団体を仲介として、魂の精神的な導きと治癒をしっかり行うためであ

表3—1　入学準備クラス・数学コース（トープ／1967-1968年度）

社会的属性	総数（n＝881） %	ルイ＝ルグラン校（n＝146） %	サンルイ校（n＝96） %	サント＝ジュヌヴィエーヴ校（n＝88） %	その他パリ (1)（n＝133） %	リヨン（n＝83） %	その他地方 (2)（n＝335） %
父親の職業							
農業賃金労働者、農業経営者	3.5	1.5	2.0	—	—	6.0	7.0
労働者	4.5	2.5	2.0	2.0	3.0	5.0	6.5
一般事務員	5.0	2.5	5.0	2.0	2.0	6.0	7.0
職人	3.0	1.5	5.0	—	2.0	5.0	4.0
商人	5.0	5.5	4.0	8.0	3.5	2.0	4.5
一般管理職	14.0	12.5	20.2	5.0	20.5	11.0	13.5
小学校教諭	4.5	1.5	3.0	—	—	6.0	8.5
農業事業者	1.5	—	1.0	3.5	—	—	2.0
工業実業家、大商人、管理職	26.0	35.5	24.0	35.5	31.0	31.0	19.0
技師	14.0	16.5	10.5	21.0	22.0	11.0	9.5
自由業	8.0	7.0	9.5	18.5	7.0	5.0	6.0
教授	8.5	7.0	11.5	1.0	5.5	8.5	12.0
無回答、その他	3.0	6.5	2.0	3.5	3.5	3.5	0.5
母親の職業							
無職	52.0	49.5	49.0	50.0	56.5	53.0	52.0
労働者、農業	2.5	1.5	2.0	—	—	5.0	4.0
職人、商人	2.5	2.5	1.0	4.5	1.0	1.0	3.0
一般事務員、一般管理職	9.0	12.5	12.5	3.5	10.0	8.5	8.0
小学校教諭	9.5	1.5	10.5	2.5	4.5	13.5	15.5
上級管理職、自由業	3.5	8.0	1.0	5.5	4.5	1.0	2.0
教授	4.5	5.5	8.5	3.5	3.0	5.0	4.5
無回答	16.5	19.0	15.5	30.5	20.5	13.0	11.0
父方祖父の職業							
無職	1.0	—	2.0	—	0.5	—	1.5
農業賃金労働者、農業経営者	10.5	7.0	7.5	3.5	4.5	11.0	16.5
労働者	9.0	7.0	11.5	4.5	5.5	8.5	13.0
職人、商人	17.0	18.0	19.0	12.5	10.0	23.0	19.0
一般事務員	5.0	5.5	4.0	1.0	4.5	7.0	5.5
一般管理職	7.0	13.5	3.0	5.5	7.5	6.0	5.5
小学校教諭	2.5	4.0	—	1.0	2.0	2.5	2.5
上級管理職、教授、自由業	21.5	18.0	19.5	38.0	30.0	24.0	16.0
無回答	26.5	27.0	33.5	34.0	35.5	18.0	20.5
父親の学歴							
免状なし	1.5	2.5	2.0	1.0	3.0	—	1.0
CEP（職業教育証書）CAP（職業適正証書）	12.0	15.0	10.5	1.0	6.5	19.5	14.5
BEPC（中等教育前期課程修了証書）BEI	8.0	4.0	13.5	3.5	6.0	12.0	8.5
BS（上級・初等教育免状）、BAC（大学入学資格）	15.5	18.0	19.0	3.5	10.0	14.5	19.5
群小専門学校、高等教育未修了	8.5	7.0	4.0	7.0	10.0	9.5	10.0

社会的属性	総数（n＝881）	ルイ＝ルグラン校（n＝146）	サンルイ校（n＝96）	サント＝ジュヌヴィエーヴ校（n＝88）	その他パリ（1）（n＝133）	リヨン（n＝83）	その他地方(2)（n＝335）
	%	%	%	%	%	%	%
学士、中程度の学校	22.0	29.0	20.0	43.0	27.0	20.5	13.0
1級教員資格（アグレガシオン）、グランドゼコール	13.5	15.0	13.5	18.5	19.5	12.0	9.5
無回答	19.0	9.5	17.5	22.5	18.0	12.0	24.0
母親の学歴							
免状なし	2.0	2.5	2.0	—	1.5	1.0	3.0
CEP（職業教育証書）CAP（職業適正証書）	10.5	12.5	9.5	1.0	4.0	14.5	15.0
BEPC（中等教育前期課程修了証書）BEI	11.5	11.0	18.0	3.5	16.0	12.0	10.0
BS（上級・初等教育免状）、BAC（大学入学資格）	24.0	31.5	16.5	27.5	20.5	27.5	22.0
群小専門学校、高等教育未修了	3.0	5.5	2.0	2.0	2.0	5.0	2.0
学士、中程度の学校	11.5	12.5	10.5	19.5	11.0	11.0	8.0
1級教員資格（アグレガシオン）、グランドゼコール	1.0	1.0	1.0	1.0	2.0	—	1.0
無回答	38.0	23.5	40.5	45.5	43.0	29.0	39.0
第6学級進学時の両親の居住地							
外国	2.0	1.5	4.0	5.5	—	2.5	1.0
人口1万人以下の自治体	20.0	8.0	13.5	23.0	3.0	29.0	31.0
人口1万人以上10万人以下の自治体	22.5	18.0	12.5	12.5	1.5	29.0	37.5
人口100万人以下の自治体	21.0	9.5	17.0	35.0	6.0	32.0	25.5
パリ、およびパリ近郊	31.5	59.0	51.0	23.0	87.0	5.0	1.0
無回答	3.0	4.0	2.0	1.0	2.5	2.5	4.0
家族の規模							
子1人	12.5	13.5	10.5	4.5	12.0	8.5	16.0
子2人	31.5	31.5	28.5	16.0	35.5	33.5	34.5
子3人	24.0	23.0	25.0	21.5	26.5	23.0	24.0
子4人	15.0	18.0	16.5	21.5	12.0	19.5	10.5
子5人	7.5	7.0	14.0	12.5	6.5	7.0	8.0
子6人	9.0	7.0	14.5	21.5	7.5	8.5	6.0
無回答	0.5	—	1.0	2.5	—	—	1.0
子どもの平均数	3.05	3.0	3.3	4.0	2.9	3.1	2.8
理工科学校入学準備クラスを勧められた（3）							
先生に	56.5	55.0	59.5	59.0	46.5	62.5	58.5
両親の1人に	43.5	45.0	33.5	60.0	46.0	52.0	38.0
別の誰かに	13.0	5.5	10.5	14.5	8.5	12.0	18.5
誰にも勧められなかった	10.0	11.0	8.5	7.0	11.5	6.0	10.5
無回答	5.5	5.5	7.5	4.5	9.0	5.0	4.5

（1）その他パリとは、バルザック校、コンドルセ校、パスツール校（ヌーイ・シュル・セーヌ市）。
（2）その他の地方とは、クレルモンフェラン、リール、トゥールーズ。
（3）複数回答あるので、総計は100%をこえる。

〔n：実数〕

表 3—2　入学準備クラス・数学コース（トープ／1967-1968 年度）

学業属性	全体 %	ルイ＝ルグラン校 %	サンルイ校 %	サント＝ジュヌヴィエーヴ校 %	その他パリ %	リヨン %	その他地方 %
年齢							
17歳	3.0	2.5	3.0	6.0	5.5	3.5	1.0
18歳	34.5	42.5	28.0	46.5	29.0	29.0	34.0
19歳	39.5	34.5	41.5	35.0	40.0	44.5	40.0
20歳	18.5	14.0	20.0	10.0	21.0	23.0	21.5
21歳以上	3.5	4.0	6.5	2.5	4.0	—	3.5
無回答	1.0	2.5	1.0	—	0.5	—	0.5
第6学級の学校名とコース							
CEG（普通教育コレージュ）	7.5	9.5	6.0	—	4.0	13.5	9.5
リセもしくはコレージュ（近代科）	15.5	22.0	25.0	—	16.5	8.5	15.5
リセもしくはコレージュ（古典科）	57.5	55.0	49.0	43.0	67.5	60.0	60.5
私立教育機関（近代科）	2.5	1.5	2.0	3.5	3.0	—	3.0
私立教育機関（古典科）	13.0	8.0	8.5	46.5	3.0	17.0	10.0
無回答	4.0	4.0	9.5	7.0	6.0	1.0	1.5
中等教育で落第したクラス							
2クラス	3.0	—	1.0	5.5	4.0	—	5.0
1クラス	12.5	16.5	16.5	17.0	19.5	7.0	7.0
0クラス	83.0	83.5	82.5	75.0	75.0	92.0	86.0
無回答	1.5	—	—	2.5	1.5	1.0	2.0
全国リセ学力コンクール							
無受験	57.5	46.5	54.0	（1）	55.0	47.0	67.0
受験　賞なし	29.0	40.5	28.0		31.0	48.0	18.5
受賞	2.0	6.5	3.0		1.5	—	0.5
無回答	11.5	6.5	14.5		12.5	5.0	14.0
優秀賞							
なし	36.0	37.0	37.5	20.5	54.0	25.5	35.0
1-2	28.0	29.0	31.5	29.5	28.5	27.5	27.0
3-4	14.5	11.0	12.5	21.5	9.0	23.0	14.5
5-6	9.0	9.5	8.5	14.0	4.0	11.0	9.0
7以上	9.5	12.5	6.0	7.0	1.5	13.0	11.5
無回答、あるいは受賞の数不明	3.0	1.0	4.0	8.0	3.0	—	3.0
大学入学資格（バカロレア）試験の成績評価							
可　passable	27.5	15.0	25.0	24.0	42.0	11.0	32.5
良　assez bien	34.5	34.5	37.5	41.0	37.0	25.0	34.0
優　bien	26.5	34.5	25.0	22.5	13.5	47.0	25.0
特優　très bien	10.0	15.0	9.5	8.0	6.0	17.0	7.5
無回答	1.5	1.0	3.0	4.5	1.5	—	1.0
通学—寄宿							
常に通学	46.5	45.0	45.0	7.0	88.5	47.0	41.5

学業属性	全体 %	ルイ=ルグラン校 %	サンルイ校 %	サント=ジュヌヴィエーヴ校 %	その他パリ %	リヨン %	その他地方 %
通学、寄宿ともにあり	6.5	18.0	4.0	8.0	1.5	2.5	4.5
常に寄宿	43.5	34.0	41.0	85.0	4.5	49.5	51.0
無回答	3.5	3.0	10.0	—	5.5	1.0	3.0
在籍年数〔標準2年コース〕							
2年目〔現役〕	65.0	75.5	60.5	71.5	61.0	56.5	64.5
3年目〔1浪〕	34.0	24.5	37.5	27.5	38.0	42.5	35.0
4年目〔2浪〕	0.5	—	2.0	—	—	—	0.5
無回答	0.5	—	—	1.0	1.0	1.0	—
文化活動、政治的意見（2）							
もっとも優秀な学校名を挙げてください							
高等師範学校ユルム校	64.0	72.5	62.5	65.0	47.5	73.5	65.0
理工科学校	33.5	26.0	33.5	35.0	46.0	26.5	32.5
無回答	2.5	1.5	4.0	—	6.5	—	2.5
定期的に読む週刊誌							
なし	49.0	52.0	51.0	34.0	47.5	38.5	54.5
少なくとも1冊	47.5	46.5	41.5	65.0	43.5	59.0	43.5
エクスプレス	15.5	7.0	10.5	36.5	13.5	18.0	15.0
ヌーヴェル・オプセルヴァトゥール	10.0	13.5	9.5	17.0	8.5	15.5	6.0
カナール・アンシェネ	3.0	1.5	2.0	1.0	6.0	1.0	4.0
無回答	3.5	1.5	7.5	1.0	9.0	2.5	2.0
学生組合							
反対	18.0	9.5	26.0	25.0	10.5	24.0	19.5
無関心	31.5	34.5	25.0	34.0	31.0	40.0	29.5
好意的	15.0	15.0	14.5	7.0	17.5	14.5	16.0
入会	7.0	15.0	4.5	7.0	4.5	—	6.5
活動家	2.5	5.5	2.0	—	2.0	3.5	2.0
無回答	26.0	20.0	28.0	27.0	34.5	18.0	26.5
思想傾向							
極左、左翼	32.5	42.5	33.5	10.0	37.0	36.0	31.0
中道左派、中道、中道保守	31.5	35.5	25.0	46.5	23.5	36.0	30.0
右翼、極右	15.0	8.0	14.5	21.5	17.0	12.0	15.5
その他	5.5	2.5	5.0	6.0	4.5	5.0	8.0
無回答	15.5	11.0	22.0	16.0	18.0	11.0	15.5
スポーツ活動							
なし	41.5	42.5	45.0	20.5	43.5	46.0	44.0
テニスと／または乗馬	14.5	12.5	13.5	24.0	19.5	6.0	13.0
その他	42.0	42.5	39.5	54.5	32.5	48.0	42.0
無回答	2.0	2.5	2.0	1.0	4.5	—	1.0

（1）対象外（カトリック教育全国コンクール）
（2）回答率は、生徒の所属学校や学業に関する質問に対してもっとも高く、学生組合や思想傾向に関する質問になると低下する。

表 4—1　入学準備クラス・文系（カーニュ／ 1967-1968 年度）

社会的属性	全体（n ＝330）%	ルイ＝ルグラン校（n=110）%	フェヌロン校（n ＝48）%	その他パリ(1)（n=35）%	リヨン（n ＝42）%	リール（n ＝49）%	その他の地方(2)（n=46）%
性別							
男	65.5	100.0	—	51.5	100.0	59.0	39.0
女	34.5	—	100.0	48.5	—	41.0	61.0
父親の職業							
農業賃金労働者、農業経営者	2.5	1.0	4.0	—	2.5	4.0	6.5
労働者	3.5	—	—	3.0	2.5	12.0	6.5
一般事務員	4.0	—	—	—	9.5	10.0	6.5
職人・商人	3.0	2.0	—	6.0	4.5	2.0	6.5
一般管理職	13.5	11.0	19.0	11.5	12.0	14.5	15.5
小学校教諭	5.5	7.5	2.0	3.0	4.5	8.0	6.5
農業事業者	2.0	1.5	4.0	—	2.5	—	—
上級管理職・工業実業家	33.0	38.0	41.5	40.0	28.5	26.5	19.5
技師	5.0	8.0	4.0	5.5	2.5	4.0	2.0
自由業	10.5	12.0	12.5	14.5	4.5	6.0	13.0
教授	14.5	18.0	8.5	11.5	26.0	10.5	8.5
無回答、その他	3.0	1.0	4.0	5.5	—	2.0	8.5
母親の職業							
無職	45.5	41.0	33.5	48.5	57.0	55.0	46.0
労働者、農業	2.0	2.0	—	—	—	6.0	4.5
職人、商人	3.5	2.0	—	3.0	12.0	4.0	4.5
一般事務員、一般管理職、小学校教諭	19.0	14.5	25.0	17.0	19.0	22.5	19.0
上級管理職、自由業	6.5	12.0	12.5	8.5	—	—	—
教授	16.0	20.5	21.0	8.5	12.0	8.0	15.0
無回答	7.5	8.0	8.0	14.0	—	4.0	11.0
父方祖父の職業							
無職	0.5	—	—	3.0	—	—	—
農業賃金労働者、農業経営者	12.5	12.0	12.5	8.5	19.0	10.0	15.0
労働者	10.0	14.5	—	—	7.0	16.5	13.0
職人、商人	16.0	16.5	12.5	14.0	14.5	26.5	11.0
一般事務員、一般管理職、小学校教諭	17.0	18.0	16.5	8.5	16.5	16.5	21.5
上級管理職、教授、自由業	26.0	23.5	46.0	43.0	26.5	12.0	11.0
無回答	18.0	15.5	12.5	23.0	16.5	18.5	28.5
父親の学歴							
免状なし	0.5	—	—	—	—	2.0	—
CEP（職業教育証書）CAP（職業適正証書）	11.0	10.0	8.5	8.5	2.5	16.5	19.5
BEPC（中等教育前期課程修了証書）BEI	6.5	2.0	8.5	3.0	5.0	12.0	15.0
BS（上級・初等教育免状）、BAC（大学入学資格）	17.5	17.5	12.5	8.5	19.0	20.5	26.0
群小専門学校(短期大学や各種専門学校)、高等教育未修了	8.5	7.0	12.5	5.5	14.5	8.0	6.5
学士、中程度の学校	26.0	34.5	29.5	37.0	16.5	16.5	13.0
1級教員資格（アグレガシオン）、グランドゼコール	15.0	19.0	16.5	11.5	23.5	8.0	4.5

社会的属性	全体（n＝330）%	ルイ=ルグラン校（n=110）%	フェヌロン校（n＝48）%	その他パリ(1)（n=35）%	リヨン（n＝42）%	リール（n＝49）%	その他の地方(2)（n=46）%
無回答	15.0	10.0	12.5	25.5	19.0	16.5	15.5
母親の学歴							
無学歴	3.5	5.5	—	5.5	2.5	4.0	—
CEP（職業教育証書）CAP（職業適正証書）	8.5	5.5	8.5	8.5	2.5	16.5	13.0
BEPC（中等教育前期課程修了証書）BEI	11.0	9.0	12.5	5.5	14.5	10.0	15.0
BS（上級・初等教育免状）、BAC（大学入学資格）	24.0	22.5	25.0	20.0	28.5	35.0	15.0
群小専門学校(短期大学や各種専門学校)、高等教育未修了	4.0	5.5	4.0	3.0	—	4.0	4.5
学士、中程度の学校	20.5	19.0	33.5	26.0	26.0	8.0	13.0
1級教員資格（アグレガシオン）、グランドゼコール	4.5	9.0	8.5	—	—	—	2.5
無回答	24.0	23.5	8.5	31.5	26.0	22.5	37.0
第6学級進学時の両親の居住地							
外国	2.5	2.5	—	—	—	—	11.0
人口1万人以下の自治体	14.0	8.0	8.5	3.0	28.5	22.5	19.5
人口1万人以上10万人以下の自治体	28.5	23.0	21.0	14.0	31.0	53.0	32.5
人口100万人以下の自治体	19.5	14.5	12.5	3.0	35.5	22.5	32.5
パリ、およびパリ近郊	34.5	52.0	54.0	80.0	2.5	2.0	2.0
無回答	1.0	—	4.0	—	2.5	—	2.0
家族の規模							
子1人	17.0	13.5	17.0	20.0	9.5	18.5	28.5
子2人	30.5	33.5	41.5	25.5	35.5	22.5	17.5
子3人	23.5	30.0	12.5	25.5	21.5	22.5	22.0
子4人	11.5	7.5	12.5	14.5	19.0	8.0	15.0
子5人	8.0	4.5	8.5	3.0	12.0	16.5	8.5
子6人以上	7.5	7.5	4.0	11.5	—	12.0	8.5
無回答	2.0	3.5	4.0	—	2.5	—	—
子どもの平均数	2.9	2.8	2.7	3.0	2.9	3.2	2.9
文系入学準備クラスを勧められた（3）							
先生に	67.5	65.5	66.5	65.5	64.5	83.5	61.0
両親の1人に	42.5	41.0	54.0	45.5	50.0	28.5	39.0
別の誰かに	16.5	21.0	25.0	5.5	16.5	4.0	15.0
誰にも勧められなかった	6.5	6.5	8.5	5.5	2.5	4.0	13.0
無回答	1.5	2.0	—	3.0	2.5	—	2.0

(1) その他パリとは、コンドルセ校、モリエール校。
(2) その他の地方とは、ブレスト、クレルモンフェラン、トゥールーズ。
(3) 複数回答があるので、総計は100%をこえる。
〔n：実数〕

表4—2　入学準備クラス・文系（カーニュ／1967-1968 年度）

学業属性	全体 %	ルイ=ルグラン校 %	フェヌロン校 %	その他パリ %	リヨン %	リール %	その他の地方 %
年齢							
17歳	2.0	—	8.5	—	2.5	—	4.5
18歳	32.5	26.5	50.0	28.5	26.0	26.5	43.5
19歳	39.0	36.5	33.5	48.5	43.0	49.0	30.5
20歳	18.0	22.5	4.0	20.0	26.0	18.5	13.0
21歳以上	5.5	9.0	4.0	—	2.5	4.0	6.5
無回答	3.0	5.5	—	3.0	—	2.0	2.0
第6学級の学校名とコース							
CEG（普通教育コレージュ）	0.5	—	—	3.0	—	—	2.0
リセもしくはコレージュ（現代科）	2.5	—	4.0	—	5.0	6.0	2.0
リセもしくはコレージュ（古典科）	80.5	85.5	83.5	71.5	74.0	79.5	80.5
私立教育機関（現代科）	—	—	—	—	—	—	—
私立教育機関（古典科）	14.5	13.5	12.5	17.0	19.0	14.5	13.0
無回答	2.0	1.0	—	8.5	2.0	—	2.0
中等教育で落第したクラス							
2クラス	2.0	2.0	—	5.5	2.5	2.0	—
1クラス	9.0	3.5	—	23.0	12.0	12.0	13.0
0クラス	88.5	94.5	100.0	68.5	85.5	86.0	87.0
無回答	0.5	—	—	30	—	—	—
全国リセ学力コンクール							
無受験	42.0	29.5	21.0	48.5	37.0	57.0	61.5
受験　賞なし	47.5	59.0	66.5	51.5	46.0	34.0	25.5
受賞	5.0	8.0	8.5	—	8.5	2.0	2.5
無回答	5.5	3.5	4.0	—	8.5	7.0	10.5
優秀賞受賞							
なし	22.5	16.5	25.0	43.0	28.5	24.5	13.0
1-2	25.0	30.0	4.0	34.0	19.0	32.5	24.0
3-4	16.5	21.0	12.5	6.0	9.5	20.5	19.5
5-6	12.5	12.0	21.0	6.0	19.0	8.0	11.0
7以上	17.5	13.5	37.5	3.0	19.0	10.5	21.5
無回答、あるいは受賞の数不明	6.0	7.0	—	8.0	5.0	4.0	11.0
大学入学資格（バカロレア）試験の成績評価							
可　passable	14.5	14.5	8.5	31.5	9.5	12.0	13.0
良　assez bien	40.5	26.5	37.5	45.5	52.5	51.0	52.0
優　bien	33.5	43.5	41.5	14.5	28.5	31.0	24.0
特優　très bien	10.0	15.5	12.5	3.0	7.0	6.0	6.5
無回答	1.5	—	—	5.5	2.5	—	4.5
通学—寄宿							
常に通学	62.5	53.5	79.0	88.5	47.5	57.0	65.5
通学、寄宿ともにあり	7.5	12.5	8.5	—	9.5	4.0	2.0

学業属性	全体 %	ルイ=ルグラン校 %	フェヌロン校 %	その他パリ %	リヨン %	リール %	その他の地方 %
常に寄宿	26.0	28.5	12.5	3.0	40.5	37.0	26.0
無回答	4.0	5.5	—	8.5	2.5	2.0	6.5
在籍年数〔標準2年コース〕							
2年目〔カレ、現役〕	65.0	52.0	79.0	57.0	66.5	75.5	74.0
3年目〔キューブ、1浪〕	26.5	34.5	21.0	34.5	21.5	18.5	19.5
4年目〔ビカ、2浪〕	8.0	13.5	—	8.5	12.0	6.0	2.0
無回答	0.5	—	—	—	—	—	4.5
教養生活、思想傾向							
もっとも優秀な学校名							
高等師範学校ユルム校	59.0	60.0	50.0	45.5	74.0	43.0	78.5
国立行政学院	31.0	24.5	50.0	48.5	21.5	36.5	15.0
無回答もしくはその他の学校	10.0	15.5	—	6.0	4.5	20.5	6.5
定期的に読む週刊誌							
なし	69.5	72.0	87.5	57.0	66.5	71.5	54.5
少なくとも1冊	25.0	22.5	12.5	31.5	26.5	18.5	43.5
エクスプレス	2.5	3.0	—	—	2.5	6.0	4.5
ヌーヴェル・オプセルヴァトゥール	9.5	9.0	8.0	11.5	9.5	10.0	8.5
カナール・アンシェネ	4.5	2.0	4.0	5.5	7.0	—	13.0
無回答	5.5	5.5	—	11.5	7.0	10.0	2.0
学生自治会							
反対	18.0	16.5	8.5	25.5	21.5	10.0	30.5
無関心	24.5	26.5	25.0	23.0	21.5	26.5	21.5
好意的	18.0	10.0	41.5	14.5	24.0	16.5	11.0
入会	12.5	17.0	8.5	8.5	7.0	22.5	2.0
活動家	5.5	11.0	4.0	3.0	2.0	6.0	—
無回答	21.5	19.0	12.5	25.5	24.0	18.5	35.0
思想傾向							
極左	16.0	21.5	21.0	14.5	14.5	6.0	11.0
左翼	32.0	30.0	42.0	25.5	26.0	45.0	21.5
中道左派、中道、中道保守	17.5	15.5	29.0	14.5	12.0	10.5	26.0
右翼、極右	12.0	12.0	4.0	20.0	16.5	6.0	15.5
その他	6.5	12.0	4.0	—	9.5	4.0	2.0
無回答	16.0	9.0	—	25.5	21.5	28.5	24.0
スポーツ活動							
なし	56.0	65.5	62.5	45.5	50.0	36.5	58.5
テニスまたは乗馬	11.0	7.5	12.5	14.5	5.0	14.5	19.5
その他	29.0	23.5	16.5	34.5	42.5	43.0	22.0
無回答	4.0	3.5	8.5	5.5	2.5	6.0	—

り、一言でいえば、生徒の一人一人が「自己を十全に実現できる」ような全ての手段を与えるための努力だった。サント＝ジュヌヴィエーヴ校は極端な例として意味がある。この学校が家庭と子どもを切り離すと考える人々に反論しつつ、エリート校が課す隠遁と閉鎖空間による空間的情愛的分離は、社会的な連続性を排除するものではないことを教えてくれるメリットがある。この「第二の家族」との間で、ブルジョアジーの家庭は無条件の委託契約を結ぶのであるが、それによって実施される「真の分離」は、家族との分離ではなく、排除された人々、一般学生、そして、いうまでもなく学生にならなかった人々からの分離なのである。

周到に選ばれたエリートの集合が分離されたグループとして制度化される社会的分離と隔離のプロセスは、それが正当な選出として知られかつ認知されると、それ自体から象徴資本が生み出され、構成されたグループが限定的で排他的であればあるほどその資本量は大きくなる。独占者は、認知を受けると、貴族に変身する。この効果が裏付けられ、倍加されるのは、エリートグループメンバーの各人が、集団的に所有され、称号内に凝縮された象徴資本に加わっている上に、その象徴資本への参加が魔術的参加の論理によってなされ、資本を個人的称号として所有しているときである。このようにして驚くべき象徴資本集約がなされる。一つに集められた若者たちの一人一人は、象徴資本全体による委任によって裕福になる。資本は活動中でもあり（全国リセ学力コンクール受賞者、大学入学資格試験成績、高名な家系を示す名前など）、潜在的でもあり（数少ない役職、名高い作品、その他）、それらは学友の一人一人によって、そしてまた、卒業生全体によってもたらされる。

こうした作用の全て、そのほかの多くの作用は、一般にそれと認識されていないので、さらに綿密な分析研究が必要である。それら作用を通じて、入学準備クラスは、教育を任された者たち全員（試験合格によって聖別された者だけでなく）に対して、人類学的な意味での真の共有文化を押しつけ、刷り込もうとするのである。

こうした文化の極端に儀式化された側面は、規則集作成の対象になることさえある。英国の『パブリックスクールの概念』は三八頁の小冊子だが、そこには、規則、伝統行事、暗記すべき歌や表現が記載されている（J. Wakeford, *The Cloistered Elite*, Londres, Macmillan, 1969, p.56.）。同様に、「X〔理工科学校《ポリテクニク》の俗称〕法典」（cf. *La Jaune et la rouge*, 31, juin 1978, p.39-40）やウェスト・ポイントの陸軍士官学校士官候補生〔米国ニューヨーク市北方の学校〕の「栄誉法典〔*Honor Code*〕」がある。これは、生徒の行動を律する慣習法をおどけた調子で記述したものである。あるいは、ガッザール〔Gadz'arts〕（工芸学校の学生をこう呼ぶ）たちの学校の「慣習控え帖」がある。新入生いじめ《ビズタージュ》は、入学準備クラスやグランドゼコールで広く行われている通過儀礼のもっとも目につきやすい、表面的な側面でしかないが、これも、こうした慣習をたたき込む機会の一つになっている。

語の伝統的な意味での同一文化への参加、すなわち、正当な知識と礼儀作法集というよりは、どの規則集も、内容のつかみ難い礼儀作法と言った方がいい。それらは、学校の価値観が結晶化し、濃縮された、学校隠語の決まり文句、言い回し、冗談の諸形式、姿勢、あるいは声の出し方、笑い方、他の者たちと交際をはじめるときのやり方、とりわけ、級友と付き合いはじめるときのやり方である。それらは、単なる共通利益による連帯よりもはるかに深く、直接的な仲間意識を級友の間に築き、持続的に維持する。そこから、グランドゼコールの「フリーメーソン主義」と一般に見られている効能のすべてが生まれるのである。

ハビトゥスの共有、仕事や生活の規律の安定感を生む厳格さによって確かなものになる社会的調和を祝福の下に経験するなら、多くの人にとって、それはノスタルジーへと変わる。堅固に結ばれたグランドゼコール卒業生にとって、ノスタルジーは、グランドゼコールや入学準備クラスで過ごした歳月に結びついている。「いったいどういうわけであのようにうっとりするのだろうか。どういうわけで、X卒業生〔理工科学校卒業生《ポリテクニシアン》のこと〕は、学校時代のまぶしい映像が眼前に繰り広げられるのを観て、あのような喜悦を覚えるのだろうか。青春時代がよみがえり、そこに連れ戻されたと思うのだろうか。たとえ一時間であろうと、自分が二〇歳だった時を再び生きるのは、それだけでなかなか素敵な奇跡である。しかし、そういうことではないのだ。彼をうっとりさせるのは、彼の青春時代が蘇ったからだけではなく、彼の人生の特別に幸福だった時代が蘇ったからである。彼がもっとも鮮明な思い出を抱いている時代である。（……）」(2)。そして、伝統の力なるものが何であるかよりよく理解できるのである。それはとりわけ、伝統の力が、現在時の認識を、卒業生たちの回想的表象のもつカテゴリーに合わせて組織するように強いるのが見られるときである。たとえば、あるカーニュ生は、彼の体験を未来のよき思い出として生きている。「（カーニュは）ちょっと他にはない場所です。ここで得た付き合いや体験は懐かしい思い出として回想することになるでしょう。一緒に過ごした人々は、共通の何かによって結びつけられていると感じています。彼らは、楽しく思い出すことになるでしょう。自分たちの精神形成にとって決定的な意味をもった共通の何かを」（ルイ＝ルグラン校、一九歳）。この情緒的魅了は、同級生を愛し称賛し、自らを愛し称賛することができるところから生まれる。それは、心的構造の均質性に表裏一体となった論理的順応主義と共に、職体精神なるものの基盤になっている。実際、集団との連帯感情は、認識、評価、思考、行動の図式の共有に支えられているのであり、それが、巧みに人脈を組織する無意識の反射反応的仲間意識を形成しているのである。(3)

強制と促成栽培

入学準備クラスが、他の高等教育機関と異なる点は、なによりも制度的手段の体系全体にある。激励、束縛、管理が相乗的に作用し、ここではいまだに「生徒《エレーブ》」(「学生《エテュディアン》」とはいわずに)と呼びならわされる者たちの生活全体を、たゆまなき連続である学校活動に閉じ込めるのである。活動はインテンシヴで、それぞれの活動にあてられた時間割の中だけでなく、それらのリズムにおいても、周到に組み立てられ管理されている。教育効果の面から見れば、重要なのは教授される具体的内容よりもむしろ、授業進行の諸条件を通して暗黙の内に教えられるものにある。伝授されるものの本質は、外見的な内容、カリキュラム、授業などではなく、教育活動の組織のされ方自体に込められているのである。

多くの論者が、「エリート校」が及ぼす効果を寄宿生活と不可分な幽閉に結びつけ、この可視的な特徴を、これらの学校機関が全人的教育機関として機能する上での絶対条件とみなす傾向がある。実をいえば、寄宿生活の隔離された共同生活の規律は、生徒の全生活をもっぱら学業への関心に集中させようとする教育の一番見やすい側面を代表しているとしても、インテンシヴな勉学を厳格に律するところから生み出されるものが寄宿生活によってもたらされるのだとすることは避けなければならない。アンケートを見るかぎり、カーニュやトープの場合、寄宿生であることが、実際の勉学上での顕著で有意な差異になってはいないようである。

教育そのもののあり方が生む効果の方が、囲い込みによる寄宿生活による教育効果よりもはるかに強力であることを示す証拠は、とりわけ、提出課題の質や自由時間の過ごし方における寄宿生と通学生との差が、入学準備クラス生全体を大学生と比較した場合、はるかに小さいことである。たとえば、通学生は、寄宿生と同程度に課題を提出しているが、日曜日に寄宿生以上に勉強しているし、映画館に行く頻度も少ない。他の面での自由時間の使い方を見ても、有意な差は認められなかった。新聞雑誌の読書（通学生の方が日刊紙をよく読み、寄宿生はむしろ週刊誌をよく読む点を除いて）に大きな差はないし、文化・教養活動にしても（理工科学校《ポリテクニク》入学準備クラス通学生が演劇に行く頻度が僅かながら他よりも高く、寄宿生はむしろコンサートに行く点を除いて）、同様である。(4)

伝統的教育がいずれもそうであるように、入学準備クラスにおける教育効果の本質的な部分は、組織的な条件や実践の全体を通して作用するのであって、その構想において明示され、そのようなものとして現実に意図されたものではない以上、その全体を本来的な意味での教育学的《ペダゴジック》なものだとは名付けることはできない。(5)知識や技能の伝授とたたき込みは、教育学的企図の可視的で公式的な側面であるが、それは、社会的シチュエーションの中で実施されるのであり、そのシチュエーションの中には、暗黙の内に明言されない主張《テーゼ》や実践的論点先取がある。このようにして、教養とは何か、知的作業とは何かという規定全体が、勉学の組織化、とりわけ学習において迅速さを優先させることを通して押しつけられる。

なにもかもが、まるで学校の活動はなによりも入信のための試練として用意された極度の緊急性を突きつけるシチュエーションを作り出すことにあるかのように進む。その中で、新参者は、先輩や先生を模倣しながら必要な手段とリソースとを見いだし、最善の適応ができた者が選ばれるという情け容赦のないシチュエーションに立ち向かう能力をもっていることを示さなければならない[6]。「生徒に授業をするよりも、実践的に鍛えることに二倍の時間をついやした」というイエズス会系コレージュにおけるように[7]、学校の一番重要な活動は、時間のインテンシヴな使い方を要求する条件を作り出し、粘り強く、素早く、時には駆け足の仕事をすることが生き残りの条件になり、学校の要求に適応するための条件になるようにすることなのである[8]。

大学の文学部生や理系学部生の提出物と文系・理系の入学準備クラス生の提出課題に共通の物差しを当てることはできないにしても、それというのも、その内容、形式、精神ともにあまりにかけ離れているからだが、にもかかわらず、学校制度の二つの範疇にみられる学生と教員からの発言に基づいて評価するならば、生産効率が大学よりも準備クラスにおいて比較にならないほど高いという結論が引き出せる[9]。

トープの生徒は、理工学部の物理学科や数学科の学生に較べて、毎年二倍から三倍の数学や物理学の課題（各教科について二〇から二五件程度）を提出する。しかも、トープのクラスではほぼ全生徒が出された課題のほぼ全てを提出するのに対して、学部生の大半は、はるかに短い期間（一一月から四月まで）に、課題の内の三件に一つか二つしかやり遂げない。入学準備クラスの全体的教育指導の最も特徴的な効果は、ほぼ全生徒から最大限の生産性を引き出すことにある。トープの学生の四分の三（七三％）は定期的に補足的な演習を自らに課している（彼らの内の五分の一は、少なくとも週に五時間程度）。学部生にはほとんど見られない規律である（教師から出された課題の他に勉強をするのは学部生の僅か六％であり、時に勉強することもある者は四三・五％である）。同じような差がカーニュと文学部にある。カーニュ生の勉学ぶりは恐ろしく似通っていて、たとえば、ルイ＝ルグラン校では、一年間に一〇点から一二点の小論文を書き上げ、三〇から三五の仏訳や外国語への翻訳を行う。さらには、「コンクールの練習」で同じタイプの勉強を積み重ねている。この点で、文系学部生の学業のばらつきと好対照をなす。カーニュ生の勉強量にひけをとらない学部生は例外的である。

入学準備クラスの生産性の高さの背景には一群の制度的条件がある。教師は、公然と学校的規律と試験による学習確認とを共に押しつけてくる。そして、生徒たちを鼓舞することを惜しまず、ひたすら級友間の競争を煽ろうとする。こうして、教師は、授業への出席が義務づけられているので、欠席者を監視する規律維持の役割を果たすが、欠席をごまかせる者はいない。それに、ごく僅かの例外があっても、それは生徒によってすぐに後ろ指をさされるので、教師は多大の課題と練習を出し、期限までに提出するようにさせ、学校教育の伝統においてももっとも学校的な規範に基づいて答案の添削をする。

「全員が課題を提出しますよ。提出しなかったら、もう教室に来られなくなるでしょう。監督付き自習の時間にどうしても用事があるときは、あらかじめ申し出てきます。家に帰ってからやればいいので、月曜日にもってきます」（カーニュ教員。ラテン語・ギリシア語）。「生徒に対して、課題の書き方について指示を出しますか」「ええ（微笑）、パラグラフとパラグラフの間は行を空けるようにうるさく言います。答案だけでなく、小論文の全体構想をあらかじめきちんと書いたものも提出させるようにします。スペルミスが五カ所あれば零点です。だから、添削さえしませんよ。五つスペルミスがあれば、もう読みません。零点と書いて、ペンを置きます」（カーニュ教員。文系・ラテン語）。「少なくとも下書きを二つ作るようにさせます。余白は大事です。いつでも添削用の余白をとっておくように言います。残念ながら、添削箇所が山ほどありますからね。できるだけ読みやすい字を書くように要求します。形の悪い字は誤字と見なします。コンクールのときと同じですよ」（カーニュ教員。ラテン語・ギリシア語）。演習には通例評点がつく。それもたいていは厳かに公表される。インタヴューを受けたトープの教員の半数近くは教室で評点を発表している。ほとんどの場合、成績順に発表する。口頭発表をやめた教員でも、その内の何人かは、学期毎の席順を張り付けることはやめていない。答案に点数を書くときに、順位も書き込む程度にしている教員もいる。生徒の競争心を煽るのは、学習意欲をかきたてるもっとも目に見えて効果がある方法だが、入学準備クラスの教員は以前ほど、それに頼らなくなったように見えるが、それでも、勉学を鼓舞する昔からの数ある方法（「模擬学力コンクール」の結果にコメントをつけて公表するやり方、成績の下位から順番に発表するやり方など）の中でも最も効果のあるやり方をすっかり捨て去った教員はまれである。つまりコンクールを直接・間接に話題として取り上げるやり方である。「わたしは、常々、学力コンクールの話題を取り上げます。夢のような話をしているのではないと分かるように説得します。生徒たちに、コンクールに参加できる実力をもっていると言ってあげるのです。具体的にどのようにコンクールが実施されるのかも言います」(カーニュ教員。歴史)。「よくコンクールの話をしますね。ほめられたことではないが、コンクールを無視できる生徒はいません。『コンクールだったら、君は平均点にも達していないよ。気を引き締めたまえ。もう三カ月もないからね』。こう言えば、生徒たちの背筋に寒いものが走ります。すっかり動転してしまうわけではありませんがね。いや、そんなことはないですよ。ただね、入学準備クラスはすばらしい生徒たちですが、どうしようもない弱点があるんです。コンクールのことしか頭にないのです。特にビカの生徒(四年生)。彼らは毎日、そのことしか頭にない生活を送っています」(カーニュ教員。フランス語、ラテン語)。

全生活が迅速性の標語の下におかれた競技——タイムレース——になることによって、学校〈界〉の内にスクオーレ[10]が創出される。すなわち、余暇、無償性、目的なき合目的性であり、人生における真剣勝負の疑似体験である。他の分野でいえばスポーツのようなものだろう。このようにして、おまけにその原理を明言する必要に迫られずに、心構え《ディスポジシオン》を奥深いところにたたき込むので、それは価値観として説かれることもなく、この隠された、白状するにはためらわれる面が露わになることもないのである。時間のインテンシヴな使用法への性向と技能が、学業における競争(とりわけ、コンクールや試験)において疑いもなく著しい利点になるのであり、また、後には、職業生活における競争に利するのである。しかし、それは教養や知的労働に対して要領がいいことを優先させ、実践的で、厳密に打算的な関係をもつことと表裏一体をなしている。知的な手柄への野心と愛好は、「勝ち抜く意思」(will to win)の学校版であり、スポーツの実践を通して称揚されてもいるのだが、それによって、全身全霊をつくした者が自己克己に至るのであり、他方では、スポーツと同様に、必ずしもフェアプレイに傾注するわけではなく、協力や共同よりもむしろ全員が全員に敵対する闘いへと鍛練するのである。

迅速性の論理は、以上のような能力を支える原理であり、行動論理である以上、当然のことながら、一般に信じられているのとは逆に、学究や知的生活の諸要求よりもむしろ行動的な生活の諸要求によりよく対応している。そんなわけで、たとえば、カーニュの通常の日課においては、ある作家や哲学者を読むというような作業は必ずしも直接的に割りが合う（「試験に役立つ」）ものではないし、ある時間をそれに充当するのも難しいので、訳や作文、講義内容の学習のように明確に規定され管理できる勉強の前に犠牲にされる。同様に、どんな問いにも即座になにがなんでも答える必要があるので、掘り下げた勉学をしなくてもすみ、無知や欠落を隠しつつ滔々と論述し、すり切れてしまっていようが、問答無用とばかり期待されているトポス[11]をさも独創であるかのように展開できるための作文技法の解説や秘訣に走らざるをえない。迅速性の論理は、撰文集や教科書の使用を強いる。これら日々の学習用の道具は、学校の要求を最小限の努力で満たす手段を提供できるように予め用意されている。より一般的にいえば、策略や巧妙さを年若くして習熟するには邪魔になる知的な誠実さや厳格さを犠牲にし、研究者の方法や技法よりは実務家の「秘訣」に近い仕事のテクニックを用いるように促されるのである。[12]

このようにして、「エリート校」を真の管理職養成校にするように全てが寄与する。迅速性への圧力に学習を従属させること、そして、勉学に厳格で持続的な学習指導《アンカドルマン》をすることは、教養への従順かつ堅固な態度をたき込むのに好都合であり、そのような教養は学究の実践よりはむしろ権力の行使に向いている。事実、

「一般教養」が問題になるときに問われているのがそれなのである。入手可能な全てのリソースを即座に活用し、そこから最善のものを引き出す技術は、国立行政学院《エナ》の試験のような幾つかの大きなコンクールにおいてその極限点に達する。この運用能力と対になっているのが毅然とした態度で、これら二つは、あらゆるグランドゼコールが評価し、栄誉を授与する「リーダーの徳力」の中でもその筆頭にあげられるだろう。事実、学問や芸術の探究における大胆さや飛躍よりも、毅然とした決断における実際的で規律を重んじる計算に向いている。

　グランドゼコール生に特有な徳力はその基本にまで単純化すると、行動的な人間一般に期待されているそれである。「試験、それも特に口述試験は、冷静さを保てる受験生に有利である。同じように、外見的なよさも有利な方向に作用する。ところで、冷静さと外見も職業生活においては根本的な長所である。同様に、必要にせまられてやる「猛勉」は、どんな個人でも職業人生において定期的にやらなければならない踏ん張りに対応している。（中略）充分に答えられるはずの質問を前にして「しどろもどろ」になってしまう受験生は、人生の大事な時に「立ち向かう」ことができない人でもあるのが常である」（『フランスのグランドゼコールの発展、募集、運営、建設地選定の諸条件』調査グループによる首相への報告、パリ、一九六三年九月二六日。フランス政府刊行物、一九六四年、『研究と特定研究論文』四五、四一頁）。別の半官半民の文書によれば、理工科学校《ポリテクニク》入学準備数学クラスは、生徒に、「理論と解法のための知識だけでなく、仕事の規律と速度と正確さの習慣を身につけさせ、官公庁や私企業・国営企業から高評価を受けている」そうである。また、このような養成への批判者に対して、それが植えつける「勤勉な習慣のもつ効率」と「それが伸ばす刻苦を厭わない気持ち」を反論として提示している（「高等教育とグランドゼコールに関する報告」クチュール委員会作成。『黄旗組合と赤旗組合』（「黄旗組合」は、一九〇〇年頃、スト破りのために作られた組合で、黄色の房とエニシダの花を標識にした）。

「一般教養」とはまた、専門的で個別の断片的な知識とその所有者に対する、あの優越感に満ちた関係でもある。この関係を与えてくれるのは、真の土台、単なる執行上の行為者に委ねられた個別技術の母胎《マトリクス》となる「学問」に他ならない土台にアクセスできるという信念である。そうでなければ、役に立ちもしない膨大な知識の獲得を課されることによる誰の目にも明らかな浪費、そしてまた、職業をもつ上で要求される限りの技能《アプティテュード》を修得するために必要な時間をはるかに越える学習時間を湯水のように浪費することの説明がつかないだろう。矛盾は、技術的要請と社会的要請の間、役職のテクニカルな性格が要求する能力と、正統化の必要性によって社会的に要求される能力との間にある。支配者、特に企業の指導者（経済〈界〉の民間部門に特にそれが言える）が、管理職者を選出するにあたって基準にする学歴に対してもつ関係はまさにそこにある。それがカバーし強化してもいる矛盾とは、権力〈界〉の只中で支配権を握る経済資本所有主が、権力〈界〉内部にいる被支配者、知識人、芸術家、あるいは大学教授との関係において遭遇する矛盾であり、また、後者が生産するなり再生産する文化との関係において遭遇する矛盾である。彼らは、知と思想、無私の態度《デザンテレスマン》、洗練、文化などの側につくように導かれることがあるが、それは、「民衆」との関係において自らを考えるときである（実際上は生活スタイルの選択であり、あるいは、目に見える形では、自己正当化の言説においてであるが）。また、力、行動、逞しさ、実利主義、効率性の側に自らを位置づける（あるいは、押しやられる）ときがあるが、それは知識人や芸術家との関係において自己を考えるときであり、そしてとりわけ、批判精神、権力との距離として定義づけられる知との関係において、あるいは単純に、博識、奨学金、研究との関係においてである。(13) 実業〈界〉の経営者たちは、教育システムに対して両義的な関係を抱いているが、その根底にあるのが、以上の二重の矛盾である。経営者が教育機関に対して期待するエリートは、知的な事柄に導かれながらも知識人にはならないようなエリートであり、入学準備クラスとグランドゼコールを文句なしに好むように論理的に仕向けられるのは、とりわけ六八年の五月革命以来よく言われたように「汚染されず(14)」に訓練され、あるいはそれ以前には「若者を堕落させずに」と言われたものだが、そのようにして訓練されたエリートを養成機関に期待するからである。グランドゼコールはそのような目的のために組織されたわけではないとしても、学校に内在する深く矛盾した性格故に、彼らの要求に対応できるように作られているように見えるのである。

一般教養《キュルチュールジェネラル》と専門的教養《スペシアリゼ》、一般教育と専門教育《テクニック》、あるいはまた構想《コンセプシオン》と執行《エグゼキュシオン》、理論と経験的現実《アンピリ》、総合（総合ノート、総合報告など）と分析、これらの対比において問題になっているのは、あまりに露骨で、痛烈に批判され、ともすると崩壊しかねない社会的境界である。そして、これこそが、グランドゼコール入学が聖別《コンサクレ》するものであり、権威的分離によって理工科学校卒業生《ポリテクニシアン》と専門家《テクニシアン》を隔てる境界である（これら二つの語をもっとも広い意味において解している）。すなわち、境界が隔てているのは「ジェネラルなものの専門家」と好んで人が呼ぶところの者たちと単なる専門家、あるいは上級《シュペリウル》といわれる管理職と中間といわれる管理職である。このようにして、理工科学校《ポリテクニク》と国立行政学院《エナ》の「若き紳士たち」は、その「人工的で外見的な早熟さ」故に強烈な優越感と見るからに当然といわんばかりの態度を持ち合せ、「国家の管理職」の任務を引き受ける心構え《ディスポジシオン》ができており、その後、私企業重役のより収入のいい役職を待ち望んでいるのだが、そんな彼らとはまったく異なっていながら、見た目以上に共通点をもっているのが高等師範学校《エコール・ノルマル・シュペリウール》の「若き教師《ジュヌ・メートル》」たちである。こちらも、デュルケムが言うように、「早熟に且つ又むやみやたらと書きまくる」ように訓育されており、書物を過信し、自分の才能に過大な自信をもち、無邪気で、全てに対して無関心である。彼らは、自己を疑わないグランドゼコール生特有の知的自己満足に陥りやすく、誰にも真似できないような高等師範学校《エコール・ノルマル・シュペリウール》の作法が染み込んでいないものにはなんであれ小馬鹿にした微笑を浮かべ、代々受け継いできた信条を教えるのである。地方のリセであれ、大学の教壇であれ、あるいは「地味な」教科書か「見事な」エッセーの中においてであれ。

象徴的幽閉

火急で不安に締めつけられるシチュエーションは、最終試験を控えた不安の中での休みない競争によって醸成されるわけだが、実のところ、そのようなシチュエーションは――単なる寄宿制度以上に――象徴的幽閉の効果をもたらす。その理由はおそらく、学習の効率という至上命令への無条件な服従から生まれる伝統が押しつけてくる戦略以上に有効な学習戦略が他に考えにくいからである。また、制度上の論理を通して生徒はなにかにつけ位置的《ポジシオン》保証を刷り込まれる傾向があり、そのため、生徒が選別された見返りに自己を損なって《ミュティラシオン》いるのではないかと疑うことを阻まれる。カーニュ生もトープ生も次第に、彼らにとって「興味をそそる」ものと「試験に役立つ」ものを同一視するようになり、したがって、知らないことを無視し、自分が知っていることで自己満足するようになる。

学校隠語は所属と排除の記号として閉鎖性に寄与するものだが、そのどれもが学校生活に関わるものばかりである事実のうちに、前述の自己閉鎖性を示す指標を見ることができる。高等師範学校《エコール・ノルマル・シュペリウール》の隠語には、学校内部の場所〔aquarium, boyau〕があり、学校の食事〔pot, poter〕があり、いじめ〔amphibase, cirage, culage, culer, méga, vara〕がある。次にくるのが、宗教〔tala, antitala, atala〕であり、軍隊〔bonvoust〕であり、最後になるが特記すべきなのが学校内のヒエラルキーである。agrégatif, bica, bizuth, cacique, cacique général, caciquer, carré, conscrit, cube（ou khûbe), culal, diplomitif, Hk, hypocacique, hypocagne（ou hypokhâgne), hypocagneux（ou hypokhâgneux), hypoconscrit, hypohypocacique, hypotaupe, hypotaupin, infra, licenciatif, penta, sekh（de khâgne), Z. 理工科学校《ポリテクニク》では、学校内のヒエラルキーに関する語彙の方が、学業成績によるヒエラルキーの語彙よりも重要な位置《ポジシオン》を占める。これは理解できる。というのも、多くの慣習があり、まず挙げられるのが、一九六八年までは高等師範学校《エコール・ノルマル・シュペリウール》よりもはるかに強烈だった入学や進学時の儀式で、そうした慣習のために、在籍年数によるヒエラルキーが学業の序列によるヒエラルキーに取って代わる傾向があるからである（cf. les articles absorption, ancien, antique, et surtout cocon, lambda——major と culot との丁度中間にある者——その対極にいるのが botte, bottier である）。高等師範学校《エコール・ノルマル・シュペリウール》の用語に比して、理工科学校《ポリテクニク》の用語は軍隊関連の隠語を多く含む。これは当然だ〔理工科学校《ポリテクニク》が国防省に所属しているから〕が、さらにまた、社会生活や役職に関わるものが多い（次のような例を挙げられるだろう。amphi-dance, BDA, caisse et caissiers, commiss, point gamma, etc）[15]〔隠語については、ここでは原語のまま示す。各語の意味については巻末「**解説3**」参照〕。

入学準備クラスの教育が入試に直接関係を持たない科目にかかわるべきかどうかを問うならば、カーニュ生の六六%、トープ生の六二%が「否」と答えるか、無回答である。教育プログラムと勉学の組織に内包されている教養の定義に対する、このような圧倒的同意は、つぎの事実にも顕れている。理工科学校《ポリテクニク》入学準備クラス生は、最新の数学や物理学の動向を追うことができないとよく言うが、にもかかわらず過半数（五六・五%）が、準備クラスの教育内容が大学の教育内容に勝ると判断している。いずれにせよ、カーニュ生やトープ生は過重な日課を要求されているので、大学の講義に出席する余裕はまったくない。とりわけ六八年以降は、大学の芳しくない側面ばかりが喧伝されるので、トープ生の一%、カーニュ生の一〇%（パリ地区）のみが大学の講義を聴講しているにすぎない。事実上、切り離されていることが、未知のものを拒む風潮を助長しているし、少なくとも基本的な社会的単位の上に胡座をかく自閉的傾向を生み出している。「準備クラスはたこ部屋ですね。境界が存在していて、それを踏み越えることはめったにありません。入学準備クラス生が他の入学準備クラスに行って演習例題をもらうなんていうことはめったにありません。それが正しいにしろ、間違っているにしろ、準備クラス生は自分のところの授業が一番いいと思っているのです」（トープ教員、数学）。

このエリート促成栽培事業《フォルサージュ》を押しつけられる青年たちは、学業面もさることながら、「学校《エコール》」に対する適応能力、すなわち従順さの面からも選抜されたのであり、また自らも進んで選択したのであり、一切の物質的な懸念から免除され、保護された世界の中に三年ないし四年間閉じ込められ、書物から学んだこと以外は世の中についてほとんど何も知らない。ということは、このエリート促成栽培《フォルサージュ》事業の性格が、不自然《フォルセ》で幾分幼稚な知性を育てるものだということである。サルトルは、自分が二〇歳前後に読んだ本のいくつかについて書いているが(16)、そこにほぼあるように、このような知性は全てを明晰に理解できるが、何一つ理解できていない。そして、デュルケムが描いているようなイエズス会派の教育を改めて考えないではいられない。「彼ら〔イエズス会派〕が授与する教養は驚異的に濃密でかつ不自然なものである。そこに感じられるのは、……ほとんど暴力的に心構え《ディスポジシオン》の人為的で一目で分かる早咲きをもたらすための莫大な努力である。あの、夥しい作文の課題はそこから来るのであり、たえず活動の原動力を動かし、早熟にかつむやみやたらと書きまくるように義務づけるのである。大学教育の一般的に見られる歩みには、そこまでは火急ではない、せき立てられない、目まぐるしくはない何かがあった(17)」。

事実、入学準備クラスと大学との間の対比が、これ以上歴然と示される点はない。そのようなわけで、トープ生の六二%が、よい入学準備クラス生とは早く仕事をする能力だとするのに対して、僅か一五%の者が、深い仕事をする能力だとするにすぎないが、数学物理学科二年生の六九・五%は、よき大学生の一番大事な資質は深い仕事への能力だとしている（それに対して、一八%の学生が、仕事の速さを重視する）。同様に、数学物理学科二年生の二三・五%が、よい大学生とは（既得知識を活用する能力よりも）創造的能力だとするのに対して、トープ生の一一%がそのように考えるにすぎない。

しかし、幽閉の効果が完璧になるためには、指導を任されている教員が、外見上はその守衛である魔術的な牢獄内部に自らも完全に閉じ込められていなければならないだろう。そして、実際、教員のほぼ全員が学校の卒業生から採用されることから、入学準備クラスの教員は、その大部分が自ら気付かないままに学校の価値観を伝授し、それを承認する方にごく自然に傾くのである。そして、なによりも上位に置かれるのが、教員自身がその価値の全てを受け継いでいる学校の価値の認知である。彼らは一種のコーチであり、直接的ではっきりとした知識の授与によるよりもむしろ、インテンシヴな訓練に好都合なシチュエーションの創出に貢献することによって、あるタイプの教養や教養への態度だけでなく、時間に追われる勉学に対応できるような一定数の技術の実践的で自在な使用を生徒に叩き込む[18]。

入学準備クラスの教員は、中等教育教員エリートの中から採用され、このレベルの教育の教員を採用する試験（一級教員資格《アグレガシオン》、中等教育教員資格《カペス》など〔**「解説1」5　教員養成と教員資格**参照〕）の審査員になるように招聘されることもしばしばで、たいていは中等教育視学となって模範的教員としての経歴を終了するが、その職務は指導、あるいは生徒の実習の「持続的な進展」を任務にしているとみなされ、それに全身全霊を捧げる。大学教員は、程度の違いこそあれ、教育と研究、大学〈界〉と知識人ないし学者の〈界〉の間にまたがっているが、それと異なり、彼らは実質上研究活動にまったく従事していない（時には、他の活動に捧げる時間を生徒から盗み取ったと見なされるほどである）。彼は教科書を刊行しているか、でなければ、刊行を考えていることが多い。

欧州社会学センターによって一九七二年に三五〇〇名の中等教員に実施されたアンケート（責任者はジャン＝ミシェル・シャプーリとドミニク・メルリエ）によれば、入学準備クラスの教員は学校システムの完成品ともいえる特徴をことごとく具えている。よき卒業生である彼らは、誰もが望み、なかなかえられない聖別の印を早期に手に入れている。彼らは、大半がバカロレアで少なくとも一科目は優秀な成績（中等教育教員資格〔CAPES〕をもつ教員が五八％、補助教員が三三％に対して、七八％である）を納め、他の教員に較べてはるかに多数の者が全国リセ学力コンクールを受験している（四八・五％。それに対して一級教員資格教員《アグレジェ》は三四％、中等教育教員資格教員《カペス》は一二・五％、補助教員は五・五％）。彼らのほとんどが、少なくとも一年間は入学準備クラスで学習している（八六％。それに対して一級教員資格教員《アグレジェ》は六一％、中等教育教員資格教員《カペス》は三四％、補助教員は二〇％）。彼らの六六％が高等師範学校《エコール・ノルマル・シュペリウール》のいずれかに受験しており（対するに、一級教員資格教員《アグレジェ》は四三・五％、中等教育教員資格教員《カペス》は一六・五％、補助教員は四％）、他の一級教員資格教員《アグレジェ》よりも先に一級教員資格《アグレガシオン》の資格を取得している（二四歳までに取得した者が三〇・五％。それに対して、他の一級教員資格教員《アグレジェ》は二〇％）。彼らの二五・五％が、ユルム通りかセーヴルの高等師範学校《エコール・ノルマル・シュペリウール》に入学している（中等教育の一級教員資格教員《アグレジェ》は一〇・五％、中等教育教員資格教員《カペス》の〇・五％、補助教員の二〇％）。フォントネかサンクルーの高等師範学校《エコール・ノルマル・シュペリウール》に入った者が一九・五％である（中等教育の一級教員資格教員《アグレジェ》は九％、中等教育教員資格教員《カペス》の二％）。入学準備クラスで教える女性は、男性以上に厳しい選抜を経ているので、以上の特質を極めて高度に積み重ねている。社会的出自から見ると、入学準備クラスの教員は、中等教育の教員――彼らは、とりわけ文化的により裕福な家庭の出身である――と、高等教育の教員との中間に位置する。彼らはたいていは支配階級出身でなく、高等教育教員に較べると、中産階級および、権力〈界〉の被支配領域出身である傾向が強い。彼らの大部分（八四％）

はまったく研究活動を行っていないと申告している。教育に傾注しているので、いずれかの時期に教科書の編集を考えたことがある（三九・五％）。四四％の者がコンクールの審査員である（一級教員資格《アグレガシオン》、CAPES、グランドゼコール入学試験）。高等教育への移行を考える者は例外的である。彼らに一〇年後どんな活動に従事しているかを尋ねると、大部分（八五％）がなおも入学準備クラスで教えているだろうと答えている（僅か一〇・五％が高等教育を考え、一八・五％が一級教員資格教員《アグレジェ》を考えている）[19]。

こうしたエリート教員は、よく言われるように教育の職務に全身を打ち込む。彼らの教育活動は家庭教師と同じで、知の伝達以上に演習の進め方と学習の学習指導《アンカドルマン》を伝達する。彼らの講義は、コンクールに直接役に立つ知識を優先する。演習の題目を与え、提出されたものを添削し、答案を返却し、記述試験や口頭試験を通して勉強の進捗度をチェックする。このようにして、学年終了までに各生徒について三〇から五〇件にもなる採点をし、遺漏なく記録をとどめておく[20]。生徒の一人一人に対応し——少なくともできる子に対して——教員の役割規定の全てにわたって仕事を惜しみなく遂行し（大学教員、特に専任教員との違いがそこにある）、イエズス会系コレージュの学監や舎監のように、生活のすべての面にわたって父権的な関係を生徒に対して維持する傾向がある[21]。

教員と生徒の関係は、大学に較べて、より濃密で、差が少なく、全面的である。それを示すものは少なくないが、たとえば、幾つかのカーニュにおいて、生徒が先生に対して呼びかけるときの言い方がある。「四年生《ビカ》が私に会いに来て、こう言うことがあります。『師匠《メートル》、先生の授業を欠席してもよろしいでしょうか』。もちろん、許可をしますよ。ええ（微笑）、カーニュの教員は誰でも『師匠《メートル》』と呼ばれるのです。カーニュの教員だけです。アンリ四世校は違いますが。これは、アランの時代まで遡りますね。別に、我々は学者のようにあつかってもらいたいわけではないのです。中等教育の教員と区別するために使われる言葉です。お分かりでしょうが、我々と生徒との間にはごく親しい関係があるのです。三年間ずうっと一緒ですからね。選び抜かれた者たちの集まりですから。もうエリートと言っていいのです。規律が問題になることはありません。ギリシア教育の最後の砦ですね（笑）。私はソルボンヌ〔大学〕でもおしえています。古代史です。学生はいつのまにか姿を消します。誰だか分からないのです」（入学準備クラス教員、歴史）。「彼ら（生徒）が欠席するときは、師匠《メートル》と呼んで詫びに来ます。（……）生徒が『師匠《メートル》』と呼ぶときは、なにか後ろめたいことがあるときなのです」（文系入学準備クラス〔カーニュ〕教員、ラテン語）。

先生は、自分の仕事を賢者の仕事であるかのように思いえがくのが好きである。とりわけ、主要科目、中でも哲学を教えているときにそれが言える。つまり、直接間接に勉学の生活、読書、課題の準備、復習の仕方、睡眠のとり方、食事法、外出その他に関わる全ての問題に介入することが許されている精神的な指導者である。「私たちの生徒も、四、五年前、大学生に引っ張られて、数学コース入学準備クラス廃止を望んだことがあります。私は彼らに言ってやりました。『子どもじみたことだよ。君たちは恵まれているんだ。君たちのためにならないことを望んでいる者たちの言いなりになってはいけない』。いまでは、もう過去のことです。彼らはもう数学コース入学準備クラス廃止を要求しませんよ。大学の混乱を見たのです。彼らは、不正でもないことを、彼らのためになることだけが行われていることを理解しています。彼らは世話を受け、指導されています。精神的な父をもっています。それも一人だけではありません」（数学コース入学準備クラス〔トープ〕教員）。

入学準備クラスの教員は、彼ら自身がシステムの生産するもっとも完成度の高い製品であり、システムの再生産メカニズムの中心に位置しているので、彼らの教育を、入学コンクールで要求されるものに無理に合わせようとする必要はない。彼ら自身がたえず試験を受けているからである。彼ら自身がカーニュやトープの学生であったし、いまや教員になったわけだが、したがって学生と教員との間には完全な連続性があり、教員は、生徒を試験官の前で完璧に訓練できていることを示すには素直に自分自身であれば充分なのである。試験官もまた、同じ生産条件による生産物であり、ごく自然に自分自身を演じれば、「試験の精神を体現している」のである。「私は、歴史の一級教員資格《アグレガシオン》の試験官です。（……）生徒の答案を添削していると、自分が試験の精神を体現しているように感じます。それに採点者は、高等師範学校《エコール・ノルマル・シュペリウール》の同窓生です。彼らの作った問題は、僕が作ったものでもおかしくないのです」（カーニュの教員、歴史）。制度のよき運営と、調和に満ちた持続は、それが生み出すハビトゥスの均質性にほぼ完全に依拠している。ハビトゥスは、瞬時にかつまた時を越えて自動的に与えられる、すなわち、世代の違いを越えて与えられるのであり、各人がそれとすぐ分かるものを分かち合う喜悦の中で、直ちに、直感的に、実践的に与えられるのである。それは、契約や規則、官僚的な拘束によって明白にコード化されたものの外にある。

制度上の同一の必要性に合致した仲介役としての互換可能な行為者の間の完璧な調和、この調和をそれと知らずして表明しているのが、あるカーニュ教員の次の言葉である。「私は、彼らに一般的な参考書を勧めています。ル・レベックのようなね。私の友人ですが」。この教員は、同じセリフの中で彼の同僚をまずはものとして、次に参考書（「ル・レベック」）としてあつかっている。参考書は教育上の純粋な道具であり、普通名詞である。次に、ジル・フォコニエ[22]のいう意味での「空間変化」が不意になされて、それが固有名詞をもった一個人になり、彼の教育上の代行者（関係代名詞が用いられる、「私の友人ですが」）としての性格を帯びるのである。そこには人でもあり書籍でもある制度としての彼の真実そのものがある。そして、次のように言ってはばからない人もいる。「とても無理ですね、私が学生だった頃にカーニュから受けた恩と、カーニュの教職に任じられてから――早かったですよ。二七歳のときですから――受け取った恩とを区別するなんて。だから、なにもかもいっしょくたなんです。間違いないことはですね、私のような人間にとっての話ですが、ことは単純なんですよ、他のポストなんて考えたこともありません。言うだけ野暮ですがね、私にはいまのポスト以外のポストなんて想像もつきません」（カーニュ教員、文学[23]）。

特に、フランス語や哲学について言えることだが、講義は、出されるかもしれない課題作文のテーマに対して予め作成された解答であるかのようになされ、課題作文も、コンクールで実際に出題された試験に想を得たものである。カーニュの教員は、生徒が高等師範学校《エコール・ノルマル・シュペリウール》の問題に答えられるように訓練しなければならないので、あらかじめ自分の講義を準備するにあたって、生徒が問題に答えるためにどうすればよいのか会得できるように講義を組織しなくてはならない。トープの教員の大多数は、以前の入学試験で出題された問題や問いを集めた問題集から演習のテーマを借り受ける。目先を変えるために、「若干書き換える」ことがあるにしても。彼らの役割は、意外な問題で意表をつくことではなく、「モンタージュ」を作成することであり、学習プログラムにそった心構え《ディスポジシオン》を養成する《プログラメ》ことである。学校的な伝統が伝授するテーマは、人文的伝統の変化ある諸相を示すための単なるトポスにとどまるものではない。それらのテーマは、真の思考のカテゴリーとして機能する。思考のカテゴリーは、現実に対して提出しうる質問の輪郭を明確に区切り、それが社会世界全体に適用されるときは、有限で、閉じられた完璧な世界の幻想を生み出すような全体を押しつけることによって、思考可能な世界の境界を区切るのである[24]。

トープにしろカーニュにしろ、講義は、たいてい、学校的な使用（「授業用問題」のように）を目的として予め用意された知識を使いやすく凝縮した形態の下に授ける、一種、口頭の教科書のようなものである。「最大限かみ砕いた授業をするように努めています。同様に、最大限かみ砕いた演習を最大限あたえるようにしています」と、トープの教員は言ってはばからない。歴史のある先生は、二年生には彼の講義への出席を免除していると漏らしている。二年前にすでに聴いているのであれば、それとほとんど差がないからである。限定された時間の中で伝授され消化される情報量を最大限にしようとするなら、一方的に叩き込む方法にならざるをえない。先生が「予めかみ砕いて」与えることで、それほど一方的ではない方法でなら消化しうる勉強（時間的には高くつく）の欠陥をなんとか補っているのである。先生は、生徒の従順な協力をあてにできる。生徒も、質問や反対意見で講義を中断することによって時間を失うことを極力さけようとするからである。(25) 授業中よく発言する生徒は、トープでは九・五%、カーニュでは一二%にすぎない。これは驚きである。大学での演習では、条件がだいたい同じくらいであるとき、学生の発言はより頻繁である。数学物理学科二年生の三八%になる。「私は、二時間の講義をします。私が一方的に教壇から話《マジストラル》すだけです。彼ら〔生徒〕が発言することもありますが、彼らも最低限学ばなければならないことがあることを知っているのです。聴いていた方が時間の得になることを理解します。やることがたくさんありますからね。知識を見せびらかしにカーニュにくるわけでもないし、自由に学ぶためでもないのです。講義は、先生が一方的に行い、それを受け入れるしかないのです。いってみれば、法学のようなものですよ。まさしく講義なのです。制度としての欠陥がそこにあることも含めて」(カーニュ教員、歴史)。

講義は、最大限の有用な知識を最小限の時間で伝えることをもっぱらとしているため、たいていは学校的論述の最も伝統的な規則に従ったものになる。そこにある明確な図式が、三段論法の師トマスアクィナス〔一二二五年頃―一二七四年。イタリアのドミニコ会士。パリ大学で教えた。『神学大全』で知られる〕に倣って言えば、階層化された下位区分記号(ⅠⅡⅢ、123、abc)や、修辞学の規範に従った導入、展開、結論によって、他の特徴もふくめ、言説そのもの〔筆記、口頭の答案のこと〕の中に目に見えるようにあらわれなければならないのである。この権威的でドグマ的な教育法《ペダゴジー》は、コンクールと、コンクールが要求する固有な事項に機能的に結合しているため、その恣意性が生徒の前に明白になるのは例外的であり、その役割は、各人の読書や探究の能率《エコノミー》を高めることであって、読書や探究を促進することにはあまりない。

「書誌を配ったことなどありません。何の役にもたちませんから。彼らはなに一つ知らぬままに全てについて語らなければならないのです。私は、予めかみ砕いた知識を彼らに授けます」（カーニュ教員、英語）。「精選された本を書棚に置かせるようにはしています。（……）手頃な基礎的文法書を読んだ者はコンクールはもとより、一級教員資格《アグレガシオン》についても充分なだけの知識をもっていると思いませんか。難しい問題があったら、彼らはそれを言ってくれます。（……）私は、少し紙に書いて見せます。生徒が皆でそのコピーを作ることが分ってますから」（カーニュ教員、ラテン語・ギリシア語）。

しかし、このようにしっかりと型にはまった教育は、逆説的に、職業的カリスマに用意された制度的諸手段を教員の手に委ねることができる。「アカデミックな反—アカデミズム[26]」という典型的に学校的な伝統の内には、授業に演劇のような活気を与える効果が既に実験で確かめられている技やコツがあり、教師はその利用を試みるにあたって選択に困らないのである。教師は、そうした技やコツによって、講義をおこなったり、答案を返却したりするような全く学校的な行為に、霊感でも受けたような研究や文学的な儀式でもあるかのような様相を与え、そのようにして、文化とそれに仕える者たちへの崇拝の念を一層高めるのである。トレーナーとしての教員は、学校的な興奮を盛り上げる術を知っているプロであり、しかるべき時に、典型的なテーマを前にして熱烈な言辞を弄し、その話し方に新機軸でもあるかのように見せることができる。役職の客観的な規定とのこのような駆引きは、教師の側にも、生徒の側にも、過剰な思い込みと巧みに維持される欺瞞とを助長し、学校と、学校が約束する未来への信仰を基礎づけるのに好都合なのである。それがとても偶然とは言えないのは、哲学の教員が、役職のもつ真実と、役職の表象、それも、その伝統的な役割規定が仕向ける表象とをうまく調和させることに他の教員に較べて困難を覚えるためなのだろうが、誠実さと欺瞞との駆引きを巧みに使いこなす者とされていることである。パリサイ人を攻撃する福音書の呪詛を説く教会は、儀式化への非難を儀式化しているがゆえに儀式化の外にいると自分を感じるように、哲学の体制的制度によって権威づけられた反制度的哲学流派のいずれかを引き合いにだすことによって、学校哲学の因習から逃れているという幻想を自らに抱き、人にも抱かせることができないような学校哲学などないのである。哲学の教師がソクラテスを頻繁に持ち出すように、あるいはより一般的には、職業的な単調さ〔教科書を参照するときのように〕を安易に非難してみせるあらゆるやり方に見てとれるように、学校的儀式性の儀式化された非難をするにあたっての条件と道具を、その行為者にあたえてやることにより、かれらのカリスマ性の諸手段を確保してやるのは、やはり学校制度なのである。

二元的組織

高貴な系列が複数存在することによって生じる効果の中でももっとも巧みに隠蔽されている側面は、おそらく、教育組織の二重性という事実そのものに結合している。英国であれば、パブリック・スクール〔寄宿制私立中等学校〕とグラマー・スクール〔大学進学を重点とした中等学校〕で、フランスであれば、グランドゼコールと大学である。二つの学校カテゴリーの間にある体系的対立関係の中において、各学校カテゴリーの独自性が生まれ、それが卒業生につたえる品位《ディスタンクシオン》（プラスの意味にしろ、マイナスの意味にしろ）と象徴的価値を生み出す。入学準備クラスの生徒と大学生との間の区分は、勉強の二つのスタイル、さらには、対応力の二つのシステム、そして二つの世界観との間の対立に対応しており、またそれを増幅している。この対立は、対立の顕在化の認知を予め引き受ける用意のある世界による承認を通して絶えず強化されている。

文系ないし理系の学部教育におけるもっとも顕著な特質は、それが高等教育制度の〈界〉の中で占める被支配的な下位のポジションに由来し、また、その公式に表明されている目的——それはまた、教授陣の最上層部が訴えているものである——すなわち、研究と研究教育という目的と、教授陣と公企業・私企業の一般管理職を生産するという、その客観的な役目との間に不一致があることに由来している。

一九六九年—一九七〇年度に大学を出た文学部修士資格保有者（人文科学を除く）〔学士に三年で、修士は一年で取得できる〕で、一九七三年—一九七四年度に職をもっている者のうち、男性の六五%、女性の七四%が初等・中等教育で先生をしている。また、理系修士資格保有者のうちに男性の三七%、女性の七二%が同様である。それに対して、文系修士保有者の男性の五%、女性の一%が、研究や高等教育の職業に携わっている。理系の場合は、それぞれ一四%、一〇%である。文系にしろ、理系にしろ、中等教育教員資格《カペス》〔前出の修士号の後に取得できる資格で国家博士号ほどの権威はない〕や一級教員資格《アグレガシオン》の保有者のほとんど全員が中等教育の職をもっていることを理解するなら、第三段階の博士号取得者もまた、高等教育や研究よりも、むしろ初等・中等教育に入っていることの方が多いのは一層おどろくべきことである（男性の五二%が初等・中等教育に入り、二三%が高等教育や研究に従事している。女性はそれぞれ四三%と一四%である）(27)。

学部の教育活動、および学部が当てにできる強制や叩き込みの方法にもっとも直接に関わる特徴は、どれも原則として、集中的で持続的な教育活動の制度的条件が不在であることである。入学準備クラスにおいては、組織的にそうした制度的条件が整えられている。ここにおいてもやはり、教育実践の特徴は、ある意味で、それが実施される組織的条件と、それが適用される人々の対応能力から導き出される。そのようなわけで、入学準備クラスの組織に根底的に対立するものとしては、教授職の細分化《アトミザシオン》以上のものはない。すでにみたように、入学準備クラスにおいては、教育活動のほとんど全体が二名ないし三名の教員の手中に集中しており、彼らが講義を行い、課題の題目を与え、演習を添削し、口頭質問や筆記試験を管理するのである。教授職の細分化《アトミザシオン》は、今日、理系の学部に見られ、また、より低い段階に留まっているが、文系の学部においても見られる。

パリにおいては、数学物理学科の学生は、アンケートの段階で、ステータスの異なる七人か八人の教員を相手にする。教授は教壇から講義を行い、助手が研究指導や実験の授業における演習や実験操作を指導する。課題や問題は、異なった助手が順次定めるが、それを採点するのは、しばしば、上級の学生やグランドゼコールの学生である。口頭質問は助手や「試験官《コルール》」が担当する。というのも、学生やグランドゼコールの生徒は大部分、自分の学年末に直面しているからである。したがって、一人の教育者が同じグループの学生を週に四時間以上見たり、学年末に、各学生について一〇以上の採点評価を入手していることは稀である。(28)

入学準備クラスの教員は、教職に対する強い自己同化を表すが、大学の教授たちは、一般に、余りに明白な「学校的」規律や要求に対してむしろ距離をとろうとする。[29] 彼らは、よく教育活動を二次的なものと見なす。教職にもっとも熱心な教授でも、外見的にでも研究に専心すべきだと感じているし、教育実践の様々な細部で、彼らの職務が最低限の規定に縮小されるのを明白に拒否する。そのようなわけで、理系の学部においてさえ、研究指導に立ち会うことが要求されているにもかかわらず、教員はたいていの場合（特にパリでは）、学生の出席や遅刻をチェックするのを拒否している。「学校的な」あるいは「初歩的な」手続きへの嫌悪から同様に指導やチェックの不躾なあるいは無礼なやり方に訴えることへの拒否が見られる。大部分の助手や助教授は、課題の提出日や提出回数について学生の自由にまかせている。

「学科では、義務になっています。僕は、皆の前で出欠はとらないと言っています。規則を適用したくありませんから。（……）いずれにしても、義務的なものは好きではありません。面白くない教師のためにいくら出席を義務づけても、面白くはならないというのが僕の意見です。（……）遅刻した者がいても、注意するのはまっぴらです」（物理学、専任講師）

誰もの意見が一致している点は、成績を配布するにあたって、あまりに勿体ぶった強烈な印象をあたえるようなものにはしないということである。カーニュやトープの教員のもっとも効果のある手段の一つを、そこではっきりと手放しているのである。彼らが試験をかたるにしても、むしろ、忠告をし、技術的な処方をあたえることによって、安心させるためである。教育的関係とは、二つの自由な知的企図が自由に出会うことであって、規律や知識の手荒な押しつけの形式を取りようがないのである。学習はそれ自体のリズムにそってすすまなくてはならない（「学生は、自分にあったものを見つけなければならない」）。学ぶ過程の質は、学ばれた事項の量よりも大事なのである。

注目すべき点は、学部の教員は、その多くが入学準備クラスに在籍したことがあるにもかかわらず、全ての点で、成績配布のやり方にしろ、試験を話題にするやり方にしろ、学生の勉強の指導にしろ、入学準備クラスにおいて慣習的なものの正反対を行っているようである。「いずれにしても、学生たちの面前でけなすようなコメントはさけるべきです。心理学的な理由からです。口頭で私がコメントをするときは、私が採用した原則にしたがって、むしろ、褒めるようにつとめています」（ラテン語、助手）。「課題を返却するときは、きわめて経験に根ざした方法を採用します。好成績の答案は点数がよい順に返しますが、残りはバラバラです。とても屈辱的なことだと思うのですね、成績順による返却システムで、一番最後に名前を呼ばれるのを待つなんて。点数が悪いだけでもう落ち込んでいるわけですよ。……私は、コメントなしに返却します。（……）模範解答を配布するときには、特によく出来ているように思われる翻訳や、出来の悪い翻訳を掲載することがよくあります。しかし、学生の名前は記載しません」（フランス語、助手）。「もちろん、試験のことを話すことはありますよ。でも恐慌を起こすような調子ではありません。むしろ、あまり大袈裟にしないようにします。いえ、試験のパニックを引き起こすようなことはしません。純粋に文献学《フィロロジー》へと導くように試みます」（ギリシア文献学、助手）。「課題の数が多ければいいとは思いません。一つの課題をしっかり書く方が、おざなりになされたり、急いでやった課題を三点提出するよりもいいからです」（ラテン語、専任講師）。

数学や物理の助手や助教授の内の三分の一に満たない者が、学年が始まってから少なくても一度は筆記試験を課したと言う。一度も筆記試験をしたことがないという者も何人かいる。「筆記試験は、中等教育ではいいのですが、大学では意味がありませんね」（数学、助手）。命令されたり押しつけられたようにみえかねないものにはなんであれ、学生に用心するように言う助手は多い。教科書や、「因習化《ルティニゼ》」した知についてもそれがなんであれ、同様である。「私が書くことをことごとく馬鹿みたいに全て書かないでほしいと思いますね。なんでも写し取るのはよくありません」（数学、専任講師）。「学生が古い本を使うのはことのほかよくないですね。私は、最近書かれた博士論文とか、本を何冊か紹介します」（フランス語、専任講師）。

教育行為の敵対する二つの形式を対立させているシステムの相違を説明してくれるのは、部分的には、それぞれの形式に与えられている教育活動展開の条件の相違であり、部分的には、入学準備クラスの教員と大学教員とが、教育制度の構造の中で占めている位置《ポジシオン》、およびそれによって各自の職業に対して異なった関係をもつように仕向ける位置《ポジシオン》の違いである。大学の教員は、学習指導の仕事が高等教育にふさわしくないとして排除する傾向がある職務の社会的定義を重んじるように拘束され、移りやすく、神出鬼没で、たいていは、勉強に必要な規律を自らに課する能力もあまりなければ、その準備もろくにできていないような聴衆を獲得するべくお互いに競争関係におかれている。したがって、高等教育に紛れ込んだ中等教育の教員であるかのように見えかねないだけの実践的なことは排除するしかないのである。実践的なことは聴衆を彼から遠ざけるかもしれないのである。彼らには、聴衆を支配する術はほとんどないし、実践的なことは、たいていはむやみやたらと仕事の量を増やすだけである。彼らには、研究を進めようとするなら、あるいはすすめなければならないとするなら、そんな時間はない。そのようなわけで、教育上の「リベラリズム」や「放任主義」は、客観的なシチュエーションに対応した回答なのである。しかも、教授陣は、入学準備クラスの教員とは異なり階層化されていて、正教授が教員間の仕事を配分する権限をもっているので、それをはっきりと指図するか、あるいは、「教育的な」活動と誰の目にも見なされる活動は、下級の仕事として低評価され、敬遠されるのである。ルナンが言っているように、「学校臭がするものはなんであれ」拒絶することが、大学の支配体制の構造に内在的に含まれている[30]。しかし、助手や講師が学生に認める自由も、彼らが自らの仕事の厳格な定義を自由に解釈したり、あるいは、同じことになるのだが、必要に迫られて譲歩するのとあまり変わらなく見えるのである。そして、このような「ポストの再定義」が闇雲になされるのは、学生数の増大と、それに由来するポスト数の増大によって、旧システムの状況において規定されているポストをそのままに引き受けるだけの用意が彼らにできていないからである。かつては、助手の数は正教授よりも僅かに上回る程度であり、したがって、後釜になれると約束されていたし、本人たちもそのつもりだった[31]。学生に対して以前ほど疎遠な関係をとらなくなり、より理解を示し、時には、無言の馴れ合いや公然たる結託を示そうとする意向さえみられるが、下級教員でももっとも位置《ポジシオン》の低い者たちは、教育と研究との間で絶えず引き裂かれている（二重のプレイを強いられている）。そのような彼らにとって、そのような意向は理解と寛容さの一形式を要求し、またそれを獲得する一つのやり方なのであり、より単純に言えば、時に押しつぶされるような仕事を軽減するやり方である。とりわけ、極めて多種多様な能力や仕事の可能性をもった学生を過剰に受け入れている学科では、それが言える[32]。

このような教育組織においては、学生は、むしろ怠惰によって、教員がとる戦略に類同した戦略をとるように促される傾向がある。彼らの実践行動は、部分的には、彼らが学生として自分を受け止めることができないという事実から生じている。というのも、彼らが置かれている客観的な条件が学生として行動する手段を奪っているからである。学校からの持続的なサポートがないし、学習を個人的な企図であるかのように考えざるをえない立場に追い込まれているので、その手段と目的がよく見てとれない学業をつづけるべきか、趣味にながれてしまうか、その間をうろうろするように強いられる。趣味にながれてしまえば、学校的規律や試験を拒否するか、知的営為の熱狂したイメージにとりつかれるかのどちらかである。それは、学習と、知的営為が客観的に導く職業とがもつ客観的真理を二重に否定することである。

このようにして、二種類の学校組織を性格づける一連の特徴を集めるだけで、対立そのものの中で、また対立を通して生産される効果を垣間見ることができる。勉強を奨励し、勉学活動を持続的に指導し、学習事項をチェックする様々な技術をもつことによって教育生産性を最大限にすることが可能な組織には、社会的にも学校的にももっとも恵まれた（そして、ほとんどが男性の）人々が対応している。反対に、（二つのタイプの学校制度によって客観的に定められた目的に対して）高い教育生産性を得るにはもっとも向いていない組織には、年齢、学歴資本、知識関心の点できわめて雑多で、学校的にも社会的にもあまり恵まれていない人々が対応している。彼らは、激励もうけないし、学校的拘束も試験も受けないので、それに相関して無駄な努力をするようにとりわけ仕向けられているのである。

次の点は強調してもしすぎることはないだろう。高等教育の二重構造は、その結果として、当初の不均衡を拡大するのである。支配者の規範の面から見てもっとも完成度が高い教育が社会的にも学校的にも最も恵まれた者たちに差し向けられているからである。事実、学校制度の役割が純粋に技術的な役割に限定できないことを、これ以上に示しているものはない。学問的に見れば極めて稀有な教育と教育者が選択度がきわめて低い生徒に提供されるのに対して、見たところ研究者になるために最上の準備ができている生徒は、もっとも学校的で、研究に開かれているとはとてもいえないが、しかし、厳格な組織と献身的教授陣によって、社会組織の再生産という社会機能を果たす上ではもっともよく出来ている教育を受けている。このようなことを可能にしているのが、この一種カリスマ的な構造なのである。[33] この奇妙といえば奇妙な状況を完璧に説明するには、次の点を見ておかなくてはならないだろう。階層的な序列への分割の社会的意味と効果は、その全てが知的・学問的水準に位置しているわけではなく、知的・学問的仕事の分業は支配営為の分業論理によってたえず乱されているのである。

第2章

制度化《アンスティテュシオン》の儀式

聖と俗のように、他方を排除しながらも一体となるという関係そのものによって相互に規定されている二つに分岐した系列の存在を考えてみればすぐ分かるように、「エリート校」はいつでも聖別《コンセクラシオン》する機能を果たしている。「エリート校」が遂行している教育プロセスにおける学事上の諸行事は、それと不可分な形で制度化の儀式の諸段階となっている。選別は「選出」でもある。試験は「試練」、訓練は「修行」、孤立は「入会儀礼的な隠遁」、技能はカリスマ的資格である。言い換えれば、変身のプロセスが遂行されるのは「エリート校」においてであり、分離と資格授与の魔術的操作を通してなのである。それは、アーノルド・ヴァン・ゲネップのいう通過儀礼に類似している。聖別されたエリートは、このプロセスによって生産される。聖別されたというのは、単に区別され、分離されるだけでなく、それに値する存在と認知され、自らもそう認めることである。新入生に加えられる作用は、彼が彼自身について、また彼の仕事について抱く表象を変化させるのであり、その作用は他者にも及び、彼らが彼に対して抱いている表象を変化させ、あの「普通の人間」だった者を以前とは違う人間にしてしまう。「彼が自らを純化し、聖なるものとなるのは、彼の人格を鈍重にしていた平俗なものや瑣末なものから離脱するということだけによる」[1]のである。

学校が選別する者とは、もっとも才能があると学校が名指す者である。すなわち、学校の立場から見てもっとも心構え《ディスポジシオン》があり（本当のところをいえば、もっとも従順な者）、学校が認知する属性をもっともよく具えていると名指す者である。学校は、このような心構え《ディスポジシオン》を聖別によって強固にするのだが、選別の操作そのものの中で聖別されるのである。この目に見えない作用が加えられるのは、平俗なものから社会的に区別される場所や位置《ポジシオン》への配属がもたらすステータス付与効果（ノブレス・オブリージュ）を通してである。それは、しばしば、現実の囲い込みを通してお墨付きを与えられた、受け入れられた者と排除された者との間の魔術的境界を設定する一種の印付けである。(2) それを鮮明に示してくれるのが試験である。試験は、「合格者」と「落ちた者」との間に絶対的な不連続性を導入する。より劇的なのが入試で、合格最低点と次点との間に絶対的な不連続性を導入する。このように学業上の認知は、すぐれて社会的な操作である。彼らを平俗なものの埒外におく境界を周知徹底し、認知させるのであり、彼らを聖別する卓越性を万人の合意によって保証し、公にし、名高いものにするのであり、ひいては、それによって、選ばれた者が自らを異なる者として認識し、そう自認するにいたる信仰への改宗を決定づける。それだけのことによって、特別な存在、選別され、聖別された存在が生み出されるのである。入試は、特権階級（人数限定）の一形態を押しつけるやり方であり、合格最低点による合格者と次点による落第者との間に社会的な境界の不連続性を設置する閉鎖の行為である。ジンメルが述べているように、この社会的境界は、社会的関係を固定化する。力と権利との間の遭遇点が明確にかつ明示的に決定されてはじめて社会関係は固定化するからである。分類＝分業の操作、それは、成績の連続体（四分の一点の差が決定的になることがしばしばある）の中に二つの別個の集団を識別することであり、人生にとっては聖別行為である。お好みなら、マルク・ブロックのいう騎士叙任式に倣って、身分を設定する叙階行為と言ってもよい。(3) すなわち、魔術的に生産され、司法的に保証された社会世界の正統的区分の設定である。軍隊の貴族のように、学校貴族も人より優れた本質をもった個人の集合体である。学業成績によって司法的に設立された階級ヒエラルキーが、成績順に並べられた個人のヒエラルキーに決定的に取って代わるのである。個々の成績は、質の異なるものが実現した結果として社会的に比較を越えたものになる。たとえ、成績が（「代役」や「影の参謀」のように）「技術的に」代替可能であるとしてもである。

身《ス・コンサクレ》を捧げる人を聖別《コンサクレ》する

しかし、暫しこの神秘的なプロセスの前に立ち止まってみなければならない。それが当たり前に見えるとしたら、見慣れているので散漫な注意しかはらわないためである。制度化によって実現された叙任行為の魔術的な効果の原理を真の意味で理解しようと試みなければならない。実のところ、一つの貴族階級（語の広い意味においてだが）の産出に至るプロセスが成立するには、まず一方に、社会的に格が上であるとなされ（平民に対する貴族、弟に対する兄、娘に対する息子など）、稀有な運命を引き受ける用意が（社会的に）できている人々がいて、他方には、変身《コンベルシオン》の集団的な作業があり、それらの人々と変身作業との関係の中でプロセスが進まなければならない。変身作業は、自らに「高貴な運命を約束されている」（学校では、秀才といわれる）ことを知っていて、そのように自らを感じる人々が、その運命と本質とを実現してもらうために必要なのである。

オーエン・ラティモア〔一九〇〇―一九八九〕が言っているのだが、中国の万里の長城は近隣の者たちが中に入るのを妨げているのと同じくらい中国人が外に出ることをも禁じている。(4) カーストの障壁は全てそうしたものである。とりわけ、「エリート校」が継続的な設置を試みる障壁はそのようなものである。学業上の聖別によって、「エリート」の境界が、境界によって排除される人々にも、内部に受け入れられる人々にもおなじように認知されなければならない（経営方針を立てる役割をもつブルジョアジーと、それを執行する役のプチブルジョアジーを区別する境界など）。内部に受け入れられたエリートは、その位置《ポジシオン》を維持するための束縛とそれに伴う犠牲を受け入れなければならないのであり、ウィルキンソンがいうように、特権を義務として、公共奉仕（＝公役務）として生きなければならない(5)。

誰にも見てとれるのは、選別――たとえば、入試による選別――が、選ばれた者たちの優秀性を知らしめ、認知させる効果があり、それを衆目に公表し、集合的な表書としての社会的力を与える効果があることである。見えにくいのは、選別が選ばれた者に自らの個人的尊厳を認知させる効果がそこから生じ、それが極めて重要であることである。格式ある名前と称号を受け入れさせる魔術が成功するには、選別された者たちがそこに内包されている例外としての義務を自らに課さなくてはならない。入学準備クラス生、それ以上にグランドゼコール生の学歴的社会的属性に関する統計データが示しているように、勝負は本質的にはあらかじめついている。養成と変身の事業活動が成功するのは、それが、すでに養成事業側の期待に沿うように養成された者たちに施され、事業活動の主要な使命が、新入生を制度化に向かうように導く制度に対して投資を二重に行うことにあるからである(6)。

実際、入学準備クラス生は、長期間にわたる一連の聖別行為によって生み出される。聖別行為は選別行為であり、かつ入会資格付与行為である(7)。よい評点、優秀賞、全国リセ学力コンクールへの参加、大学入学資格《バカロレア》の成績など、連続的になされる行為は、学業の競争と価値とを進んで認める心構え《ディスポジシオン》が形成される原因でありかつ結果であり、そのような心構え《ディスポジシオン》がまた学業成功の原因でありかつ結果である。学業の成功もまた、円環的な強化の連続的プロセスの中で認知に対する心構え《ディスポジシオン》を励ますものである（逆に、マイナスの成績評価をうけることは、失敗や自己拋棄へ導く円環プロセスである）。

この聖別と認知の弁証法の行き着くところは、「学校《エコール》」が選別する者は「学校《エコール》」を選んだ者であり、その理由は「学校《エコール》」に選ばれたからであるということである。それは様々なメカニズムの一つであって、そのお蔭で「学校《エコール》」は、「学校《エコール》」が明示的にかつ内包的に示す要求に最も合致した個人を、彼らに付与する聖別によって惹きつけることができる。学校は、その相対的な自立性によって、大学教授になる道を頂点としたヒエラルキーを押しつけることができるし、また、学校成績をありがたがる習慣のない社会階層出身の若者の一部を学校にひきつけることができるが、それに完璧に成功するのは、地位の低い教員の息子、ある種の献身者〔oblat〕である改宗者を説得するときだけである。彼らは、幼いときから学校に捧げられており、学校に全てを負っており、学校に全てを期待しているので、学校に対抗すべきものをなにも持たない。ようするに、彼らは、社会世界の被支配階層出身の「奇跡の申し子《ミラキュレ》」なのである。[8]

これら稀有な運命の事例の中には「解放学校」の神話正当化に役立つものがあるが、たぶんそこにおいてこそ、終局の聖別にまで至る隔離の長いプロセスがもっとも見やすくなる。実際、統計的分析のレベルにおいて見えてくることだが、社会空間の被支配階層出身の入学準備クラス生が大きな学業成績を納めることによって出身階級から抜きんでるケースでは、最初から彼らに副次的に優位な点があって、そのために隔離されるのであり、そこに彼らが選別される理由が見出されることがある。

社会的出自、性別、あるいは年齢層によるカテゴリーの一つについて、その中で生き残った者を見ると、そのカテゴリー全体の社会的・学歴的特性をもっているというよりも、むしろ、選別過程のその時点における当該カテゴリーにはあまり見られない稀有な特性をもっている（そのカテゴリーにおいては、むしろ排除要因となる特性の度合いが高くなり、その数が増大するからに他ならない）。そのようなわけで、トープ生〔数学コース入学準備クラス生〕の四・五%、カーニュ生〔文系入学準備クラス生〕の三・五%を占める労働者出身の子どもの家庭は、労働者家庭全体に比して比較的高度な文化的社会的水準において際立っているようである。労働者階級の息子の四八%は、その祖父が中産階級に属している。それに対して、全労働人口の中で労働者階級にありながら、同じカテゴリーにあるものは一八%にすぎない。労働者の妻でトープ生の母親の三三・五%、カーニュ生の母親の二五%が中等教育前期課程修了証〔BEPC〕をもっている。[9] 労働者の子どもは、他の受験生と較べて、それ以前の学業成績が顕著に秀でている。労働者家庭出身のトープ生の九七%、カーニュ生の九一%は中等教育で落第したことが一度もない。それに対して、一度も落第していないトープ生は全体の八三%、カーニュ生全体の八八・五%である。同様に、労働者家庭出身トープ生の六六・五%、カーニュ生の八一%が優秀賞を少なくとも二回受けている。それに対して、全体ではそれぞれ四八%、六四・五%である。農業賃金労働者と小農業従事者の子どもは、それぞれの出身カテゴリー全体のもつ同じ論理によって秀でている。第六学級の段階からリセに登録していて（トープ生の五二%、カーニュ生の六二・五%が該当する。理系の大学生は二八・五%。農業賃金労働者と小農業従事者全体では、僅かに一六・五%、一一%）、落第はほとんどしていない（それぞれ八九%と一〇〇%）。

同じ論理が見られるのが女子のカーニュ生である。彼女たちは選抜度が高く（というのも、彼女たちは文系の高等教育を受けている女子全体の二〇〇分の一に当たる。それに対して、男子のカーニュ生は全体の一〇〇分の一である）、男子と較べると、学業において補完的に優位な点をもっている点で相違がある。彼女たちはほとんどが第六学級からリセに登録していて（全体の八四・五%。男子は七九%）、高等師範学校《エコール・ノルマル・シュペリウール》〔ENS〕受験クラスに出ているのは、優秀な成績のお蔭であることが多い（彼女たちの九四%が落第を一度もしたことがない。男子は八六・五%。彼女たちの四五%が優秀賞をすくなくとも四回うけているが、男子は三二%である）。さらに、二六・五%のケースで、母親が学部卒業以上である。男子は二四%。また、二七・五%の母親が、中高等教育教員か、初等教育教員である。男子の場合は二三・五%。フェヌロン校は、女子の選抜が厳しい（そしてまた、セーヴルの高等師範学校《エコール・ノルマル・シュペリウール》入学率がトップである）ことで特徴があるが、生徒の年齢が低く、落第は一度もなく、全国リセ学力コンクールへの参加度が高い。そしてまた、男子よりも評言付きの大学入学資格をもっている。彼女たちは、少数家族出身で、高い比率で母親が大卒以上の学歴をもち、職業をもっていることが多い。

生徒との教育的関係が権威的でなければそれだけ効果において「民主的」であるという幻想（教育の分野では、他の分野と同様、自由放任は恵まれた者に有利に働く）に反して、入学準備クラスの教育活動のいかにも学校的な組織のあり方が、学校への献身者《オブラ》に報償としてのアドヴァンテージを与える傾向があることはたしかである。そのため、彼らはハンディキャップを減らし、学校が用意する閉鎖空間内部で勝ち誇ることができる。この教育世界が、社会空間においては被支配領域の出身者である生徒に有利な価値や徳力を、相対的ではあろうが、認知し、彼らを聖別（稀であるが故に一層奇跡的である）することは、結果として、学校への盲目的な帰依を見返りとして生み出す。合格が抱かせる奇跡の感情は、その可能性が小さければ小さいほど大きい(10)。そこに効果の一つがあり、最高と言われる聖別（永続的な試験の論理からいって、更に上に行くことがいつでもありはするが）を与えることで、首尾よくエリートグループへ入会させることに成功するのであり、それと不可分な形で、それから排除された者たちからの分離をも生み出す。したがって、場合によっては、出身グループからの分離を生み出す。

「一般大衆」と「エリート」とを分離する境界を越え、その前提となる社会的断絶、あるいは社会的否認を受け入れることとは、ごく軽い切断の長い連続が行き着くところにほかならず、無数の微分的な逸脱を積み重ねた積分に他ならない。その行き着く先は、社会的経歴のとんでもない漂流である。[11] 学校によって選抜され、聖別された者たちは、どこまで遡っても、すでにして仲間から隔離されていたのであり、よく言われるように、仲間から「切り取られた」のである。時には父親によって「背中を押された」のである。その父親もまた切断を敢行している。断絶の程度は小さいとはいえ、また見捨てたグループ（職工、機械工、下級技術者、下級職員などを考えるとよい。皆、出身グループとの直接的な付き合いの中で生活している人々なのだ）との距離は僅かとはいえ、それだけにかえって断絶が目立つのである。彼らは、出発点から、そのような僅かな逸脱を重ねていくが、それこそが距離を加算していくプロセスの定石なのである。就学前に文字が読めたとか、飛び級をしたとか、特別許可を受けたとか、奨学金、一等賞、優秀賞、全国リセ学力コンクールへの推薦参加、成績評価付き大学入学資格などを得てきたのである。[12] 学業上の栄誉をうる度に、当初の傷は更に深くなり、それは現実的にも意識内においても定着していく。現実の上では象徴的行為によって遂行されるが、それはまったく現実的な社会的効果をもたらす。空間上の割り当て（コレージュではなく、リセに進学するというような）を与えられるにせよ、あるいは、時間上の分け前（学校の休暇）を与えられるにせよ、それらはあまりに距離が離れているので、別離を生まないではおかないのであり、「リセの生徒」への曖昧な敬意という形になるにせよ、「優等生」への称賛という形になるにせよ、断絶の定着をもたらすのである。意識面では、それによって刷り込まれる無邪気なエリート的自尊心による断絶の定着である。そうして裏切り者としての暗い罪悪感が眠り込まされ、成り上がり者の二重の孤立を忘れるのだが、出身母体の共同体に受け入れられていた時代へのノスタルジーを完全に消し去るにはいたらない。新たな受け入れ社会で新参者に突きつけられる拒絶を前にしては、避難所にも見えるからである。

グランドゼコール入学によって刻まれる境界線通過が、ニザン〔ポール・ニザン。一九〇五―一九四〇。小説家。高等師範学校《エコール・ノルマル・シュペリウール》卒。サルトルと級友だった。その後、共産党に入党。ブルジョア社会を痛烈に批判。小説『陰謀』、評論『番犬』（高等師範学校《エコール・ノルマル・シュペリウール》批判でもある）など〕に見られるように、父親への回帰の機会でもあるというのは偶然ではない。(13)始源のクリナメン原理〔ギリシアの哲学者エピクロスが唱えた理論。原子は不規則で偏倚な運動を示すという〕がそこにある。それは、転向者の息子であり、かつ自己も転向者であることを受け入れることである。ただ、それは、父親が自ら開始した分離がずれを重ねていきながら、別れたことなど一度もない父親との分離を生み出す時なのである。あるいは、それは、父親の内なる民衆と、すでにプチブルジョアになった父、その忠誠と裏切り、その連帯と軽蔑とを否認することによって父親殺しを二度犯してしまう時なのである。その行く末は苦悩に満ちている。極端なケースでは、最初の分離は両親の無関心や敵意に対抗してなされる。その時、転向者の成功は「家の者たち」と分かち合えない成功であり、とすれば、成功を望むこともできなければ、したがって完璧には納めることもできないからである。

事実、集団にとってと同様、個人にとっても、過去との関係は現在との関連の中にある。より正確にいえば、現在は、個人的あるいは集団的過去に約束された未来との関連の中にある。この関係は個人に応じて異なり、また同じ個人でも時によって異なるのが観察されるのであり、関係の変動は次の事実に依拠している。

このカテゴリーの人々の社会的経歴は、経歴に対する二重の関係を強いるのであり、そのことによって、歴史と歴史の意味のたえず揺らぐ、矛盾に満ちた二重の自己像《ヴィジョン》を強いるのである。彼らの社会的位置《ポジシオン》の実践的な評価は、世界に対する思想形成、楽観主義にもなれば悲観主義にもなり、進歩主義にもなれば後退にもなる思想形成を無意識的に根拠づけるものの一つとなる。そのような実践的な評価の中で、転向者は、自らの現在の位置《ポジシオン》を、世界の進歩、「人間解放」の「学校《エコール》」、「民主主義」社会と分かち難く結びついた進歩として認識することによって、出身母体にとって可能な経歴の統計的集合の中に自己の紹介先をおくことができる。しかし、転向者は、彼らが所属する学歴的規定によるエリート集団（高等師範学校卒業生《ノルマリアン》、一級教員資格教員《アグレジェ》、教授など）にとって可能な経歴の集合の中に自己の紹介先をおくこともできるのであって、この場合、彼らの経歴は、最頻度数の高い〔標準的な〕経歴から悪い方向に乖離した経歴、すなわち失敗と認識される。すると、出身がもたらす影響にその原因が求められることもある。そして、経歴に対する態度は、いつでも経歴の出発点への態度を内包しているものである。転向者が自分のことを語る、つまり、彼らの経歴の現状と、それが支配する過去と未来との関係を語るときは、きまって、出身、「民衆」、「地方」などに際限もなく触れるのはそのためである。彼らがラグビーにしろ、オック語〔フランス南部の言語。北はオイル語の言語圏で、オック語圏出身者はパリに来ると、訛りを意識する〕にしろ、農作業、労働者街《コロン》の生活、子ども時代の学校、寄宿舎での最初の経験にしろ、何を語っても出自への態度がそこに表明されているのである。すなわち、逆戻りを強いられかねないとばかり、ブルジョアジーへの完全な同化の失敗（いつでも部分的には自慢気である）の可能性をうそぶいてみる者もいれば、審美主義（たとえば、地方主義と呼ばれる小説家たち）や民族学に見られるように親し気な態度をとりながらも距離を忘れない者もいる。民族学なら、秘密を漏らすことによって、新階級への所属の代償を払ったことにもなるのである[14]。それはともかく、教育関係の職業は、たぶん、政治的な関わりを一定程度たもちながら、ありうる社会的職業の中でももっとも受け入れてもらいやすく見える。その理由はすでに一つならず述べたが、さらにいえば、権力〈界〉の中での位置《ポジシオン》との関係から、この職業に就いた者を支配者中の被支配者にするからであり、また、改宗したばかりの者は、その特権を通俗化することによって廃止してしまおうと思うあまり、人一倍文化賛美者になれる機会をもらえるからである。

そのようなわけで、学歴による聖別行為が有効であるとしたら、それはなによりも、たいてい改宗者に向けられているからである。騎士叙任式や司祭任命式と同じように、修了証書の公的な授与は（英国や米国の学位授与式〔Commencement〕のような厳かな式典が催されることがある）長期にわたる修行期間の終わりを告げるものであり、完遂された改宗を公的な行事によって認証することである。それは、聖別を待ち、期待をかける中で進行する遅々とした変容の終着点である[15]。そして、ついに遂げられた愛の感極まった境地は、成功裏に終わった教育事業の文句ない表現である。成功が奇跡的なのは、実現の蓋然性が顕著に高かった運命、すなわち、相続人は相続を受け入れなければならない義務がある（当然にみえるのは外見上のことでしかない）のだが、その運命を、ある意味でまるで奇跡ででもあるかのように首尾よく待たせるからでしかない。

聖別が引き起こす喜悦の限りない湧出を語る証言は、枚挙の暇がない。「ラボソンは酔いしれていた。嬉しさ余ってよろけた。（……）ノルマリアン〔高等師範学校生〕！　ついに！　僕はノルマリアンなのだ！」[16] 原因が同じなら、そこから生じる結果も同じである。中国の官僚システムの数多くのコンクールによって召喚され、増幅された心構え《ディスポジシオン》を語るどんな文章にも、フランスの大きな全国コンクールに見られる特徴の多くが内包されていることに驚くには及ばないだろう――たとえば、伝統への全面帰依がそこにあり、時に伝統墨守のために反抗に及ぶことさえあるだろう。なにがなんでも成功しなければならないために強いられる不正行為や逃げ口上がそこにあるだろう。またおそらく全身全霊を投入することをしめすありとあらゆる兆候が見られるだろう。たとえば、過労死があり、自殺があるだろう。あるいは、次の例のように、選ばれたことの恍惚があるだろう[17]。

苦記戊午歳　　三〇年前の北京では、私はなんとまあ
待榜居幽燕　　試験地獄に苦しんだことか。
夜宿倪公家　　合格発表を待っていた〔……〕
驚喜如雷顚　　すると途中で会った人が私に
疑　復疑夢　　君は合格したぞと言った。これはまさに
此意堪悲憐　　雷にあったような驚きと喜びで
　　　　　　　呆然としつつもまだ、本当か夢でないのか、
　　　　　　　と疑ったものだ――それほど私は
　　　　　　　不安と恐れにさいなまれておったのだ。
觥觥鄧夫子　　だが、やはり本当だった。――あの鄧先生が〔……〕

書我到榜上　私の文章を見ぬき、合格リストに加えてくれ、
抜我出重淵　私を闇の淵から救ってくれた。〔……〕
父母愛児子　両親の恩？　いや両親はいくら子を愛しても
不能道児賢　その子を試験にパスさせることなどできない。
惟師薦弟子　ただ試験官だけが、若い者をその闇から
暗中使升天　明るい天国へと救いあげられるのだ！[18]

修行と改宗

しかし、聖別という教育行為の効力は、それが行使される人々の側のどのような心構え《ディスポジシオン》を踏まえているのかを明らかにしなければならないし、さらには、それを行使する側の人々、および、それが行使される社会圏域《ユニヴェール》全体、手短に言えば、マルセル・モースが魔術的効力の規定であるとする「信仰の圏域《ユニヴェール》」全体を明らかにしなければならないが、それはそれとして、だからといって、操作の有効性を無視してはならないのである。それが、改宗のプロセスを決定する上で意図的に整備されているからである。[19]

新入生いじめは、ヴェーバーが信じるように、新入生のカリスマ的な資質を目覚めさせ、試練にかけるために用いられる数々のテクニックの中でも、合理化された教育システムの内部に最後まで生き残ったもの[20]であるだけでなく、デュルケムが記しているように、「個人を自らの新たな生存に屈服させ、新たな環境に同化させるためのものであり[21]」、聖別の広大な儀式性の中でも顕著に目につく儀式的側面にほかならない。住

み慣れた環境の外への退避とあらゆる家族的な絆の遮断（多かれ少なかれ厳格な寄宿を伴う）、教育共同体への入会、生活行動全体の変形、苦行、新生への意欲の目覚めを促す身体的・精神的鍛練、到達したカリスマ的資質の度合いを測る試験の繰り返し、「試練に耐えた者」を選ばれた者たちのサークルに段階的に厳かに受け入れ、「聖別された生活」への入り口が開かれる一連の試練、社会的能力の認知を課すことを（技術的な能力の諸要素を叩き込むとともに）目指すカリスマ的な通過儀礼の特徴全てが、「エリート校」の通常の課程に含まれている(22)。

学校制度は、個人が自らに付与している価値――それが、彼を聖別した学校の従順な生徒として自らに付与する学校的価値であろうとも――を剥奪することから始める(23)。そうすることによって、学校制度は、純正なメンバーとして彼らを聖別する証書という形をとって、初めに取り上げた価値を再度与える地位に自らを置くのである。個人の価値を学校制度に依存させることによって、彼らに制度への無条件な帰依を課すのである。このようにして、制度は、価値を付与する唯一の機関として確立される。たとえば、新入生いじめは、新入生に対して、彼らの野心や自惚れを公の場で否認することを強いることを特に狙っているが、こうした身体的ないし象徴的ないじめは、結局のところ、教師が古くから用いる儀式的な戦略と同じ機能を担っている。教師もまた、生徒にコンクールで要求されていることを教えるという口実の下に、評点を全体的に下げたり（たとえば、「一番出来た者」に平均的以下の評点をあたえ、最低点の者にマイナス評価を与える）、あるいは、教室にいる者たち全員を罵倒して、まるで、志願者の一番出来る者でもまだ合格ラインに達していないと嘆きながら、志望目標となっているものを吹聴するかのようにするとき、儀式的な戦略に訴えているのである。

絶え間ないコンクールの論理と、それが制度化している各段階でなされる試練は、修了証書取得を志願する者が、それによって聖別化される社会的アイデンティティに完全に自己一致するために遂行しなければならない改宗の完遂の中に、その大部分がいうまでもなく含まれている。競争は、競争によって競争のために選抜され、競争者たちの閉鎖空間内に閉じ込められた個人に対して、競争に自己の全てを投入するように課する。この人生の闘いの学校的形式は、各人を残り全員の敵対者にする性向があり、学習内容と学習方法への桁外れの投資を前提とし、またそれを促す。試験、教員と競争者、ようするに、試験への全面的な帰依と、試験によって生み出され、試験を基礎付け、正当化しているようにみえるあらゆる価値への全面的帰依である。

その上、「エリート」を再生産する役目を担う学校はどこも共通して、禁欲的実践を課している。まず最初に来るのが、形式的で、生活から切断された教養を身につけるために必要とされる演習である。その理由は、デュルケムが観察しているように、禁欲主義が「あらゆる人間文化の不可欠な部分を形成している」からだろう。そして、聖なるものと人間的卓越性を確実に独占する意図をもつ者は、「そこで人が形成され、鍛えられる学校、人が無私の態度と不屈の精神を獲得するために必要な学校(24)」に通わなければならないのである。それが自然の制圧を宣するために固有な美徳、すなわち、この先はデュルケムの言ではないが、自然を制圧できない者たちを制圧すると宣するために固有な美徳なのである。「私は、私の主《メートル》であるとともに、宇宙の主でもある」というのが、その倫理的信仰告白である。そこにおいて、支配者は、自分の性格を支配できるという自己の本然的な能力を語ることによって自分の目に自己の支配を正当化する。文化の獲得とは、この意味で、古い人間を殺して喪に服する儀式である。すなわち、この場合は青年を、その情熱、その欲望、一言でいえば、その自然を殺す儀式である。[25]

この（語の最も広い意味においての）文化的禁欲、自己支配を公に宣言することを通して他者支配への権利を宣言することになるありとあらゆる試練の深く無意識的な意図を銘記してはじめて次のことが理解できる。一見パラドックスとも見えるが、あらゆる時代とあらゆる国を通じて「エリート校」は、権力行使の使命を負わされた者たちを過酷極まりない試練に晒すものだということを。[26] 実際観察されるように、ありとあらゆる非難にもかかわらず、いつでもこれらの学校は、形式的で、無償行為的な、そして知的・身体的規律に限定されているが故に充足感にほど遠い学習に重要な地位を与えているのである。たとえば、それは死語（ヨーロッパにおけるラテン語、日本における漢文、その他）である。それらは、純粋に形式的な文法演習のための口実としてあつかわれているのであり、作品や文明への参入を許してくれる道具としてあつかわれるのは二の次である。それらは、ありとあらゆる古い文書である。恭しくあつかわれ、聖なる性格をもち、なんの役にも立たず、現在時に全く無縁な文書である。それらは、歴史的コンテキストは異なりながらも、膨大な文化的投資への支柱としての役割を果たしたものであり、ルネサンス期のラテン語作家に見られるように、世俗の人間と聖職者との間の断絶、そしてまた、俗で、家庭的で、女性的で母性的な世界と、学識的で男性的な世界との間の断絶を印づけたのである。[27] あるいは、今日では、現代数学である。外見的には有益に見えるが、古典教養の体育に劣らず、現実喪失的で無償行為的である。[28] 比較歴史学が示しているように、弓道、クリケット、ラグビー、ラテン語、音楽、数学、水彩画、ホメロス詩など、ほぼどんな内容でも教育的禁欲の媒体として機能しうることが判明しているが、それというのも、教えられる文化は、まず、デュルケムの意味でも否定的儀式として機能する形式的演習への口実であり、だからこそ、功利的で、利益をもたらすどんな世俗の目的からも純化された、こうした純粋な活動への能力を備えた真の人間たる人間たちと、一般の人間との間の魔術的分離の道具として機能するのである。崇高なる人々は崇高なるものに捧げられている。と同時に、教えられている内容は、それ自体としては、またそれ自体にとってはあまり重要ではなく、それらの内容を習得するために必要な試練を通して、おまけとして教えられていることの方が重要だからである。「イートンでは何も教わらないとよく言われます。そうかもしれません。しかし、私たちはまさにそのことをしっかり教わったのだと思うのです[29]」。なんらかの学習内容を正当化するために用いられる議論は、ラテン語であろうとクリケットであろうとほとんど変わりないが、そこから明白になることは、エリート教育の構成要素となっている禁欲的演習の本当の役割《フォンクシオン》である。禁欲的演習は、目標が明確で、潜在的に有益ないかなる活動にも対立することにより、その完遂そのものの中に自己正当化が見出されるのである。あるいは、こう言った方がよければ、規則への純粋な服従が満足をもたらすということを除けば[30]、それ自体が究極的にはいかなる満足の源にもならないという事実の中で正当化されるのである。しかしながら、たぶんこのような「なせば成る」主義《ボロンタリスム》は「充分に理由のある幻想」なのかもしれない。教育活動の目的が実践的には未決定であり——優秀さは、その定義からして、あらゆる定義の彼方にある——、その目的に到達するための方法、したがって、目的を有効なものにする方法が実践的に未決定なのだから、教育学的技術の有効性原理は、おそらく、その大部分が技術的有効性への集団的信仰に根ざしている。ギリシア語を学ぶか、ラグビーをしながら青春を費やした者たちは、彼らの周囲の誰もがそう信じていたからこそ、そうした実践の教育的有効性を信じていたし、そのような信仰が客観的かつ主観的な変容をもたらしたのである[31]。

ノブレス・オブリージュ（貴族であることの義務）

入試の審査員によって線引きがなされる社会的境界線が、これだけ広汎に信仰を押しつけているのは、それがおそらく現実〈界〉になんらかの基盤をもっているからなのだろう。だからといって、それらの現実性の一部が、信仰の中に基盤をもっているという理由に依拠しているということを意味するわけではない。同様にして、入試によって設けられる区分が充分に理由づけられていると（たとえば、カーニュ生の経歴や作品を、彼らが高等師範学校《エコール・ノルマル・シュペリウール》に入学したかどうかという見地から比較することにより）断言したがっている人々は、多少の違いはあれ恣意的な分離の制度化が、学問的分析によっては切り分けて取り出せないが、全く現実的な効果を発揮していることを忘れないようにしているにちがいない。というのも、分離の制度化がその差異を現実の中に書きつけるにあたって、差異を最大多数に認知させ、それが現実だと信じている者たちがそれを現実の中に認知するように仕向けているという理由からだけでなく、とりわけ、それによって遠ざけられた人々に信仰を押しつけ、同時に、彼ら自身の目にとっても、他の人々にとっても、彼らの卓越性を正当化しうるような行動を押しつけるという理由からなのである。(32) ここで、ノルベルト・エリアスが描いたような意味での貴族《ノブレス》が思い起こされる。人は貴族に生まれるが貴族になるのである。貴族でなければ貴族として振る舞うことはできない。しかし、貴族的に振る舞わなければ、貴族でなくなるのである。言い方をかえれば、社会的魔術はしっかり現実的な効果を発揮するのである。誰かを、本質的に上位のグループ（平民に対する貴族、女性に対する男性、無教養な人間に対する教養のある人間）に振り分けることは、その事実によって、彼の内に主観的な変容を引き起し、それが、彼に与えられた規定へと彼を近づける真の変容を促すことに貢献する。このようにして、差異の感情によって入学準備クラス生やグランドゼコール生に押しつけられる義務的実践行為は、客観的に彼らの差異を増幅する傾向がある。貴族的な外観、知的な偉大さの外観をとりわけ同僚を前にしてとらなくてはならないという努力を通して、おそらく、彼らは、貴族性の最も確かな印である落ち着いた態度やスタイルを身につけるだけでなく、彼らを人生においても業績においても、最も高貴な野心と最も栄光に輝く事業へと仕向けるような、彼自身に対する高評価を獲得するのである。(33)

自分自身への高評価に負けないだけの高みに自己を引き上げようとするあの配慮をなによりも証明してくれるのが、最も向上心の強い《アンビシウー》高等師範学校生《ノルマリアン》（そして、その先頭にくるのが、哲学のような最も評価の高い科目へと個人的聖別によって引き寄せられていった者たちである）が知的貴族としての英雄気取りや難役をこなそうと採用する幾分学校的な努力である。あるいは、お望みなら、「天才的であろうとする過酷な仕事を学ぶ(34)」ときの努力である。「各寮生は自らの神話にならなければならない。実際の体躯よりも背が高く、恰幅のある人物、皆が彼に期待している人物を演じなければならない。そんなわけで、つぶさに知られていることだったが、誰かが一時にベッドから抜け出し、自己を軽蔑すると吐き捨てるように宣言したり、また別の誰かが同じように馬鹿げた、そして人をうっとりさせる冒涜を決然と言い放ち、更に別の者が、外から人がやってくる度に、同じようにうっとりとさせるほど無気力な言辞をひねり出すのである。そんなことはやめた方がいいなどとは言わないことだ。内的宿命に駆られてのことなのだから。それに、寮の者たちが一種の裏切りだとみなすだろう。自分たちが深く傷つけられたと思い込むだろう。笑いの傷である。その度にわき起こり、初めてであるかのような笑い。バレーの中にぽっかり穴が空いたような印象がもたれるだろう(35)」。こうした実践《プラティック》・慣習行動は、実に厳密にステレオタイプ化され儀式化されているので、どの時代の高等師範学校生《ノルマリアン》でも上述の人物のそれぞれに固有名詞をつけてみせることができるだろう。こうした実践・慣習行動は、個人的な称揚をする努力の表現（それはまた、実によい自己投入=将来投資《アンベスティスマン》でもある。大学人の相互選出《コオプタシオン》が直接的なあるいは、又聞き的な思い出と青年時代の賛美にひとかたならず基礎をおいていることを思えばよい）以上のものであり、かつまた、それとは別のものである。「宿命」によって、各高等師範学校生《ノルマリアン》は、彼自身のためであるとともに同僚のためでもあるこの集団的韜晦の試みへの参加を強いられていると感じているし、「宿命」に、彼らが期待している高等師範学校生《ノルマリアン》のイメージをそのまま演じないようにしながら彼ら自身のイメージの中で到達しようとしているのだが、このような「宿命」は、学校が約束している未来とありうる未来との間の乖離、なにがなんでも埋めなくてはならない乖離から生まれる(36)。

学校貴族とは、集団的信仰によって例外的運命のために名指されたグループのことだが、そのような学校貴族を制度化することは、きわめて高度な経歴によって象徴化された例外的運命を構成する結果を生む。しかし、この運命はまた、〔統計学的意味での〕最頻度数の高い運命、すなわち、もっとも通例的で、だからこそ、もっとも平凡で通常的な運命の基準からいったらとてもありそうもない運命である。聖別の学校的行為は、修了証書によって名指され構成される同一の法的階級の中に、実のところ、統計的階級、あるがままのものとして一定のばらつきによって規定される階級を構成する個人を集合させる。そのことによって、選ばれた者たち全体が階級のごく一部にしか確保されないであろう成就を彼ら自身に期待するように仕向けられる。このようにして、階級の大部分は、それが保証しているようにみえる王道からかけ離れた経歴が約束されているにもかかわらず、その全メンバーから、きわめて高度な経歴に対応したものとして、彼らのごく一部の者にしか真の意味では見返りが支払われない自己投入＝投資《アンヴェスティマン》（この語の全ての意味において）を得ることが可能になる。このような自己投入＝投資は、それ自体が将来における自己投入＝投資の強要への保証金の役割を果たすように運命づけられている。「電話帳を二頁ほど読み、もっとも初歩的な確率計算を使えば一目瞭然である。入学準備クラス生が見つかる可能性は、大使館なり、NRFなり、理工科学校《ポリテクニク》の舞踏会、あるいは精神の息吹にあふれているという評判の高い他の場所におけるよりも、その辺のリセにおける方がずっと高いのである。一人のポンテのような人物が出るために何人のコタールがいるのだろうか。一人のジュール・ロマン〔一八八五―一九七二。小説家。代表作に『善意の人々』。高等師範学校《エコール・ノルマル・シュペリウール》卒〕に対して何人のファリグールが、一人のフランソワ＝ポンセ〔一八八七―一九七八。政治家・外交官。高等師範学校《エコール・ノルマル・シュペリウール》卒。ドイツ語一級教員資格《アグレガシオン》。ゲーテについて博士論文提出。ドイツ語の教員を務めた後、ジャーナリストを経て政治家・外交官となる。第二次大戦中はゲシュタポに逮捕されて投獄された。戦後の独仏関係に貢献。息子も政治家として外務大臣を務めた。アカデミー・フランセーズ会員〕のために何人のソリアーノがいるだろうか[37]」。しかし、統計データは、システム全体の策略を前にして無力である。渇望の念は、最も望ましく、最もありそうもない経歴へと差し向けられる。現実にありうる経歴の配分から実態が悉く消し去られるので、中等教育の教授のような、数ある経歴の中でも最もありそうで、平凡極まりない経歴を割り振られる人々から、哲学者や作家、あるいは他の分野であれば、大使や高級官吏ないし共和国大統領のような、輝かしい人名によって担われた並外れた経歴によってのみ正当化しうる自己投入＝投資を得ることができるのである。「私は、転職を考えている自分を思い描いてみた。私は、この教授職を思ってみたことなど本当になかった。二、三の例外を除いて私が出会った教授に私は嫌悪を感じたものである。そんな職は私の目にはどんな栄光も帯びていなかった。栄光に導く高等師範学校《エコール・ノルマル・シュペリウール》には、教授がわんさといた。私は例外のことしか考えていなかったのである。政界やジャーナリズムに逃げ道をみつけた人々のことを思っていた。文学でもよかった。高等師範学校卒業生《ノルマリアン》を個人的に知っていれば、平均的な結果を知り得ただろうが、誰も知らなかったので、名高い例、したがって私を勇気づけてくれる例のことしか考えられなかった(38)」。

　学校的選別によって生産された階級の構成員に現実に与えられた経歴のシステム（同期生の経歴が、実践的な基準を構成することから、その具体的な例を提供している）の内側においてこそ、個別の経歴一つ一つの客観的かつ主観的な価値が規定される。そこにおいてこそ、同時に、よく言われているように「値切る」ために必要な、すなわち、過剰な自己投入＝投資を押さえるために必要な資金引き揚げの作業がどのくらいの規模になるのかが決定されるのである。事実、幻滅は、当てにした将来と実現した将来との間の乖離から予想されるように愕然とさせるのであり、救い難いものなのである。修了証書の本来的に法的な効果は完全に消滅することはない。破産貴族が貴族であり続けるように、高等師範学校卒業生《ノルマリアン》ないし理工科学校卒業生《ポリテクニシアン》は、生涯に亙って、彼を平民から分け隔てているステータスの違いの物質的ないし象徴的利益を引き出し続ける。そのうえ、もっとも高度な成功の可能性（高名な全卒業生によってそれが象徴化されているわけだが）が名目的に与えられている集団に属しているならば、その事実だけで、その人は、そのような成功、もっと正確に言えば、集団の構成員全体そしてまた、とりわけ、かれらの中でも抜きでた栄光に浴する人々によって積み重ねられてきた稀有な所有財全体によってグループ全体に保全された象徴資本に主観的にかつ客観的に参加することが許される[39]。階級の最下位にいる者でさえ、神秘的な障壁によって、この参加を別にすればすべてを共有している人々から分け隔てられていると自らをみなし、またそう見なされるのである。

一般的に言って、ある集団における自己投入＝投資は、そこに入会するために耐えた試練と同意した自己犠牲の期間に応じているのは確かだが[40]、おそらくのところ、自己投入＝投資の量と、投資の引き揚げとを調節するやり方は、社会的出自によって変化する。そのようなわけで、デッサンの教員に対して行った未集計のアンケートから、次のようなことが言える。当初から、そしてきわめて長期間、画家としてのキャリアを目指していたデッサンの教員（たいていはブルジョア階級出身で、国立美術学校卒）は、実践・慣習行動においても、審美的・思想的立場においても、当初から教授のキャリア（たいていはプチブルジョア階級か、労働者階級上層部分の出身）を目指してきた教授たちと、きわめて強い度合いで、そしてまたあらゆる面において対立している。同じ対立が、「哲学者」の場合にもおそらく認められるだろう。同じ職業軌跡であっても、それが、夢想されてきたもので、哲学や「哲学者」のカリスマ的なヴィジョンに結びつけられがちな職業軌跡から乖離すればするほど、耐え難いものになるだろう。志望と運との間の不一致、したがって、愕然とする自己投入＝投資の引き揚げに結びついた遺恨は、地理学や地学のように、それほど落差の大きくない経歴を提供する科目ではそこまで助長されないが、だからこそ、恵まれた階級出身の学生には魅力を減じるのである。

学校制度がなんとか解決しなければならない、この自己投入＝投資とその引き揚げの問題を前にして、高等師範学校《エコール・ノルマル・シュペリウール》はとりわけ特別な位置《ポジシオン》におかれていることを最後に言っておこう。とくに、高等師範学校卒業生《ノルマリアン》が世俗的権力から遠ざけられている時代〔＝現代〕にそれが言える。高等師範学校卒業生《ノルマリアン》は、遅かれ早かれブルジョア階級の「家の馬鹿息子」〔サルトルのフローベール論第一巻の書名〕になりかねないので、学校制度が彼から獲得した猛勉による自己投入＝投資の配当金を世俗的な次元で受け取ることを選択的に拋棄したのだと自らに言いきかせなくてはならないのである。そう彼が思いこむのがたやすくなるのは、決して確かではないとはいえ、知的企ての成功だけがもたらしうる象徴的配当金にたっぷり恵まれていた時だったのである。

第3章

能力の曖昧さ

学校制度を真に捉えるには、この制度のヴィジョンを真の意味で転換しなければならない。学校制度はその役割の論理によって自己のヴィジョンを押しつける。もっと正確に言えば、そこに関与している者たちにその真の論理を見誤らせるように強いる力を具えているがゆえにそれだけ一層よく発揮される象徴的暴力を通してヴィジョンを押しつけるのである。[1] 一般に、教育の合理的企ては技術的資格証書によって多角的で専門的な能力の獲得を認可することにあると見られているが、まさにそこに、聖別の審級が透かし彫りになっているのを見通さなければならない。聖別の審級は、技術的分業が要求する技術的能力の再生産を通して、社会的能力、すなわち、社会的分業が時間の中で永続していくために不可欠である諸権力の行使能力を合法的に認知し、その再生産に貢献するのである。しかも、その部分はたえず増大していく。誰一人否認できないことだが、高等師範学校《エコール・ノルマル・シュペリウール》〔ENS〕は、一般に信じられているほど大きくないとはいえ、決定的な部分において、知とノウハウとを分配することに貢献している。しかし、それに劣らずたしかなことは、諸権力と諸特権の分配にも、また、この分配の合法化にも、時代が下るにつれてその貢献度が拡大していることである。聖別の魔術的行為は、他の圏域《ユニヴェール》ではたいてい宗教機関に委ねられているが、今日、それを担っているのは学校《エコール》〔原文は頭文字が大文字〕である。社会的連続体の内部に多かれ少なかれ恣意的な一連の切断をほどこし、それを認可し批准する象徴的作業によって切断を合法化するのである。切断は物事の性質に合致し、人間の階層に合致するものとして構成されるが、そのために、聖別式がパラダイムとなる式典の中で、あるいは、カーストや身分への分割理論のような社会「理論」が典型的な表現になるような言説の中で、切断を公式に、厳かに宣言することによって公的なものとするのである。ただ、宗教の常識的定義はあまりに限定されているので、学校《エコール》がデュルケムのいう意味において実のところ宗教的機関であることが見えにくくなっている。学校《エコール》は、学校的試練によって選ばれた者たちを一般から分離する境界線を設置し、分離という事実によって、通常は聖なる人々に与えられる諸性格を付与された「エリート」を設立する。(2) そして、この分離のプロセスを、普遍的に認知された修了証書をもった国家貴族を（対象となる国家の手段の限界内において）学校《エコール》が生産する聖別行為として記述することができる。このプロセスが、権力の位置《ポジシオン》にある職務への権利に、かつまた、アーノルド・フォン・ゲネップのいう意味での通過儀礼、あるいはよりよくいえば制度的儀礼としての認知と尊敬への権利への扉を、国家貴族に開くのである。(3)

このように考え直せば、学校制度は、諸権力と特権のたえざる再配分に決定的に貢献するものとして現れる。それは二つの異なった補完的方途を通してなされる。一つには、学校制度は諸構造内部に客体化されているとともに、心構え《ディスポジシオン》として身体化されている分類＝分業の原理の支配を通して、出身社会階級に応じて（統計的に）分配される学校的階級内部に生徒たちを配分する。他方では、生徒が、教科、科目ないしコースを選択する中で、丁度教員が彼らの成績を評価するのと同じように学校の成績評価用語《タクシノミー》を作動させることによって加入許可《アグレガシオン》〔アグレガシオンは「一級教員資格」のことだが、ここでは、この語の本来的意味で用いられている〕と排斥決定《セグレガシオン》の膨大な作業に自ら加担するのである。成績評価用語《タクシノミー》は、単純な社会的評価用語の否認に見せて、成績評価や、その原理によって構築された学校制度の分業を長期にわたって経験させることを通じて生徒の無意識に少しずつ書き込まれていくのである。そこにおいて、学校制度は、全てにおいてではないにしても決定的に、とりわけ学校制度が執行する「任命」権限を通して、国家に帰属する合法的象徴暴力の独占に与っている。学業修了証書の授与は、事実、それによって社会的アイデンティティのおそらく最も決定的な属性（それによって職業が決定される）が授けられる、合法的なカテゴリー付与の法律行為なのである。社会的アイデンティティとは――あらためて繰り返すまでもないだろうが――いつでも、肯定的ないし否定的な社会的差異、卓越性《ディスタンクシオン》であることからして、魔術的境界によって分離された諸グループ間の差別と不可分なのである。この権限の最も典型的な顕在化が、証明書（学業修了証書、検定合格書）である。それは、権限を持っている当局、すなわち、証書の保有者の技術的社会的能力を保証し、権限づけるための権限を社会的に与えられた当局によって与えられる能力証明書である。その称号は、それを授ける当局への社会的な信仰によって基礎づけられた信用証書である。

学校による〔学力〕判断は、それが行使する「エディプス効果」を通して、今日おそらく人のアイデンティティ構築の決定的要素の一つになっている。これらの判決は、それが合格の祝賀であるにしろ、落第宣告であるにしろほとんど決まって全面的であり情け容赦がなく、しかも必ずといってよいほど同輩グループやとりわけ家族によって追認・強化されるので、それに対して子どもたちは、ことのほか最貧の子どもたちだが、いかなる訴えも上訴機関もそれに対峙させることができない。児童心理学者か精神分析学者は別かもしれないとしても。社会的魔術は、行為者を真に変貌させるにいたるのだが、それは集団の予言者的権威に裏打ちされ、それを運命にまで転換してしまう行為者のアイデンティティの予見、もっと言えばアイデンティティの予告を、全ての人々、したがって、この公的声明の見返りを受けないではすまない利害関係者たちも含めた全ての人々に知らしめ、認知せしめる[4]ことによって到達されるのである。「本来のお前になれ《ドゥヴィアン・ス・ク・チュ・エ》」というわけである。証明書は一つの本質を付与するものであり、自らが証明するものを認証することによってそれを生産する。学校制度は、社会的錬金術に特徴的な原因と結果の逆転なのであって、それによってあるポストへの就任を許可する技術的能力証明書を付与するとともに、そのポストにつくことによってポストに必要な技術的能力の肝心な部分が獲得されるようなポストに就任できる権利を付与するのである。学歴の魔術が手玉にとっているのは、あらゆる集団が保有し活用する権力であり、記号の象徴的有効性によって人間集団に働きかける権力である。当局の厳粛な判決は社会的に認知され、名誉ある差異化にもなれば消えない傷痕にもなるし、公の非難にもなれば賛辞にもなるが、公的なるものの権威に裏打ちされているので、判決の中で公告されているものを生産する傾向があり、それが祝福になろうと、呪いになろうともどちらにしても運命的になるのである。

このようなわけで、聖別の学校的プロセスは、あの聖別されたグループを構築する制度的儀式の一つである。つまり、通過儀礼における男たちの集団であり、有効な権力を行使する能力を〔命令を下す能力と同様に〕法的に認知されている、語の法的な意味での権能ないし社会的徳力の正統的独占権保有者としての、学校儀式による修了証書所持者の集団である。その能力は徳力でありうる。「人間の実力《メリット》」（男《ウィル》）、男らしさ、沽券、割礼の儀式の場合のように本質的に男性的な特質でありうる。[5] あるいは学校の大事な試験の場合には、分かち難く技術的でありかつ社会的である能力《コンペタンス》でありうる。というのも、WASP〔アングロ・サクソン系白人〕によって支配されている主要エリート大学における個性《キャラクター》、男らしさ《マンリネス》、リーダーシップ、公共精神《パブリックスピリット》〔上記の四語とも英語表記〕のように典型的に男性的でブルジョア的な美徳を内包しているということからだけでも、そう言えるのである。技術的能力との関連における社会的尊厳《ディニテ》の独立性を示す指標の中でも最も議論の余地がないものはおそらく物質的な見返りや的確に調整された象徴的利得を要求できる可能性である。それは、実際に仕事を完了したことに対応する要求というよりも、修了証書とそれが保証するステータスに対応する要求である。更にはっきりした指標は、学校の修了証書が入会への権利としてだけでなく、終身的な能力の保証書として作用するという事実である。技術的能力はいつでも低下の恐れがある。忘却によることもあれば、時代遅れになるためのこともあるだろう。それに対して、社会的尊厳《ディニテ》は、教会法学者がいうように不滅である。あるいは少なくとも、その所有者がいるかぎり不滅である。それは古くなることがないし、王位のように、時の変転や、知的破綻、人間的記憶の破綻（老衰）から保護されている。社会的魔術が見分けられるのは、それが介入すると、この場合のように、ほとんどいつでも人間的限界が超越されることによってである。

しかし、修了証書の魔術的次元を、それを隠してしまう技術的次元に抗して強調する必要があるとしても、いうまでもなく、だからといって社会的能力のもっぱら技術的な基盤に対するテクノクラート的な信仰を選ぶのか、それとも、恣意的に社会的尊厳を創設する権限をもつ学校制度に信を与える根本的な唯名主義を選ぶのかのどちらかでなければならないというわけではない。テクノクラート的幻想も部分的には根拠があり、修了証書の魔術的有効性と、あらゆる任命行為の象徴的暴力との原理に作用している見誤りの効果が可能になるのは、修了証書が（様式的ないし象徴的と呼べる特質だけでなく）技術的能力獲得をも証明しているからなのである。修了証書をもった個人は、稀少な位置《ポジシオン》の正統的な保有者であるが、一定の程度において稀少な能力の所有者でもあり、それが彼らの独占権の基礎を与えている[6]。そしてまた、修了証書の商品的価値がいかに象徴的設定に依拠しているといっても、常に部分的には、所与の技術的能力の市場における稀少性によって決定されていることも観察されるのである。

それはそれとして、学校によって保証された様々な職能《コンペタンス》形態のそれぞれが本来的に技術的な能力に帰する部分と、本来的に社会的な尊厳に帰する部分とをあらゆる場合について一律に設定することはできない。

まず第一に、職能の即自的規定は存在しないし、また、支配者の支配を根拠づける性質があるものとして支配者に対して要求しうる職能は、それぞれの社会的領域の歴史的伝統と文化的恣意性によって決定されるからである。支配者は、いつでも、彼らが自在に駆使している諸能力を必要かつ正統的なものとして設定し、優秀さとは何かを決める際に、彼らが優秀さを発揮できるような実践行為をその内容とする傾向がある。次に、修了証書の独占を基礎とした職団が、自らの社会的に保証された文化的属性を役職に定められた技術的要求事項の遂行に必要なものであるとし、特権の独占は能力を独占していることに基づいているのだと信じ込ませるに至っているからである。彼らは実際、職能の純粋に技術的な測定を事実上かつ権利上において拒絶する手段を持ち合わせている。修了証書の効力が無効にされることによって、この職能が疑問に付され、危険に晒されかねないからである。それは、聖別行為のプロセス全体と職団の存在そのものまでも疑問視し危険に晒すことに直結する。最後に、殊のほか次の点を挙げなければならない。能力と社会的尊厳、なすことと人となり、技術と象徴とに与えられる分け前は、彼らが手にすることができる免状や役職の階層的な位置《ポジシオン》によって大きく変化するからである。そのようなわけで、公的な評価用語においては、行為者は階層を下にいくにしたがって、彼らがしていることによる規定、彼らの免状やポストに含まれる技術的に定義された能力や業務による規定に一層全面的に服するのである。逆に、彼らが階層を上に行くにしたがって、彼らの人となりによる規定にますます服していくことになる。まるで、社会的尊厳が高くなればなるほど、技術的な保証の要求が（相対的に）減少するかのごとくである。『職業事典』の同じ頁に記載されているのだが、鐘造りは、「円錐形の上に据えつけられた鐘を引き延ばし、起伏を滑らかにする役目を負う専門的作業」として長々と規定されているが、国務院評定官は、「国務院のメンバー」と簡単に同語反復的に規定されている。

学校免状は、社会的ふるい分けの中での位置《ポジシオン》が争われている象徴的闘争における武器であるとともに、争奪の対象になっているものである。学校免状は位が高くなればなるほど、貴族の称号、社会的尊厳（栄誉）として機能するように用意されているし、その保有者がその証明をし、実際に能力を立証することを一律に免除してくれるし、とりわけ、免状や役職の象徴的次元を優先するのか、技術的次元を優先するのかを選択することがことのほか争点となるふるい分けにおいて優位な位置《ポジシオン》を与えてくれるのである。ところで、日常生活の象徴的闘争においては、行為者は自らの免状が社会的尊厳の保証としてあつかわれ、他人の免状は一能力の単なる保証としてあつかうことに利益を見いだすものである。したがって、経済権力の保有者は、労働力の買手として行動するときには技術的能力を重視し、免状の象徴的次元を競争と市場の力の自由な機能に対する障害としてあつかいがちである。(7) そのようにして、彼らは経済〈界〉の論理を体現するのである。経済〈界〉の論理は生産と生産性のみを至上命令――少なくとも公式には――としているので、（下級）労働者の価値を技術的能力によってのみ測る傾向があるのである。

これらの経済指導者たちは、自らが恩恵を受けるときを除いて、学校免状の本来的に象徴的な効果に対して敵対的である。学校免状が象徴的効果を行使しうるのは、それ自体が三つの主要な属性を備え、権利上の能力を保証しているからである。第一に、権利上の能力は事実としての能力に対応していることもあれば対応していないこともある（すでに見たように、特に、免状の無期限性が、その能力が時代遅れになっていることを隠すことがある）。第二に、権利上の能力はあらゆる市場において認知されることを要求しうる。特定の役職に結びついた〔実務による〕「叩きあげの」免状とは異なり、学校免状は貨幣と同じ流儀で能力を普遍化するのであり、それはそのまま勤労者を普遍化して、「自由勤労者」のステータスへと引き上げることに繋がる。第三に、権利上の能力は、テクノロジーの変化や競争におかれている役職の変化に対応していないことがある。ということは、普遍的な価値を備え、相対的に無期限な性格をもつ学校免状は、労働市場の掟に対する自立性を経済行為者とその能力に確保してくれるわけで、被支配者にとっては雇用者との取引きにおいて有利に働きうる。勤労者の労働供与と彼らの社会的アイデンティティとが、一定数の限定された役職への就任権利を含意しうる免状によって、技術的に測定されるような特定時点における一役職能力に矮小化されることなく、持続的な保証を受けるからである。(8)

そこにこそ、超一流大企業の指導者たちが学校制度との間に維持している関係の両義性を支えている、もう一つ別の根拠がある。彼らが、経済権力行使のために日毎一層不可欠になっている能力証明書を学校制度から取得しているならなおのこと両義性が強化されるのである。大企業指導者たちは、グランドゼコール出身者がますます増えていることもあり、免状の正統性を正面切って批判することはできないのである。免状は彼らの権力を基礎づけているが、彼らの配下に対する権力の執行を限界づけてもいるのである。彼らは、技能を有した労働力のテクニカルな再生産のもつ論理と、権力配分の社会的再生産のもつ論理（それが被支配者に供与する保証が望ましくないのだが）とを分離することを望んでおり、教育を三分野に分割することを夢見ている。一つは、グランドゼコール――特に、彼らの利害に柔軟に対応する高等商業学校《アッシュ・ウ・セー》〔HEC〕、国立行政学院《エナ》〔ENA〕と中央工芸学校――であり、経済と公共機関上層部の支配者を再生産する。次が技術専門学校であり、多かれ少なかれ直接彼らの管理下におかれ、技能を有した労働力の再生産を請け負う。そして大学であるが、大学は、もっぱら大学と研究の再生産のためのものである。より一般的に言えば、教育をめぐる支配者側の言説が含む矛盾が拠って来るところは、彼らが、社会的再生産と技術的再生産に寄与する学校制度から恵与される利得を、そこから生じる不都合を排除しながら維持しようとするところからくる。不都合というのは、免状が被支配者に与える保証でもあれば、学校システムの本来的に技術的な立ち遅れでもありうる。たとえば生産者の生産が構造的に遅滞していることである。それは、学校《エコール》が、自らの再生産が要請する諸事項を優先させた組織になる傾向をもつためもあるが、それだけでなく、学校《エコール》が、支配者側のために、技術的再生産の要請よりも社会的再生産の要請を優先させることにも原因が求められる(9)。

教育システムは、免状によって保証された能力保有者をできるだけ安価に手に入れようとする雇用者と、卒業証書が含意する諸権利を高く評価してもらおうと意図する被雇用者との間で個人的ないし集団的に行われる取引交渉において決定的な役割を果たす。多くの場合まさにこの役割を介して教育システムは社会的分類=分業の再生産に直接的な貢献をするのである。学校《エコール》が付与する学歴的アイデンティティは個人に法的な保証を与え、社会的な位置《ポジシオン》取得への権利をあたえるが、それによって学校《エコール》がどのように現実社会の象徴的かつ実践的構築において徹底して現実的なやり方で介入できるのか真に理解するためには、構造分析と戦術分析との教科書的な対立を乗り越えなければならない――経済的・学歴的「諸機関の連結」に関して論述される安易な構造分析言説には事欠かないところだが――。それを理解してはじめて検討可能になるのが、とりわけ、免状と役職の技術的かつ社会的な規定が備えている両義性が許している遊び=作用であり、二重の遊び=作用なのである。

「ものそれ自体」はフッサールにおけるキーワードであり、エスノメソドロジー〔社会構造に対する一般人の常識的理解を取りあつかう学問〕論者が論陣を張っている根拠もそこにあるが、そのような意味での「ものそれ自体」に真に立ち戻れというのであれば、戦術に取り組まなくてはならない。ただし、戦術形成を取り巻いている構造的な条件、すなわち免状保有者と役職保有者との間の夥しい対立に作用している力関係に戦術を関連づけなければならないのである。対立は、そこに関与している行為者の立場が相対的である以上、どれ一つとして同じではないし同時にどれもが必然性を帯びている。雇用者と被雇用者は、彼らを分け隔てているありとあらゆる係争点において抗争、交渉、個人契約あるいは集団協約に関与しているわけだが、そうした抗争、交渉、個人契約あるいは集団協約の内部に、学校制度は学校免状を介して影を落としているのである。係争点として挙げられるのは、仕事の職務内容規定である。すなわち、役職に就いている者が実行しなければならない業務と、拒否してもかまわない業務の規定である。また、役職についている者が保有していなければならない属性、なかでも学校免状が挙げられる。報酬も挙げられるだろう。報酬には絶対的なものと相対的なもの、名目的なものと実質的なものとがある。さらには、職業の名称が挙げられる。これは象徴的報酬の領域に属しており、信望のある位置《ポジシオン》であれば積極評価があたえられるだろうし、不名誉であり、恥辱に満ちているか、お世辞にも輝かしいとはいえず、侮蔑的な言葉としてよく用いられる職業、お役所言葉では婉曲的な名称が与えられる職業であれば、負の評価が与えられることになる。

　こうした対立において役職志望者が差し出すべきものは、一定の役職に就いているか（叩きあげのエンジニア）、就いたことがある事実（在職証明書）によって間接的に示される能力に全面的に限定されることもあれば、逆に、保有している免状、規定された役職（一級教員資格《アグレジェ》教員とか国務院メンバー）をこなすだけの能力をもっているかどうかについての情報を全く含んでいないかもしれない免状になることもある。とりわけ社会空間の中間的領域に多く存在するはずの多数の行為者が保有している属性は一部が役職上の、一部が学校免状上のものだからである。免状の規定と役職規定、それに応じた両者の関係は漠として不確かであり、まったく明文化されていないか、明確さに欠けているためどこまでも解釈次第であるならば、たとえば最近できた職業の場合（販売代理人、調査員、社会福祉関係の仕事など）についてそれが言えるのだが、一層はったりが物をいうようになるのであり、社会関係資本〔人脈など〕や象徴資本保有者（家名が名高いとか、「格が高い」など）が、彼らの学歴資本を効率的に運用できる余地が広がるのである。

　事実、抗争や交渉は、それがどんなに個人的レベルのものであっても社会的な真空地帯で展開されるわけではない。したがって、この場合だけでなく他の場合についても同じことが言えるのだが、相互行為的対面の中で交わされる言葉を分析するだけでは、それがどんなに精緻なものであっても、相互交渉の上にのしかかっている構造的束縛、とりわけ、個人のレベルにせよ集団のレベルにせよ、それ以前になされた闘争が社会構造や心的構造の内部に沈殿物として残しているものを悉く無視するならば、無駄におわるしかないのである。闘争は集団的交渉の審級の中に、そしてまた集団的協約の中に制度化されているのであり、そこに、社会分類をめぐる雇用者と被雇用者との間における力関係の法的に保証された状態が規定されているのである。コード化された評価用語や指標カテゴリーは、一定の時点において、それ以前になされた社会分類＝分業闘争の産物であり、また、位置《ポジシオン》の物質的ないし技術的、そしてまた象徴的ないし唯名的《ノミナル》な次元に関して〔役職間〕共通基準を打ち立てることを目指した標準化作業の産物なのである。しかし、コード化された評価用語や指標カテゴリーは、それ自体維持するなり変更することを目指した戦略の道具であるとともに争点でもある。そのようなわけで、賃金の上昇のような積極的な物質的満足、あるいは業務の負担軽減のような消極的な物質的満足を放棄する見返りとして象徴的な満足を与えるなり、受け入れることがあるのである。行為者ないし行為者グループに対して役職を授けるにあたって、役職就任者に物質的かつ象徴的利得を全て与えてしまわないこともある。物質的な優遇はすべて与えても、名称だけは除外することもある（実質的地位《フザン・フォンクシオン》）。逆に、名称上の報酬を与え、より適正な地位名称（「郵便配達《ファクター》」を「郵便集配人《プレポゼ》」に改称する）を与えるか、あるいは対応する物質的優遇をせずに、より信望のある職業的肩書を与える（「技術助手」の給料を上げずに「エンジニア」と改称する）ことがある。学歴保有者は、このような戦術に対して既成事実を積み上げることによって対抗できる。職業的な免状を奪取することにより、学歴免状と職業的免状との関係を律している規範を利用して、対応する位置《ポジシオン》に応じた収入なり規定を獲得しようとすることがあるし、逆に、実質的職能を手にすることにより、それに対応する職業資格《ティトル》を奪取しようと試みることもある。

手短に言えば、象徴的なものと技術的なものとの間、名目的なものと現実的なものとの間に生じる乖離が恒常的に存在しているが故に——時と分野によって乖離の幅は異なるとしても——、名目を現実になり、現実を名目になり合致させようと目論む戦略の可能性が無限に開けてくる[10]。集団間の闘争と交渉における任意の時点での産物としての職業名や部署名は、学歴と同様に、闘争と交渉の武器でありかつ争点である。すなわち、意味論レベルでの交渉が社会的距離の表現法であるか、距離設定法の一つであることからして、ある集団は名称を変更することによって他の集団との距離を維持したり、縮小することができるのである。官庁の分類表《タクシノミー》はどうかと言えば、そのパラダイムが国立統計経済研究所ＩＮＳＥＥにおける職業別社会階層のコードであることは疑いの余地がないが、分類表《タクシノミー》は登録の産物なのである。登録は、権威づけられているとともに権威を付与する公的な記載として、名称分類を認可し公認する。このような名称分類は科学的に作成されたものではなく、雇用者と被雇用者との間の物質的・象徴的闘争と妥協の中で実践的に交渉されたものである。[11]官庁の登録は認識の対象を認識の道具に変形してしまう本質的に実証主義的な行為であり、そのような登録によって作成された分類表は、その内部に抗争や交渉の痕跡を見いだすことによってのみ、その意味が明らかになる。分類表は抗争や交渉の産物であり、そこにおいて、学歴が、社会世界の公式かつ正統的な経験を構成するにあたっての主要な原理として、決定的な役割を演じている。[12]

職業名称の用語は、他の社会における親族関係の用語と同じように、公的なカテゴリーの領域に属している。そして、学校制度を授けられた社会におけるカテゴリーは、その論理と権威の本質的な部分を教育システムに負っているのである。職業名称の用語が、多様極まりない職業の現場を、同質的で明示的なカテゴリー体系の中に組み入れることができるのは、おそらく、教育システムが、学歴による普遍的な原器を提供してくれるからなのであり、卒業証書が広く一般に要求される入場権として、労働市場全体に対して支配権を広げるにしたがって、この原器があらゆる職業を、学歴分類の厳格に階層化された世界に引き入れたのであり、そこには伝統的な職業伝授法に留まった、合理性からほど遠い職業までも含まれるのである。

補遺　入学準備クラスとグランドゼコールにおける体験関係資料

記述対象になった学校について直接的な体験を持たない人、卒業によって美化されたイメージを通してしか知らない人、あるいは直接的な体験をもっていても、それが本書で客体化されていることに傷つくかもしれない人は、本書において「高等師範学校生《ノルマリアン》の生活」や「理工科学校生《ポリテクニク》の生活」の誰も反論できない特徴が戯画化されるまでに色濃く隈どられ、誇張されていると考える恐れがある。そこで、分析対象になっている決定的な諸局面に関する典型的な文書を幾つか集めることにした。

幽閉

「常軌を逸しているとしか言いようのない猛勉の日々です。形成途上の精神に心理的外傷を引き起こしかねないでしょう。外の世界の生活へ参加する余地がまったくありませんから。なんであろうと耳に入ってこなくなりますし、とりわけ興味がいだけなくなります」「教育ではありませんよ。免状を得ることだけを目的とした思考の麻痺です。ただ、そんなふうに青春のすべてを失い、生を味わう感性を喪失したとは思いたくないものです……」。以上のようなことを書きつけるサント＝ジュヌヴィエーヴ校のトープ生に、どんな思想（宗教、哲学、政治、経済の分野で）が自分に一番近いと感じるかと尋ねてみても、ただただ固定観念にでもとりつかれたように、「数学や物理学以外のことを考える」余裕はないと答えるばかりである。「そんなものはありません。そんなものにかかわりあうよりも他にすることがありますから」「そんな大それたことを考える暇はありません」「入学試験以外のことを考える余裕はないですね」。

そして、彼らの言葉は教員の観察によって裏付けられる。「ここ、母校に戻って統計計算をすれば分かる。

物理的な理由からいって、それはもう間違いないことだが、彼らには時間がない。自由時間が数分でもあるとしてみよう。その時は彼らも休息をとる気になる。で、その休息とはどんなものだろうか。手に届くところにある本に向かうのである。彼らに休息を与えてくれる本はなんだろうか。想像がつくというものである。真っ先に『スピルー』を手にとる。いうまでもなく、いささかの努力もいらない。幼稚な心理の世界。それに、スピルー〔一九三八年に創案・刊行された漫画『スピルーとファンタジオ』のこと。編集者ジャン・デュピュイと漫画家「ロブ・ヴェル」ことロベール・ヴェルテルが共同で企画したもので、版権が出版社にあり、特定の著者がいないので、現在でも続編が描き続けられている〕、タンタン〔一九二九年に連載が開始されたベルギーの漫画家エルジェによる『タンタンの冒険旅行』のこと。アステリックス、スピルーとともにフランスで最も人気のある漫画〕などのマンガは、いかなる想像の努力もいかなる創造の努力も求められない。それに対して、読書においては読んでいる本を創造しなければならない。いわばもう一度作り直し、創造の道の半ばを自分で歩まなければならない。そこで彼らは、こうした創造の努力を要求されない『タンタン』や『スピルー』など、マンガのような作品を選ぶのである。彼らが好んで選ぶ第二のタイプの本はといえば、こちらの方がそこに広汎で抜き難い偏見がある故はるかに深刻である。探偵小説、つまり二番目のタイプの息抜きが科学ものの読書なのである。ところが、これは型にはまった世界なのである。かなり抽象的で、結局のところ彼らが慣れ親しんでいる慣習的な思考をたいして変えはしない。だからこそ、彼らは探偵小説に走り込み、そこに漬かる。で、実際のところそれは彼らになにをもたらすのだろうか。なにが残るのだろうか。これは認めなくてはならない。なに一つもたらさないし、なに一つ残らない。それに数時間もすれば、彼らは忘れてしまうのである」(『奉仕〔Servir〕』サント＝ジュヌヴィエーヴ校同窓会会報。一九六三年四月号、五八号。五九―六〇頁)。

魅せられた経験

「ポスト通り〔サント＝ジュヌヴィエーヴ校がある（原註）〕！　それは、私がごく若かった時代の最良の思い出の一つである。田舎から来た私は大学入学資格者《バシュリエ》になったことで鼻高々だった。パリをこの目で見ることになる、パリに住むのだと思うだけで身震いがした。サント＝ジュヌヴィエーヴの丘、理工科学校《ポリテクニク》と高等師範学校《エコール・ノルマル・シュペリウール》〔ＥＮＳ〕に挟まれて住むのだ、そこから数歩のところに名高いソルボンヌがあり、鉱業学校がある。そこでの数年間、私はひたすら数学をやるのだ。それは長き数世紀に思えた。現実の方が私の夢を遥かに越えていた。すぐさま私は建物の佇まいに魅惑された。あたりを支配している、揺るぎなくかつ母性を感じさせる見事な規律。師たちの知性と献身と善意、なかには、見るからに聖性を帯びた師もいる。新たな仲間たちの大多数の育ちのよさ。私たちの学院長ラック神父を思うと胸が熱くなる。生徒監のベランジェ神父、基礎数学のベルニエ神父、数学専攻クラスのエスクレーブ神父とソシエ神父。巧みな証明を前にして覚える喜悦を思うと胸が熱くなる。数字や円錐、二次局面について、それまで思いもしなかった性質についての学識に溢れる明快な説明。水曜日の遠足を思うと胸が熱くなる。友人と談笑しながら、首都を発見したものだ。建物の石の上、公園の並木道の砂利、古い通りの敷石に刻まれたフランスの歴史を読んだものだ。そして、サント＝ジュヌヴィエーヴの丘の道を辿るときは、出かけるときにせよ帰るときにせよ、大袈裟な仕草で一斉に帽子を脱いで、理工科学校《ポリテクニク》の正面を通りすぎた。理工科学校《ポリテクニク》は、私たちにとって神殿の入り口だった。人類のエリートだけに入室を許された礼拝堂の敷居だった。その正面扉に、くだらない偽りの三単語「自由、平等、友愛」などではなく、もしかしたらプラトンの謎めいた言葉「神は永遠の幾何学者である」が黄金の文字で彫られてはいないかと願ったものである」（……）。

サント＝ジュヌヴィエーヴ校の次に、私には理工科学校《ポリテクニク》での二年間がある。陶酔の二年間だった。制服を着て外出するだけでうっとりした。脇差しの剣を揺らし、山形帽をかすかにあみだにすると、パリ中の人々が我々を見惚れるのだった。高度な分析にはじめて触れる陶酔もあった。それはえもいわれぬ庭を静かに徘徊する陶酔でもあった。微分方程式、想像の極限値の間の楕円函数、積分、物理現象、化学法則、天文学が明かす華麗な真理がこの庭の花々だった。理工科学校《ポリテクニク》での友情の陶酔もあった。それが萌すのは学習室だったり、長い休憩時間のときだった。そして、一緒に外出した折りにきつく結ばれると、生涯ほぐれないのである。後になって結ばれる友情にくらべると一〇〇〇倍も深く得難い友情だった。それほどまでに若さに溢れ、内発的で、親しみに満ち、気前がよく、利害を越えた、兄弟愛に溢れた友情だった。それほどまでに同じ言語を分かち合い、僅かなショックにも、僅かな息づかいにも、僅かな感動にも一緒に震えた。おお、まさにそうだった。私は理工科学校《ポリテクニク》で至福を味わった。私以上に理工科学校生《ポリテクニク》であることに誇りを感じていた理工科学校生《ポリテクニク》がいるとは思えない。しかし、理工科学校《ポリテクニク》のこの陶酔をもってしても、ポスト通りでの二年間のよき思い出を私の記憶から消し去ることはできない。そして、今日、五〇年近い距離を隔てて、二つの記憶の跡は他方を消し去ることなしに、互いに深くそして寸分違わず重なり合う」（ピエール・テルミエ（一八五九—一九三〇。地理学者。理工科学校《ポリテクニク》卒。『大地の栄光へ』などの著作がある）、鉱山監察官、科学アカデミー会員、『奉仕』三七号、一九三一年四月、一一—一四頁）。

「私が幸運にもルイ＝ルグラン校に入学したのは、ソルボンヌのある教授——エルヌー氏だったと思う

――のお蔭である。（……）そこで私は恩寵の隠れ家《ル・アーブル・ド・グラース》を見つけた〔Le Havre de Grâce は、今日のル・アーブル市にフランソワ一世によって一五一七年に建設された港のこと〕。恩師たちが私に手を差し伸べてくれた。級友が恩師たちの教えを補ってくれた。しかし、なににもまして物質的な安堵があった。兵舎が与えてくれる安堵である。というのも、一九二八年から一九三一年にかけてのルイ＝ルグラン校は、いまだナポレオン時代の規律をなにがしか保っていた。太鼓による交代がそれを象徴していた。（……）鮮明な記憶の中でも私に焼きついているのは、恩師たちの声である。そして、級友の声。

　私の恩師たち。彼らの名前は、バエ、フランソワ、ベルネス、ボラヴォン、カナ、ケルー、ホンション、トラヴェール、ルーボー、ユビ。もしかしたら、私は綴り字を間違えているかもしれない。気にするほどのことでもない。くっきりとした青春の思い出と共に思い起こされるのだから。恩師たちの身振り、癖、みなり、そしてなによりもその講義を。そして、私たち「異国の者たち」〔フランスの植民地から奨学金を得てフランスに来ていた留学生をエクゾチックと呼んでいた〕に対して示してくださった好意と励まし。インドシナから来たファム・デュイ・キエムがいた。カリブ海から来たルイ・アシル、エメ・セゼール〔一九三一―二〇〇八。カリブ海マルティニック島の詩人・政治家。高等師範学校《エコール・ノルマル・シュペリウール》でサンゴールと出会い、意気投合し、ネグリチュード運動の指導者となる。長らくマルティニック県代表の国会議員、フォール・ド・フランス市の市長を務めた〕、オーギュスト・ブコロンがいた。まず私の注意をひいたのは、恩師たちの有色人生徒たちに対する好意と親切心だった。人種差別に対するこの拒否、それは次第に日々の控え目な優遇になったが、かといって情実に堕することはなかった。そこにこそ、私にとっては、フランス的精神の第一の特質があった。

　恩師たちが教えてくれたものの中で私が学んだ本質は、方法の精神だった。（……）今日、あらためてあの決定的だった年月を想い直すと、恩師たちが教えてくれた別の面、当初は私の理解を越えていた面を発見するのである。それは人間の意味である。そこに、フランス的精神の三番目の特質がある。文学をみれば明らかである。「理性《ラーシオ》」がローマの栄光に奉仕する有用性だったラテン作家たちにもまして、「論理《ロゴス》」が都市国家のための真理だったギリシアの作家たちにもまして、フランスの作家はモラリストであり続けた。ボードレールのような詩人でさえそうだった。たとえ詩人が道徳に抗弁することがあっても、それは公定的道徳に対して抗弁しているのであり、同時に主体であり、客体でもある人間をもたらすであろう未来の道徳のためなのである。（……）

　級友の教えが恩師の教えを補ってくれたと私は書いたが、もちろんのこと、この補完的教えは、教壇《エクス・カテドラ》の上からなされたのではなかった。中庭での休み時間や自習室での友情に溢れた自由な議論や会話でなされたのである。（……）私の最良の友は、今日でもなおカーニュの級友である。彼らは、まず、彼らの心と学生としての心配事を私に打ち明けた。彼らは私にとっての現代フランス入門書だった。フランス芸術、フランス文学、フランス政治への入門書だった。私はあえてそれを言うことを憚らない。ジョルジュ・ポンピドゥー（一九一一―一九七四。フランスの首相（一九六二―一九六八）、大統領（一九六九―一九七四）を務める。高等師範学校《エコール・ノルマル・シュペリウール》卒。父親はスペイン語の先生、母親は小学校教員だった。彼も一級教員資格《アグレガシオン》を取得、教員としての経歴がある。サンゴールとの友情は有名）の私に対する影響力は圧倒的だった。私を社会主義者に改宗させたのは彼である。私にバレス、プルースト、ジッド、ボードレール、ランボーを愛させたのは彼である。私に演劇や美術館への趣味を吹き込んだのは彼である。そして、パリを愛好する気持ちも。私は二人で長い散歩をしたことを思い出す。生暖かい雨の下、灰青色の霧の中で。私は、春や秋の街路を照らす太陽を思い出す。錆色の石や顔に降り注ぐ金粉の穏やかな光を。

私が人間や思想に好奇心を抱くようになったのは、私が作家になり、芸術愛好家になったのは、私が今もフランスの友人であるのは、何よりもルイ゠ルグラン校のかつての級友のお蔭である。

私の老年に向かう年齢にもかかわらず、ルイ゠ルグラン校での年月に感慨無量の思いを抱いて何の不思議もないのである。私の恩師たち、級友たちから私が引き出したものが、私の最良の部分になっている。すなわち、あの人間性《ユマニテ》の精神である。そのお蔭で、私は名誉をその正しい尺度によって判断することができる。というのも、結局のところ大事なのは友情、愛なのだ。それが芸術に表現と価値を与えるのである」（レオポール・セダール・サンゴール（一九〇六―二〇〇一。セネガルの詩人・大統領（一九六三―一九八〇）。高等師範学校《エコール・ノルマル・シュペリウール》卒。黒人としてはじめて一級教員資格《アグレガシオン》を取得した。サルトルの序文を付された『黒人・マダガスカル詩歌集』（一九四八年）は黒人文学運動に大きな影響力を与えた）「ルイ゠ルグラン校、フランス文化の誉れ高き場」『ルイ゠ルグラン校四百周年一五六三年―一九六三年、研究と思い出と資料』（ルイ゠ルグラン校刊行、一九六三年）所収）。

永劫回帰

「たしかに、この古く愛する母校において、私はすでに存分すぎるほど話をしてきたのです。校長先生にお礼申し上げる次第です。私を若返らせる配慮をしてくださったにちがいないのですから。一九一一年以来、私はここで話をしてきました。生徒として、教員として、視察官として。それなりに定期的な間隔がありました。一五年毎でしたからね。だから、私は老いなどはなく永劫回帰だけがあるのだと考えることができたのです。

しかし、一九一一年一月には、私は今日よりもはるかに大きな信頼を抱いて話していました。私は若かったのです。(……)数々の戦闘の末でしたが、私はルイ＝ルグラン校のカーニュの生徒でした。私の熱望はことごとくかなえられたのです。私は、あの名高い論理の実践をフランスでもっともしっかり教えてくれるのがここなのだという風聞を聞いていました。あの嘘と真実の技法です。あの説得の術です。それは詭弁家を生み出しもすれば、賢者を生み出しもします。長い人生の末、私は、それが恐るべき権能なのだという思いを深めるばかりです。たぶん、世界の秩序全体の原理であるとともに、それと同じくらい世界のあらゆる混乱の原理でもあるのです。私たちは、この学校において、その権能を自在にするべく勉学する五〇人ほどの生徒でした。私があの級友たちにどれほどのことを負っているのか、筆舌につくすことはできません。なぜなら、カーニュのクラスとは、まずは生徒たちのことだからです。(……)私たちは最良の師に恵まれていました。ラフォン、ダルシー、ブロです。それから、格別の感謝の念をもってお名前をあげたい師がいます。アンリ・デュランです。なぜなら、彼のラフォンテーヌの読解はすばらしいものでした。なぜなら、先生の講義を聞いているときに私は初めて、フランス語の先生がいかなる人でありうるのかを感じ取ったのです。なんという魔術をもって多くの影を呼び起こす術《すべ》をもっていたことでしょう。なんという芸術家だったことでしょう。あらゆる芸術家のなんという仲介者だったことでしょう。そして彼の国の思想と言語の偉大さと美しさを保ち、伝えてくれる人でした。

三〇年後、同じ教室で同じ椅子にすわり、ラフォンテーヌや他の数多くの作家を読解する番がわたしにまわってきました。そして私は、恩師アンリ・デュランに負けないようにそれをやりとげようと努めました。

私はまだカーニュ生だったのです。私は、生涯カーニュ生で終わってもおかしくないのです。私は悟りました。このような儀式にふさわしい恭しくも淡々とした調子で自分の職なるものを話すことができるようになれるはずもない、と。非礼をお許しください。ここには多くの先生方がいらっしゃることと思います。きっと私のお伝えしたいことを理解してくださることでしょう。たとえ、私が私の専門だったもの、フランス語教育に対して特殊な運命を与えているように思えるとしてもです。私たちは誰もが、自分がやっていることに確信をもっています。子どもたちに彼らの言語を教えることは、彼らにとっての普遍的なマスターキーのようなものの実践を教えることです。そして、それは間違いなくもっとも肝要なことです。しかしながら、カーニュにおいてフランス語を愛する若者たちにフランス語を教えることほど冥利につきるものはありません。彼らが一堂に会しているのはまさに、フランス語の秘密、手管、威力のことごとくを認知するためなのです。しかも、それは、事実に基づいて、最もすばらしいテキストに沿ってなされるのです。そして、一丸になって真実と美を追求し、一つの思想に満たされ、思考の力の秘策と言語の諸形態を解きほぐすのです。だから、この職業がどんなに大きな喜びをもたらし、教室がどんなにすばらしい対話になるかを言い尽くすことはとてもできないのです」（J・ゲーノ〔一八九〇—一九七八。左翼系評論家。高等師範学校《エコール・ノルマル・シュペリウール》卒。父親は靴職人。フランスの労働運動に大きな影響力を持った。一九六二年よりフランス・アカデミー会員〕、祝辞『ルイ＝ルグラン校四百周年　一五六三年—一九六三年、研究と思い出と資料』〔ルイ＝ルグラン校刊行、一九六三年〕八—九頁。傍点はブルデュー）。

第Ⅲ部　グランドゼコールの〈界〉とその変容

これらの儀式の個々の方式をほんの少しでも変更することは、ある家族ないし個人の父祖伝来の特権を脅かしたり、破壊する恐れがあった。ここではすべての人間が位階、特権、威信に関して敵対意識に著しく拘束されていたので、最大の注意力を払って各人が自己の位階、特権、威信が他人によって損なわれぬように警戒していた。この末期段階では、国王をも含めて当該者の誰もが、この緊張構造に対して距離をとり、この図柄のなかで相互依存関係にある人間同士が相互におよぼす強制を自己の権勢的立場を利用して打ち崩し、必要とあればいずれかの集団の犠牲のもとにそれを改革するほどの力量を持たなかったので、図柄はいわば石化してしまっていた。人々の頭上に重苦しくのしかかる強制は、かれらの高い地位や下位階層の圧力がかれらにおよぼすいっそう包括的な強制を度外視するならば、それはかれら自身が相互に、同時にみずからにおよぼす強制であった。しかし、それを調整ないし修正できるものはひとりとして存在しなかったので、強制はいわば亡霊のごとく独自に生きながらえていた。

ノルベルト・エリアス『宮廷社会』(波田節夫、中埜芳之、吉田正勝訳)[*]

＊原著にブルデューが『宮廷社会』から引用して扉として掲げている文章は、邦訳版にもフランス語版にも見出すことができなかった。邦訳版の中でブルデューが引用している文にもっとも近いと思われる箇所を代用して掲載する。

第1章

構造の現状分析（1）

グランドゼコールに関する論文、記事、書物は枚挙に暇がない。あからさまに称賛の言辞が綴られているのもあれば、控え目を装っているのもあるが、そこにエリート集団への帰属がもたらす聖別効果の顕著な顕れの一つが見られる。パンフレット類にはともすれば自画自賛とも遠慮深さともつかない両義的な性格が見え隠れする。学術的な性格をもつ論文の場合は、多かれ少なかれ隠蔽された形で、いま述べた二つのタイプのどちらかに該当し、歴史的な視点に立っているときでさえ、グランドゼコールの擁護を意図するか論争を目論んでいるかのどちらかを免れていることはめったにない(2)。考察の対象になっている学校への関心は、学問的に自らの立場を昇華させようと意図しているときでさえ、当該学校に対して社会的に定着した関係の内部に根を下ろしている。著者は、必ずといってよいほど考察対象校の卒業生であることからくる心理的絆によって結ばれ、その絆の強度と方向は主に著者の社会的出自に応じて変動する社会的価値の高低に従って、プラスの方向にせよ、マイナスの方向にせよ変化するのが見られる(一般に行為者は、たとえばラテン語の知識のような、学歴が証明してくれる能力や卒業証書に対して愛着を抱いているが、愛着の強度は、卒業証書やそれがもつ属性に彼らの社会的価値が完璧に依存しているほど強くなる。彼らが稀少性の高い属性をまったく所有していなければなおさらのことである。ノーベル賞受賞者であれば、自分のもちあわせている一級教員資格《アグレガシオン》にこだわりはしないのだから)。

際立っているのは、こうした仕事のどれを見ても例外なく、グランドゼコールの中の一校、それも一校だけをあつかっていることである。その学校を他のグランドゼコールに結びつけている客観的な関係から切り離し、孤立した状態で把捉しているのである。学校ピラミッドの中での各校の現在の位置《ポジシオン》、あるいは潜在的位置《ポジシオン》にこそ、当該学校に捧げられた言説、決まって規範を求めるような言説が向けられている真の関心の対象があり、そのような言説が編まれる根拠そのものがそこにあるというのにである。(3) ところで、社会科学においてなによりも決定的なのは、対象を切り取る際に行う最初の操作である。そして、どんな学問にも不可欠な認識論《エピステモロジー》は、分離不可能なほどに構築主義的でありかつ実在論的なのだから、調査のテクニックと分析の方法を選択するにあたっては、研究対象をいかに両者の分節に適合させて構築するかという配慮に従わなければならないのである（このことは、不可避的に循環論法的形式を内包することになる。というのも、選択されたモデルの確定のために作成されるデータは、所与の対象の構成に従って与えられる産物だからであり、その構成はこのモデルに内包されているからである）。実際、「演繹の基礎」に関する認識論を長々と展開しなくても、次のように措定できる。学問〈界〉の生成と機能を社会的かつ学問的に命運が左右される闘争の場とみなして社会学的に分析するならば歴史相対主義に行き着くのであり、そのことによって、学問についての考察においてほとんどいつでも変わり映えのしない形式のもとに際限なく蒸し返される二者択一から脱却できるのである。とするならば、科学的理性は歴史的産物であり、外からの決定力に対して〈界〉の相対的自律性が強まるに応じて確立するのであり、学問的世界が固有の運用法則、とりわけ議論や批判に関する運用法則を一層完璧に定立するに従って確立するのである。このように考えておけば、科学的方法にアプリオリな「論理学的基礎」を与えようとする、カルナップやポッパー、ライヘンバッハらの「論理哲学」の絶対主義を退け、かつまた、たとえばクワインが与えた定式にみられるように、数学を論理学に還元しようとする試みが失敗に行き着くのであれば認識論を心理学に関与させることによって「無効にする」しかないという「歴史主義的」ないし「心理主義的」相対主義とを共に退けることができるのである。(4)

　個別ケースをとってみれば、〈界〉とは差異化された社会群に固有の社会的小圏域《ユニヴェール》であるから、そのようなものとしての〈界〉の機能に関する一般法則をあらかじめ知っていなければならないし、また、グランドゼコールや群小専門学校《プティットゼコール》、大学、入学準備クラスその他の高等教育機関の圏域《ユニヴェール》内に観察できる〈界〉の諸効果に対して実証を心懸ける注意を払わなくてはならない。そうすることによって、この圏域《ユニヴェール》を一つの〈界〉としてあつかうことができるのであり、同じ重力圏に属する天体と同じように、相互に隔たった地点から効果を及ぼし合う諸機関の客体的関係のネットワークを構築する方法を手に入れることができるのである。〈界〉による諸効果の存在は――たとえば、国立行政学院《エナ》〔ＥＮＡ〕が出現したことによって高等師範学校《エコール・ノルマル・シュペリウール》〔ＥＮＳ〕や理工科学校《ポリテクニク》に生じた変化――、行為者と諸機関の一全体が一つの〈界〉として機能していることを示す主要な指標の一つであり、また、〈界〉の境界を実証的に決定する上でのもっとも確実な手段の一つである。〈界〉の境界とは、その効果が効力を失う地点に他ならない。たとえば、そのような効果が不在であるならば、同じ都市や同じ県の諸組織、あるいはアメリカ合衆国であれば、同じ州の諸組織が一つの〈界〉を形成していないのではないかと疑ってよい。逆に、学校空間の少なくともいくつかの異なった地点を考察対象としている研究がどれも示しているように――たとえば、ジェローム・カラベルの研究――、すくなくともアメリカ合衆国において、全国の大学全体の集合がそれぞれの大学に自らの位置《ポジシオン》に合致した戦略を強いるような構造をもつ〈界〉を形成していることは明らかである。

　このような方法論的な立場に導かれて、これらの学校機関相互の客体的関係の体系を照らしだす上で必要不可欠な関与的属性の集合を収集したのである。すなわち、各学校によって変化する有意味でかつ外的な特徴を示す変数の下にある関与的属性を、それに関与している全学校機関に在籍する全生徒の集合（または、その代表的な部分集合）について収集することにしたのである。(5)

モデル

高等教育機関の〈界〉は、それを比較可能にする必要性から、生徒の社会的出自を唯一の指標にして特徴をとらえた学校機関の全集合（総数八四）として把捉しようとも、関与的特性の体系的な一集合によって特徴をとらえ、ステータスの異なる学校群（総数二一）の構造的見本を作成することによって把捉しようとも、いずれの場合でも、〈界〉を、その第一の次元からみれば、社会的名声と学校的稀少性を合算した指標にしたがって、もっとも高い社会的位置《ポジシオン》への門戸を開くユルム校や、理工科学校《ポリテクニク》、国立行政学院《エナ》のような最も著名なグランドゼコールから、その多くが地方にあり、一般管理職への道を開く群小専門学校《プティットゼコール》に至るまで、学校間の差異が示差的にあらわされる（**表5**＊参照）。また、〈界〉の第二の次元からみれば、要求される学歴資本の規模にしたがって、また、競争における成績基準と、そこに賭けられた生徒の将来が厳格に学力的な意味で自律しているかどうかにしたがって、学校間差異が展開する。この場合、一方には、学力的には支配《ドミナン》の側に立つが、経済・社会的には被支配《ドミネ》の側に立つ理系・文系ユルム校が代表する学問・知性の極と、学力的には被支配の側にあるが、経済・社会的には支配の側にたつ、国立行政学院《エナ》や高等商業学校《アッシュ・ウ・セー》〔HEC〕に代表される行政・経済の極との間に展開される。

＊表5は、邦訳版の図表や本文の表記に対応させるため、原著とは異なる配列〔五十音順〕、表記法になっている。

表5　主な学校のリスト（略号・略記）

以下は、本文および表において頻出する学校と施設の名称一覧〔50音配列〕。学校の日本語訳名、フランス語略号、フランス語の正式名称、調査時における所在地、創立年の順。

海軍学校 Navale または EN〔École navale〕Lanvéoc-Poulmic、1830年。
カトリック工芸学院 ICAM Lille〔Institut catholique d'arts et métiers〕リール、1898年。
カトリック工芸学校 ECAM〔École catholique d'arts et métiers〕リヨン、1900年。
技術教育高等師範学校 ENSET〔École normale supérieure de l'énseignement technique〕カシャン Cachant、1912年。
北フランス工業学院〔Institut industriel du Nord de la France〕Lille、1854年。
グランドゼコール文系入学準備クラス Khagne カーニュ〔Classes préparatoires littéraires aux grandes écoles〕。
グランドゼコール理系入学準備クラス Taupe トープ〔Classes préparatoires scientifiques aux grandes écoles〕。
グリニョン国立高等農業学校 Grignon〔École nationale supérieure d'agronomie〕グリニョン＝ティヴェルヴァル Grignon-Thiverval、1826年。
グルノーブル政治学院　IEP Grenoble〔Institut d'études politiques de Grenoble〕グルノーブル、1948年。
グルノーブル理工科学院〔Institut polytechnique de Grenoble〕グルノーブル、1901年。
建築専門学校〔École spéciale d'architecture〕パリ、1865年。
工業技術短期大学（パリおよび地方） IUT〔Institut(s) universitaire(s) de technologie à Paris et en province〕1965年。
航空学校〔École de l'air〕1933年。
公証人学校 Notariat　〔École(s) de notariat de Paris et de province〕パリの公証人学校の創立1896年。
高等工業物理化学学校 Physique-chimie または EPCI〔École supérieure de physique et de chimie industrielles〕パリ、1882年。
パリ高等経済商業学校 ESSEC〔École supérieure des sciences économiques et commerciales〕パリ、1913年。
高等師範学校 ENS〔École(s) normale(s) supérieure(s) d'Ulm, de Sèvres, de Fontenay, de Saint-Cloud et ENSET〕（ユルム校、セーヴル校、フォントネ校、サンクルー校、技術教育高等師範学校がある。単に高師とある表記は、高等師範学校ユルム校を指す）。
高等師範学校サンクルー校 Saint-Cloud サンクルー校〔École normale supérieure de Saint-Cloud, section lettres et section sciences〕（文系と理系）サンクルー、1882年。
高等師範学校フォントネ・オ・ローズ校 Fontenay フォントネ校〔École normale supérieure de Fontenay-aux-Roses, section lettres et section sciences〕（文系と理系）フォントネ・オ・ローズ、1882年。
高等師範学校ユルム校 Ulm または ENS ユルム校〔École normale supérieure de la rue d'Ulm, section lettres et section sciences〕（文系と理系）パリ、1794年。
高等商業学校 HEC〔École des hautes études commerçiales〕ジュイ＝アン＝ジョザス Jouy-en-Josas、1881年。
高等商業企業経営学校 ESCAE または ESC〔École(s) supérieures de commerce et d'administration des entreprises〕。調査時点では17校あった。最も古いのは1871年設立のル・アーヴル校、リヨン校、ルーアン校。最近の新設校は1962年設立のアミアン校とニース校。
高等商業教育女学校 HECJF〔École de haut enseignement commercial pour les jeunes filles〕パリ、1916年。
高等電気学校 SUPELEC または ESE〔École supérieure d'électricité〕パリ、1894年。
高等電子工学学校 Breguet または ESIEE〔École supérieure d'ingénieurs d'électrotechnique et d'électronique〕パリ、1904年。
国立行政学院 ENA〔École nationale d'administration〕パリ、1945年（入学試験は学生対象の第1部門〔ENA1〕と公務員対象の第2部門〔ENA2〕がある）。
国立高等園芸学校 Horticulture〔École nationale supérieure d'horticulture〕ヴェルサイユ、1873年。
国立高等司書学校 Bibliothécaires〔École nationale supérieure de bibliothécaires〕パリ、1963年。
国立高等電気通信学校 Télécom または ENST〔École nationale supérieure des Télécommunications〕パリ、1878年。
国立高等電子無線 Électronique Grenoble〔École nationale supérieure d'électronique et de radioélectricité〕グル

ノーブル、1957年。

国立土木学校 Ponts または ENPC〔École nationale supérieure des ponts et chaussées〕パリ、1747年。

国立高等農業学校 ENSA〔École(s) nationale(s) supérieure(s) agronomique(s)〕設立、モンペリエ校1872年、ナンシー校1901年、レンヌ校 1830年、トゥールーズ校1948年。

国立高等農食品産業学校 ENSIA〔École nationale supérieure des industries agricoles et alimentaires〕マスィ Massy、1893年。

国立高等美術学校 Beaux-Arts〔École nationale supérieure des Beaux-Arts〕パリ、1795年。

国立高等郵便電信電話学校 PTT〔École nationale supériere des PTT〕パリ、1888年。

国立司法学校 Magistrature〔École nationale de la magistrature〕ボルドー、1958年。

国立獣医学校 Veto〔École nationale vétérinaire〕メゾン＝アルフォール Maisons-Alfort、1765年。

国立税関学校 Douanes〔École nationale des douanes〕ヌイイ＝シュル＝セーヌ、1946年。

国立織物工業学校 Arts et industries textiles〔École nationale des arts et industries textiles〕ルーベ Roubaix、1948年。

国立装飾美術学校 Arts déco〔École nationale supérieure des arts décoratifs〕パリ、1795年。

国立統計経済行政学校 ENSAE〔École nationale de la statistique et de l'administration économique〕パリ、1960年（国立統計経済研究所の行政官および統計官を養成する第1部門〔ENSAE1〕と研究所の専門職員および統計官補助を養成する第2部門〔ENSAE2〕がある）。

国立農学院 Agro ou INA〔Institut national agronomique〕パリ、1876年年。

古文書学校 Chartes〔École nationale des chartes〕パリ、1821年。

サンテティエンヌ国立高等鉱業学校 Mines Saint-Etienne〔École nationale supérieure des mines de Saint-Etienne〕サンテティエンヌ、1816年。

士官学校 Saint-Cyr または ESMIA〔École spéciale militaire（Saint-Cyr)〕コエキダン Coëtquidan、1802年。

司法学院 IEJ〔Institut d'études judiciaires〕パリ、1961年。

女子高等師範学校 Sèvres セーヴル校〔École normale supérieure de jeunes filles、section lettres et section sciences〕（文系と理系）パリ、1881年。

女子理工科学校 Polytechnique féminine〔École polytechnique féminine〕パリ、1925年。

中央工芸学校 Centrale〔École centrale des arts et manufactures〕パリ、1829年。

電気機械工学専門学校 Mécanique（et électricité）または Sudria〔École spéciale de mécanique et d'électricité〕パリ、1905年。

トゥールーズ建築学校 Archi Toulouse〔École d'architecture de Toulouse〕トゥールーズ、1904年（1968年に建築教育単位 Unité pédagogique d'architecture となる）。

ナンシー国立高等冶金鉱業学校 Mines Nancy〔École nationale supérieure de la métallurgie et de l'industrie des mines de Nancy〕ナンシー、1919年。

パリ医学インターン Internat〔Internat de médecine de Paris〕。

パリ国立高等鉱業学校 Mines〔École nationale supérieure des mines de Paris〕パリ、1783年（パリ国立高等鉱業学校 の学生—技術者は、おもに理工科学校生と入学準備クラスを経て入学試験に合格した者によって占められる）。

パリ政治学院 Sciences Po または IEP〔Institut d'études politiques de Paris〕パリ、1872年。

フランス製革学校 Tannerie〔École française de tannerie〕リヨン、1899年。

ボルドー政治学院 IEP Bordeaux〔Institut d'études politiques de Bordeaux〕ボルドー、1948年。

理工科学校 Polytechnique または X〔École polytechnique〕パリ、1794年。

リヨン高等工業化学学校 Chimie industrielle〔École supérieure de chimie industrielle de Lyon〕リヨン、1883年。

リヨン中央工芸学校 Centrale Lyon〔École centrale lyonnaise〕リヨン、1857年。

リール国立高等化学学校 ENSI または Chimie Lille〔École nationale supérieure de chimie de Lille〕リール、1894年。

リール国立高等工芸学校 ENSAM Lille〔École nationale supérieure d'arts et métiers〕リール、1881年。

表6　各グランドゼコール生徒の諸特徴

父親の職業

	農業賃金労働者	農業経営者	単能工	熟練工	事務労働者	職人	商人	一般管理職	職工	小学校教諭	教授 中等教育	教授 高等教育	教授 知識人	技師	管理職 私企業	管理職 公企業	士官軍隊	自由業	大商人	工業実業家会社社長	無回答
ユルム校	2.1	0.5	1.6	4.1	4.1	3.1	1.6	10.9	2.6	3.6	10.4	7.2	2.6	8.8	8.8	12.4	2.1	8.8	2.6	2.1	—
セーヴル校	1.3	0.6	0.7	2.0	5.2	2.0	2.0	5.9	2.6	7.8	13.7	9.1	2.6	8.5	7.8	11.1	2.0	7.8	2.0	3.9	1.3
サンクルー校	5.6	—	9.4	5.6	12.1	5.6	5.6	10.3	3.7	9.4	11.2	0.9	—	2.8	5.6	3.7	1.9	1.9	1.9	1.9	0.9
フォントネ校	5.9	0.7	5.9	3.7	8.1	9.6	2.5	8.8	7.4	13.2	11.8	2.9	0.7	4.4	1.5	8.1	0.7	2.9	—	1.5	—
理工科学校	1.7	0.6	1.2	2.7	3.8	1.2	1.9	9.0	1.2	5.2	8.1	3.5	0.8	14.2	16.2	7.9	2.3	10.6	2.5	5.2	0.2
パリ国立高等鉱業学校	5.2	—	1.5	3.8	2.3	1.5	1.5	9.0	3.8	6.0	1.5	—	3.0	10.5	16.5	11.3	2.3	8.3	3.0	6.0	3.0
ナンシー国立高等冶金鉱業学校	1.8	1.2	—	6.6	2.4	1.6	3.0	9.0	3.6	9.6	5.4	1.8	0.6	11.4	12.6	9.6	3.0	8.4	4.8	2.4	0.6
サンテティエンヌ国立高等鉱業学校	3.1	—	3.1	4.7	3.1	—	3.1	7.8	3.1	4.7	1.6	—	—	15.6	20.3	14.1	4.7	6.2	3.1	1.6	—
国立土木学校	3.2	2.4	3.2	2.4	5.6	4.8	4.8	6.4	2.4	4.0	10.4	1.6	—	10.4	12.8	13.6	2.4	4.8	1.6	2.4	0.8
高等電気学校	5.4	0.7	0.9	4.7	7.5	2.6	4.7	10.1	5.1	3.5	4.7	0.2	1.9	10.1	12.0	5.9	4.0	6.1	3.7	3.5	2.6
中央工芸学校	3.9	0.9	1.6	3.6	5.0	3.4	4.1	10.9	2.0	4.8	5.2	0.5	0.7	10.4	13.8	9.7	3.4	9.3	2.3	3.9	0.7
テレコム（国立高等電気通信学校）	6.4	1.1	3.2	4.8	5.9	1.1	5.4	9.7	3.2	6.4	3.2	2.1	2.1	13.4	7.5	5.9	1.6	5.4	5.4	1.6	4.3
高等鉱業物理化学学校	3.2	—	2.1	4.3	4.3	2.1	3.2	19.3	2.1	2.1	1.1	2.1	1.1	14.1	18.3	8.6	2.1	4.3	2.1	3.2	—
高等電子工学学校	3.4	1.0	1.0	6.8	3.9	2.9	7.3	12.2	2.4	1.9	1.4	0.5	1.0	16.1	17.1	4.9	2.4	5.8	4.9	1.9	1.0
電気機械工学専門学校	—	—	1.1	4.4	1.1	4.4	3.3	7.8	3.3	2.2	2.2	—	2.2	15.5	22.2	5.5	2.2	8.9	4.4	7.8	1.1
国立高等工芸学校（リール）	0.3	2.8	15.8		12.0	6.0	5.3	19.0		6.7	3.5			15.1	12.3			—			1.1
国立農学院	8.3	7.2	—	0.7	2.2	1.8	2.2	9.1	2.5	4.7	5.4	1.5	1.4	11.2	14.9	11.6	2.5	6.2	1.4	4.3	0.7
グリニョン国立高等農業学校	18.4	9.2	3.1	3.1	3.1	—	1.5	3.1	—	6.1	1.5	1.5	—	13.8	13.8	12.3	1.5	7.7	—	—	—
国立高等農食品産業学校	8.5	7.0	4.2	4.2	2.8	4.2	2.8	5.6	4.2	4.2	2.8	2.8	—	9.9	14.1	8.4	1.4	4.2	—	5.6	2.8
国立高等園芸学校	16.7	16.7	—		7.4	3.7	7.4	16.7		7.4	3.7			12.9	5.6			1.8			
モンペリエ国立高等農業学校	15.5	11.1	2.2	4.4	4.4	2.2	2.2	6.7	8.9	6.7	6.7	—	—	6.7	4.4	6.7	—	8.9	—	—	2.2
レンヌ国立高等農業学校	8.0	14.0	—	—	—	2.0	4.0	10.0	4.0	6.0	2.0	—	4.0	8.0	24.0	4.0	—	4.0	4.0	—	2.0
PTT(国立高等郵便電信電話学校)	6.3	—	18.8		12.5	12.5	25.0	3.1		3.1	3.1			3.1	12.5			—			
国立統計経済行政学校第1部門	2.3	2.3	2.3		4.6	—	5.7	11.5		8.1	6.9		—	9.2	34.4			8.1			4.5
国立統計経済行政学校第2部門	10.9	—	7.8	6.2	10.9	3.1	4.7	9.4	1.5	—	4.7	3.1	—	6.2	7.8	14.1	1.5	1.6	—	4.7	1.6
政治学院	1.7	1.5	0.7	0.7	1.3	1.1	3.6	7.5	1.2	1.4	2.6	1.7	1.6	6.0	19.6	14.4	3.2	14.8	5.6	8.8	0.9
政治学院　公共部門	1.7	1.2	0.3	0.5	1.0	1.3	3.5	8.2	1.3	1.7	2.7	1.5	2.3	5.3	18.7	16.0	3.0	17.0	4.2	7.8	0.7
ボルドー政治学院	1.8	4.7	6.5		5.4	3.0	10.1	14.3		3.6	4.7		—	3.6	27.4			13.1			1.2
ENA 入学試験第1部門	1.0	2.0	—	—	4.0	2.0	3.0	11.1	—	1.0	5.1		3.0	8.1	35.4		4.0	14.1	1.0	4.0	1.0
ENA 入学試験第2部門	11.1	2.8	11.1	2.8	8.3	2.8	2.8	11.1	5.5	—	5.5		—	2.8	19.4		2.8	2.8	2.8	5.6	—
高等商業学校〔HEC〕	1.1	0.7	—	0.7	2.8	1.4	4.1	7.3	1.2	1.6	2.1	0.7	1.2	6.6	24.4	11.6	4.8	8.9	9.8	7.7	0.9

	父親の学歴								母親の職業									
	免状なし	CEP（職業教育証書）（初等学習証書）CAP（職業適正証書）	BEPC（中等教育前期課程修了証書）・BEI	BS（上級・初等教育免状）BAC（大学入学資格）	群小専門学校（短期大学や各種専門学校）	学士	1級教員資格（アグレガシオン）	無回答	無職	農業	労働者	事務労働者	職人、商人	一般管理職	小学校教諭	上級管理職、自由業	その他	無回答
ユルム校	2.1	14.0	8.3	12.9	6.2	31.1	19.2	6.2	58.5	1.0	0.5	6.2	3.1	3.6	11.4	14.5	—	1.0
セーヴル校	1.3	9.8	4.6	20.2	8.5	28.7	21.6	5.2	49.0	0.6	0.6	5.2	1.3	2.6	20.9	19.6	—	—
サンクルー校	2.8	41.1	13.1	20.5	3.7	9.3	4.7	4.7	60.7	0.9	5.6	2.8	4.7	0.9	19.6	3.7	—	0.9
フォントネ校	5.1	30.9	8.8	22.8	6.6	9.5	10.3	5.9	41.2	5.1	2.9	8.8	2.9	5.1	25.0	8.8	—	—
理工科学校	3.1	12.1	7.1	14.4	9.1	27.0	22.1	5.0	65.7	0.6	0.4	5.6	1.9	4.2	9.0	11.7	—	0.8
パリ国立高等鉱業学校	2.3	15.0	12.0	18.0	6.8	21.6	15.8	8.3	62.4	1.5	2.2	3.0	3.0	5.2	12.0	7.5	—	3.0
ナンシー国立高等冶金鉱業学校	3.6	12.6	9.6	18.1	17.5	15.6	15.0	7.8	66.3	0.6	—	5.4	3.0	0.6	13.8	8.4	0.6	1.2
サンテティエンヌ国立高等鉱業学校	4.6	12.3	6.1	16.9	13.8	26.1	9.2	10.8	69.2	—	—	4.6	3.1	1.5	10.8	9.2	—	1.5
国立土木学校	6.4	24.0	12.0	14.4	11.2	13.6	13.6	4.8	60.8	2.4	0.8	9.6	4.8	5.6	8.0	1.6	4.8	1.6
高等電気学校	3.3	17.1	12.7	13.1	12.7	19.9	5.6	15.5	56.6	0.9	1.6	6.3	3.0	5.4	7.5	1.9	3.0	13.6
中央工芸学校	4.5	17.0	8.4	15.2	7.5	26.5	11.5	9.3	63.9	0.7	0.9	6.1	2.9	3.4	11.3	6.8	—	3.8
テレコム（国立高等電気通信学校）	8.1	17.7	9.7	12.9	8.1	18.8	10.7	14.0	50.5	1.6	2.7	3.7	2.7	2.7	7.5	3.7	5.4	19.3
高等工業物理化学学校	2.1	18.3	6.4	15.0	19.3	16.1	14.0	8.6	82.8	—	1.1	7.5	2.1	2.1	—	1.1	2.1	1.1
高等電子工学学校	4.4	21.9	10.7	8.3	18.0	20.5	4.9	11.2	54.1	1.4	1.4	12.2	8.3	6.8	3.4	1.0	1.0	10.2
電気機械工学専門学校	4.4	14.4	11.1	6.7	20.0	26.7	6.7	10.0	56.7	—	2.2	10.0	5.5	2.2	5.5	2.2	3.3	12.2
国立高等工芸学校（リール）	3.9	22.9	16.9	13.7	2.8	17.2	1.4	21.1	65.1	0.7	1.4	8.1	7.7	2.4	8.8	3.5	—	2.1
国立農学院	12.7	12.0	6.2	14.1	7.2	34.4	9.4	4.0	69.9	5.1	—	5.8	1.4	2.5	8.0	6.9	—	0.3
グリニョン国立高等農業学校	26.1	7.7	6.1	12.3	4.6	27.7	15.4	—	72.3	6.1	1.5	—	3.1	3.1	7.7	1.5	—	4.6
国立高等農食品産業学校	22.5	11.3	8.4	12.7	8.4	25.3	8.4	2.8	60.5	2.8	2.8	7.0	4.2	2.8	8.4	8.4	—	2.8
国立高等園芸学校	16.7	25.9	3.7	18.5	9.3	16.7	7.4	1.8	50.0	12.9	—	11.1	1.8	1.8	11.1	3.7	—	7.4
モンペリエ国立高等農業学校	22.2	20.0	13.3	11.1	6.7	17.8	4.4	4.4	68.9	8.9	2.2	6.7	—	—	8.9	2.2	—	2.2
レンヌ国立高等農業学校	20.0	4.0	12.0	22.0	12.0	20.0	6.0	4.0	64.0	10.0	2.0	2.0	8.0	2.0	6.0	4.0	—	2.0
PTT（国立高等郵便電信電話学校）	15.6	43.7	12.5	18.7	—	9.4	—	—	68.7	—	3.1	12.5	6.2	—	6.2	—	—	3.1
国立統計経済行政学校第1部門	5.7	6.9	4.6	17.2	17.2	26.4	19.5	2.3	63.2	1.1	—	2.3	1.1	6.9	11.5	10.3	1.1	2.3
国立統計経済行政学校第2部門	18.7	21.9	7.8	9.4	9.4	14.1	9.4	9.4	68.7	3.1	—	10.9	1.5	7.8	4.7	3.1	—	—
政治学院（全体）	4.1	8.9	5.1	12.3	10.5	40.7	13.8	4.6	71.7	0.2	0.5	4.0	3.1	3.4	3.1	9.8	0.2	4.0
政治学院公共部門	3.5	7.8	4.5	13.4	11.3	38.9	16.0	4.5	70.6	0.3	—	3.5	3.2	3.8	3.0	11.7	0.2	3.7
ボルドー政治学院	3.0	15.5	5.9	19.6	6.2	32.1	4.7	12.5	73.8	1.2	2.4	5.4	2.4	4.2	4.7	4.7	0.6	0.6
ENA 入学試験第1部門	2.0	9.1	10.1	12.1	7.1	38.4	18.2	3.0	61.6	—	2.0	5.0	2.0	—	3.0	21.2	—	5.0
ENA 入学試験第2部門	19.4	36.2	8.3	5.5	8.3	19.4	2.8	—	52.8	5.5	2.8	5.5	8.3	11.1	5.5	5.5	—	2.8
高等商業学校〔HEC〕	3.9	10.2	4.8	14.1	8.6	36.8	14.1	7.5	67.7	0.7	0.2	5.3	3.4	4.4	5.2	10.2	—	2.8

	第6学級における居住地								調査時の両親の居住地			
	外国	人口二五〇〇人以下	人口二五〇〇人から一万人	人口一万人から五万人	人口五万人から一〇万人	人口一〇万人以上	パリ、首都圏	無回答	外国	地方	パリ	無回答
ユルム校	2.1	8.8	3.6	13.5	5.7	31.6	33.1	1.5	2.6	59.6	37.3	0.5
セーヴル校	2.0	7.8	3.3	14.4	5.2	33.3	33.3	0.6	0.6	56.8	41.8	0.6
サンクルー校	0.9	32.7	5.6	14.9	2.8	24.3	18.7	—	0.9	79.4	19.6	—
フォントネ校	0.7	20.6	11.7	15.4	3.7	16.2	28.7	2.9	2.2	63.2	33.8	0.7
理工科学校	0.6	11.0	5.6	11.4	4.6	26.2	39.1	1.5	4.6	55.3	38.9	1.1
パリ国立高等鉱業学校	4.5	14.3	6.0	15.8	1.5	15.0	38.3	4.5	2.2	54.9	40.6	2.2
ナンシー国立高等冶金鉱業学校	2.4	16.3	8.4	13.8	3.6	24.1	30.1	1.2	3.0	57.8	38.5	0.6
サンテティエンヌ国立高等鉱業学校	9.2	13.8	10.8	13.8	—	30.8	21.5	—	1.5	64.6	33.8	—
国立土木学校	12.8	8.8	2.4	8.0	2.4	26.4	37.6	1.6	9.6	50.4	39.2	0.8
高等電気学校	5.4	11.0	8.4	13.8	3.5	20.9	35.4	1.4	4.7	55.9	38.2	1.2
中央工芸学校	2.0	12.5	4.7	15.0	3.6	24.7	37.4	—	1.1	58.0	39.7	1.1
テレコム（国立高等電気通信学校）	19.9	5.9	6.4	14.5	2.7	21.5	27.4	1.6	19.3	50.5	29.0	1.1
高等工業物理化学学校	3.2	3.2	4.3	15.0	4.3	9.7	58.0	2.1	2.1	34.4	63.4	—
高等電子工学学校	1.9	6.3	6.3	9.7	1.9	9.3	63.9	0.5	1.0	29.3	69.7	—
電気機械工学専門学校	2.2	7.8	3.3	12.2	6.7	15.5	48.9	3.3	2.2	37.8	60.0	—
国立高等工芸学校（リール）	1.7	10.2	7.7	16.2	2.1	12.3	48.2	1.4	1.0	48.6	49.6	0.7
国立農学院	5.8	24.6	4.0	8.7	4.7	18.5	33.0	0.7	0.7	59.4	39.5	0.3
グリニョン国立高等農業学校	1.5	36.9	3.1	6.1	7.7	15.4	23.1	6.1	—	70.8	24.6	4.6
国立高等農食品産業学校	—	25.3	2.8	16.9	4.2	22.5	25.3	2.8	—	70.4	28.2	1.4
国立高等園芸学校	—	42.6	—	3.7	7.4	24.1	20.4	1.8	—	75.9	22.2	1.8
モンペリエ国立高等農業学校	2.2	28.9	13.3	11.1	6.7	15.5	20.0	2.2	2.2	75.5	22.2	—
レンヌ国立高等農業学校	—	22.0	10.0	10.0	6.0	20.0	32.0	—	—	76.0	24.0	—
PTT（国立高等郵便電話電信学校）	21.9	15.6	6.2	3.1	9.4	31.2	12.5	—	—	84.3	15.6	—
国立統計経済行政学校第1部門	3.4	13.8	5.7	14.9	2.3	24.1	34.5	1.1	1.1	47.1	49.4	2.3
国立統計経済行政学校第2部門	3.1	20.3	15.6	14.0	7.8	9.4	29.7	—	—	65.6	32.8	1.5
政治学院（全体）	6.0	6.4	4.7	11.3	4.3	16.8	48.0	2.3	5.4	37.1	56.4	1.1
政治学院公共部門	3.5	8.5	4.2	11.3	4.3	16.8	49.1	2.2	3.0	38.2	58.2	0.5
ボルドー政治学院	4.2	20.8	7.1	20.2	12.5	28.6	2.4	4.2	5.3	94.0	0.6	—
ENA 入学試験第1部門	1.0	2.0	3.0	13.1	4.0	12.1	56.6	8.1	2.0	38.4	59.6	—
ENA 入学試験第2部門	—	13.9	11.1	25.0	—	19.4	22.2	8.3	—	77.8	22.2	—
高等商業学校〔HEC〕	3.6	4.4	5.0	8.4	2.0	24.3	52.1	0.2	1.2	43.2	54.8	0.7

	第6学級における学校				第1学級時のコース							
	普通教育コレージュ	コレージュ、リセ	私立学校	無回答	T	M & M'	CL	B	C	A	A'	無回答
ユルム校	4.7	79.8	15.5	—	1.5	12.9	1.0	3.1	32.1	19.7	28.5	1.0
セーヴル校	1.3	87.6	9.1	2.0	—	9.8	0.6	3.3	41.8	20.9	22.9	0.6
サンクルー校	39.2	50.5	7.5	2.8	0.9	65.4	—	11.2	12.1	4.7	5.6	—
フォントネ校	28.7	64.7	5.1	1.5	—	55.1	—	16.2	17.6	4.4	4.4	2.2
理工科学校	5.0	79.9	14.8	0.2	2.5	16.6	0.2	—	58.0	0.8	21.2	0.8
パリ国立高等鉱業学校	6.0	76.7	15.0	2.2	0.7	13.5	0.7	—	58.6	1.5	22.5	2.2
ナンシー国立高等冶金鉱業学校	7.2	79.5	12.6	0.6	4.8	22.3	1.2	—	54.2	—	15.0	2.4
サンテティエンヌ国立高等鉱業学校	10.8	63.1	26.1	—	7.7	18.4	3.1	—	50.8	—	20.0	—
国立土木学校	4.8	84.8	5.6	4.8	8.0	28.8	9.6	—	38.4	—	12.0	3.2
高等電気学校	10.5	64.5	12.2	12.7	6.8	30.7	7.3	0.5	37.3	0.5	9.4	7.5
中央工芸学校	9.1	77.5	13.1	0.2	4.3	22.9	—	0.9	55.1	0.4	15.6	0.7
テレコム（国立高等電気通信学校）	13.4	63.4	5.9	17.2	5.4	32.9	3.8	0.5	30.3	0.5	10.8	15.7
高等工業物理化学学校	4.3	66.7	12.9	16.1	3.2	27.9	6.4	1.1	45.1	—	8.6	7.5
高等電子工学学校	20.0	60.0	12.7	7.3	17.1	46.8	8.3	0.5	22.4	—	1.9	2.9
電気機械工学専門学校	5.5	66.7	14.4	13.3	21.1	35.5	8.9	—	28.9	—	1.1	3.3
国立高等工芸学校（リール）	35.9	58.4	4.6	1.1	75.0	9.8	—	—	11.6	0.3	2.4	0.7
国立農学院	6.2	76.8	15.6	1.4	2.5	29.7	0.7	1.4	54.3	0.7	9.0	1.4
グリニョン国立高等農業学校	9.2	78.4	12.3	—	1.5	35.4	—	1.5	52.3	1.5	6.1	1.5
国立高等農食品産業学校	15.5	66.2	15.5	2.8	7.0	36.6	1.4	1.4	45.1	1.4	7.0	—
国立高等園芸学校	16.7	62.9	16.7	3.7	12.9	50.0	1.8	1.8	18.5	1.8	9.2	3.7
モンペリエ国立高等農業学校	24.4	64.4	11.1	—	8.9	44.4	4.4	2.2	37.8	2.2	—	—
レンヌ国立高等農業学校	14.0	72.0	10.0	4.0	4.0	44.0	2.0	2.0	36.0	—	12.0	—
PTT（国立高等郵便電話電信学校）	12.5	56.2	28.1	3.1	18.7	40.6	—	—	31.2	6.2	3.1	—
国立統計経済行政学校第1部門	8.0	73.5	17.2	1.1	2.3	19.5	1.1	3.4	54.0	1.1	17.2	1.1
国立統計経済行政学校第2部門	14.0	65.6	20.3	—	9.4	59.4	—	1.5	25.0	1.5	—	3.1
政治学院（全体）	2.2	63.9	31.3	2.6	1.1	17.6	1.9	25.6	28.3	13.8	9.7	1.8
政治学院公共部門	0.7	66.4	31.9	1.0	0.2	13.2	1.5	24.0	30.2	16.5	13.8	0.5
ボルドー政治学院	5.3	66.1	28.0	0.6	4.2	27.4	4.7	31.5	13.1	13.1	3.5	2.4
ENA 入学試験第1部門	2.0	68.7	29.3	—	—	9.1	2.0	17.2	26.2	22.2	22.2	1.0
ENA 入学試験第2部門	11.1	66.7	22.2	—	5.5	33.3	8.3	19.4	8.3	11.1	5.5	8.3
高等商業学校〔HEC〕	2.1	76.8	20.9	0.2	0.7	20.9	1.1	2.3	61.1	0.7	13.0	0.2

T ＝技術教育／B ＝ラテン語、言語／M & M' ＝現代語（ラテン語以外）／CL ＝古典科（詳細不明）／C ＝ラテン語、数学／A ＝ラテン語、ギリシア語／A' ＝ラテン語、ギリシア語、数学

高等教育機関の〈界〉と、グランドゼコールの従属〈界〉が示す主要な社会的効果は、原則的に次のような二重の構造的相同性の中に見いだされる。すなわち、高等教育機関の〈界〉における根本的な対立関係、グランドゼコールと群小専門学校《プティットゼコール》や大学を分け隔てている対立が一方にあり、他方には、有力ブルジョアジーとプチブルジョアジーとの間の対立関係、青少年期から揺ぎない地位《ステータス》を与えられた上級管理職と、一般管理職と呼ばれる者たちとの間の対立がある。後者は、時には「分際を越えている」とも言われ、最良のケースにおいても社会的に上昇したことに対してしかるべき時に代償が求められるのである。また、グランドゼコールの〈界〉がもつ根本的対立関係、すなわち、「知性」の学校と権力の学校との間の対立、および、権力の〈界〉の中で、知識階級や芸術家の極と経済的政治的権力の極とを分け隔てる極との間の対立があり、そこに相同性が見られるのである。どちらの場合においても、二つの学校圏域《ユニヴェール》の作動から生じる効果の主要なものは、構造として、そしてまた学校的差異のシステムとして作動するところに由来するのであり、それによって、固有の論理にしたがった社会的差異のシステムを生み出すのである。

一般の人々の直感により近いので分かりやすいが、それだけ不適切にもなる言い方をするのであれば、次のように言えるだろう。教員の子息にはどちらかといえば高等師範学校《エコール・ノルマル・シュペリウール》が肌に合い、高級官僚の子息には国立行政学院《エナ》、製造業や流通の経営者の子息には高等商業学校《アッシュ・ウ・セー》が肌に合うという事実から確認できるように、大抵の場合、学生が目指す学校機関（そして、後には権力〈界〉においてそれに対応する位置《ポジシオン》）によって要求され、刷り込まれる心構え《ディスポジシオン》があり、それは出身家庭において刷り込まれた心構え《ディスポジシオン》に一番近いものであり、そしてまた、その学校が導き入れてくれる権力〈界〉によって要求され、強化を受ける心構え《ディスポジシオン》に一番近いものなのである。しかし、このような捉え方は、一般に受け入れられた表象にきわめて近い表現による捉え方ではあるが、それだけに素朴な哲学に立ち戻ってしまう恐れがある。「社会的流動性」を「親から子に伝え残される遺産」として考える「理論」を支配しているのが、そのような哲学である（このような後退を示している本が一冊あるが、著者が用いている本のタイトルが社会通念を伝える箴言であることは意味深い。「この父にしてこの子あり〔Tel père, tel fils〕」というものだが、ここに常識の哲学が凝縮されている）[6]。ところで、再生産様式とは構造的メカニズムによるシステムの概念であり、社会構造の再生産の確実な実現へと向かうものであるが――それが社会空間全体の構造の再生産であろうと、権力〈界〉のように、この空間の一分野の構造の再生産であろうとも――、そのような再生産様式の概念は一般常識に対立するのである。一般常識では、権力ないし特権の継承は、個人から個人へ、あるいはグループからグループへ、とりわけ親から子へと直接・間接に委譲されるものとして表象されている[7]。だからこそ、グランドゼコールの生徒集団内部に進行する「社会的流動性」のプロセスを記述して満足するわけにはいかないし、行政上の単純な記録が装う外見的な中立性や客観性を確保することで満足するわけにはいかない。そこで理解しようと努めなければならないことは、グランドゼコールの〈界〉の構造的機能が社会空間構造と権力〈界〉構造との再生産に寄与していることである。

　学校のメカニズムは、生徒を学校機関のいずれかを志望させるにあたっては、学校が刷り込んでくれると想定されている心構え《ディスポジシオン》を誰よりもよく身につけている生徒がその学校を志望するように仕向けるのであり、そのような生徒の大部分は、その学校が導き入れてくれる権力〈界〉の領域に位置《ポジシオン》を占めている家庭によって授けられた教育の産物であるのだが、そのことによって、学校のメカニズムは社会空間の多種多様な構成要件を永続させるのであり、グランドゼコールという特殊な場合においては、社会空間と権力〈界〉との多種多様な領域を出自としている生徒の間に見られる相続資本の構造に応じた相違を永続させる傾向を示すのである。いまここで上述のように「学校メカニズム」について語ってみたのは、速記にも似たやり方で、次のことを単に確認するためである。個々の行動の全体は、それによって最終的に各生徒が方向づけられ、選別され、学校システムが提供する多種多様な「枡目」の中に配分されることになるものだが、そうした行動は構造的な束縛の中で遂行されるのであり、その事実からして、個人的な「選択」[8]の統計的集積の結果に還元するわけにはいかない必然性を呈しているのである。事実、「選択」が生徒を指導・選別する教員によってなされるものであろうと、「職業適性《ヴォカシオン》」の論理にしたがって進路を決めたり、自己決定する生徒によってなされるものであろうと、行為者の「選択」を支配しているのは、学校群の構造であり、諸専門コースの構造であり、さらに細分化された諸コースの構造なのである。行為者は、それとの関係の中で、学校階層の客体的な分離・分担に相同的な価値観と分業・分担原則を適用することによって自己を決定しなければならない[9]。言い方を変えれば、生徒がその社会的出自と学歴資本とに従って多種多様な学校に配分されるのが観察されるが、それは、次のような無数の「選択」の結果なのである。すなわち、「選別する者」と「選別される者」との構造的ハビトゥスが一方にあり、他方には学校機関の〈界〉の構造があり、学校〈界〉構造の最も強力で巧みに隠蔽された効果が発揮されるのは、社会空間、それもとりわけ権力〈界〉の根本的構造に連結した構造ゆえに生じる相同性のおかげなのであるが、そのような相同性による効果を発揮する学校機関の〈界〉構造があることによって、前者のハビトゥスと後者の学校機関の〈界〉の構造との間に存在する関係の中で決定される無数の「選択」がもたらすのである。

うまく機能している相互選出的操作《コオプタシオン》の圏域《ユニヴェール》は、諸学校機関の空間内の位置《ポジシオン》と、その在籍者たちの心構え《ディスポジシオン》との間に統計的な照応関係をもたらすが、そのような圏域《ユニヴェール》を手短に描くのは容易ではない。とりあえず次のことを確認しておこう。関与的な属性を明らかにするにあたって適用される認識と成績評価の諸カテゴリーは、それが表現される形容詞の組み合わせに見られるように、基本的には、学業秩序の客体的構造が選別の学校的形式に変容することによって内面化された産物なのである。基本的に、ハビトゥスの類縁性を基礎とする「〔相手に感じる〕好意」はごく些細な指標だが、それによって根本的原理が露わになるような指標に依拠しているのである。指標というのは、ハビトゥスが再生産しようとしている集団に対する関係の様態が表現されるような態度（言動など）であり、最終的にそこから導きだされるのは、集団の自己認識を支えている終極的な価値観への同意表明であり、信仰である。しかしながら、相互選出《コオプタシオン》のプロセスをあからさまな選別操作に矮小化してしまうなら大きな誤りを犯すことになる。選出された者は、試験官による選別に自らを委ねる際に試験官を選んでいるのであり、そのことによって相互選出《コオプタシオン》がうまく機能するように貢献しているのである。他方には、選抜に対して自ら身を退く者たちがいるのである。彼らの大部分は、どちらにしろ合格しないことは確かだとしてもである。すなわち、行為者は、認めてもらえるチャンスがある審査だけを認める（統計的な）傾向を示す。その理由は多々あるが、その一つは、審査に臨む際の態度によって、そしてまた、受験するという事実そのものによって受験者は審査機関を認めていることを表明しているのである。

このようにして、主観的かつ客観的な選別の実践的オペレーションが無数になされ、権力〈界〉の多種多様な分野を出自とする青少年が多種多様な学校機関へと方向づけられるのであり、それによって、各学校に、可能なかぎり権力〈界〉の同じ領域を出自とする個人が集まり、したがって、可能なかぎり互いに似通った心構え《ディスポジシオン》のシステムを授けられ、その分だけ、他の学校の生徒とは異質な心構え《ディスポジシオン》のシステムを授けられた個人が集まるのであるが、そのような選別の実践的オペレーションを通して、学校システムは、客体化された選別計算機として機能する。学校システムは、志願してくる個人を、一定数の決定基準項の観点にしたがって可能なかぎり均質的な集合体《クラス》に配分し、それぞれの集合体《クラス》は可能なかぎり互いに異なるようにするのである。学校システムが、可能なかぎり均質な集合体《クラス》を設け、各集合体《クラス》間の乖離が最大になるようにすればするほど、いつの時点においても、社会構造を構成している乖離の諸要素全体を再生産し、それを正当化することに寄与するのである。

以上が、高等教育機関が産出することに貢献している効果の主なものである。それによって、生徒集団の内部に二つの大きな切断がなされる。第一の切断は、有名校と群小専門学校《プティットゼコール》の生徒たちの間になされる。第二の切断は、社会的にその卓越性が保証された「エリート」に制度的に組み入れられているという共通性をもつ有名校の生徒、様々なグランドゼコールの生徒間の切断である。この切断によって産出され、聖別化されるものが、ライヴァル関係にあると共に、相互補完関係にもある社会的アイデンティティなのであり、同時に、権力〈界〉内部において相互に対立するライヴァル関係にもかかわらず、真の有機的連帯によって団結する職団（高級官吏職団《グランコール》）なのである。

大きな門《グランドポルト》と小さな門《プティットポルト》

競争者たちの能力は連続的に分布されているものであるが、選別オペレーションの中で公的に採点される。高等教育機関の〈界〉は、競争者たちの間に、判然とした、固定的で決定的な不連続性を制度的に設けようとするのである。そのような公的な性格をもった命名行為は制度的儀式であり、現代社会においては、かつての命名儀式（洗礼、割礼その他）とよく類似した機能を果たしている。かつての命名儀式は、性的なアイデンティティや家系のアイデンティティを付与していた。学校システムは秘儀伝授の過程と呼ぶしかない過程によって独占的な証書を授与するのであるが、そのような公的命名行為は、差異としての社会的アイデンティティ、あの、社会的に制度化された一種の「本質」に参入しているメンバーを、帰属と排除の二項対立的論理に基づいて一つにするグループの境界を定め、任命するのである。社会的アイデンティティは、言い習わされた名前〔よく好んで言われるように〕ノルマリアン〔高等師範学校生〕とか、ポリテクニシアン〔理工科学校卒業生〕など）によって作り出されると共に名指されてもいる通りである。多種多様な学校への入学許可によってなされる聖別行為は、選ばれた者を個人的来歴がもつ不確実さや偶然からこのようにして引き離すのである。というのも、後の出世の全てを決定してしまうとまでは言わなくても、学校秩序の点から決定されている階級のそれぞれに対して、想定しうる経歴の種類、すなわち、入学時以降のどの時点に立っても一定の可能性としてしか決定できない将来性としての経歴の一全体を境界づける権能を、経歴の出発点において各人に付与するからである。(10) 卒業証書は、国家の保証に裏付けられた命名行為であり、その栄誉を受けた者たちに、この場合、一つの社会的運命を与える。この社会的に保証された公的な予言のもつ効果を支える原理の一つは、その恩恵を受ける人々に対してなされる自動的な自己確認の効果にある。

高等教育機関の〈界〉における差異化原理を明らかにするために、第一段階においては相互に補完的な二つの調査分析がなされた。一つは、単一のデータによって特徴づけられる高等教育機関全体にかかわるもので、もう一つは、生徒の社会的性格や学業的性格についての全体的情報によって特徴づけられる少数のグランドゼコールにかかわるものである。前者の調査においては、八四の学校について、比較考量できる項目について入手できる単一のデータ、すなわち社会的出自のカテゴリーによって全校が特徴づけられるようにした（周知のように社会的出自のカテゴリーは他の多くの指標に密接に関連している）。ただし、補助的に例証してくれる説明変数として両親の居住地と生徒の性別を付け加えた。

このようなレベルにおいて研究を進める選択をすることは、あらゆる関与属性の比較を実際に可能にする指標群の入手に伴う困難がもたらす様々な限定の中に自ら追い込むことだった。とりあげた関与属性の指標は、学力レベルと成績（中等教育で通った学校のタイプ、大学入学資格《バカロレア》試験の部門、大学入学資格《バカロレア》取得年齢、大学入学資格《バカロレア》成績、全国リセ学力コンクール参加の有無）、生徒の社会的レベル（両親および祖父母の職業、出身地方）、学校の学力レベルの指標（教員集団のレベル、入学時に必要な学歴、入学試験勉強に必要な時間と形態、卒業に必要な年限など）、学校の社会的レベルの指標（創立年、社会的評判、学生募集が地方レベルなのか全国レベルなのか——全国規模の試験が実施されるのかどうか——、普通教育なのか職業教育なのか、卒業証書の社会的価値、民間校——ミッション系か否か——なのか公立校なのか）である。取り上げた八四校全体を評価できる学校成績の指標はどうしても欲しかった。というのも、パリ国立高等鉱業学校や理工科学校《ポリテクニク》のように社会的にも学力的にも高い学校を、電気機械工学専門学校や高等商業企業経営学校〔ＥＳＣＡＥ〕のように社会的には高いが学力的にはむしろ低い学校から区別するにあたっての唯一の指標になるだろうからである。ところが、国民教育省の統計資料は、父親の職業、両親の居住する県、生徒の男女別、各学年の成績、入学試験による選抜を行う学校の場合は、入学準備クラスの置かれたリセ名を示してくれるが、中等教育で在籍した学校や大学入学資格試験《バカロレア》の成績についての情報はいっさい含まれていない。

この最初の調査において用いられたデータは、統計資料サービス・センターと、国民教育省資料（国立古文書館所蔵資料、書類番号、F17 bis）を参照することによって得られた。二〇〇以上の高等教育機関について一九六三年から一九七一年の期間について入手しうる統計資料を調べた上で、十分なデータがあるので調査対象として取り上げうる学校を決定した。インターンやパリの司法学院のように決定的な意味のある学校の幾つかについては古文書館に信頼できるデータが不在だったので、それを補うために、学校から所蔵資料に直接あたる許可を得て、そこからデータを作成した。

実のところ、権力〈界〉の多種多様な領域に対応している高等教育機関の〈界〉の多種多様な領域において関与的な位置《ポジシオン》の一つを占める学校を少なくとも一校取り上げることにした。権力〈界〉の多種多様な領域としては、芸術と建築、教育と研究、高級官僚、司法、医学、産業の経営陣（そしてまた、一般管理職や技師）、流通関係の経営陣、軍隊などがある。取り上げた八四の学校の中で、一〇校は二つのポイントから選ばれている――一つ目のポイントは主要変数の視点から、もう一つのポイントは補助変数の視点から――。これは、我々が入手した二つの資料（一つは我々の調査によるもので、もう一つは官庁の資料によるもの）に対応している。これらの資料は不十分なものであったが、様々な観点から（情報の質が比較的よかった。また見本が多かれ少なかれ代表的であった）比較対照するだけの意味があった。実際は、図表から見て取れるように、大抵の場合、二つのポイントの開きは僅かである。補足変数としてあつかわれているのは、我々の調査によるものにしろ、官庁の調査によるものにしろ、信頼に足るデータがない学校である（父親の職業に関する回答率がきわめて低い場合。調査においては分離されている二つのカテゴリーが一方にまとめられている場合）。たとえば、航空学校、海軍学校、技術教育高等師範学校《エコール・ノルマル・シュペリウール》、国立高等音楽院《コンセルヴァトワール・ド・ミュジーク》、国立税関学校、国立司法学校、司法学院の場合である。(11)

第一ファクターが明確に描き出しているのは（**図5と6**）、大きな門《グランドポルト》と小さな門《プティットポルト》との対比である。全体の慣性は三一・四％にあたる。* 大きな門とは、最も著名なグランドゼコール（国立行政学院《エナ》、高等商業学校《アッシュ・ウ・セー》、高等師範学校《エコール・ノルマル・シュペリウール》ユルム校、理工科学校《ポリテクニク》など）のような、支配階級出身生徒を多数迎え入れている（国立行政学院《エナ》、パリ政治学院《シアンス・ポ》〔ＩＥＰ〕、高等商業学校《アッシュ・ウ・セー》では六〇％以上を占める）学校であり、小さな門とは、文系や理系の学部、工業技術短期大学〔ＩＵＴ〕、群小専門学校《プティットゼコール》、工芸学校、国立高等郵便電信電話学校ＰＴＴのように、比較的少数の支配階級出身生徒しか受け入れていない（文系理系の学部、ＩＵＴ、工芸学校の三五％以下を占めている）学校である。(12) 一方の側（右側）には、最も栄光に満ちた国立の重要機関が並んでいる。しかし、特定の専門分野に限定されていない、多領域をカバーする学校である。というのも、産業にしろ、商業にしろ、官庁にしろ、研究にしろ、もっとも高貴な経歴を準備し、また、後に他の部門に移行すること（天下り）を容易にしてくれる学校だからである。他方の側（左側）には、実務的な役職、職工の位置《ポジシオン》、一般管理職、中等教育、あるいは、よくても狭い専門性に限定され、他の部門への移行や役職の変更を許してくれない「小エンジニア」への道を準備してくれる学校がある。ヒエラルキーの下に行くほど学校は一層専門化する。理工科学校《ポリテクニク》やパリ国立高等鉱業学校から高等電気学校〔ＳＵＰＥＬＥＣ〕や、国立高等電気通信学校（テレコム）、リヨン中央工芸学校（図表の中央部）へと移行していき、次に、グルノーブル理工科学校《ポリテクニク》、リール国立高等化学学校〔ＥＮＳＩ〕（図表の中央左）が続き、更にリヨンのフランス製革学校、ルーべの国立織物工業学校（最左端）がくる。(13)

＊各個体の重心$\underline{g}$からの距離を二乗したものを加重した値。$Ig = \sum_{i}^{n} \frac{1}{n} d^2(e_i, \underline{g})$と表わされる。全個体が形成する雲の分散度が測定できる。

このようなわけで、様々な学校機関の生徒の家庭の職業に対応する点の分布構造が、社会空間内のこれらの職業の分布構造に似通っている事実が示しているように、生徒の社会的出自に従った学校機関のヒエラルキーは、社会的ヒエラルキーに十分に厳密に対応している。このことは、学校機関の選別のように、社会的位置《ポジシオン》から自立・独立した基準を掲げる選別に限界がある傾向を示している。ただし、学業成績が考慮に入れられていないので、このヒエラルキーは、入学試験にまつわる「難関度」によって測られる学力本来の水準よりは、就職する上での卒業証書の価値により密接に結びついている。このため、パリ政治学院《シアンス・ポ》や高等商業学校《アッシュ・ウ・セー》のような学校が、ユルム校や理工科学校《ポリテクニク》よりも上位にきている。しかし、学力自体のヒエラルキーの中では後者の方が上なのである。同じ理由から、学力による選別が厳しくなく、自律性も劣る避難所的な学校（高等電子工学学校、電気機械工学専門学校）が、ユルム校やセーヴル校のような学力自体の面からは最高水準の学校に接近することになる。

この基幹的な対立は、権力〈界〉の主要な部門に対応する大学〈界〉の下位空間のそれぞれにも再び見出される。教育と研究関係の学校全体の中での対立は、ユルム校とセーヴル校を一方の側におき、著しく専門

図5　高等教育機関の空間

（主要変数）

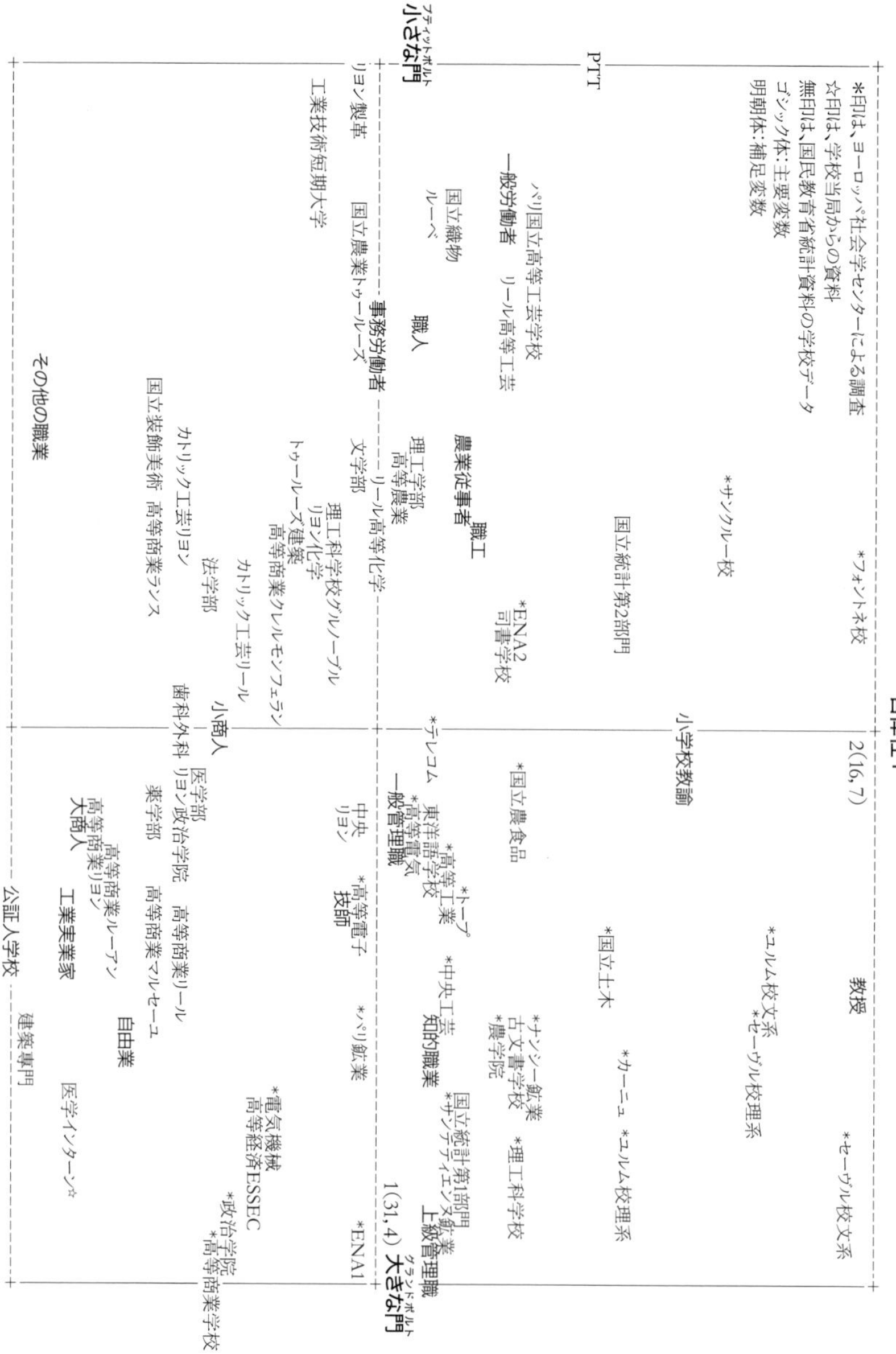

図6　就学者家庭の社会的特徴

（主要変数と補足変数）

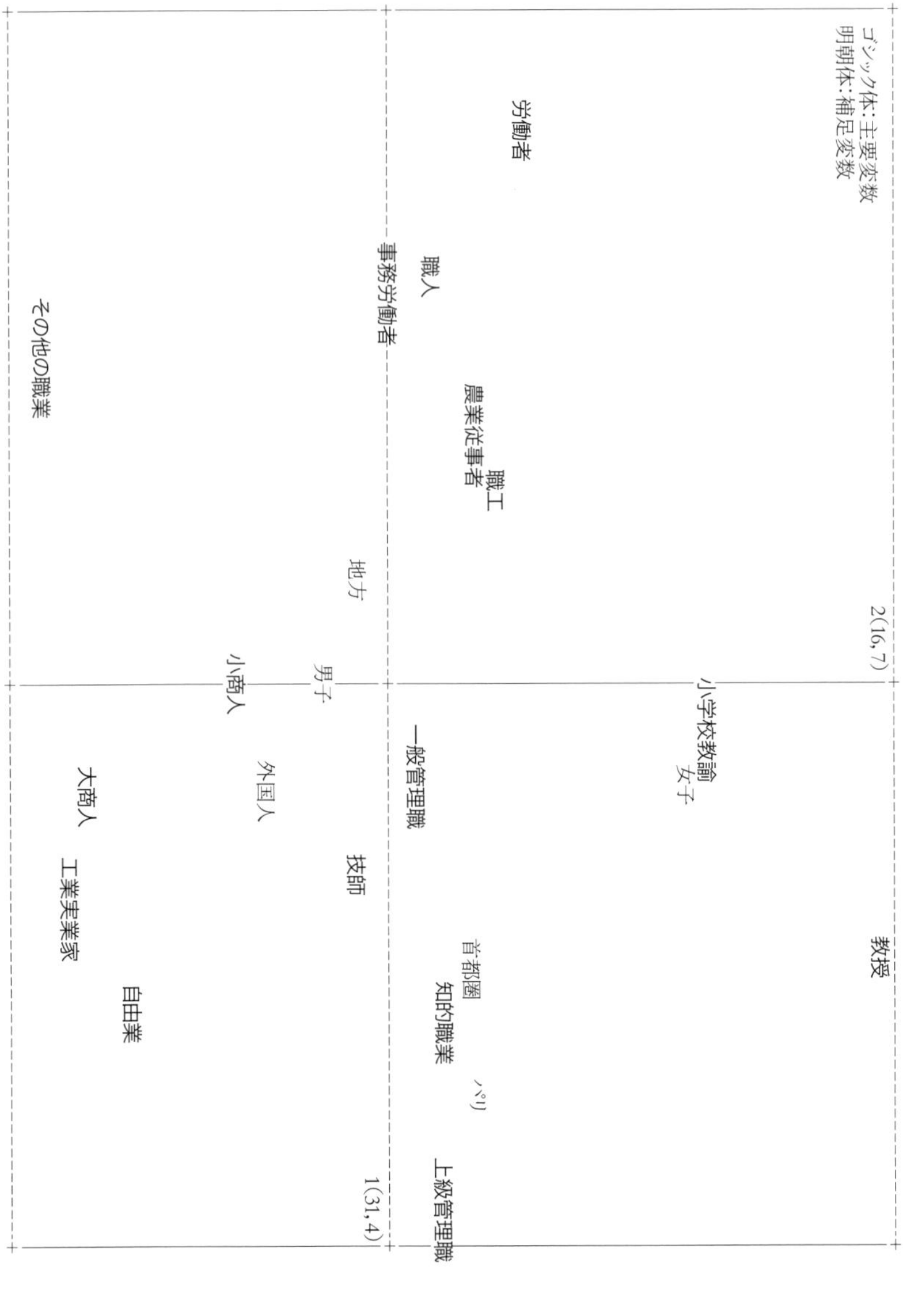

的でテクニカルな師範学校、技術教育師範学校を他方の側におく。フォントネ校とサンクルー校は両者の中間に位置するが、どちらかといえば、技術教育師範学校により近い。(14) 行政関係の学校の分野では、国立行政学院《エナ》やパリ政治学院《シアンス・ポ》と、位置《ポジシオン》のもっとも低い官庁や官吏職団への就職に向いた国立税関学校や国立高等郵便電信電話学校PTTのような学校や、中産階級の給与所得階級を出自とする地方出身者を多く数える地方校（ボルドーやグルノーブル政治学院）との間に対立がある。あるいは、一層意味深いのだが、同じグランドゼコールの入学経路が二つあり、その間に対立が見られる。すなわち、学生向けの入学試験によって入ってくる若年の生徒（国立行政学院《エナ》、第一部門入学試験の生徒〔ENA1〕。国立統計経済行政学院第一部門〔ENSAE1〕）と、官吏向けの内部推薦によって入学する生徒（国立行政学院《エナ》、第二部門入学試験の官吏〔ENA2〕。国立統計経済行政学院第二部門〔ENSAE2〕）との間の対立である。(15) 商学や経営学の学校の下位空間においては、二つの名門、高等商業学校《アッシュ・ウ・セー》とパリ高等経済商業学校《エセック》〔ESSEC〕が、様々な高等商業企業経営学校〔ESCAE〕に対立する。理工系の学校圏域《ユニヴェール》においては、超有名校であり、最高のキャリアに導く理工科学校《ポリテクニク》、パリ国立高等鉱業学校、国立土木学校《ポンゼショセ》他が、最も専門化し、かつまた地方色が極めて強い学校、ともすれば斜陽化や位置《ポジシオン》の低下がみられる部門や職種に直接つながっている国立織物工業学校、リヨンのフランス製革学校、あるいは、もう少し上位にあるが、種々の工芸学校や工業化学学校に対立している。(16) 海軍士官を養成する、一八三〇年に創立された海軍学校と、一九三七年創立の航空学校との間にも対立がある。後者は、著しく技術的で、専門化し、特定の職業や職業訓練に直接的に対応している学校群が占めている極に隣接している。そのため、庶民階級や中産階級出身の生徒に広く門戸が開かれている。(17)

このような主要な対立の社会的な意味をさらに十全に引き出す前に、副次的な研究においてそれがどのような形態の下に現れるかを検討しておく必要がある。この研究は、より数の限定された学校機関についてなされたもので、直接的な調査によって得られた、特に学力成績を中心にした一三の調査項目全体によって性格づけられている。

実際、取り上げた二一校のグランドゼコールのそれぞれについて、生徒の学歴資本指標（第六学級と第一学級における通学校、第一学級において選択したコース、大学入学資格試験《バカロレア》で得た成績）、および、出身家庭の文化資本と社会的資本の指標（父親と母親、祖父母の職業、父親と母親の学歴、兄弟の数、高等教育を受けた家族の人数、第六学級における両親の居住地）を用いた。したがって、学校機関における差異化の二つの主要な原理、生徒の学業成績と社会的出自を共に考察できた。

調査（その分析はモニック・ド・サンマルタンが受け持った）は、一九六五年から一九六六年にかけて、また、一九六八年から一九六九年にかけてなされた。対象になった施設は、権力〈界〉の主要な領域に対応する学校として、一五校が主要な変数として取り上げられた。教育・研究の領域（高等師範学校《エコール・ノルマル・シュペリウール》ユルム校、サンクルー校、フォントネ校）、官庁の高級官僚の領域（国立行政学院《エナ》の第一部門入学試験と第二部門入学試験、パリ政治学院《シアンス・ポ》）、工業関係企業の経営者、管理職と技師（理工科学校《ポリテクニク》、中央工芸学校、パリ、ナンシー、サンテティエンヌの国立高等鉱業学校（MINES））、国立農学院、国立高等農食品産業学校（ENSIA））、経営と商業関係企業経営者（高等商業学校《アッシュ・ウ・セー》）、あるいは農業関係企業（国立農学院）である（軍人養成学校や芸術系学校の調査はできなかった）。分析において技術系の学校が過度の比重を占めないように、そのうちの六校については、補助変数に配置した

（国立土木学校《ポンゼショセ》、高等電気学校〔SUPELEC〕、国立高等電気通信学校テレコム、パリの高等工業物理化学学校〔EPCI〕、高等電子工学学校〔BREGUET〕、電気機械工学専門学校）。

前述した分析において、第一ファクター（全体の慣性三四・三%を占める）によれば、パリ政治学院《シアンス・ポ》、高等商業学校《アッシュ・ウ・セー》、国立行政学院《エナ》外部試験部門〔学生対象〕のようにブルジョアジー出身の生徒が最も高い比重を占める学校と対立的位置《ポジシオン》にあるのが、社会的出身階層の比較的低い学校、サンクルー校、フォントネ校、国立行政学院《エナ》内部試験部門〔公務員対象〕である。技術系学校は、その大部分が中央部に近く、中間的な位置《ポジシオン》を占めているが、超名門の理工科学校《ポリテクニク》やパリ国立高等鉱業学校は支配者の極により近いところにある（**図7**参照）。空間の一方の端にいる生徒は、むしろ、自由業か商業関係の経営者の子息で、第六学級入学時点ですでにパリに居住し、父方と母方の祖父がすでにして上級管理職か自由業についており、母親も上級管理職か自由業、あるいは教職についている（そしてまた、しばしば兄弟の数が多い）。その対極には、特定の分野の労働者、一般事務員、職人の子どもがいる。第六学級入学時に小さな自治体に居住しており、父方と母方の祖父が労働者か農業従事者であり、母親は単能工である（一人息子か少数家族の子どもであることが多い）。第一の要素から見えてくるのは、生徒が継承している文化資本によって学校が異なることである。父親が少なくとも三年以上の高等教育を受けなければ得られない卒業証書、すなわち、一級教員資格《アグレガシオン》かグランドゼコールの卒業証書をもち、母親も同じような学歴をもち、親族（兄弟、叔父、叔母、従兄弟）に高等教育を受けたことのある者（少なくとも、五人以上）を比較的高い比重で擁している学校がある一方、父母が小学校しか出ていないし、家族の中で高等教育を初めて受ける生徒の割合が無視できないほどいる学校があ

図7　学校空間(21校)

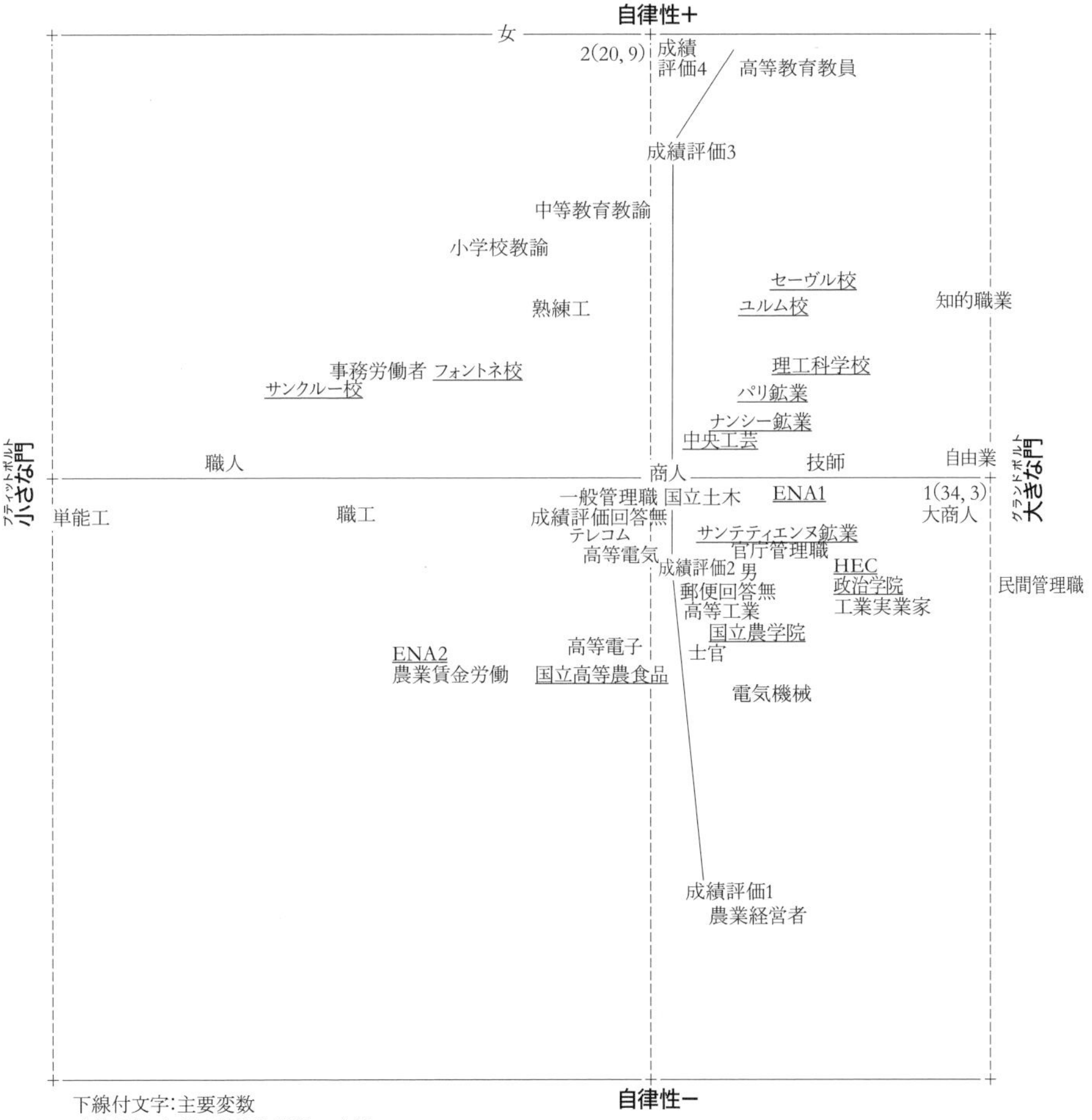

下線付文字：主要変数

成績評価：大学入試資格試験の成績

る。

　家族の社会的文化的水準に応じたこのような差異は、長い教育課程の中で、教育内容の違いとなって現れる。パリのブルジョアジー出身で、しっかりした文化資本を授けられ、パリ政治学院《シアンス・ポ》か高等商業学校《アッシュ・ウ・セー》か国立行政学院《エナ》に入学した生徒は、多くの場合、私立校に在籍しており、第一学級の時に、教育水準が最も高いとされるが、文系の学習も理系の学習も組み込まれていない部門に席をおいている。中産階級か庶民階級出身で、ときとして脆弱な文化資本を授かり、サンクルー校かフォントネ校かに入学した生徒は、大抵、普通教育コレージュ〔CEG〕の現代科（ラテン語がない）かあまりレベルの高くない古典科（たとえば、教育内容が文学に限定されているB部門）に在籍している。

　このようなわけで、高等教育機関の〈界〉が選別機能を果たすのは、生徒をそれ自体ランク付けされている学校機関への進路を方向づけるからである。だからこそ、その機能の主要な効果は〈界〉全体の中でしか把捉しえないのである。大きな門《グランドポルト》と小さな門《プティットポルト》との間の対立は、教育機関の客体的空間の中に内在しているのである（社会の再生産活動の社会的分業構造自体の中にといってもよい）。それはまた、学校の勉強や、学習活動、知的活動それ自体の表象の中に内在している。分野が特定されていない専門家である理工科学校《ポリテクニク》生と、実務と執行の役目を負う単なるテクニシャンを分け隔てる障壁、「上級管理職」と「一般管理職」とを分け隔てる障壁は、真の意味での文化的境界であり、レベルは異なるものの、六〇年代までの中等教育——そしてラテン語——を受けた者たちと、「小学校卒」と呼ばれ、欠如を否定的に定義された者たちとを分け隔てていた境界に類似しているのである（「高等小学校」卒や、中等教育の「現代科」コースを修了した生徒のように）。

象徴的聖別は確実に現実効果を発揮する。その理由は様々にあるが、その一つは、象徴的聖別によって差別化される者たちはそもそもあらかじめ差別化されているからである。そして、すでに見たように、象徴的聖別が課す卓越した実践によって差異が絶え間なく拡大するからである。とりわけ、（ノブレス・オブリージュの論理に従って）選ばれた者たちに膨大な自己努力をさせるためである。学校制度は、男女間の社会的差別化を生み出す過程に極似したプロセスによって社会的差異を産出する。そのような社会的差異は内部に組み込まれており、それゆえに中立化してもいる。学校制度は、既存の社会的差異に依拠して社会的差異を産出し、既存の社会的差異に裏打ちをあたえるのである。選ばれた者たちは、公的な認知によって十全に自己実現を果たし、客観的に計測可能であり、たえず実践の客観性の中で点検できる心構え《ディスポジシオン》のうちに持続的に自己を書き込むことができる。文化的貴族は、出発点から、そして生涯にわたって高次の本質を備えているとの信用を付与されているのであり、指導的位置《ポジシオン》と権威ある仕事と言われる仕事に就くべくスピード出世するように定められている。権威ある仕事なるものは、（少なくとも外見上）技術的な面からのみ測られることは決してなく、「視野の広さ」、高度な思想、総合《サンテーズ》的見地に立つ能力、ようするに、分かちがたく知的でもあり精神的でもあるような美徳の全てを求められる。そのような美徳を、様々な〈界〉の指導的位置《ポジシオン》を占める者たちは身につけるのであり、相互選出《コオプタシオン》の際に、新参者に対して要求するのである。

さて、平民の方はといえば、象徴的な付加価値とは無縁の仕事に直接仕向けられる。彼らに仕事があてがわれるにあたっては、彼らの能力が特定の専門に限定されており、どこまでも技術的なものであるという性質にしたがってなされるのである。彼らは際限もなく自己証明をしなければならない。その出世はのろく、あらかじめ限定されており、実際にかかっただけの時間と実際に実現した仕事によって支払わなければならない。「責任ある仕事を実質的に任される」ことはあっても、それはあくまで例外的な重用であり、選良と彼を隔てる障壁は、コンマ以下にどこまで九が続いても決して一にならないように越えがたいのである。彼らが身につけうる美徳は、そのため、支配者の美徳のパッとしない裏側でしかなく、誠実さ、緻密さ、正確さ、能率になるのである。

このようにして、大きな門《グランドポルト》と小さな門《プティットポルト》との対立によって高等教育機関の〈界〉が組織されるわけだが、そのような組織の中で、現実においても、人々の脳の中においても、社会秩序の主要な対立関係の一つが再生産される。この対立関係は、上級管理職と一般管理職とを分け隔て、立案《コンセプシオン》に携わる行為者（指令、計画、プログラム、説明、周知）と実務《エグゼキュシオン》に携わる行為者とを分け隔てるとともに、より高次の分業レベルでは、肉体労働と非肉体労働との、理論と実践との根本的な対立に対応している。その中で、学力として聖別する「能力《アプティチュード》」や「精神《エスプリ》」の差異という形式の下に、出身家庭やあるいは学校そのものの中において社会的に陶冶される差異が記録され、そのようにして変容した差異はあたかも生まれつきの差異（「天賦の才」）であるかのように見られる傾向があるのだが、そのような組織編成によって、社会秩序全体への異議申し立ての格好の標的となる、腫れ物のような境界線の一つが形成され、正統化される。

ここにおいて作動している論理は、その原理においては、アンシャン・レジームの身分を律していた論理と異なるものではない。この論理は、法的に裏付けられた象徴的承認によって、本質的差異を制度化しようとするものであり、それは生まれによる貴族が制度化している差異に類似しており、翻すことのできない差異として、実績から（相対的に）独立した差異として制度化されるのである。立案《コンセプシオン》を任された管理職階級と実務《エグゼキュシオン》ないし実務の組織化を任された管理職階級との分離という個別の例を取り上げるならば、自惚れと卓越性との間に生じかねない弁証法にブレーキをかけ、阻止しようとする、きわめて具体的な論理である。それによって、社会空間の中間的な位置《ポジシオン》を占めるように定められている者たちの自惚れ、支配者的位置《ポジシオン》の占有者と被支配者的位置《ポジシオン》にある者たちとの間で媒介的役割を果たすように仕向けられている者たちの自惚れに対して、決定的で、越えることのできない限度を設定するのである。

　このことは、文化の領域では歴然としている。制度的儀式が課する象徴的切断をあいまいさなしに認定することは難しく、それが認知されるにあたって底意や心的留保を伴わずにはおかないからである。文化の領域では、いつでも、実績の「水準」について決定的な差異を計測し、マークをつけることは難しいということの他に、未来の教師である生徒を――たとえば、初等教育教員と中等教育教員に――篩い分けるときには、その困難が倍加するということがある。というのも、教育するにあたって必要とされる教養の内容自体について議論が分かれるだけでなく、教養に与えるべき優先順位や教授の方法についても議論が不可避だからである。そして、様々に異なる高等師範学校《エコール・ノルマル・シュペリウール》の生徒についての調査によって記録された対立は、一方にユルム校とセーヴル校を、他方にサンクルー校とフォントネ校とを配するが、理系のグランドゼコールの間に観察されるヒエラルキーの数々とは異なって、本質的に野心の高低によって規定されている。ある者は最も栄光に満ちたコンクールのリスクに立ち向かうのに対して、他の者は、格は落ちるが確実なコンクールに向かうのである[18]。このような対立は、行政的な、そしてまた教育学的な発想の長期にわたる積み重ねの中に位置しており、その結果として、教育の二つの身分（小学校教育ないし高等小学校教育と中等教育）、あるいは二つの学歴（初等教育免状と大学入学資格）とのあいだに絶対的な切断、身分の違いを設けるのである。下位のヒエラルキーの最上位は、上位のヒエラルキーの最下位と較べて絶対的に劣るのである[19]。

グランドゼコールの空間――交差配列的構造

相異なる高等教育機関群は第二の次元において分布しているが、その分布の記述は、可知的な関係によって相互に結ばれている原理に従った対応関係（二番目の分析は、一番目の分析よりもはるかに継承資本と学力成績との詳細な指標を考慮に入れている）を分析することによってなされる。一つは、自律の水準の分析である。すなわち、学校がどの程度に、技術的であるとともに倫理的でもある厳密な意味での学力選別基準、したがって経済権力の保持者によって最も直接的に支配されている市場において通用している基準とは異なる学力選別基準を設定しているかを検討する分析である。もう一つは、生徒が保有している学歴資本の規模と、家庭から受け継いだ資本の構造にかかわる分析である。より端的にいえば、第一の次元においては支配者の軸に位置する学校が、共通にグランドゼコールという名称の下に呼ばれ、かなり判然と境界づけられた従属〈界〉を構成しているのだが、その組織のされ方は（それを三番目の分析において個別に見ていくなら）、ある二つの分割原理、すなわち、権力〈界〉の構造に対して相同的な構造に従っている。

一番目の分析は高等教育機関全体を対象とするが、そこにおいて第二のファクター（全体の慣性は一六・七％）によって対立しているのは、主に、経営学、行政学、建築、芸術系の学校、すなわち、多くは私立で、入学金と授業料が比較的高く、成績はそれほど重要視されず、かつまた入学試験勉強にあまり長い期間を必要としない学校と、理工系や農学、教育研究の学校、すなわち、たいてい公立で、学費はあまり高くなく、より長い入学試験勉強の果てにより厳しい学力選別を受けた生徒を受け入れる学校である（相同的な対立が、法学部、医学部、理工学部についてもある)。一方には、選別基準、教授陣、教育内容からいっても、就職先からいっても、産業〈界〉や商業関係の企業と密接なつながりがあり、直接には学力に関係しない要素、性格や態度、口頭表現力、内容や輪郭がはっきりしない「一般教養」が重要視され、業界に関する情報を重んずる学校がある。他方には、本来的な意味での学力を最重要視し、学問的な規律や、技術的知識、該博な知識（古文書学校）、より明確に規定され、より厳格に測定が可能な能力に重点がおかれるので、経済システムの要求から比較的独立している学校がある。それと平行する形で、その再生産のために経済資本に相対的により大きく依存しているカテゴリー、あるいは、経済資本と文化資本のどちらも蓄積しているので、高等教育（自由業）にいつでもより容易に接近できるカテゴリーがあるのに対して、もっぱら学歴資本と文化資本（教授と小学校教員）に依存しているカテゴリーがあるが、これも、第二のファクターによって対立関係におかれているのである。

　二番目の分析は、二番目のファクター（全慣性は二〇・九％）によって対立関係におかれるもので、主に、生徒が所有する学力資本に対応した学校群を対象とする。実際、大学入学資格試験《バカロレア》における成績指標が、このファクターの構成にはるかに大きな貢献をする。第一学級において選択されたコース（A′・ラテン語、ギリシア語、数学。B・ラテン語、言語、あるいは古典、その反対がなんなのかは明確でない）も貢献するとはいえ、その重要度は相対的に低い。一方に位置する学校は、好成績（優、良）で大学入学資格試験に合格した生徒をもっとも多く受け入れる学校である。すなわち、高等師範学校《エコール・ノルマル・シュペリウール》ユルム校、セーヴル校、サンクルー校、フォントネ校、理工科学校《ポリテクニク》、パリ国立高等鉱業学校、中央工芸学校。他方にくるのが、大学入学資格試験の成績が低いか、中程度の生徒を多く受け入れている学校である。すなわち、国立行政学院《エナ》（第一部門と第二部門）、国立農学院、国立高等農食品産業学校、サンテティエンヌ国立高等鉱業学校、パリ政治学院《シアンス・ポ》、高等商業学校《アッシュ・ウ・セー》である。学歴資本に対応したこのような対立は、継承した文化資本、あるいはむしろ、生徒の家庭が所有する資本構造に基づく対立と不可分である。相対的に、経済資本よりも文化資本をより多く所有している家庭を出身とする生徒が高い比重を占める学校が、文化資本よりは経済資本をもつ家庭（たとえば、農業事業者や民間部門の管理職）を出身とする生徒が相対的に多数を占める学校に対立するのである。

　教育と研究のための養成をする学校（高等師範学校《エコール・ノルマル・シュペリウール》）、あるいは研究が無視できない部分を占めている学校（パリ国立高等鉱業学校、理工科学校《ポリテクニク》）は、選別と評価の原理がもっとも自律的であり、根本的に学問的であり、あるいは少なくとももっぱら学力面のみに基づいているのに対して、民間や公共部門における権力的位置《ポジシオン》、あるいは高級官僚や技師の役職に向けた養成をする学校（高等商業学校《アッシュ・ウ・セー》、パリ政治学院《シアンス・ポ》、国立農学院、国立高等農食品産業学校、国立行政学院《エナ》内部試験部門）は、成績への要求はそれほどでもないが、経済〈界〉や行政官庁〈界〉において重視される評価基準を一層大事にする。国立行政学院《エナ》外部試験部門は、この第二の軸からはほぼ真ん中に位置するが、学力の面から自律性が低い学校集合群により近い。

　二つの分析における二つの第一ファクターは、どちらも同一の原理に基づく対立システムを規定している。第一ファクターにおける対立は大きな門《グランドポルト》と小さな門《プティットポルト》との対立であり、第二のファクターにおける対立は、学歴資本の面からみた対立である。しかし、これらの対立における差異については、分析においてあつかわれた母集団と、それを性格づける上で考慮された情報とのあいだの相違によって説明がつくところがある。学歴資本を直接に測定する変数は、第二の分析において介入し、生徒の社会的性格だけから見れば、互いに接近しているようにみえる学校の間に差異を設ける。このようにして、ユルム校、セーヴル校、理工科学校《ポリテクニク》、パリ国立高等鉱業学校は、どちらの見地から見ても、極めて隣接した位置《ポジシオン》を占めている。しかし、国立農学院や国立高等農食品産業学校のような学校は、第一の分析ではこのグループの学校に相対的に接近するが、第二の分析における第二の軸の上で相違があきらかになる。同じように、国立行政学院《エナ》第一部門入学試験は、第一の分析においては、高等商業学校《アッシュ・ウ・セー》やパリ政治学院《シアンス・ポ》にかなり近い位置《ポジシオン》を占めているが、第二の分析においてはこれら二校からはっきりと区別される。また、同じ論理によって、高等電子工学学校や電気機械工学専門学校などのように相対的に高い社会階級を出身としているが、学力水準は相対的に低い学生を集めている避難所的な学校は、第二の軸上では学力的にはもっとも強力で、社会的要求からもっとも自律している学校（特にパリ国立高等鉱業学校）に対立しているが、第一の分析においてはきわめて近い位置《ポジシオン》にある。[20]

本来的な意味でのグランドゼコールの圏域《ユニヴェール》内部においては、前述の二つの分析において二番目のファクターによって示される対立が前面に出てくる。権力〈界〉の様々な部門における支配的位置《ポジシオン》に卒業生を送り出す学校機関の空間は、権力〈界〉の構造とまったく相同的な構造にしたがって組織されている。なぜなら、様々な母集団の差異が顕在化するのは、もはや継承した資本の全体的量によるのではなく、所有している学歴資本量と継承した資本の構造によるのである。

三番目の分析(21)において取り上げた学校は、ユルム校、セーヴル校、理工科学校《ポリテクニク》、パリ国立高等鉱業学校、中央工芸学校、国立行政学院《エナ》（第一部門入学試験）、高等商業学校《アッシュ・ウ・セー》、国立農学院である。また、主要校が代表している位置《ポジシオン》のそれぞれに対応する二流校のいくつかを補足変数としてあつかった。つまり、サンクルー校、フォントネ校、ナンシーおよびサンテティエンヌ国立高等鉱業学校、国立行政学院《エナ》（第二試験部門）、パリ政治学院《シアンス・ポ》、国立高等農食品産業学校である。(22)各生徒の——そして、生徒を通して各学校の——位置《ポジシオン》を決定してくれる情報の全てが斟酌されている。位置《ポジシオン》空間においては、その社会的軌跡の客観的性格（両親の職業と学歴、父方母方の祖父の職業、家族の人数、居住地）、また、その学校歴と学歴資本（通学した学校とコース、大学入学資格試験の成績評価《マンシオン》）であり、思想傾向の空間においては、スポーツや文化的活動をめぐる情報（演劇や映画に行く頻度、読んでいる日刊紙、週刊誌、雑誌）と知的、宗教的、政治的活動や知的表象に関わる情報である。

補足変数として取り上げた属性としては、性別のように、第一のファクターを構成するうえできわめて強力な役割を果たしていると考えられる属性がある。しかし、この属性は、それほど強くはなくても同様に関与的な差異化原理の効果を打ち消してしまうだろう。(23)第一学年において通学した学校や読んでいる日刊紙の数のように、すでに組み込まれている変数と重なる属性もある。同じように、政治的な見解のように、すべての学校について実施することができなかった質問（理工科学校《ポリテクニク》での質問表には入っていない）や、映画クラブに行くかどうかといった質問（それがない学校もある）のように学校によって意味が異なる質問に基づく情報も補足変数としてあつかった。

この三番目の分析においては、グランドゼコールの圏域《ユニヴェール》だけがあつかわれているが、その第一のファクターは、全体の慣性が三七・三%になり、平行する二つの対立を描き出してくれる。一方の側には、ユルム校、セーヴル校、パリ国立高等鉱業学校のような学校がある。経済資本よりは文化資本が豊かな家庭の出身生徒（彼らは、教授や知的職業就労者の子息であることが多い。父母が一級教員資格《アグレジェ》教員であったり、祖父が小学校教員だったりする）で、大きな学歴資本（エリートコースを通った好成績者が多い）を授かっている生徒を受け入れている学校である。他方には、高等商業学校《アッシュ・ウ・セー》、国立農学院、中央工芸学校、国立行政学院《エナ》のように、学力的には選別度がそれほど高くないが、文化資本よりは経済資本の豊かな家庭の出身者（農業事業者、産業〈界〉や商業関係の経営者、民間の上級管理職者の子息）を受け入れている学校がある。理工科学校《ポリテクニク》は、二つの軸の交差点、図の中央に位置する。

国立農学院の位置《ポジシオン》は、本質的に、知性の極にある学校から遠ざかる特性を顕著にもっているところに理由が求められる。すなわち、社会的な出自（文化資本を相対的に持たない農業事業者の割合が国立農学院では最も高く、ユルム校で最も低い）も、生徒の学校歴、かれらの文化的活動、知的、宗教的、政治的思想傾向の面も、対極的な特性をもっている。熟練工の子息が占めている位置《ポジシオン》は次の事実から説明される。グランドゼコールへの入学試験における選別度は特別に高く、農業従事者や労働者、位置《ポジシオン》の低い一般事務員の子息にとって入学できる可能性はきわめて低い。まさにそのために、これまでの研究でもすでに観察されたように、傾斜選別の効果がここにおいてもっとも高くなるのである。これらの社会カテゴリー出身の生徒は僅かであり、「奇跡的な子」なのである。もともと入学する可能性が極端に低いので、奇跡や偶然によって授かった生徒というわけである。付言しておけば、これらの九死に一生をえた生徒は、出身社会カテゴリーとの共通性格をほとんど持たない。たとえば、労働者の子息は、労働者階級の中で一番学歴が高く、位置《ポジシオン》が最上位のクラスに属している。かつ母親がしばしば中産階級に所属しており、父親よりも学歴が高い特徴をもつ。そのようなわけで、理工科学校《ポリテクニク》の場合、父親が職工長の生徒のうちの二人は母親が小学校教員であり、一人は産婆であり、数人については、母親は職業をもっていないが高学歴である。

ここに見られる交差配列的構造は、権力〈界〉の分析において観察されたそれと相同的である[24]。二つの極をもち、逆転した構造を示す「活動的な人間」と、高級官僚の子息のように、中央に位置して、経済資本と文化資本をほぼ同量付与された社会カテゴリーがある。

学校から学校への流れや、多種多様な市場における卒業生の学歴に与えられる価値のような客観的な指標に基づいて作成できる学校群の対社会的・実社会的《タンポレル》ヒエラルキーは、大学入学資格《バカロレア》試験の成績や全国リセ学力コンクールへの推薦参加のような学歴資本の指標から決定される本来的に学業上の、そしてまた知的なヒエラルキーとは、ほぼ正確に逆転している。学校卒業後の初任給は、ユルム校から、国立行政学院《エナ》を通って理工科学校《ポリテクニク》や高等商業学校《アッシュ・ウ・セー》へと移行するにつれて増加するようである。すなわち、大学の〈界〉から官庁上層部の〈界〉や経済〈界〉へと移行するにつれて漸増する。そこでは、社会関係資本が大学〈界〉から遠ざかるにしたがって次第に大きな役割を果たす（しかし、大学〈界〉の役割が無視できないことはいうまでもない）。とはいえ、各〈界〉の内部においては、学力によるヒエラルキーが維持される傾向にあることに変わりはない。たとえば、高等商業学校《アッシュ・ウ・セー》卒業生はパリ高等経済商業学校《エセック》卒業生よりも給料の水準が高い[25]。ただし、例外がいくつかある——モデルの論理によって納得できるものではある——。少なくも部分的には避難所として機能している学校の場合である。たとえば、中央工芸学校は、理工科学校《ポリテクニク》よりも経営者集団に密接につながりがあるので、——その創設以来——学力の点では劣っていても、経営者の世界からの出身の者が多い。したがって、とりわけ社会関係資本のおかげで、学歴から有利な点を引き出す上でより有利な位置《ポジシオン》を占めているのである[26]。あらゆる指標から言えそうなことは、学歴差による収入の乖離が年齢が上になるほど開くことである。というのも、とりわけ群小専門学校《プティットゼコール》（商業系、その他）の卒業免状の持ち主は、四〇歳くらいの時に収入の上限に到達する[27]。それはともかく、卒業証書の学校的価値と社会的価値との関係は、いずれかの〈界〉において乱れることがある。市場的価値が市場の変動のために突然変わることがあるからである[28]（たとえば、国立統計経済行政学校〔ＥＮＳＡＥ〕卒業者の場合である。近年、銀行関係の就職者が増大している）。

社会的位置《ポジシオン》（そして経歴）の構造には、思想傾向、とりわけ、文化、政治、スポーツにかかわる傾向の構造が対応している。知識人階級の極では、スポーツをする者はきわめて少なく、コンサートや観劇に行く頻度が最も高く、知的な雑誌や、左翼系や極左系の新聞（『ユマニテ』紙）を読む傾向が最も強くなり、マルクス主義への共感を公言する者が多い。実社会《タンポレル》の支配階級の極では、コンサートや観劇に行く頻度は低下し、スポーツを実践する者が多くなる。また『エクスプレス』誌や『フィガロ』紙の講読層が厚くなり、カトリック教会に定期的あるいは不定期に行く者が増える。補足変数が示す傾向も、以上の対立を再認させてくれる。知識人の極では、左翼や極左を標榜することが多くなり、組合運動に活動家として参加する者が多くなる。その対極では、組合運動への無関心がより広く見られ、右翼的立場が多かれ少なかれ目立つようになる。

第二のファクターは、慣性が二二・四%を示すが、技術集団と行政集団との間に形成される対立（これは、前述の分析では、第三ファクターにおいて現れる対立であった）にほぼあたる対立を描き出している。一方には、行政的な権力〈界〉、あるいは政治的、ときには経済権力〈界〉において支配者的な位置《ポジシオン》を与えられている者たち、たいていはパリのブルジョアジー出身（民間の管理職や自由業の子息であるか、上級管理職の孫であり、母親も上級管理職の役職に就いている傾向が強い）で、多くは上品な私立校で、文系の比重が高い中等教育を受けている者がいる。他方には、技術系管理職、どちらかといえばエリートの技師や研究者を目指していて、理系の教育を受け、多くが社会的上昇傾向にある家庭の出身である（小学校教員や職工の子息、単能工や農業従事者の孫が多い）者たちがいる。この関係の下では、国立行政学院《エナ》（第一部門入学試験）がプラスの位置《ポジシオン》におかれ、中央工芸学校、国立農学院、パリ国立高等鉱業学校に対立する。同様の意味で、説明変数から見ると、パリ政治学院《シアンス・ポ》と国立行政学院《エナ》（第二部門入学試験）が、国立高等農食品産業学校、ナンシーやサンテティエンヌ国立高等鉱業学校、そしてサンクルー校、フォントネ校に対立する。『ル・モンド』紙は、政治の世界、あるいは高級官僚の役職に実際にかかわっているか、あるいは将来かかわるであろうことを示す指標だが、その『ル・モンド』紙を読んでいるかどうかによって、きわめて明確に二つのグループが分かれる。副次的に、『エクスプレス』誌や『ヌーヴェル・オプセルヴァトゥール』誌も二つのグループの指標になる。政治や政治的なものに対する態度にみられるこの差異は、さまざまな説明変数によっても明示される。国立農学院、パリ国立高等鉱業学校、あるいは中央工芸学校の生徒は、むしろ自らを中道と見なし（それぞれ一八%、二三%、二七・五%）、それ以上のことを語らずに、距離を置くか、無関心な態度を示す。それに対して、国立行政学院《エナ》の生徒は、政党に入党する者もより多く、政治的な位置《ポジシオン》に対して敏感な態度を示しつつ、自らを中道左派か中道右派（それぞれ、二五%、二二%）と見なす者が圧倒的に目立ち、それはあたかも、その中立的なステータスが許す自由の、限定されてはいるがそれなりの余地を最大限活用しようとするためであるかのようでもあるが、左翼を表明する者（二八・五%）もいるのに対して、極左や右翼ははるかに少数である。政治的なテクノクラートと技術系の技師との間のこの対立をこのうえなく証言してくれる言葉がある。次は技術系技師の言葉だが、幾分醒めた態度がうかがわれる。「私たちのような理系の学校の卒業生は、一人一人が学校によって違います。理工科学校生《ポリテクニク》、中央工芸生、高等鉱業生、農学院生、それぞれが学校特有の個性をもっています。しかしまた技師として共通する気質ももち合せています。勤勉で、几帳面で、客観的で、一つの問題のさまざまな側面を計数化し、あらゆる場合を勘案してから解決策を提案します。文学には無関心です。彼らの人柄に似合わないのです。政治にも冷淡で、仕事に集中するために距離をおきます。（……）しかし、ユーモアのセンスがあり、自分たちのことを大袈裟に考えませんし、ジュール・ベルヌ〔フランスの小説家。『海底二万里』など、空想科学小説を書きSF小説の分野を創始した〕の後は、誰も彼らに関心を払ってくれないからといって不服を唱えはしません。もっとも、啓蒙の哲学者の世紀のあとに科学者の世紀が到来し、メディアが技術や科学の進歩を報道し、それがもたらす地殻変動を伝えてはいますが。（……）ところが、彼らが公共の舞台に登場することはめったにありません。閣議のメンバーになることもありませんし、国会議員はほとんどいません。経済関係や社会関係の評議会などに数十名いることは

図８　グランドゼコールの〈界〉――社会的、文化的、学校的属性の空間
（n ＝ 15）

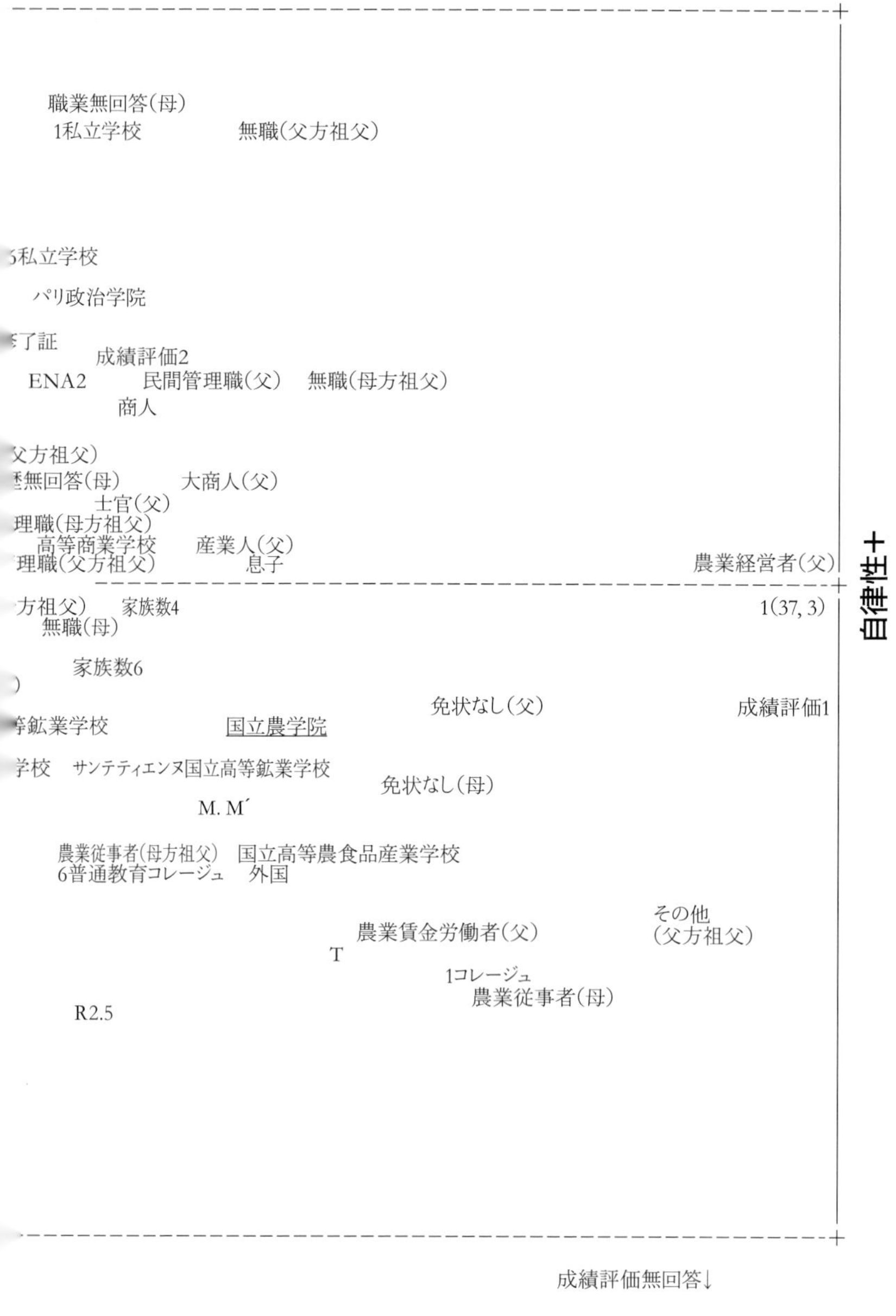

いますが、それは、彼らがきわめて雑多な個別的利益（国有企業や私企業、組合など）の代表をしているか

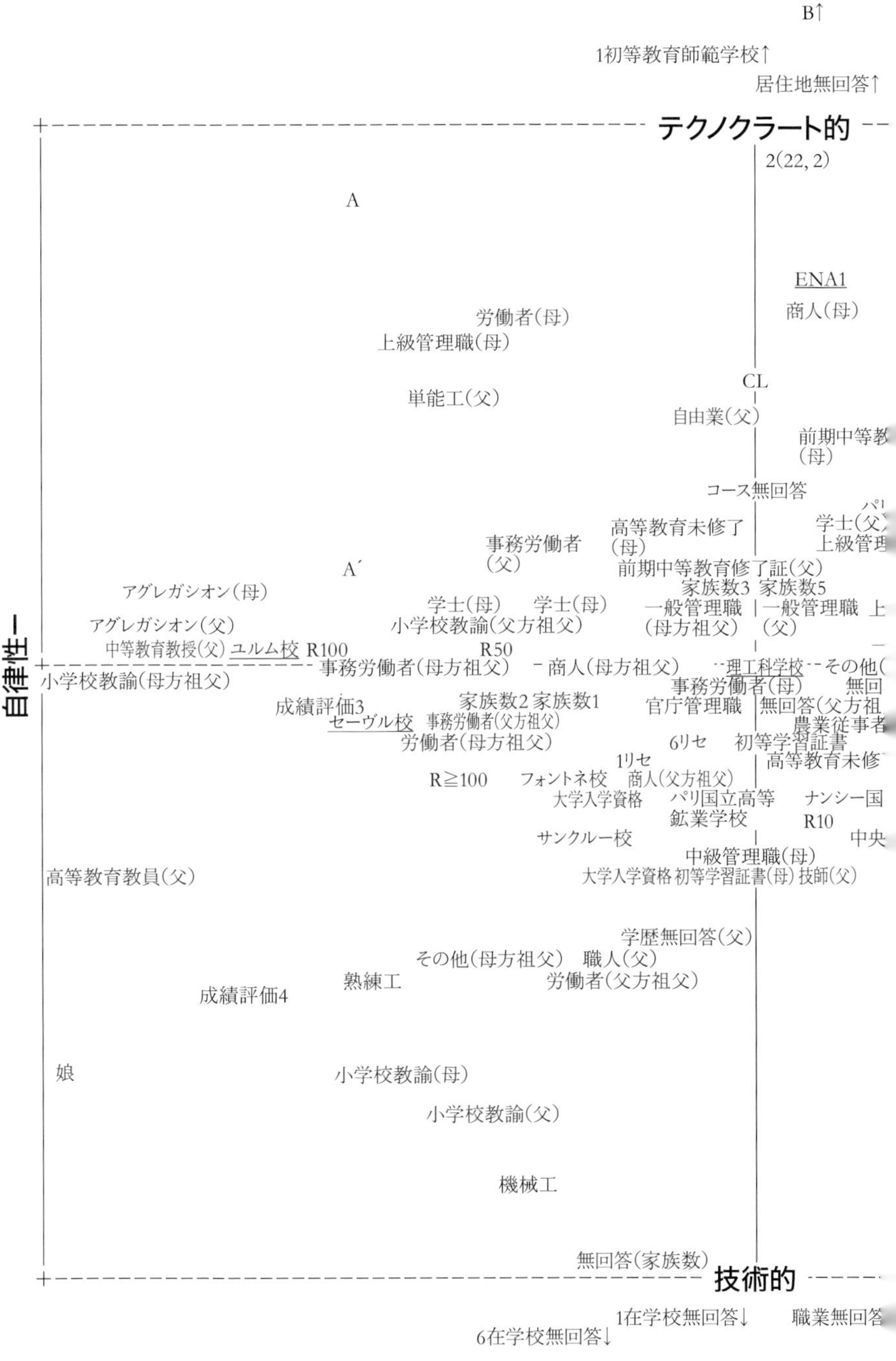
B↑
1初等教育師範学校↑
居住地無回答↑
テクノクラート的
2(22, 2)
A
ENA1
商人(母)
労働者(母)
上級管理職(母)
単能工(父)
CL
自由業(父)
(母)
コース無回答
高等教育未修了
(母)
事務労働者
(父)
A´
前期中等教育修了証(父)
アグレガシオン(母)
家族数3 家族数5
学士(母) 学士(母)
一般管理職
(母方祖父)
一般管理職
(父)
アグレガシオン(父)
小学校教諭(父方祖父)
中等教育教授(父) ユルム校 R100
R50
自律性一
事務労働者(母方祖父)
商人(母方祖父)
理工科学校
小学校教諭(母方祖父)
事務労働者(母)
成績評価3
家族数2 家族数1
官庁管理職
セーヴル校
事務労働者(父方祖父)
労働者(母方祖父)
6リセ
1リセ
R≧100
フォントネ校
商人(父方祖父)
大学入学資格
パリ国立高等
鉱業学校
R10
サンクルー校
中級管理職(母)
高等教育教員(父)
大学入学資格 初等学習証書(母) 技師(父)
学歴無回答(父)
その他(母方祖父) 職人(父)
熟練工
労働者(父方祖父)
成績評価4
娘
小学校教諭(母)
小学校教諭(父)
機械工
無回答(家族数)
技術的
1在学校無回答↓
6在学校無回答↓

図８の説明

父親の社会・職業カテゴリー〔(父) と表示されている〕

農業賃金労働者
農業経営者
単能工
熟練工
事務労働者
職人
商人
一般管理職
職工
小学校教諭
中等教育教諭
高等教育教員
知的職業
技師
民間管理職
官庁管理職
士官
自由業
大商人
工業実業家
職業無回答

母親の社会・職業カテゴリー〔(母) と表示されている〕

農業（農業従事者、農業労働者を指す）
労働者（労働者、サービス業従業員を指す）
事務労働者
商人（商人、職人を指す）
一般管理職
小学校教諭
上級管理職（上級管理職、自由業を指す）
無職
その他（その他の職業を指す）
職業無回答

父方祖父と母方祖父の社会・職業カテゴリー〔それぞれ (父方祖父)、(母方祖父) と表示されている〕

母親のカテゴリーと同じ

父親の学歴

免状なし
初等教育証書（CEP または CAP 取得者）
前期中等教育修了証（BEPC 取得者）
バカロレア
高等教育未修了（群小専門学校卒業、あるいは高等教育未修了者）
学士
アグレガシオン（1級教員資格《アグレガシオン》、博士号、グランドゼコール修了証取得者）
学歴無回答

母親の学歴

父親のカテゴリーと同じ

家族構成

家族数1（兄弟姉妹なし）
家族数2（兄弟姉妹1人）
家族数3
家族数4
家族数5
家族数6
家族数無回答

第6学級進学時における居住地

R2,5　（人口2500人以下）
R10　（人口2500人から1万人）
R50　（人口1万人から5万人）
R100　（人口5万人から10万人）
R ≧ 100（人口10万人以上）
パリ（パリおよび首都圏）
居住地無回答

第6学級在籍時の学校

6普通教育コレージュ
6リセ（コレージュまたはリセに在学）
6私立校
6在学校無回答

第1学級在籍時の学校

1初等教育師範学校
1コレージュ
1リセ
1私立校
1在学校無回答

第1学級のコース

T 技術科コース
M. M′ 現代文学コース
CL 古典コース（専攻の区別はしていない）
A ラテン語ギリシア語コース
B ラテン語現代語コース
C ラテン語数学コース
A′ ラテン語ギリシア語数学コース
コース無回答

大学入学資格《バカロレア》における成績

成績評価1　0ポイント（合格指数。補遺参照）
成績評価2　1-2ポイント
成績評価3　3-4ポイント
成績評価4　5-8ポイント
成績評価無回答

主要変数によって評価された学校は下線が引かれている。

らです。技師としてそこにいるわけではありません」[29]。

この対立は、ほぼまったく同じ形で経済権力〈界〉にも見られるが、その客観的な比重はそれほどでもないにもかかわらず、実業〈界〉の権力争いに加わっている行為者の表象においては最前景にくる。というのも、彼らの視点から見て、それにその特定の時点から見ても、現実分割のもっとも決定的な原理を構成しているからである。話は逸れるが、社会世界の認識をあつかう社会学は、認識の社会的枠、すなわち、日々の経験の中で使われている用語がどのようなものであるかを定め、それらの枠が社会的にどのように形成されるのか、それを作動させている現実の条件がどのようなものなのか（とりわけ、それらが用いられる際のもっとも現実的なコンテキスト）を定めるべきだろう。またそれだけではなく、差異化の差異的力も定めるべきである。社会世界を構築するにあたって共通して用いられるさまざまな原理——たとえば、経済的・文化的基準（「階級」）とエスニックな基準（「人種」）——が、さまざまなカテゴリーの行為者にとっての実践活動のなかでもっているのが差異化の差異的力であり、それは、各カテゴリーが客観的な分類＝分業の中で、また、科学によって構築された分類と日々の認識による実際的な階級との間にありうる乖離との中で各カテゴリーが占めている位置《ポジシオン》と相関しながら作動するからである。表象の中で中心的な役割を演じる諸対立のいくつかは、より決定的な対立を背景に追いやり隠蔽することがある。どのような場合かといえば、理系のグランドゼコールと文系のグランドゼコールとの間の対立、あるいは、工学系のグランドゼコールと政治・経済系のグランドゼコール（国立行政学院《エナ》と高等商業学校《アッシュ・ウ・セー》）との間の対立によって、大きな門《グランドポルト》と小さな門《プティットポルト》との間にある対立が隠蔽される場合である。このとき対立は、一種の二重写しの効果によって、社会的対立が単なる学歴的対立に矮小化され、理系の学校と政治・経済系の教養を提供する学校との間の学校的対立の下にかくされてしまうのである。

このようなわけで、客体化されたイデオロギーの決定的な操作子である学校システムに見られるように、こうした集団の視野の歪みを助長し、内容を決定する傾向をもつメカニズムがどのようなものであるのかが問題になってくる。たとえば、このメカニズムは、文系と理系の対立を根本的なものとして押しつけてくるので、理系の高等師範学校生《ノルマリアン》が、たいていは同じ課程と同じコンクールを通ってきたにもかかわらず、理工科学校生《ポリテクニク》との距離が文系の高等師範学校生《ノルマリアン》に較べてむしろ遠いということに気がつかないように仕向けるのである。学歴が完全に分け隔てているのである。こう言ったからといって、次のことを忘れるわけにいかない。視野の歪みは決して錯覚ではないのである。客観的にみてしっかりした根拠があろうとなかろうと、現実分割は、行為者が実践の中での必要性に迫られて行うものであり、客体的な現実の一部を構成している。科学はそれをとらえなければならない。現実分割は、この現実を作ることに、一定程度、貢献しているのである。同様に、科学的考察も、反対方向にむかってではあるが、現実を作ることに貢献している。科学的考察もまた、選別闘争の表面的な敵対関係が見えなくしている現実の対立を見えるようにすることによって、認識の過誤と結びついた社会的効力を和らげようとするからである。

選好の母胎《マトリクス》

対応分析が明らかにする構造は、不自然に分離された諸要素の部分的描写と袂を分かつことによってしか得られないので、日々慣れ親しんでいるために客体的構造を実践的に身につけている人々（彼らだけであるが）には、なにを今更という思いが強いかもしれない。しかし、そのような思いは、こうして確認された役割分配の原理に働いているプロセスについて問いを立てることを禁じかねない。さまざまな学校の間に、すなわち、学校が構成している差異の空間の中に生徒が選別配分されるのはどのようになされるのだろうか。継承された資本構造のような社会的特性が学歴上の属性＝所有物《プロプリエテ》に変貌するのはどのようになされるのだろうか。どのようにして、行為者たちが占めている位置《ポジシオン》空間と、それに対応する思想傾向の空間との間に観察される関係が定着するのだろうか。いうまでもなく、どちらの場合にも、実践活動（たとえば、特定の学校への志望）の分布や、あるいは、表象（たとえば、政治的傾向）の分布が、多種多様な生徒の継承資本の構造の分布、あるいはもっとはっきり言えば、生徒たちの継承資産における経済資本と文化資本との相対的比重に緊密に結びついていることを示すことはできる。しかし、だからといって、観察された現象を完璧かつ体系的に説明するところまで到達したわけではない。そこに至るためには、実際になされた「選択」の現実的原理にまで遡らなければならない。すなわち、この関係が実効的なものになる上での諸実践活動や諸表象の生成原理のハビトゥスと社会生成〔sociogenèse〕にまで遡らなければならないのである。

　経済資産と文化資産とは、親族グループが客体化された状態で保有している資源の全体であり、物質的な形態（たとえば、書籍、楽器、あるいは今日であれば、ＰＣ）になることもあれば、文化のように、親族グループのメンバーの人となりのうちに身体化されていることもあるが、その保有者に対して、その価値を実践活動を通してかあるいは暗黙の内に認知することを強いる傾向がある。というのも、資産に特徴的な社会的位置《ポジシオン》に適応した心構え《ディスポジシオン》の発育を促進するからである。それは、資産が限定する生活条件や、資産そのものが存在することを通してなされる。事実、社会生活の根本的原理として次のことを認めなければならない。

個人やグループは、彼らの存在や社会的価値を基礎づけているものに特別な価値を与える傾向があり、多かれ少なかれ、彼らの属性＝所有物《プロプリエテ》（彼らがもっているもの全て、彼らの人となりの全て）が認知された社会的優位の原理として作用すること、より正確な言い方をすれば、彼らの資産が資本として機能することに向いた客観的条件を樹立しようと努めるものなのである。

しかし、たしかにこの一般的原理によって説明されることは、統計的にあり得ないような偶発事故は別として、遺産はまさに相続人を継承するのであり、それが社会化のあらゆるプロセスの基礎にあるということだが、だからといって、権力〈界〉（資本構造によって決定されている）と、学業成績に応じた学校志望との間に観察される関係までを明らかにするものではない。学校は、経済生活に向いているかあるいは知的な生活に向いているかに応じて志望されるのである。あるいは、この最初の社会的位置《ポジシオン》と、文化やスポーツ、宗教、政治に関しての実践や表象との間に観察される関係を明らかにするものではない。事実、社会化のプロセスをきわめて広く一般的に規定するにとどまっている原理は、個別ケースに応じて特殊化するのである。そして、個別のケースにおいて経験を構造化しているもの、そしてそれを通して心構え《ディスポジシオン》を構造化しているものは、継承された資産内における経済的なものと文化的なものとの相対的な比重なのである。つまり属性《プロプリエテ》＝所有物なのである。属性＝所有物《プロプリエテ》は、限定された位置《ポジシオン》に結びつき、文化や経済、芸術、お金、あるいはかつてよく言われていたように、「精神的な力」ないし「世俗的な力」に結びついた生活諸条件の中で客観的に与えられているのである。この根本的関係こそが、内面化されることによって、実践的な選好を発生させる構造に転化するのである。すなわち、たとえば、教科や科目、先生、著者の選択になるのであり、あるいは、より一般的には、読書やスポーツにおける趣味、『ユマニテ』紙にするのか『ル・モンド』紙にす

るのかの選択を発生させる構造になるのである。(30)

以上のことから見て、次のように考えられるだろう。文化資本の比重が大きくなればなるほど、この資本をとりわけ学校市場に集中的に投資することに適応した倫理的心構え《ディスポジシオン》が目立つようになる。そして逆に、経済権力の極に近づけば近づくほど、学校的な修行に適した心構え《ディスポジシオン》が、他の心構え《ディスポジシオン》と競合するようになり、それに取って代わられるようになる。より楽で、余暇の豊富な生活条件に対応した心構え《ディスポジシオン》のことである。また、次のようにも考えられるだろう。学校がいつでも要求する文化的事象への無条件の帰依が、ブルジョアジー家庭に取りついている潜在的な反知性主義によって掘り崩されるのである。これには、カトリックの伝統も控え目だが、巧妙な手を差し伸べている（事実、カトリックへの帰依に結びついた心構え《ディスポジシオン》は、学校的経歴のいくつかから精神を逸らす役割を果たす。それは直接的には、科学的思考への一種の疑惑を事前にかきたてることによってなされるか、あるいは間接的に、よりよい友達ができると想定される私立の中等教育機関、また科学的教養の伝達への傾斜度が少なく、伝達の成果を挙げるだけの用意が整っていない私立の中等教育機関を勧めることによってなされる。もっとも例外が幾つかあって、サント＝ジュヌヴィエーヴ校などは当てはまらない）。

同じ〈界〉の対立的な両極に位置している行為者は、〈界〉の根本的な対立にしたがって組織された構造化行為に服している。この事実から、彼らは、同じ分割原理にしたがって社会世界を理解しようとする。分割原理は、利害にさといとか、利害に無関心だとか、無償で役に立たないとか、役に立つとか、物質的であるとか、精神的であるとか、政治的であるとか、審美的であるとか、その他、右翼と左翼とのあいだの対立の下に多かれ少なかれ意識的に包括されるもろもろの敵対的概念のように、選択を強いられる一定数のオルターナティヴにおいて客体化されているのである。ここにはあの論理の好例がある。つまり、社会秩序の根本的構造が、行為者たちに共有される心的構造に転化する論理であり、それによって行為者たちは社会生活の現実の中で差別化されるか、あるいは対立関係におかれるかするのであり、そしてまた、構造を共有しなければならないのは、構造によって実現される分割の産物に関して相互に共有できるようにするためなのである。さらに次のように言えるだろう。一般的に言って、日常言語を構造化している話題群(オズワルド・デュクロが引き出してみせたような話題群)は、それが生み出される社会構造の中に基礎をもっているのであり、社会構造が対立させる用語を結びつけ、不一致の地盤の上に合意を創設し、議論の決着をつけてくれる諸可能体による共通空間と、不一致の原理、さまざまな考え方の対立を方向づける敵対的な選好を創設するのである。

様々に異なる学校群に生徒が配分されていくのは、階層化され、部分的に独立した二つの原理の作用による結果である。学歴資本は、とりわけ継承した文化資本を通して、出身の社会的位置《ポジシオン》に、それ自体で緊密に結びついていて、〈界〉の中に受け入れられた時点で、大学入学資格試験《バカロレア》における成績や、全国リセ学力コンクールへの推薦などの成績による聖別行為の指標によって客体化されるわけで、それを通してグランドゼコール入学の可能性や、選択がなされるにあたっての上限を規定している。すなわち、学歴資本は、それを所有していない者に対して、ほとんど司法的な厳格さによって入学準備クラスに入ることを禁じ、あるいは少なくとも、もっとも有名な入学準備クラスに入ることを禁じるのである。そして、種々のコンクールが学校的な規範によって完璧に運営されていればいるほど、[31] そうしたコンクールにおいてよい成績を納める可能性を支配するのである。しかし、問題は残っている。様々な学校への生徒の配分や、生徒が手にいれる免状を後にどのように役立てるのかを理解するには、学歴資本が同規模であれば、生徒たちは、実社会《タンポレル》の権力や知的栄誉に対する感受性の違いによって自らを差異化していくと考えなければならないことである。この「トロピスム」は（植物の向日性のこと。ナタリー・サロートの小説『トロピスム』（一九三九年）による。無意識的で自動反応的な人間の行動）、家族が保有している資本における経済的なものと文化的なものとの関係の構造が示す様々な分布様態によって、幼少の間に経験する下意識的な経験全体を通して形成されるものであり、学歴資本によって開かれた可能性の上限において職業選択を方向づける第二のファクターになる。

このトロピスムについては、アンケート調査自体から直接に確認できる。国立行政学院《エナ》の生徒は、出身家庭が経済権力の極に近ければ近いほど、民間セクターに転職するために官庁を去ること（天下り）を嫌といわない場合が多い。また、検証できる例がごく僅かしかなく、それに依拠するしかないが、二つの入学試験に同時に合格した場合、ユルム校と国立理工科学校《ポリテクニク》のどちらを選ぶかは、学校の格による効果が限界にあるため、同じ論理に従っている。さらに、実社会《タンポレル》の権力への同じ深い関係に基づいて、生徒が学校的聖別行為の魅力に惹かれる度合いは、——このようにして、権力の領域の外にもともと追いやられていたことを追認するわけだが——権力〈界〉や社会空間における被支配者領域に近い家族の出身（前者では、教員や知識人の子息など、後者では、「奇跡の子」の場合）であればあるほど強くなる。また、生徒が属しているエスニックや宗教、性別（女性や同性愛者など）によるカテゴリーにおいて象徴的な認知度が低ければ低いほど（あるいは、マイナスになればなるほど）強くなる。(32) そこに、たとえば理系の高等師範生と理工科学校生《ポリテクニク》との間の差異化原理があるだろう。理系高等師範生は、出身が知性の極により近いのに対して、理工科学校生《ポリテクニク》は、国立行政学院生《エナ》ほどには実社会《タンポレル》の権力の極に惹かれていないとはいえ、その魅力をなおも強度に感じるほどに関与しているのは、彼らの出身位置《ポジシオン》とそれに相関した心構え《ディスポジシオン》によってである。

実社会の諸権力に応じて差異を示していく心構え《ディスポジシオン》は、それが公立にせよ、とりわけ私立にせよ、様々なカテゴリーの学校に対する、生徒の態度の根底にある。権力〈界〉の中でも知性の極に最も近い領域を出自としている生徒は、学校がもちうる最も自律的な形態（特にユルム校にそれがいえる）に自分が合っていると考える傾向がある。彼らがそうした学校からの成績判定を受け入れるのは、単に技術的な権能が判定によって認定されるだけでなく、学校と学校のもつ独自の価値に抱いている敬意もそこで認定されるからである。この敬意があるからこそ、それがすべてでないにしても、技術的権能の習得に成功するのであり、習得した権能を行使したり、顕示したりする時も、そこに敬意が随伴しているのである。彼らは、公立学校に対して「利害関係にとらわれない教養」を生産する権利と義務を進んで認める。つまり、無償でしばしば批判的な教養であり、「実社会」の社会的しきたりからも企業の技術的・経済的束縛からも脱却した教養である。権力〈界〉の対極にあるため（私企業とつながりがあるだけに一層それが言えるのだが）、学校（特に公立校）はむしろ必要悪に見える。そして、学校が自律性を保つために引き起こすことがある「人を無気力にする」効果を最小限に抑えようとする配慮が常に働くのであり、それが、私立校のように、自律性のより低い学校へと向かう気持ちになって表現される。こうした学校がよいとされるのは、公式に掲げている学校方針（たとえば、宗教的な方針）ゆえに求められているというよりも、実際上、多くのものを退けているがゆえなのである。だから、一九世紀末の高等商業学校《アッシュ・ウ・セー》の創立や、一九四五年の国立行政学院《エナ》の設立は、今日の「教育と企業の距離を縮める方策」と同じように、抵抗の表明なのであり、経済権力や行政権力の保有者が、「啓発的な」提言者を通して、とくに高等師範学校《エコール・ノルマル・シュペリウール》や理工科学校《ポリテクニク》のように最も自律的な学校が、教養に関する権威を独占し、それによって、文化的再生産と社会的再生産に関する権威を独占しようとすることに対して表明される抵抗なのである。

経済権力の保有者が、彼らの技術的、そしてとりわけ社会的な教育、したがって倫理政治的な要求に対応した教育を支持しようとしてかけてくる圧力は、構造的な定数である。それは、実践活動（学校、系列校の設置、個別的な相談機関の設置など）においても、発言においてもやむことがない。たとえば、ロシュ校の創立者ルプレイの弟子であるエドモン・ドモランが好例だが、社会的に上昇しつつあるプチブルジョアジーを対象とした新しい形式の成績優秀者への措置が学校によって押しつけられるのに対して無言の抵抗をするにあたっての根拠が公然と発言されるようになる。プチブルジョアジーや教員が敬意を払うあくまで学校的な能力や価値観（その象徴となるのがラテン語である）、そして、自己肯定を妨げる従順さの教育に対してドモランが対置するのは、英国をモデルとした貴族的な学校である。そこでは、意思や勇気、指導者としての美徳を重視した生活スタイル（ようするに、スポーツにその理想的な実現形態を見る心構え《ディスポジシオン》である。彼の友人には、スポーツを愛したクーベルタン男爵がいた）を刷り込もうとする。そして、彼は、「自助」と民間の自発性を重視するドクトリンを私教育の基礎に置く。その教育は、私企業とその価値観に直接的に対応しており、「博識」よりは「闊達な態度」、「知識の教育《アンストリュクシオン》」よりは「徳育《エデュカシオン》」を重んじる。(33)

学校機関と企業との間の複雑な関係、そしてとりわけ、義務教育に反対する経営者側の努力の歴史(34)に触れることはできないので、ここでは、近年における、グランドゼコール発展のための国民委員会の活動の例を挙げておくにとどめよう。この委員会は、一九六八年の学生運動の後を受けて一九七〇年に設立されたもので、選別と適切な学際的教育によって経済世界の管理職を養成する、公立、私立を問わない高等教育機関の発展と進歩をあらゆる形態を通して推進する計画を立てていた。計画はまた、「経済世界とこの教育にあたるあらゆるタイプの学校機関との間の関係を改善し、研究と共同活動のための相互情報交換を発展させる」ことを目的としていた。この委員会は、技師養成学校や経営の高等教育機関の校長九四名、経済世界の指導者二三五名によって構成されていた。経済世界の指導者は、名誉会員として名を連ねている会社のリストからわかるように、その経済構造からいっても、指導者の属性からいっても、グランドゼコール卒業生が多く、公共部門に太いパイプを持つもっとも強大な企業部門（パリバ、コンパニー・バンケール、CGE、電力会社、ペシネー、ローヌ・プーランなど）から参加していた。委員会は活発に活動を継続し、広報活動（「グランドゼコールの将来像」の報告、小冊子、パンフレット、アンケート調査など）とともに実際的な活動（政府関係機関への働きかけ、公開討論会など）によって、混乱した大学に対する防波堤、避難所とみなされるグランドゼコールに肩入れをした。大学に手をつける必要を訴える経営者の発言が、一九六八年や一九八七年のような危機の後にはとりわけ活発になるものである。発言は、現在の再生産様式のもつ矛盾を声高に訴えるものだったが、そうした発言をここに並べるよりは、次のことを報告しておけば十分だろう。教育システムに関する一九六九年に行われた調査を分析したところ、需要により密接に対応した教育を支持する意見は、権力〈界〉の「知的な」極から経済的極へと行くにしたがって増えている。「職業養成により明確に対応した教育」への支持は、知的職業に従事する者の一九・五％、中等教育の教員の一九・五％にとどまるのに対して、工業実業家や大商人の四〇％、企業の上級管理職の四二・五％だった。自由業、技師、公共部門の上級管理職は中間的な位置《ポジシオン》を占めていて、自由業と技師はどちらも二七・五％、公共部門の上級管理職は三四・五％だった（科学研究推進協会による調査をヨーロッパ社会学センターがまとめたもの）。

教育論争が究極の価値観をめぐる乗り越えがたい二律背反であるのは、そこで争われているものが、文化的再生産と社会的再生産の手段の支配を通して支配基盤そのものを再生産すること、支配者の存続と価値観の基盤を再生産すること、支配の諸原則間の序列を決定する基盤を再生産するからである[35]。したがって、あらゆる外見とは裏腹に、国立行政学院《エナ》が避難所としての学校のなかの超有名校として機能していると言えるのは、グランドゼコールの中でももっとも「学力偏重」の度合いが低いので、実業経営者や公共・民間のテクノクラートの大ブルジョアジーの子どもたちが成績不振で権力にとどまることを妨げる障害になったときにそれを回避することを可能にしてくれるからである。ただ、そう言ってもよいのは、直ちに次のことも想起するという条件の下においてである。つまり、もっとも学校的な再生産手段を支配する権力を保有している者たちが、進んで彼らに有利になるようにそれを機能させようとしているのであり、そのために、技術的能力の伝達にあたっての技術的要求を社会的能力のさまざまな形式や価値観に連動させて、そうした形式や価値観を押しつけることができれば、事実上、文化的再生産と、それに対応した支配の諸手段を独占することが保証されるからなのである。

教員は、学校圏域《ユニヴェール》の自立のために、権力〈界〉の根本的対立に結びついた二律背反を利用できる。この二律背反は、前述のペアになった用語や著書の内に凝縮されていて、小論文の「いいテーマ」になる（なった）のである。そしてまったく無邪気にも、彼らの資本構造に密着した利害を直接に反映している視点を押しつけるのである。ルイ・パントの言う通りである。彼は、哲学の小論文において、「〈低次の〉用語が〈高次の〉用語によって乗り越えられるような、二つの概念間の対立を基礎にしたテーマが提出されることが多いことに注目して、次のように述べている。「〈高次の〉用語は、いつでも知や自律の側にあるのに対して、〈低次の〉用語は、いつでも無知や他律の側にある。こうして、最終学級のAコースにおける現在のプログラム（かつての哲学クラスのプログラムと同様）においては、大多数の用語は、どちらかの側に位置づけることができる（一方には〈良心〉、〈文化〉、〈判断〉、〈思想《イデ》〉、〈意味〉、〈真理〉、〈権利〉、〈公正〉、〈義務〉、〈意思〉、〈人格《ペルソンヌ》〉、〈自由〉がくるのに対して、他方には、〈無意識〉、〈欲望〉、〈情念《パッシオン》〉、〈幻想〉、〈自然《ナチュール》〉、〈想像〉、〈不合理〉、〈暴力〉がくる）[36]。こうした〈概念〉は、「自律的な思考」の行使という視点から過剰に価値づけられる。出題される大部分の選択に潜在している無意識的な「立場」は、教員たちに固有の視点にほかならず、押しつけられる一連の選択肢の中で、彼らと固く結ばれている用語を一貫して上位におくものなのである。しかも、それが中立的な立場と普遍性に立っているという幻想の下になされる。

このようにして、学校への投資を律している心構え《ディスポジシオン》の自己決定過程を分析することによって、グランドゼコールの〈界〉と権力〈界〉との間に確認される奇跡的といってよいほどの外見上の相同性が説明される。権力〈界〉は、こうした投資の出発点であるとともに終着点なのである。学歴再生産様式は、統計学的論理にしたがって、学校免状の再配分——そしてそれによって、権力の位置《ポジシオン》の再配分——をたえず行うが、それは、まったくの偶然にまかせたゲームの再開を仮定した場合とはきわめて異なるものだが、だからといって、現行の配分とまったく同一の機械的な再生産でもないのである（教授の子息はすべて高等師範学校《エコール・ノルマル・シュペリウール》に行くわけではないし、高等師範学校《エコール・ノルマル・シュペリウール》の生徒全員が教授の子息で構成されているわけではない）。これまで見てきたように、二つのメカニズムは互いの効果を重ね合わせて、一つの権力〈界〉の極から別の権力〈界〉の極に向かうような「交差する経歴」の頻度を最小限にする。〈界〉の移動を繰り返すことは高くつくし、不安定だからである。一方では、生徒たちが甘受する選別は、学力を基準として、あるいはこう言った方がよければ、教員による認知と評価の図式にしたがってなされるが、もっとも自律的な学校においても決して全てが全面的に技術的になされるわけではなく、もっとも厳格に技術的な評価においてさえ、生徒の社会的属性にまったく無関与的になされることはなく、そのような選別は、権力〈界〉の出発点においては様々な位置《ポジシオン》を占めていた者たちを高い比率で、グランドゼコール〈界〉において相同的な位置《ポジシオン》を占めている学校を志望させるようにし、それによって、生徒の出身位置《ポジシオン》と相同的な権力〈界〉内にある位置《ポジシオン》へと向かわせるのである。他方では、生徒自身の出身位置《ポジシオン》に密着した心構え《ディスポジシオン》に基づいて行う選択が、学校機関固有の教育方針によって生徒の社会的決定要因の直接的な実現を矯正する効果を減少させるか、無に帰させてしまう傾向がある。学校的聖別行為の効果によって生徒は学校に惹きつけられるので、経済〈界〉に入り、そこで卒業証書の価値を試すこととなると、知性の極を出身とする生徒の一部を尻込みさせることも稀ではない。そしてまた、権力〈界〉において実社会を支配する領域を出自とする生徒は、その出身ゆえの権力に適した心構え《ディスポジシオン》をもっているので、文化の魅力を無視したり、拒絶したりするし（学校入学後に、知的な活動やあるいは勉学さえも放棄する例がよくみられる）、彼らの学業上の成功を学校の外の価値観のために活用することもよくあることである。

心構え《ディスポジシオン》と位置《ポジシオン》との間の不一致は、学業による選別後も残ることがあるが、入学後には矯正される傾向がある。「場違いな」者が退学するか、彼らの志望するところによりよく対応した学校に方向を変えるかして、自ら進んで身を引くこともあれば、学校による選別の排除基準のもつ効力が、最終選考の時や、継承された社会関係資本が効果を及ぼすときである就職の機会に十全に発揮されることもある。このような効果がとりわけはっきり見てとれる学校は、高等商業学校《アッシュ・ウ・セー》のように、その学校に惹きつけられてくる客層や企業の多岐にわたる要求や、露骨な要求に応えなくてはならない学校的束縛があり、他方ではグランドゼコールの空間内での位置《ポジシオン》に結びついた学力レベルに関わる束縛があるために、その間の矛盾にとらわれている学校である。こうした学校は、設立が比較的新しく、評判もそれほど高くないが、入学試験や教育のレベルを維持するか、場合によっては向上させようとしている他の商学系学校との競争にさらされている。こうなると、教員の子息が、学校で授かる教育や同級生の生活スタイルを通して将来待ち受けている職業がどんなものであるのか前もって発見することになり、学業を放棄することがよくある。彼らは、学力競争の論理によってその職業に仕向けられたのだが、真の意味で選択したわけでもなければ、真に向いているわけでもないのである。事実、一九六五年の調査によれば、職業上の成功は、卒業時の成績のような学歴資本が示す指標よりは、社会的出自の方により密接に結びついていることがわかっている（高等商業学校《アッシュ・ウ・セー》同窓会『一九六四年における高等商業学校《アッシュ・ウ・セー》卒業生の地位調査結果、一九二〇年から一九六二年卒業生までを含む』内部文書。二四頁）。卒業証書の社会的効力における社会関係資本の比重は、高等商業学校《アッシュ・ウ・セー》や中央工芸学校のように評判の高い学校においては極大であるように思われる。ましてや、高等電子工学学校や電気機械専門学校のような避難所的学校の場合はなおさらである。高等商業学校《アッシュ・ウ・セー》卒業生で、縁戚関係や、取引関係、選別委員会の仲介を通して就職した者は、一九七一年の時点で、学校当局によるインターンシップや求人広告を通して職を得た者に較べてはるかに高い年収を得ている（前者は九万から九万五〇〇〇フラン〔約一万三七〇〇ユーロから約一万四五〇〇ユーロ〕、後者は六万五〇〇〇から七万五〇〇〇フラン）〔約九九〇〇ユーロから約一万一四〇〇ユーロ〕（「社会職業調査高等商業学校《アッシュ・ウ・セー》」一九七一年）。したがって、いかに逆説的に見えようとも、一九六八年前後に、高等商業学校《アッシュ・ウ・セー》にきわめて活発な極左グループが存在したことは、次の事実と無関係ではない。すなわち、実業〈界〉といかなる絆も持たない者たちは全て、学校によって付与される卒業証書は必要条件であっても、十分条件ではなく、学校が約束している職業的成功は、現実には、財と人脈の資産を継承している子息、すなわち、親の威光《フィスティスィ》を背後にもつ者[37]だけに可能であることを、多様な指標から感じ取っているのである。

同様に、理工科学校《ポリテクニク》の卒業生をみると（表7参照）、一九六六年卒の内、経済資本よりは文化資本をより多くもっているカテゴリー（教授、小学校教員）を出身とする者が、より高い比率で関連学校や知性の極により近い経歴へと向かっている。すなわち、研究、国立統計経済行政学校、パリ国立高等鉱業学校である。逆に、工業実業家や大商人の子息は、相対的により多くの者が土木局に就職したり、退学して（特に、卒業時の成績が低いため）、民間部門に直接入っている。(38) 二人の卒業生が国立行政学院《エナ》に入学しているが、うち一人は自由業を出身とし、もう一人は民間の管理職を出身としている。(39)

既成の社会的差異は、部分的にはすでに学力の差異に転化されているが、権力〈界〉の様々な領域を出自とする生徒を篩い分け、新たな入学者を、彼らの積極的な模索にも助けられて、彼らの選好システムにもっとも適合した学歴の道へと差し向けるが、そうした既成の社会的差異に依拠しつつ、配分のメカニズムは、サルトルが「支配階級の若旦那たち」と呼んだ者たちの次々に寄せてくる波を様々な学校に配分するのだが、いくつかの重要な効果を生み出す。交差した経歴の規模と頻度を減少させるという効果である。すなわち、たとえば、銀行家や産業関係の経営者の子息が高等師範学校《エコール・ノルマル・シュペリウール》に行ったり、そこから教授や知識人の位置《ポジシオン》にむかうこと、あるいは教授の子息が国立行政学院《エナ》や高等商業学校《アッシュ・ウ・セー》に入り、そこから銀行や企業の指導的立場につくことがないようにするのである。交差した経歴は、まず、生徒の内の古い人間の部分を殺し、新しい人間を生産しなければならない。あるいは、より具体的にいえば、その経歴に固有な信仰、そこでのゲームや勝負に対する関心、その〈界〉への入場を成功させるための条件であるイリューシオを生み出さなけれ

表 7　理工科学校卒業時における進路選択（1966 年度卒業）

	研究	国立高等鉱業学校	国立統計経済行政学校	電話局	土木局	農業土木	気象、計測器関係	航空関係	軍需	国立行政学院〔ENA〕	辞退	その他、および無回答	総　計
農業従事者、労働者(14人)	14.3	—	—	—	21.4	—	7.1	14.3	21.4	—	21.4	—	100.0
事務労働者(9人)	33.4	—	—	11.1	—	—	—	—	22.2	—	11.1	22.2	100.0
職人、商人(13人)	—	—	—	7.7	7.7	7.7	—	—	7.7	—	30.7	38.5	100.0
一般管理職、職工(34人)	14.7	2.9	—	8.8	2.9	—	5.9	—	26.5	—	32.3	5.9	100.0
小学校教諭(21人)	9.5	9.5	14.3	—	14.3	9.5	4.8	—	9.5	—	28.6	—	100.0
中等教育教授(23人)	34.8	—	4.3	8.7	26.1	4.3	4.3	—	4.3	—	8.7	4.3	100.0
高等教育教授、研究者(17人)	47.1	5.9	—	17.6	—	5.9	5.9	—	—	—	17.6	—	100.0
公共部門上級管理職(23人)	8.7	4.3	—	—	17.4	4.3	—	4.3	17.4	—	30.4	13.1	100.0
士官(12人)	8.3	—	8.3	—	16.7	—	—	8.3	50.0	—	8.3	—	100.0
技師(38人)	21.0	5.3	5.3	10.5	5.3	2.6	7.9	2.6	13.1	—	21.0	5.3	100.0
自由業(32人)	18.7	—	6.3	—	3.1	6.3	6.3	6.3	15.6	3.1	28.1	6.3	100.0
民間管理職(37人)	13.5	5.4	5.4	5.4	8.1	2.7	2.7	—	27.0	2.7	24.3	2.7	100.0
工業実業家、大商人(26人)	23.0	—	3.8	7.7	19.2	3.8	—	—	7.7	—	30.8	3.8	100.0
全体	18.7	3.0	4.0	6.0	10.4	3.7	4.0	2.3	16.7	0.7	24.1	6.4	100.0

ばならない。そのために必要な進路変更の費用と、刷り込みの仕事を最小限にすることが望ましいのである。しかし、それはまた、あとで見るように、その〈界〉が絶対的に要求するものにすぐに適応できる心構え《ディスポジシオン》だけが獲得できる位置《ポジシオン》に喜びを覚える経験を得やすくしてくれるのである。また、心構え《ディスポジシオン》と社会的位置《ポジシオン》との間に乖離や不一致がある状況がはらんでいる軋轢の危険や、誤った位置《ポジシオン》におかれた人物が生じさせる体制転覆の脅威を最小限に抑えるのである。そして、最後に、厚かましい野心家に対しては出口がない、隔離された〈界〉しか与えないことによって、継承の闘いに限度を設けることである。

位置《ポジシオン》、心構え《ディスポジシオン》、思想傾向

高等教育機関の空間内への生徒の配分を方向づける差異化の原理は、継承した資本の規模と、その資本の構造とに連合した心構え《ディスポジシオン》にあることからして、文化や宗教、政治に関する傾向の構造と位置《ポジシオン》の構造との間に密接な対応関係が観察されることは理解できる。事実、倫理的、審美的、あるいは政治的〈選択〉においても、継承した資本の構造の内面化に由来する選好の母胎《マトリクス》が、その原理となっている。様々な学校に生徒を配分することによって連続体でありえるものの中に学校的境界が持ち込まれるが、それを無視することにすれば、演劇、コンサート、映画に関する文化的実践活動の強度は、学校的には支配者側だが社会的には被支配者側にいる者の極から社会的には支配者側だが学校的には被支配者側にいる者の極に向かうにしたがって弱くなるのに対して、スポーツの実践活動の強度は、逆の方向に変化しているのである。政治的に保守的な心構え《ディスポジシオン》の傾向を示す直接・間接の指標についてもまったく同じことがいえる。この個人的選択の集合体とその分布は、本質的に、心構え《ディスポジシオン》のシステムの内にその発生論的、統合的原理が見いだされる。この心構え《ディスポジシオン》のシステムは、経済的事象や文化的事象の一種実践的ヒエラルキーによって特徴づけられる生活諸条件の産物であり、一貫して、選択肢のいずれか一方を選択するように方向づけるのであり、その選択が、実社会的世界観になるにしろ、精神的世界観になるにしろ、あるいは人脈《モンダン》重視の世界観になるにしろ、人脈に無関心な世界観になるにしろ、身体的世界観になるにしろ、知的な世界観になるにしろ、ありとあらゆる世界観を組織しているのである。[40] そのようなわけで、日常親しんでいるから外見上は自ずから説明がつく明証性を記述してすませるのではなく、高等師範学校《エコール・ノルマル・シュペリウール》において知的な諸価値が上位におかれる理由を真に理解したいと思うならば、まずは次のことを考慮しなければならない。すなわち、全生徒の内、教育者の子息（全生徒の二〇％が教授の子息であり、高等師範学校卒業生《ノルマリアン》の子息が六％）と産業〈界〉や商業〈界〉の経営者の子息（四・五％）が占めている比重である（**図9参照**）。ある意味で、その割合が、教員集団のレベルにおいて、教員という最頻数のカテゴリー内部の文化資本と経済資本との間の不均衡を生み出すのである。しかし、さらに考慮にいれなければならないのは、これらのたいへん優秀な生徒（彼らの内の七五％が、二つの大学入学資格試験の内の一つで良《ビヤン》以上の成績を獲得している）がきわめて早期に学業に精を出すようになり（彼らの大部分が、在学中に成績優秀賞を幾つも受け取っている）、また、きわめて早い時期から学校とその価値観に身を捧げるようになったという事実である。熟慮の上の投資を続け、優秀な成績を納めてきたことが、継承した文化資本を学歴資本に転換することの十全な成功につながったのであり、それは自明なことではまったくない。

彼らの学校的価値と、免状にあたえられた社会的経済的価値との間の乖離が、たぶん、一種能力主義的《メリトクラティック》義

図9　グランドゼコールにおける教授の息子と経営者の息子

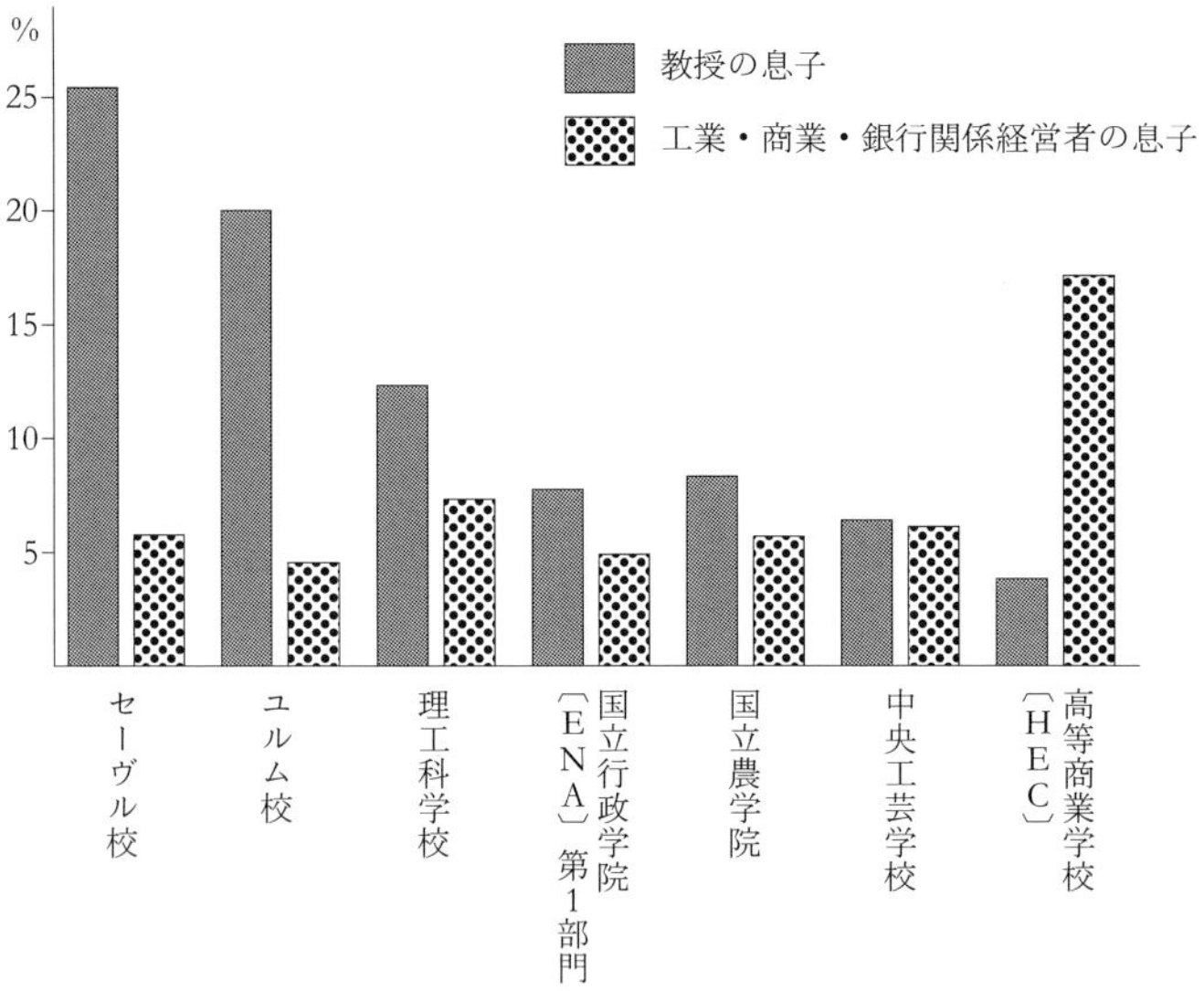

上の柱状表（グラフ）は、各学校における教授の息子の比率と、工業・商業・銀行関係経営者の息子の比率が、学校によってどのように分布しているかを示したものである。グラフから、グランドゼコールシステムの交差配列的構造が見える。実際、次の点が観察される。教授・知的職業に就いている者の息子の比率と、工業・商業関係経営者の息子の比率は、高等師範学校セーヴル校とユルム校に対して高等商業学校〔HEC〕を隔てている対立が最大になっていることから、それぞれがほぼ逆様に変化している。国立農学院が、予想よりも経済的極に近くないのは、この学校では、工業・商業関係経営者の息子が比較的少ない（5.5%）ためで、農業自営―経営者の息子を加えるならば、その位置をより正当に評価できたであろう。農業自営―経営者の息子は、他の学校では2%であるのに対して、この学校では7.2%になるのである。中央工芸学校の工業・商業関係経営者の息子の比率は、我々の調査ではおそらく低い数字になっている。この学校は、グラフが示すよりは、おそらく高等商業学校〔HEC〕により近い位置にあるのだろう。

憤の根本にある。そして、それがおそらく彼らの「反資本主義的」傾向と関係がないわけではない。彼らの政治的な選択、組合活動における選択（図10参照）は、時の支配的な知識人たちが好む側に明瞭に傾いている。彼らの内の六〇％は左翼か極左に自分を位置づけている。一七％はマルクス主義に親近感を感じると言い、六六％が一般活動家としてか、あるいは責任ある位置《ポジシオン》についている者として組合に属していると公言している。――どんな宗教にも属していないと言う者はきわめて数多い（四二％）。当時、他の学校では（各地の師範学校は除くが）カトリック教会に通うことが規範だったのである。高等師範学校《エコール・ノルマル・シュペリウール》で最もよく読まれている新聞は、『ル・モンド』紙だが、『ユマニテ』紙を読む者の割合（一二％）も無視できない（この比率は、サンクルー校を除けば、二％を越えない他校に較べて圧倒的に高い）。また、『ヌーヴェル・オプセルヴァトォール』誌も同様である（国立行政学院《エナ》や高等商業学校《アッシュ・ウ・セー》ではむしろ『エクスプレス』誌が読まれるのと対照的）。しかし、高等師範学校生《ノルマリアン》はとりわけ「知的な」雑誌を極めて高い比率で読む。『レタン・モデルヌ』『エスプリ』『クリティック』『ラ・パンセ』『カイエ・プール・ラナリーズ』（二四％の者が少なくともこの内の一誌を読む）などである。また、映画や音楽関係の雑誌も読まれている。彼らはまた、他校生と比較して、コンサートやシネマテックに行く頻度がはるかに高い（女子校のセーヴル校は除く。性別による分業の論理によって、セーヴル校生は芸術や文学に向かう比率がさらに高い）。観劇の対象になるのは、古典劇か前衛劇の作品であって、ブールヴァール劇を観に行くことは決してない（観劇回数が多い作品を上位から並べると、アリストファネス『蟇』、ボリス・ヴィアン『将軍たちのおやつ』、チェーホフ『桜の園』、ジロドゥー『シャイヨー宮の狂女』、オルビー『ヴァージニア・ウルフなんか怖くない』、ブレヒト『プンティラの旦那と下僕マッティ』、マルグリット・デュラス『林の中で過ごす日々』、セルバンテス『ラ・ヌマンシ

図10　実践活動と、文化・宗教・政治に関する思想の空間

（実数15）

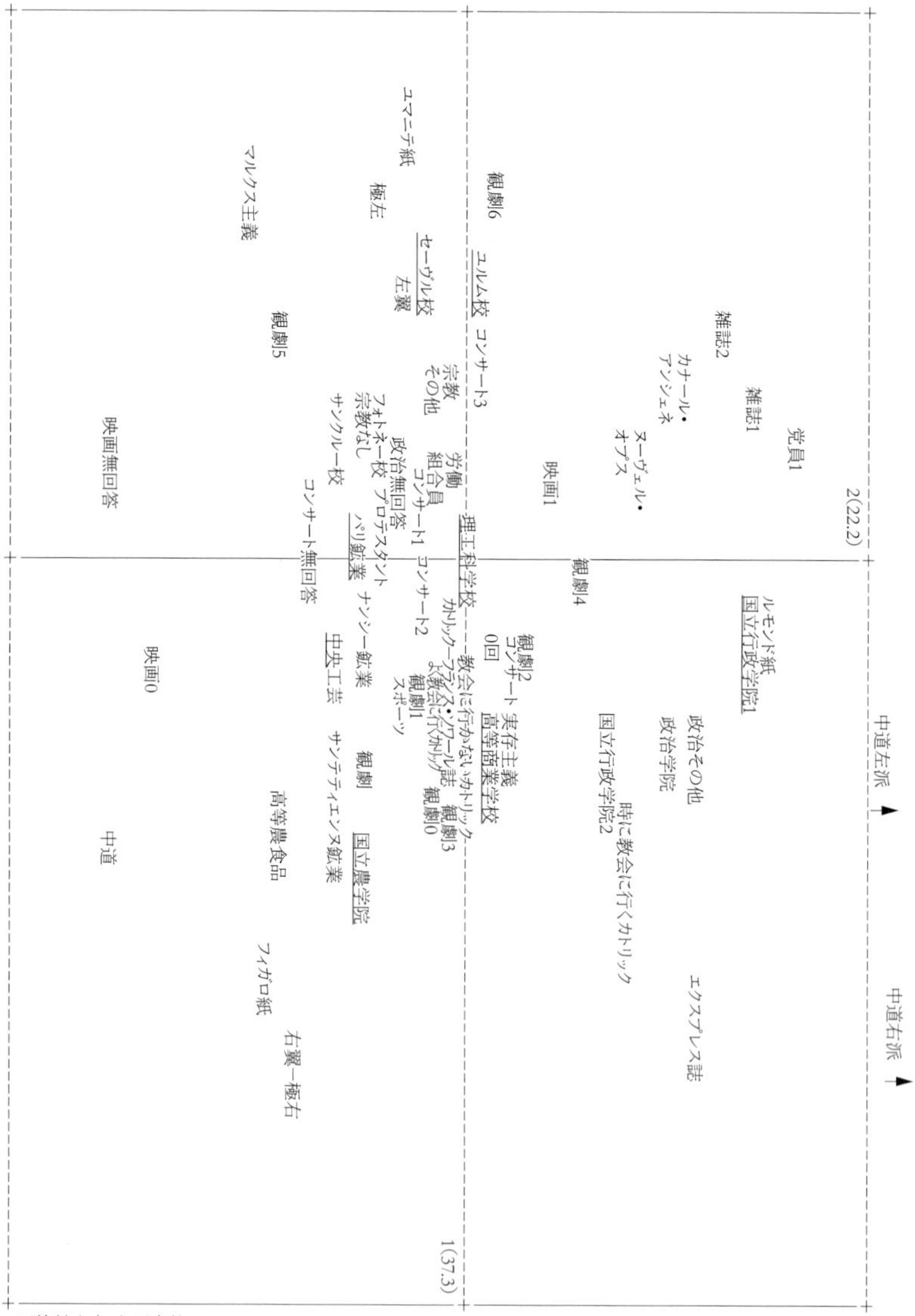

下線付文字:主要変数

ア』など)。

空間の反対側の極、高等商業学校《アッシュ・ウ・セー》においては、私立教育に非常に強い愛着をいだいているパリの大ブルジョアジーが支配している(生徒が第六学級に入った時点で、家族の五二%がパリかパリ近郊に居住している。産業・商業関係の大経営者の子息が一七・五%、民間部門の管理職の子息が二四・五%を占め、大部分の母親は職業をもっていない)。学業的価値観が勝ち誇っているとはとても言い難い(大学入学資格試験で好成績だった者は稀である)。生徒たちは、多くの時間をスポーツの実践(馬術、ラグビー、フェンシング、ゴルフ、スキー、テニス、ヨットなど)や、将来の職業のための準備になるものもある多様な活動に当てているようである(その一例となるのが、パーティーの開催で、高等商業学校《アッシュ・ウ・セー》ＪＵＭＰの恒例夜会、フランス馬術による第三回目の開催、若き企業主、高等商業学校《アッシュ・ウ・セー》研究会で、ロイック・ヴァカンによれば、一九八二年には、産業〈界〉の経営者、会社重役、商業・金融関係管理職の子息たちをとりわけ呼び集めるものだった)。政治に関しては意見はかなり拡散している。しかし、右翼的立場の者が他校に較べてより目立つ(二一・五%)。同様に、六一%の生徒が『ル・モンド』紙を読むのに対して、『フィガロ』紙の読者も一〇%になる。知的な雑誌の愛好者は稀である。文化的実践活動について言えば、特に芝居やコンサートに行く頻度が国立行政学院《エナ》や理工科学校《ポリテクニク》に較べて低い。

どうしても一面的になりがちで、抽象的な統計的数字よりも、学校や各種行事を賛美する会見やテキストの中にこそ学校の深い価値観が現れる。また、なによりもまず正反対の諸事項を和解させなければならない矛盾した意図も見えてくる。「実業の学校」という設立目的に宿命的なもので、知識人を大学に追いやらないように配慮しながら、「スポーツ選手が競技場を使用できる」ようにするため、学校当局はアメリカの大学をモデルにして、校舎をジュイ゠アン゠ジョザス〔パリの南西一九キロにある〕のキャンパスに置くことで、学業上の活動とスポーツ活動との統合を実現する方法を見つけたのである。それは、「中にはオリンピック選手も入り交じっているような学生たちにすばらしい教育をほどこしていると誇っていい」ことだし、「中間的な思想、すなわち、スポーツ文化を発展させることが可能であることを証明する」ものなのである。肉体と精神、スポーツと教養といった通常は相反するものを融合して、「スポーツ文化」を称揚するのであり、同様に、実業世界と文化的世界、経済と文化との間の対立を消滅させ、「文化的実業」を代わりに打ち立てるのである。「高等商業学校《アッシュ・ウ・セー》文化事業は、演劇や音楽の夕べだけでなく、毎年、連続講演を開催している。演劇人、企業人だけでなく、多彩な政治家もまじっている。ミシェル・ドブレ、ドフェール、ジスカール゠デスタン、マンデス゠フランス、ティクシエ゠ヴィニャンクールなどが招かれて、こうした討論会に参加している」(「ジュイ゠アン゠ジョザス・スペシャル高等商業学校《アッシュ・ウ・セー》新校舎」『高等商業学校《アッシュ・ウ・セー》65』、一九六四年のジュイ゠アン゠ジョザス・キャンパス竣工記念パンフレット、一九六五年二月八―九日発行、四五―四六頁)。

ここでもまた、事実を指摘してそれでよしとすることもできよう。よく人は「事実に語らせる」と言うが、それは誤っている。実際、グランドゼコール〈界〉の二つの極の間に確認される対立を真に理解するために、そこに見分けなければならないのは相反する主張であって、それが、権力〈界〉の両極を占めている者たちによる対立的な実践活動と表象活動を組織しているのである。一方の側には、男性的性格と責任に価値をおく主張が、しばしば集団的な形をとるスポーツ活動や、組織的行事の中で表明されている（特に、生徒組合による企画）。こうした活動は、明らかに経済活動の生活に入ってからのことを前もって経験しておくためのものである。他方の側には、内面化され、人脈に無関心な心構え《ディスポジシオン》が、読書、演劇、コンサートのような、個人的であるとともに自律的でもある知的活動を通して、あるいは夢想と情緒に満ちた政治参加を通して表明される。それは、世界を支配しようという真の意思よりも、今日の世界の諸現実への拒絶に突き動かされた政治参加である。

客観的な位置《ポジシオン》空間からいっても、思想傾向からいっても、理工科学校《ポリテクニク》と国立行政学院《エナ》は、高等師範学校《エコール・ノルマル・シュペリウール》と高等商業学校《アッシュ・ウ・セー》との中間的な場所を占めている。前者は高等師範学校《エコール・ノルマル・シュペリウール》寄りで、後者は高等商業学校《アッシュ・ウ・セー》寄りである。そして、これらの学校の生徒の、宗教上、政治上、審美上の思想傾向は、その学校において最もありふれた継承資本の最も均整のとれた構造に直接結合している。理工科学校《ポリテクニク》における最頻数のカテゴリーは、技師の子息である。技師は、資本構造による分布の中では、知性の極に傾きながらも中央に位置している。また、教授の子息（一一・五％）は、産業〈界〉や商業〈界〉の子息よりも比率が高い（それに対して、国立行政学院《エナ》では、両カテゴリーは同じ比重をもっている）[41]。ようするに、理工科学校《ポリテクニク》生は、国立行政学院《エナ》生に較べて中産ブルジョアジーの給与所得者の家がより多く、パリの大ブルジョアジーの家がより少ないわけで、国立行政学院《エナ》生と高等師範学校《ノルマリアン》生との中間的な位置《ポジシオン》を占めているのである（第六学級入学時、パリに居住していた者は、高等師範学校《ノルマリアン》生よりも多く、国立行政学院《エナ》生よりも少ない）[42]。政治や文化的実践においても同じである。自分に一番近い思想的潮流として挙げられるのは、とりわけ、カトリック思想（一五％）、キリスト教実存主義（九％）、そしてマルクス主義（八％）であり、政治的にユルム校からも国立行政学院《エナ》からも中間の距離に位置づけられる。彼らの大部分（八四・五％）が何らかの宗教に属していると申告しているが、国立行政学院《エナ》生に較べると、カトリック教会に常時通っている者は少ない。文化実践についても、高等師範学校《エコール・ノルマル・シュペリウール》と国立行政学院《エナ》との間の均衡点を代表している。たいてい、『ル・モンド』紙を読んでいる（七一・五％）が、『フィガロ』紙を読んでいる者（六・五％）も少数ながらいる。しかし、『ユマニテ』紙の読者（一％）は極めて稀である。定期的に『ヌーヴェル・オプセルヴァトゥール』誌を読んでいる者（二七・五％）は数多い。『エクスプレス』誌を読んでいる者（二〇・五％）もいるが、国立行政学院《エナ》に較べると少なく、高等師範学校《エコール・ノルマル・シュペリウール》に較べると多い。ユルム校との違いは、ほとんど全員がスポーツをしていることであるが、芝居にも繁く通っている（古典が多い。モリエールの『ドン・ジュアン』、モンテルラン『亡き王妃』、アヌイ『ベケット』、チェーホフ『鴎』）。全体の四四・五％が年間に少なくとも四回観劇している。ユルム校では三九・五％、国立行政学院《エナ》では三七・五％である。[43]

　国立行政学院《エナ》における最頻数のカテゴリーは、高級官僚、民間セクターの指導者、自由業についている者の子息によって構成されている。このうち、最後の自由業は、グランドゼコール〈界〉における国立行政学院《エナ》の位置《ポジシオン》に相同的な位置《ポジシオン》を権力〈界〉において占めている。[44]国立行政学院《エナ》生は、パリに居住している者がきわめて多く（第六学級入学時にパリまたはパリ近郊に居住していた者が五六・五％）、他校生に較べると貴族出身者がはるかに多く（一九六四年から六九年にかけては、国立行政学院《エナ》では七・五％、高等商業学校《アッシュ・ウ・セー》では五・五％、理工科学校《ポリテクニク》では三％、ユルム校では二％）、私立学校に在学した者が相当数（二九・五％）いる。成績は可もなく不可もなく、高等師範学校《ノルマリアン》生や理工科学校《ポリテクニク》生に比して劣っているが、高等商業学校《アッシュ・ウ・セー》生よりは上位に来る。[45]思想傾向は、常に中道の領域に位置しており、とくに政治に関してそれがいえる。全員が『ル・モンド』紙の読者だが、高等師範学校生《ノルマリアン》にとっての知的雑誌と同様に、職業的修行の一部をなしている。マルクス主義を信奉している者は事実上皆無（一%）で、社会主義を信奉している者も稀（八%）である。極左は例外的存在（五%）である。逆に、四七%が中道左派か中道右派と考えていて、その比率は他のグランドゼコールよりも遥かに大きい(46)。キリスト教実存主義（一四%）やカトリック思想（一二%）に共感する者は多く、三九・五%の者がカトリック教会に常時行っていて、二一%の者が時々行っている。高等師範学校生《ノルマリアン》と同じレベルにあるのが観劇回数であり、しかし、コンサートに行く頻度はより低い。新聞は大いに読んでいるが、知的な雑誌（『エスプリ』誌は例外）の読書にあまり時間を割かない。むしろ、通俗的な経済・政治関係の雑誌に向かう（『経済問題』、『プロジェ』、『フランス政治科学評論』、『国防評論』他）。

こうして、位置空間《ポジシオン》は、思想傾向空間の内にかなり忠実な象徴表現を見いだす。こうした相同性がきわめてめざましい形で現れるのが、様々な学校の生徒による講演者名のリストによって示される人気度《パルマレス》である。これは、学校に講演に来てもらいたい五人の著名人を挙げるように求める質問に対する回答で、そこに、各学校が理想とするイメージが投影されていると読むことができる（**表8**参照(47)）。

文系の高等師範学校生《ノルマリアン》は、挙げる人名がきわめてまちまちで、悪ふざけによく走る。上位に来るのは、サルトルやリクールのような知識人や哲学者、レヴィ＝ストロースのような人文科学の専門家、ゴダールやブーレーズのような芸術家である。政治家の名前もよく挙げられるが、科学者出身が多く、マンデス＝フランスのようにもっとも知的教養の高い人物か、ドゴールや毛沢東のように歴史的な大政治家が

表８　講演に来てほしい人物　（%）

ユルム校(文系と理系)（96人）		セーヴル校(文系と理系)（69人）		理工科学校（100人）		国立行政学院(ENA)入学試験第1部門入学学生（69人）		高等商業学校（100人）		中央工芸学校（100人）	
サルトル	24	サルトル	29	ジスカール＝デスタン	34	マンデス＝フランス	45	マンデス＝フランス	59	マンデス＝フランス	24
マンデス＝フランス	22	ジャン・ヴィラール	20.5	サルトル	28	レーモン・アロン	16	ジスカール＝デスタン	58	ジスカール＝デスタン	22
ドゴール	14.5	ゴダール	16	ダリ	22	ドゴール	16	サルトル	21	ダリ	22
ゴダール	13.5	シモーヌ・ド・ボーヴォワール	13	ドゴール	21	ジスカール＝デスタン	16	ミシェル・ドブレ	15	ルイ・アルマン	18
ミッテラン	13.5	ジャン＝ルイ・バロー	11.5	ピザニ	19	サルトル	16	ポンピドゥー	11	サルトル	13
レヴィ＝ストロース	10.5	マンデス＝フランス	11.5	マンデス＝フランス	14	ゴダール	11.5	ゴダール	9	フラスティエ	11
ブーレーズ	9.5	ブーレーズ	10	毛沢東	9	ダリ	8.5	ミッテラン	9	ドゴール	9
毛沢東	9.5	ヴェーユ＝アレ	10	ミッテラン	7	ミシェル・ドブレ	8.5	ピザニ	8	ミッテラン	9
リクール	7.5	アラゴン	8.5	ルュエフ	6	ピザニ	8.5	ドゴール	7	ブリジット・バルドー	8
アラゴン	5	レヴィ＝ストロース	8.5	ゴダール	5	ブロック＝レネ	7	ドムナック	6	マルロー	8
レーモン・アロン	5	リクール	7	ヴァルデック＝ロシェ	5	マルロー	7	ルカニュエ	6	L・シュワルツ	7
ミシェル・ドブレ	5	ジャン・ロスタン	7	アルフレッド・カストレ	4	ミッテラン	7	マルロー	6	アントワーヌ	6
フーシェ	5	ジョルジュ・ブラッサンス	6	ピカソ	4	ピカソ	7	デフェール	5	アルフレッド・カストレ	6
ミシェル・フーコー	4	ピカソ	6			ポンピドゥー	7	アルチュセール	4	ポンピドゥー	6
ジスカール＝デスタン	4	サン＝ジョン＝ペルス	6			レヴィ＝ストロース	6	ブロック＝レネ	4	ジャン・ロスタン	6
ルカニュエ	4					マセ	6	フィデル・カストロ	4	レーモン・アロン	5
レーモン・クノー	4							エリ・フォール	4	L・ド・ブロイ	5
ジャン・ヴィラール	4							フロワラ	4	ゴダール	5
								ケネディー	4	ルプランス＝ランゲ	5
								ジャン・ヴィラール	4		

講演希望者の名前を正確に挙げて答えた100名の学生の統計
＊各人物については次頁の表を参照

表8のための訳注

日本語表記（姓、名）	生年-没年	
アルチュセール、ルイ（Althusser, Louis）	1918-1990	仏哲学者。
アントワーヌ（Antoine, Pierre-Antoine Muraccioli）	1944-	仏シンガー・ソング・ライター。
アラゴン、ルイ（Aragon, Louis）	1897-1982	詩人、小説家。
アルマン、ルイ（Armand, Louis）	1905-1971	高級官吏。レジスタンスに参加。
アロン、レーモン（Aron, Raymond）	1905-1983	哲学者、社会学者、ジャーナリスト。
バルドー、ブリジット（Bardot, Brigitte）	1934-	女優。『殿方ご免遊ばせ』など。
バロー、ジャン=ルイ（Barrault, Jean-Louis）	1910-1994	俳優、演出家。
ボーヴォワール、シモーヌ・ド（Beauvoir, Simone de）	1908-1986	仏哲学者、作家。
ブロック=レネ、フランソワ（Bloch-Lainé, François）	1912-2002	第二次大戦中、レジスタンスに参加。
ブレーズ、ピエール（Boulez, Pierre）	1925-	作曲家、指揮者。オリビエ・メシアンの弟子としてフランスの現代音楽を代表する作曲家。1970年代頃から、指揮者としても国際的に活躍した。
ブラッサンス、ジョルジュ（Brassens, Georges）	1921-1981	仏シンガー・ソング・ライター。
ブロイ、ルイ（de Broglie, Louis）	1892-1987	物理学者、ノーベル物理学賞受賞。
カストロ、フィデル（Castro, Fidel）	1926-	キューバ革命の指導者。
ダリ、サルヴァドール（Dali, Salvador）	1904-1989	スペインの画家。シュールレアリスムの代表的画家の一人。
ドゴール、シャルル（De Gaulle, Charles）	1890-1970	軍人。第二次大戦中、ロンドンに臨時政府を作る。
ドブレ、ミシェル（Debré, Michel）	1912-1996	政治家、仏首相。
ドフェール、ガストン（Defferre, Gaston）	1910-1986	仏政治家。フランス社会党指導者。
ドムナック、ジャン=マリー（Domenach, Jean-Marie）	1922-1997	カトリック作家。レジスタンスに参加。
フォール、エドガール（Faure, Edgar）	1908-1988	仏政治家。
フロワラ、シルヴァン（Floirat, Sylvain）	1899-1993	仏実業家。
フーコー、ミシェル（Foucault, Michel）	1926-1984	仏哲学者。
フーシェ、クリスチアン（Fouchet, Christian）	1911-1974	政治家、外交官。
フラスティエ、ジャン（Fourastié, Jean）	1907-1990	経済学者。
ジスカール=デスタン、ヴァレリー（Giscard d'Estaing, Valéry）	1926-	仏大統領(1974-81)。
ゴダール、ジャン=リュック（Godard, Jean-Luc）	1930-	映画監督。
カストレ、アルフレッド（Kastler, Alfred）	1902-1984	物理学者、電信電話関係の技術者、フランスにおける電信電話事業の創始者。1966年ノーベル賞受賞。
ケネディー、ジョン・F（Kennedy, John F.）	1917-1963	アメリカ合衆国大統領(1961-1963)。
ルカニュエ、ジャン（Lecanuet, Jean）	1920-1993	仏政治家。中道のフランス民主連合総裁。
ルプランス=ランゲ、ルイ（Leprince-Ringuet, Louis）	1901-2000	物理学者、電信電話関係の技術者、フランスにおける電信電話事業の創始者。
レヴィ=ストロース、クロード（Lévi-Strausse, Claude）	1908-2009	文化人類学者。
マルロー、アンドレ（Malraux, André）	1901-1976	作家。ドゴール政権下で文化大臣を務める。
毛沢東（Mao, Tsé-Toung）	1893-1976	中華人民共和国主席(1949-1959)。
マセ、ピエール（Massé, Pierre）	1898-1987	経済学者、高級官吏。
マンデス=フランス、ピエール（Mendès France, Pierre）	1907-1982	仏政治家。中道左派の理論的指導者。1954-55年、首相。
ミッテラン、フランソワ（Mitterrand, François）	1916-1996	仏大統領(1981-94)。
ピカソ、パブロ（Picasso, Pablo）	1881-1973	スペインの画家。
ピザニ、エドガール（Pisani, Edgard）	1918-	政治家。
ポンピドゥー、ジョルジュ（Pompidou, Georges）	1911-1974	仏大統領(1969-74)。
クノー、レイモン（Queneau, Raymond）	1903-1976	小説家、詩人、劇作家。
リクール、ポール（Ricoeur, Paul）	1913-2005	仏哲学者。
ロスタン、ジャン（Rostand, Jean）	1894-1977	作家、生物学者。
ルュエフ、ジャック（Rueff, Jacques）	1895-1978	高級官吏、レジスタンスに参加。
サン=ジョン=ペルス（Saint-John Perse, Alexis Leger）	1887-1975	詩人、外交官。ノーベル文学賞受賞。
サルトル、ジャン=ポール（Sartre, Jean-Paul）	1905-1980	仏哲学者、実存主義を唱えた。本書では、高等師範学校のハビトゥスを象徴する知識人として論じられている。
シュワルツ、ローラン（Schwartz, Laurent）	1915-2002	数学者。
ヴィラール、ジャン（Vilar, Jean）	1912-1971	俳優、演出家。
ロシェ、ヴァルデック（Rochet, Waldeck）	1905-1983	仏政治家、共産党員。
ヴェーユ=アレ、マリ・アンドレ・ラグルア（Weill-Hallé, Marie-Andrée Lagroua）	1916-1994	医者。

挙げられる。ジスカール＝デスタンやミシェル・ドブレといった保守の政治家が挙げられることは稀である。高等師範学校《エコール・ノルマル・シュペリウール》の理系の生徒は、理工科学校《ポリテクニク》の理系の生徒よりも、高等師範学校《エコール・ノルマル・シュペリウール》文系の生徒にはるかに近い。哲学者が占める割合が大きく、大科学者が挙げられることもある（グロータンディエック、モノー、シュワルツ、「ブルバキ」、オッペンハイマー、ハイゼンベルク）。理工科学校《ポリテクニク》生があげることは滅多にない名前である。理工科学校《ポリテクニク》生と違う点は、また、芸術にしろ、文学にしろ、現代的な人物（ブーレーズ、シュトックハウゼン、クセナキス、イオネスコ）が選ばれる頻度が遥かに高いことである。

男には政治を与え、女には審美的なもの、とりわけ哲学よりも「女らしい」とされる文学をあたえるという、性別による分業に沿う形で、女子校のセーヴル校生は、政治分野に対して文化の分野への選好をいわば極限までもっていく。上位一五名の講演者名の内、政治家はたった一人、マンデス＝フランスだけである。先頭に来るのは、ユルム校と同様、ジャン＝ポール・サルトルである。しかし、男子と違って、演劇人（ヴィラール、バロー）、芸術家、映画人、音楽家、著名な女性、とりわけ、シモーヌ・ド・ボーヴォワールやヴェール＝アレ・ラグル博士のようにフェミニズム運動で活躍している女性を多く挙げている。

ここでもまた、理工科学校生《ポリテクニク》は、高等師範学校生《ノルマリアン》と国立行政学院生《エナ》との中間的位置《ポジシオン》を占めている。国立行政学院生《エナ》と同じように、特に政治家の名前が挙げられる。筆頭に来るのが、母校の卒業生、ジスカール＝デスタンであり、そのあとにドゴール、ピザニ、マンデス＝フランス、毛沢東、ミッテランが続く。しかし、知識人に対して僅かながらより強い関心を示している。特にサルトルである。

理工科学校《ポリテクニク》生が挙げる作家、画家、作曲家の大部分は、すでに評価が定まっていて、古典に属する者も多いが、前衛的な人物が幾人か挙げられることもあり、ごく少数だが、ブーレーズ、ベケット、ビュトール、ロブグリエ、アルチュセール、ピエール・シャフェ、クセナキスなど、国立行政学院《エナ》のリストには載っていない人物を名指す者もいる。

国立行政学院《エナ》生（受験による入学生）、そしてとりわけ高等商業学校《アッシュ・ウ・セー》生は、高等師範学校生《ノルマリアン》の対極に位置する。国立行政学院《エナ》生が挙げる名前は、とりわけ政治家で、左翼よりも保守系の政治家が多い。他を引き離して先頭に来るのがマンデス＝フランスで、他に、ジスカール＝デスタン、ドゴール、ミシェル・ドブレ、ピザニ、ポンピドゥーがいる。また、遥かに数は少ないが、テクノクラートの理想像を体現する高級官僚の名前も見え、ブロック＝レネ、ピエール・マセ、ポール・ドルゥヴリエがいる（また、例外的だが、ロスチャイルドやプジョーのような民間セクターの経営者も見える）[48]。知識人では、サルトルとバランスをとるようにレーモン・アロンがいるが、セーヴル校のリストにはまったく上がってこないし、ユルム校では一〇位に来ている。大衆から見て前衛芸術家と言えるピカソやダリに肩を並べてマルローが登場している。各分野について、最も偉大な名前だけが、評価の固まった支配的な名前だけが挙げられる。そして、高等師範学校《エコール・ノルマル・シュペリウール》とは異なり、前衛の名前（ゴダールだけが例外）が発せられることはない。これらの未来の高級官吏が自分たちに抱いているイメージが、よい意味での折衷主義の中に凝縮されている。たとえば、次のような回答、「レーモン・アロン、ミシェル・ドブレ、ピエール・マセ、ピエール・マンデス＝フランス、サンジュール」（高級官僚の子息）。あるいは、次の回答が表現しているのは、危険に巻き込まれないようにしようとする配慮であり、立派な国家公務員が堅持しなければならないと想定されているあの「中立的な立場」に、政治的見解の相違を越えて身を持していようとする意思である――「ポンピドゥー、マンデス゠フランス、エドガール・フォール、セドゥー、ジスカール゠デスタン」(高級官僚の子息)。ジスカール゠デスタンがマンデス゠フランスと均衡をとるかのように挙げられる、こうした慎重で、折衷的で、奇跡的とさえ言える選択は、賛成の立論と反対の立論の二つの部分に分かれていなければならない小論文における均衡の原則に沿ったもので、未来の「国家の大いなる奉仕者」(そしてまた、公共や民間の大企業の指導者)にいかにも似つかわしいものである。国家の奉仕者は、その公的役割についての公的な表象によれば、利害と「組合主義」との間のバランスをとり、有能で変わらぬ中立的態度で、政治的に対立する政府に仕えなければならない。彼らの発想が依拠している文化や政治に内在する哲学は、文化に政治的基礎と機能を与えるものだが、それは、彼らが入試に受験する際に小論文で引用する著者のリストによって表現されている哲学と調和しており、そこにはレーモン・アロン(長い間、パリ政治学院《シアンス・ポ》の教授だった)も登場するのである。そして、一緒に並ぶのがモンテスキューであり、ヴァレリーであり、アランであり、トクヴィルであるし、ミシェル・ドブレとアルベール・カミュが、サルトルやシモーヌ・ド・ボーヴォワールよりも遥かに上位をしめるのである。

事実、著者の選択と分類の原理を供するのは政治であり、同時に、形式的な属性への配慮は全くなされない。そのようなわけで、一九七二年、経済金融省の職業訓練・向上センターにおける国立行政学院《エナ》入学準備講座は、二〇世紀の作家を以下のようなカテゴリーによって分類している。「伝統主義者」――サンテグジュペリ、ジョルジュ・ベルナノス、アンリ・ド・モンテルラン、「新王党派」と「ネオ・

ファシスト」――シャルル・モーラス、バレス、ブラジヤック、「新しいユマニスムの探求（シモーヌ・ヴェーユとエマニュエル・ムーニエにおける「二〇世紀の人格主義と革命」）に賭ける作家たち」。教科書に必ず載るような作家たちの祭壇リストと、国立行政学院《エナ》入学準備向け教科書の中で割かれている説明文の長さを見れば一目瞭然である。ティヤール・ド・シャルダン神父（人間の領域と神……あの二つの奥深い情熱の融合の探究）、三頁、ブラジヤック二頁二分の一、ベルナノス二頁二分の一、ヴァレリー二頁、シャルル・モーラス二頁、ペギー（「民衆と友愛への傾斜」）二頁、ジロドゥー二頁、ジュール・ロマン二頁、アンリ・ド・モンテルラン（「スポーツへの大いなる愛好」）二頁、アンドレ・マルロー二頁、ジャン＝ポール・サルトル二頁、アルベール・カミュ二頁、アラン一頁三分の二、モーロワ一頁三分の二、フランソワ・モーリアック一頁三分の二、モーリス・バレス一頁三分の二、ロジェ・マルタン＝デュガール一頁三分の一、ジョルジュ・デュアメル一頁三分の一、ロマン・ロラン一頁三分の一、アントワーヌ・ド・サンテグジュペリ（「禁欲主義」）一頁、アナトール・フランス一頁。受験生に出題されるテキストのリストも同じ原理に沿っている。「一九四五年から一九六五年の間に、出題委員会は三二六八のテキストを出題し、七七五人の著者を取り上げている。出題委員会にとって出題の宝庫となっている著者が何人かいる。モンテスキュー（一〇八回、その内、一九四五年一〇月の特別入試だけで一五回出ている）が筆頭に来る。それにすぐ続くのが、ヴァレリー（一〇五）であり、次に、アラン（九三）、トクヴィル（六七）、ルナン（六六）、レーモン・アロン（四五）、アナトール・フランス（三八）、テーヌ（三七）、ペギー（三五）、ナポレオン一世、ジュール・ミシュレ、アンドレ・ジークフリード、シモーヌ・ヴェーユ（三四）が来る。また注意に値するのは、ジャン＝ジャック・ルソー（四五）がヴォルテール（三二）より上位に来ることで、プルードン（四三）が、マルクス（一三）、レーニン（三）、スターリン（三）、トロツキー（五）、毛沢東（一）に較べて圧倒的に頻度が高い。二〇回から三〇回出題された作家は次のようになる。マキアヴェリ、モンテーニュ、パスカル、ラブリュイエール、シャトーブリアン、バンジャマン・コンスタン、ギゾー、バルザック、サント＝ブーヴ、ジッド、ベルクソン、レオン・ブルム、ジロドゥー、ルネ・グルーセ、オルダス・ハックスレー、アルフレッド・ソヴィ。一〇回から二〇回出題された作家は、ガブリエル・アルダン、バンヴィル、バレス、バンダ、ジョルジュ・ベルナノス、クルティウス、ジョルジュ・デュアメル、ジャック・エリュル、リュシアン・フェーブル、フェヌロン、ギィエルモ・フェレーロ、フュステル・ド・クランジュ、ガクソット、ゲーノ、ヴィクトル・ユゴー、ジョレス（ゲード、一）、ベルトラン・ド・ジュヴネル、ラマルティヌ、ルイ一四世、モーロワ、ニーチェ、パレート、プレヴォ・パラダル、リヴァロル、ロベスピエール、（ダントン、一）、ジュール・ロマン、ジャン・ロスタン、サンテグジュペリ、ジョルジュ・サンド、スタンダール、ティヤール・ド・シャルダン、ティボーデ、テュルゴ、ヴォーヴナルグ、ヴォダル・ド・ブラッシュ。アルベール・カミュ（一九回）は、エマニュエル・ムニエ（八）、サルトル（六）、シモーヌ・ド・ボーヴォワール（五）よりも上位にある。ミシェル・ドブレ（一九）は、ドゴール将軍（一一）に対して水をあけている。一九七二年から一九八二年にかけては、出題頻度数の高い上位二人と下位二人を見るだけで、著者の選択が変わっていないことが確認される。ジュヴネルが先頭に来る。次がアルベール・カミュである。ドゴール将軍は、ミシェル・ドブレを追い抜き、ポンピドゥーはといえば、トクヴィルと肩を並べる。テュルゴ、ロベスピエール、ナポレオン、ギゾー、マルクス、ニーチェ、ルナン、テーヌ、ジョレス、ペギー、レーニン、レオン・ブルム、アラン、ヴォーヴナルグ、ヴァレリー、ソヴィー、シャトーブリアン、バルザック、ミシュレなども健在である。しかし、時代の変化に伴って、新参者が現れる。ロジェ・ガロディ、ルヴェル、ジョベール、マキオッチ、ル・ロワ・ラデュリ、フェルナン・ブローデル、フィリップ・アリエス、メール、レジス・ドブレ、ペイルフィット、アレクサンドル・ジノヴィエフ、ドムナック、アラン・トゥーレーヌ、アルベール・コーエン、ミシェル・トゥルニエ……いつものように、有名人気取りの無名人は除くことにするが」（cf. J.-F. Kesler, *op. cit.*, p.93-94）。

国立行政学院生《エナ》と同様、高等商業学校生《アッシュ・ウ・セー》はとりわけ政治家を迎えることを希望している。ジスカール＝デスタン、マンデス＝フランス、ミシェル・ドブレ、ポンピドゥー、ミッテランなど。実質的に、大企業の社長を希望するのは彼らだけである。シルヴァン・フロワラ、ブルーステイン＝ブランシェ、ベガン、プルーヴォ、ダソーなど、大物の創業者に属するカテゴリーから選ばれている。高級官僚の名（ブロック＝レネ）を挙げるのは例外的である。文化や知的分野における彼らの選択は、古典的なものにとどまり、ときに凡庸な教養に極めて近くなっている。また、とりわけ雑多である。たとえば、「ガロディ、サンギネッティ、マルロー、ヒッチコック、ティクシエ＝ヴィニャンクール」（会社社長の子息）、あるいは「ミッテラン、サルトル、ミシェル・ドブレ、ブレッソン、オレゾン神父」（医学分析研究所所長の子息）[49]。

さまざまな学校の生徒が、職業選択を問われたときの答えにも同じ論理が観察される（財政監察官、上級士官、病院医師、ソルボンヌの教授、控訴院弁護士、大企業技師、大企業社長、著名な演出家）。国立行政学院生《エナ》は、財政監察官を一位にもってくる。しかも、社会的出身が上であればあるほどその傾向が強い。二位に来るのが、演出家、三位が病院医師である。それに対して、理工科学校生《ポリテクニク》は、国立行政学院生《エナ》が六位に置くソルボンヌの教授を最上位にもってくる。二位が演出家、三位が病院医師であり、財政監察官は五番目にすぎないのである。中央工芸学校生は、会社社長を一位にもってくる点で、五位におく理工科学校生《ポリテクニク》と違う。

職団精神《エスプリ・ド・コール》

納得していただいたかどうか分からないが、実証主義を信奉する民族学の形態の一つである、個別記述が盲信しているように、そのみるからに特異な形態のうちにあらかじめ構成された対象を微細にかつ見かけ上だけで網羅的に探査したからといって、対象の特徴がとらえられるわけではなく、その中に入り込んで弁別的で差異的で関係的な属性を保っている空間を方法的に構築しなければならない。ありふれた直感や生半可な知識による記述が生み出す恣意的な絶対化と袂を分ってこそ、様々な学校を、その閉じた小社会のもつ真実の内に理解できる。それは民族学が慣れ親しんでいる孤絶した世界にも似て、同じ生活スタイルの特徴を帯び、文化的レフェランスや倫理的政治的価値観の整合的で弁別的なシステムにおいてだけでなく、身体的ヘクシス〔特徴〕、服装、言語表現、あるいは性的習慣においても把捉可能なスタイルをもっている。だからこそ、個別の研究書を書くことを誘発するところがあり、また、外見上は、それを正統化するのである。

グランドゼコールの各校は、とりわけ母校出身の師に委任された相互選出《コオプタシオン》の実践を通してハビトゥスの同質的な集団《クラス》を選別し、それを濃縮する。あるいは、学校が「身内の者を認める」といってもいいだろう。

「認める《ルコネットル》」という語の二重の意味においてだが、身内の者たちをその弁別的なアイデンティティの内に区別するとともに聖別化するのである。学校システムの選ばれた者たちの「エリート」の内部に設けられる下位集合としてのアイデンティティである。[50] アイデンティティは、定義からして差異なので、その関係的な実存の中で永続することができるためには、その実体的現実体の変化を受け入れなければならない。たしかに、高等師範学校生《ノルマリアン》は、今日、『ユマニテ』紙を二〇年前、六八年の出来事が起こる直前の頃ほど読まなくなり、テニスに興じるようになった。しかし、それと同じくらい確かなことは、高等師範学校生《ノルマリアン》を理工科学校生《ポリテクニク》や国立行政学院生《エナ》に対立させていた原理は、根本的には変化していないし、構造的には同じ価値をもっていた過去の差異と同じ論理によって直ちに理解できる差異のシステムの中に表現されているのを見いだすべきなのである。

社会学的な考察が誘発する誤解の多くは、カッシーラーによる区別を借りるならば、関係的な思考に実体的な読みをほどこすところから基本的に来ている。たとえば、テニスが社会空間の中間的領域と下部領域に普及したことをもって、スポーツ実践空間の限定された状況の中、時代のある任意の時点において、テニスが卓越した価値を引き出していたとする記述に対する反駁がなされる例である。行為者やグループは、彼ら自身が相対的に規定されているのであり、彼らに附帯する属性は、それらが組み込まれている諸関係内部において、かつそれらの諸関係によってのみ、その意味と価値をもつのである。ある実践、ある対象、あるいはある話し方《ディスクール》がそれ自体で上品だったり下品だったり、あるいは、高尚だったり俗だったりすることは決してない。上流の常識感覚はそう信じるようにしむけているが、そうではなくて、あくまでも他の対象、他の実践、他の言説とそれらがもつ関係の中においてなのである。したがって、次のようなことも起こりうる。

正統的文化の正統的経験に内在している本質主義的絶対主義とは裏腹に、高尚なもの《ノブレス》、卓越性《ディタンクシオン》、文化、人間的秀抜さをめぐる理想は（同じ文化的伝統の只中でも、ましてや、異なった社会的圏域《ユニヴェール》においては尚更）、別の、更には正反対の属性や実践、話し方に結びつきうる。それは時代の変化によることもあれば、同じ時代においても、本質的に関係的であるこれらの実体が実際にはめ込まれている卓越性《ディタンクシオン》の関係が異なることによることもある。卓越性《ディタンクシオン》という語自体にしても、いつでも理解されてきたことではないが、本質的に関係的観念である。それが、社会的慣習の中では、実体的で、本質的な意味作用へと歪められているのである。たとえば、卓越性《ディタンクシオン》の関係は、財力をこれみよがしに誇示することによって（言葉によってか、服装によって、あるいはまったく別の象徴的顕示によって）、表現されることがある。貧困から自己を区別することだけが問題になるときである（美、とりわけ女性の美は、肥満に結びつくことがある）。卓越性《ディタンクシオン》の関係が、誇示することを多かれ少なかれこれ見よがしに拒絶することによって表示されることもある。控え目であること、簡素であることの価値がなにかにつけて、消費や表現の節約の中で肯定されるのであり、成り金や成り上がりがあらゆる形態の誇示的消費に傾く傾向に相関しているのである。そして、そのあとも無限に続くことになる。賛否は想像がつく限りの転倒を繰り返すのである（性的なモラルの近年の変遷をめぐって、それを示すこともできるだろう）。こういったからといって、限界があるのではないかと問うことを禁じるものではない――とはいえ、我が国のテレビ哲学者たちが、テレビの中でテレビ文化の弊害を批判する時に用いる用語よりは素朴でない用語を用いるべきだが。というのも、知的、あるいは芸術〈界〉の相対主義的遊戯から生まれた事物や言い方の中には、それを生んだ条件やそれらの内在的構造ゆえに、相対主義的な還元に対して限界の問いを促すからである。

心構え《ディスポジシオン》を根本的に規定しているものの視点に立ってできるだけ均質なグループに生徒の流れを配分することは、すでに見たように、最頻数のハビトゥスに属する者（高等師範学校《エコール・ノルマル・シュペリウール》では教員の子息のハビトゥス、高等商業学校《アッシュ・ウ・セー》では大企業経営者の子息のハビトゥス）に、そのようにして構築された文化的閉鎖によって社会的楽園の魅了された経験をもたらしてくれる。そこでは各人は、周囲の一人一人に同類を認知する可能性が極めて高く、社会的にあまりに近い隣人なので、周囲にもう一人別の彼自身を愛することができる（卒業生の追憶に語られてやまない失楽園へのノスタルジーは、それを表明する者がその後同じように「完璧な」圏域《ユニヴェール》を決して見いだすことができなかったことを図らずも語っている。つまり、彼らの心構え《ディスポジシオン》にそんなにも完璧に適応した圏域《ユニヴェール》である）。似たような、あるいは隣接した心構え《ディスポジシオン》を授かった同僚と常に長時間にわたって対面するならば、共有している心構え《ディスポジシオン》と価値観が各人の内で強化され、それを通して、自己の価値に対する信頼感が強固にならないではおかない。例外的なグループに属している感激に養われた自己への確信は、祝福された確信と分かちがたく、聖別行為によってさらに倍加する。公的に制度化された卓越性《ディタンクシオン》は、エリート生徒たちを選別されたグループとして構成し、それを通して、社会的に認知された社会的エリートとして構成するのであって、彼らはそのことによって、差異の感情が課す実践へと仕向けられ、またその実践が一層差異を強化する傾向がある。

あらゆる社会的グループの中でも、学校をベースにして構成された集団、それも、そのようなものとして認知され正当化された強力な社会的相似性の下にまとめられた個人群に共通するアイデンティティと免状の付与によって制度化された集団は、おそらく家族に最もよく似た集団である。そして、事実、青年たちの間に友愛の高密度で持続的な情緒的絆が必然的に結ばれ、実によく調律された青年たちに全てがあらかじめ「互いに理解しあえる」ように用意されていると、そのような情緒的絆は、集団的連帯感に対して自然な外観をもった基礎を与えるのである。[51] ちょうど、従僕グループにとっての家族的感情に似ている。学校機関が操作する集団的隔離は、たぶん、情動の社会構造化の稀に見る強力な操作子であり、また、同僚間の友情や愛は、あの、特別に貴重な種類の社会関係資本の構成がまというる最も確実で最も隠蔽された形態の一つである。つまり、「同期生」の名の下に学校的に同年齢層階級が制度化されており、その構成員間のあらゆる種類の連帯と交際の持続的原理となる学校的人間関係が、そこにおける社会関係資本なのである。愛は、いつでも部分的には、「友愛」や学校的「姉妹愛」と同じように、「職団」の特別な形態の表出である。ハビトゥスは、身体的構えの内部に肉体化された社会的位置《ポジシオン》として、(生物的な意味で)肉体を接近させたり、遠ざけたりするのであり、二人の人間の内に、身体化された社会的位置《ポジシオン》関係に対応した誘引や嫌悪感を刻印するのである。このようにして、集団化と隔離の学校的メカニズムが、そのもっとも模範的な形態を提示してくれるのがグランドゼコールの〈界〉であるけれども、このメカニズムが、今日、隠された媒介の一つになって、それを通して社会的同族結婚が遂行されるのである。ラリーや舞踏会、そして、その他の、承認された出会い圏の境界を画定する制度化された慣習にもまして、学校的分類のアルゴリズムは、それが産出する社会的に同質な同僚のグループを通して、同類同士の接近を容易にし、とりわけ、「好ましくない人たちとの交際」を排除しようとするのである。そうした交際は、いつでも好ましくない結婚の脅威を内包していて、学校的選別作業の進行が進んでいなければいないほど、すなわち、教育の初等レベルにおりていけば行くほど、可能性が高くなるのである。また、グランドゼコールの共学の進展〔たとえば、一九八〇年代にセーヴル校は女子校ではなく、共学になった〕は同族結婚を強化するだけであると考えられる。[52]

しかし、さらに深いところでは、同類たちの長期間の共生によって助長される、他者や一グループ全体を通した自己愛は、「職団精神」と呼ばれるものの真の基盤である（家族愛は、その特別な場合である）。実際、一グループの価値観への魅せられた加盟こそが、そのグループを、構成員間の連帯と統合を強化するあらゆる種類の交流を行う用意のできた、統合集団として構成するのである。このような構成員は、「みんなのための一人、一人のためのみんな」という言葉にしたがって、他の全ての構成員が保有している資源を各人のために使用するような気持ちを持続的に持ち合わせている。「職団精神」という、まったく驚くべき観念は、教会法学者の神秘的な言葉を思い起こさせるが、それは、主観的な関係を指すものであり、集団構成員が生物学的な一つの肉体〔corps biologique〕内部に身体化された社会集団〔corps social〕となって、職団〔corps〕との間に維持する主観的な関係なのである。構成員は、彼の集団のために直接的に、かつ奇跡のように実にうまく適合している。この職団精神は社会的資本形成の条件であり、あの集団的に所有された資源、統合されたグループの各メンバーが他の全メンバーによって個別に所有されている資本への参加を可能にしてくれる資源である。(53)

道を外れた者、道に迷った者

残るは、職団と職団精神とを生産する学校的入団と隔離の社会的メカニズムが挫折者を生み出すという問題である。社会的位置《ポジシオン》とその位置《ポジシオン》を占めている者たちの精神との間の相同性が完璧であるためしはないし、学校群の諸属性とその生徒たちの諸属性との間の恒常的な弁証法は、グランドゼコール〈界〉の変化、そしてまた権力〈界〉の変化の主要な決定要素の一つである。生徒集団の社会構成に関わるいかなる重要な変化も学校の現実と表象の変化を引き起こすし、その逆も真なのである。道を外れた軌跡は、一部の生徒を本来嘱望され約束されていた位置《ポジシオン》とは正反対の極に導く。たとえば、高等商業学校《アッシュ・ウ・セー》に迷い込んだ教授や小学校教員の子息であり、高等師範学校《エコール・ノルマル・シュペリウール》へと道を外れた銀行家や産業経営者の子息がそうだが、そうした軌跡は、自分たちの圏域《ユニヴェール》にとどまっていれば蓋然性の高かった未来に到達できなかった者たちの中断された軌跡と同じように、おそらく、権力〈界〉変容の、そしてまたこの〈界〉の特別なセクターである文学〈界〉や芸術〈界〉のようなセクター変容の最も重要なファクターの一つである。

出身位置《ポジシオン》と到達位置《ポジシオン》との間の乖離、遂行された逸脱の方向と幅は、到達グループの最頻数部分集団の実践と表象に対する主観的な距離感を通して直接に感じ取られるものであるが、反動的な位置《ポジシオン》選択の原理（原動力）にもなりうる。とりわけ政治的な反動であり、そのため、同じ出身でありながら、（社会学的に）「生来の絆」を見出した個人の位置《ポジシオン》とはきわめて異なる位置《ポジシオン》となる。権力〈界〉は、方向づけられ階層化された空間であることから、交差した軌跡が生む結果は、その方向にしたがって異なったものになるが、いつでも、不安定な位置《ポジシオン》、座り心地が悪い位置《ポジシオン》に導くのであり、思想傾向自体も不安定で、動揺しやすく、たえざる躊躇、あるいは結末としての回帰に向かいがちなのである。

　そのようなわけで、実社会の支配的な極に方向づけられた移動では、客観的あるいは主観的に到達グループに成功裏に統合されるに至った場合には、グループの最頻数の実践と意見への適合を伴い、過度な同一化にまで至ることがある。客観的に、あるいは主観的にうまく統合されなかった場合には、反動的な反―同一化が起こりやすい。ことごとくが、新たな圏域《ユニヴェール》のなかで場所を得なかったか、そう感じている者が、彼らを排除するものを排除し、自分の運命を自己選択に変貌させるしか方法がないかのようであり、出身グループの最頻数の軌跡に連合した批判的立場を極限まで押し進めるのである。こうして、小学校教員や教授の子息が、普通彼らをあまり見かけないような学校、国立行政学院《エナ》や、とりわけ高等商業学校《アッシュ・ウ・セー》に身を置くと、大半の同級生のように中道右派や中道左派に位置《ポジシオン》を占めることは実際上決してなく、高等師範学校《エコール・ノルマル・シュペリウール》の「仲間」のように、極左か左翼になるのが大部分である。ところが、彼らのごく一部には右翼を自称する者が出る（それに、労働者の子息もそうである。たとえば、高等商業学校《アッシュ・ウ・セー》には労働者の子息が四人しかいないが、一人を除いては、右翼か中道右派である[54]）。

権力〈界〉における実社会の支配極から知的学校へと導く移動はといえば、ことごとくが、次のような想定を助長する。彼らは、たとえ自ら選択した改宗とみなし、そのように生きているときでさえ、心の奥底では失墜を感じているのである。事実、過剰な同一化の結果、あるいはあまりにありふれた思想信条の凡庸さを無意識的に拒否する結果かもしれないが、一種のエスカレートによって、大ブルジョアジーの「道を外れた者」たちは、彼らを受け入れてくれた圏域《ユニヴェール》において差し出された位置《ポジシオン》の中でも最も「ラディカルな」位置《ポジシオン》を選びとることがよくある。このようにして、産業・商業関係の経営者の子息は、国立行政学院《エナ》なら決して左翼や極左になることはないし、高等商業学校《アッシュ・ウ・セー》でもかなり稀なのだが（どちらにせよ、権力〈界〉の別領域から来た生徒に較べれば遥かに少数）、セーヴル校やユルム校では、左翼に同調することがきわめてよくあり（五人の回答者の内の四人までがそうであった。そして四人の無回答者がいる）、マルクス主義に共感する者が多い（他の学校でこの選択をするのは、庶民階級か中産階級出身の生徒だけである）。ユルム校では、右翼を選択するのは例外的であるが、同じ出身の生徒が、高等商業学校《アッシュ・ウ・セー》では右翼を選択すること（四人に一人〉がよく見られるのである。このようにして、権力〈界〉の支配極出身の生徒で、彼らの出身圏域《ユニヴェール》で暗黙の内に認められ、彼らの無意識にも密かに残っているヒエラルキーに対して逆方向の選択をした生徒は、このヒエラルキーに従った選択をした者よりもさらに、出身グループの最頻数の選択から離れる傾向がある。この効果の例をもう一つあげると、技師と自由業者の子息は、たいていの学校では、日頃熱心に教会に行っていると言う者はめずらしいが、高等師範学校《エコール・ノルマル・シュペリウール》では、どんな宗教にも属さないという者が（比較的）多く、自分たちの伝統に忠実なら、日頃熱心に教会に行っているという者が多くなる。このような効果がとりわけ観察される分野は、知的な身構えを正当とする「規範」が、より明確に確立している分野である。知的な〈界〉においては模範的人物や雑誌などを通して確立しており、学校自体の〈界〉においても政治的見解、宗教、思想に関して形成されたグループ（グループ・タラ〔**学生隠語集**参照〕、共産党細胞など）を通して確立しているのである。スポーツや社会的遊戯のように体制的な圧力から自由になった実践分野においては、彼らは消滅する傾向にある。

　このようにして、偶然か自由の結果のようにみえるかもしれない実践や意見を社会学的に把捉するためには、次のように想定しなければならない。一定の数のケースでは――社会世界の中での一定の位置《ポジシオン》が、それと相関した利害と共に賭けられている時だけでなく、この位置《ポジシオン》との幸福な、あるいは不幸な一定の関係が賭けられているときにとりわけ言えるのだが、位置《ポジシオン》に対する実践的関係の原理は、実のところ、個人の軌跡と、出身カテゴリーにおける最頻数の軌跡との間の客観的乖離に存するのである。すなわち、遂行した軌跡の傾きと、蓋然的なキャリアの最頻数の傾きとの間の乖離で、後者の傾きは、ハビトゥスの最深部に書き込まれて残っているのである。選好として、性癖として、気質として、期待を生み出す（我慢したり、希望を持ち続ける）性向として書き込まれているのであり、それが、うまく適応していたり、遊離していたり、満たされたり、失望したりするのである。グランドゼコールの生徒の場合、そしてより一般的にも言えることだが、この乖離は、様々な蓋然性の中のあり得るケースとして、あるグループの中で場所を得ているという感覚を通して具体的に感じ取られる。あるいは、場違いなところにいるという感覚を通して感じ取られる。そこにいることがあり得ないような実際的な隔壁の中で乖離が感じ取られるときである。それは、そこにおいて最も蓋然的な心構え《ディスポジシオン》との関係で、居心地の悪さとして、あるいは反発として体験される。「道を外れた者」の反動的な行動は、この効果の一例である。権力圏域《ユニヴェール》内に生を受けた彼らにとって、王道からの乖離はどのようなものであれ、出発点へ連れ戻されることであり、自己の社会的存在の中にとどまろうとする社会的に構成された性向に衝突するものである。そこから帰結することは、「相続人」が知的な、あるいは芸術的な人生へと導く、道を外れた軌跡へと飛び込んだときは失敗する権利はないのである。すなわち、他の人々にとっては通常の成功だったり、（教授としての通常のキャリアのような）理想的な成功でさえ挫折なのである。彼らは過激になるしかないし、行き過ぎ、華々しい大胆さに向かうしかない。それだけが、実社会の確実なものを断念したことを正当化できるのである（象徴的な革命や、昔であれば宗教的異端、より最近であれば大きな芸術的断絶などがその例である）。そして同様に、彼らが社会的に振り分けられている道に進んだときでも、そこで凡庸な成功しか納められなければ、他の者たちにとっては栄光の座であっても、その位置《ポジシオン》を恨みがましく受け取ることしかできない。そのようなわけで、ナンシーやサンテティエンヌ国立高等鉱業学校や、あるいは中央工芸学校や国立農学院でさえ、産業・商業関係経営者の子息は、高い比率で右翼や極右の位置《ポジシオン》に身を向けるのである。それに対して、同じ学校でも、あるいは、もっと下のランク、国立高等農業学校や、国立高等郵便電信電話学校、リール国立高等工芸学校、更には、二流の師範学校においてさえ、中産階級や庶民階級出身の生徒は左翼の位置《ポジシオン》を選ぶのである。つまりこういうことである。学校の効果に見えるかもしれないもの、同級生グループの構成員や、集団的圧力の直接的束縛に結びついているように見えるかもしれないものが理解できるのは、グランドゼコールの空間を参照することによってのみなのである。この空間が、大部分の軌跡の出発点と到達点、経済的あるいは文化的権力の様々な位置《ポジシオン》の空間との関係の中で、体験の生きた意味を限定するのであり、それは、社会空間内の様々な移動に社会的に与えられた意味を決定することによってなのである。

以上のようにとらえられたグランドゼコールの空間は、客体的な構造の錯綜した網状組織として現れる。その構造化を促す必然性が課する様々な戦略を通して、持続的に、一定の支配構造の生産と再生産が遂行されるのである。この支配構造は、客体的な差異と距離の集合として理解される一定の社会空間であり、その差異と距離は、多かれ少なかれ直接に主観的距離に翻訳され、正当なものとして多かれ少なかれ完全に認知されるのである。考察は、様々な異なる権力と栄光を再配分し、社会秩序の構成要素である秩序関係を生産・再生産する任務を負った学校集合を一つの全体として理解することを構想としてもっていたが、事後的に、考察の原理にあった方法論的選択を有効であったと追認する。実際、考察が証明してくれることは、この全体が上述のような効果を生み出すのは、それ自体が、階層化された差異空間として機能するかぎりでのことで、その機能と効果を理解できるのは、それを構成するとともに、個別の各学校にその比重と差異化する効果を割り当てる構造的・機能的対立諸要素の錯綜した多様性の中で、一つの全体として理解することが絶対の条件なのである。

グランドゼコール〈界〉は、客観的かつ主観的な切断と距離を制定する。この切断と距離が乖離や敬意を生む原理であるが、それは次のものの間に設けられる。すなわち、まずは入試の難関を突破し、大きな門《グランドポルト》を通過した、立案と監督を行う官僚と、それを受けて執行する官僚との間である。後者は、技術者で、文化領域とともに行政、経済分野においても二流の学校に在籍しただけである。その次には、高級官吏職団《グランコール》のカースト内部で、補完的であるとともに比較不可能な役職に結びついた様々に異なる位置《ポジシオン》の間である。部分的に独立した階層化原理の複数性が存在するために、権力〈界〉内部での万人に対する万人の闘争に歯止めがかかるようになっている。また、競争のなかに、ある形式をもった相互補完性を促し、それが、支配業務の分業のなかに真の組織的連帯を基礎づけるのである。精神的権力の保有者と現世の権力保有者との間の敵対関係は、権力〈界〉の両極化の主要な原理を構成しているが、その敵対関係でさえ、機能的な連帯を排除するものではなく、学校教育の最近の危機において見られたように、それが姿を現すのは、階層的秩序の基盤自体が脅かされたときだけである。

しかしながら、この再生産様態は、他のもっと古い様態と較べたとき、特別に複雑な支配構造に特有な要求にめざましく適応しているようにみえる。なぜなら、唯一の単線的なヒエラルキーではなく、部分的に自律的な複数のヒエラルキーをもつヒエラルキーに依拠しているからだが、そのように見えるにしても、その機能の統計的な論理からして恐るべき矛盾を抱えてもいるのである。この再生産様態が、最も強力な効果を発揮できるのは、とりわけ正統化においてだが、それから利益を引き出せると希望できる特権をもっている者たちさえ、しばしば度外れな努力と絶え間ない不安を押しつけないではおかないのである。――しかも、緊張が完全に消えることは決してないし、むしろ、権力の再配分への貢献が大きければ大きいほど、それは全ての人にかきたてる希望と、僅かの人間にしか与えることのできない満足の間で高まっていくのである。

第2章

構造的歴史

一九六七年に実施されたグランドゼコールの〈界〉についての研究は、二〇年後、どのような有効性をもっているのだろうか。また、今日、高等師範学校生《ノルマリアン》が『ヌーヴェル・オプセルヴァトゥール』誌を前よりも読まなくなり、『リベラシオン』紙（当時は存在していなかった）の方を読むようになり、あるいは、高等商業学校《アッシュ・ウ・セー》〔HEC〕から毛沢東派が姿を消し、未来のエナルク〔国立行政学院卒業生をこう呼ぶ。ENAから来ている名称〕が、彼らに授けられている教育に抗議している（穏健な抗議だが……）[1]からといって、このような仕事は過去のものになった時代の歴史的記述としてしか意味がない、あるいは、古いデータに依拠しているが故にその意義はすっかり失われていると言うべきだろうか。以上のような論拠に立った発言をする者は、科学的な仕事の最も表面的な側面、すなわち見た目だけの価値に沿った諸事実の記述だけしか見ていないし、社会学者や歴史学者の任務をジャーナリストのそれ、一時的な価値しかない対象をとりあげ、一時的な価値しかない言説を弄することだと考えていることを告白していることになる。実は、隠された構造とメカニズム、それが事象の永続と変容を確かなものにしているのだが、この構造とメカニズムに注意を払うことによって、一時的で偶然的な幻を越えることができるのである。でなければ、機能上の入れ換えや構造上の等価物があることに眼が行き届かずに、日々の話題を独占しているもの、たとえば最近の国立行政学院《エナ》〔ENA〕入学試験改革とか高等師範学校《エコール・ノルマル・シュペリウール》〔ENS〕の新任校長にいつまでも注意を奪われたままでいることになる。

　しかし、どんなに厳格な歴史学者であってもいつでもこうしたその場限りの見方を免れるわけではない。とりわけ、空間の全体が、切り抜かれた対象の中にも実際にその効果を通してたしかに現れていることから（経営者集団、大学、あるいは行政上層部のような各セクターの中の権力〈界〉全体のように）、空間全体を把捉しないままに、欠落した文脈による誤推理《パラロジスム》とでも呼ぶべきものに陥るときがそうである。こうした錯誤

〔fallacy〕のパラダイムを提供しているのが、中産階級出身の学生の比率が大学で増加していることをもって「民主化の進行」を示していると考え、同時併行的に文学部が構造的衰微にあることを見ないですますような研究者である。正しくは、高等教育機関の〈界〉構造の変容全体――そしてまた、特にグランドゼコールの従属〈界〉を頭に入れておかなければ、特定の教育機関における生徒の社会的出身別比率の変化といったような、外見上は単純極まりない事実であっても的確に解釈できないのである。

そのようにして、ある学校が「民主化」したのかどうかの測定を試み、たとえば、ロバート・J・スミスが示した第三共和政時代の高等師範学校《エコール・ノルマル・シュペリウール》に関する数値と我々の研究が割り出した数値[2]とを比較してみることができるかもしれない。しかしながら、R・J・スミスが提案する算式にしたがって再計算した労働者の子息の比率がごく僅か増加した（ついでに言えば、ゼロからゼロに近い数字に変化しただけ）ことを確認したからといって、そこからどんな結論を出すにしても、あらかじめ同じ時期にたどった高等師範学校《エコール・ノルマル・シュペリウール》の構造的位置《ポジシオン》の推移を検討しなければならない。同じような批判的注意深さをどんな比較にも適用しなければならない。それが、様々に異なる時期の高等教育に職をもつ高等師範学校生《ノルマリアン》の比率にせよ、様々に異なる時期における、文系と理系の高等師範学校生《ノルマリアン》の社会出身別比率の違いにしても同じである。

構造的変数と不変数

最初の調査時点から遠ざかったことで有利になるのは、二〇年経過したことで、高等教育機関の〈界〉構造がどの程度に保持されたか、そして、どの程度にこの〈界〉構造が歪んだのか、あるいは変形したのかを観察してみる計画をたてられるからである。そこで、一九八四年―一九八五年度における生徒および学生の社会階層の入学比率統計に依拠しながら高等教育機関（大学の学部、グランドゼコール、工業技術短期大学ＩＵＴ）の構造を把捉し、それを、一九六六年―一九七〇年度について同様の基礎データに基づいて描出される構造と比較することができる。

分析の対象にしたのは、一九八四年―一九八五年度に、国民教育省の統計調査・研究課が八四の教育機関について実施した調査のデータである。(3) 調査対象となった八四の教育機関は権力〈界〉の異なった諸領域に関与的な位置《ポジシオン》を占めており、その関与特性が、全ての機関について入手可能な唯一の情報、父親の職業による生徒の分布によって示されている（国立行政学院《エナ》については、この点についての回答が得られなかったが、学校の事務から、複数の入学試験についての受験者、合格者、入学手続者の社会的・地理的・学歴的特徴に関するデータが得られた）。最初の調査のサンプルをそのまま単純に表示して形式的に比較を試みるのではなく（どちらにしても、それは不可能だった。パリ政治学院《シアンス・ポ》〔ＩＥＰ〕、国立司法学校、パリ医学インターン、中央工芸学校、東洋語学校、公証人学校数校のように、調査に対して、あるいは関係の質問に対して回答しなかった学校があったからである。高等商業学校《アッシュ・ウ・セー》のように、回答があまりに簡略だった学校もあった）、実質的に比較できるようにつとめたが、この時期を通じて急増した商学系と経営学系の学校により大きな比重を与えることになった。六〇年代における〈界〉の分析と同様、今回の分析にも限界がある。主に、生徒の入学以前の成績について信頼でき、かつ比較可能な指数が不在なためである。その結果、得られた分布表は、学歴の本来的に学力的な価値よりも、商品的価値に一層密接に対応したものとなった。パリ高等経済商業学校《エセック》〔ESSEC〕、リール高等商業企業経営学校〔ESCAE〕、あるいはヨーロピアン・ビジネススクールさえ、公立学校の社会的特徴だけにしたがって決定されたヒエラルキーの中で、学力的ヒエラルキーの頂点に位置するユルム校や理工科学校《ポリテクニク》よりも高い位置《ポジシオン》を占めている。

学校機関の分布は、一九六八年以前の時期について作成された分布に極めて近い全体構造を示している。ようするに、当時と同様に、親の職業の分布はかなり正確に社会空間内の職業の分布を再現しているのである（**図11**と**12**参照）。第一のファクター（全体慣性は三一・五％）は、継承資本の総額（一方の極に上級管理職の息子、他方の極に労働者の息子が配置される）によって学校を位置づけ、支配階級出身の子息が顕著に多い学校（ヨーロピアン・ビジネススクール七六％、パリ高等経済商業学校《エセック》七四・五％、国立行政学院《エナ》第一部門七二％）と、きわめて少ない学校（工業技術短期大学二二・五％、文学部二七％、リール国立高等化学学校三三％）とを対比させる。このヒエラルキーの頂点には、学力水準が最も高いグランドゼコールがあるが、学力的には要求度の高くない商学系や経営系の学校も過去にくらべて遥かに数多く見出される。これ

図11　高等教育の〈界〉（1984-1985年）
（主要変数）

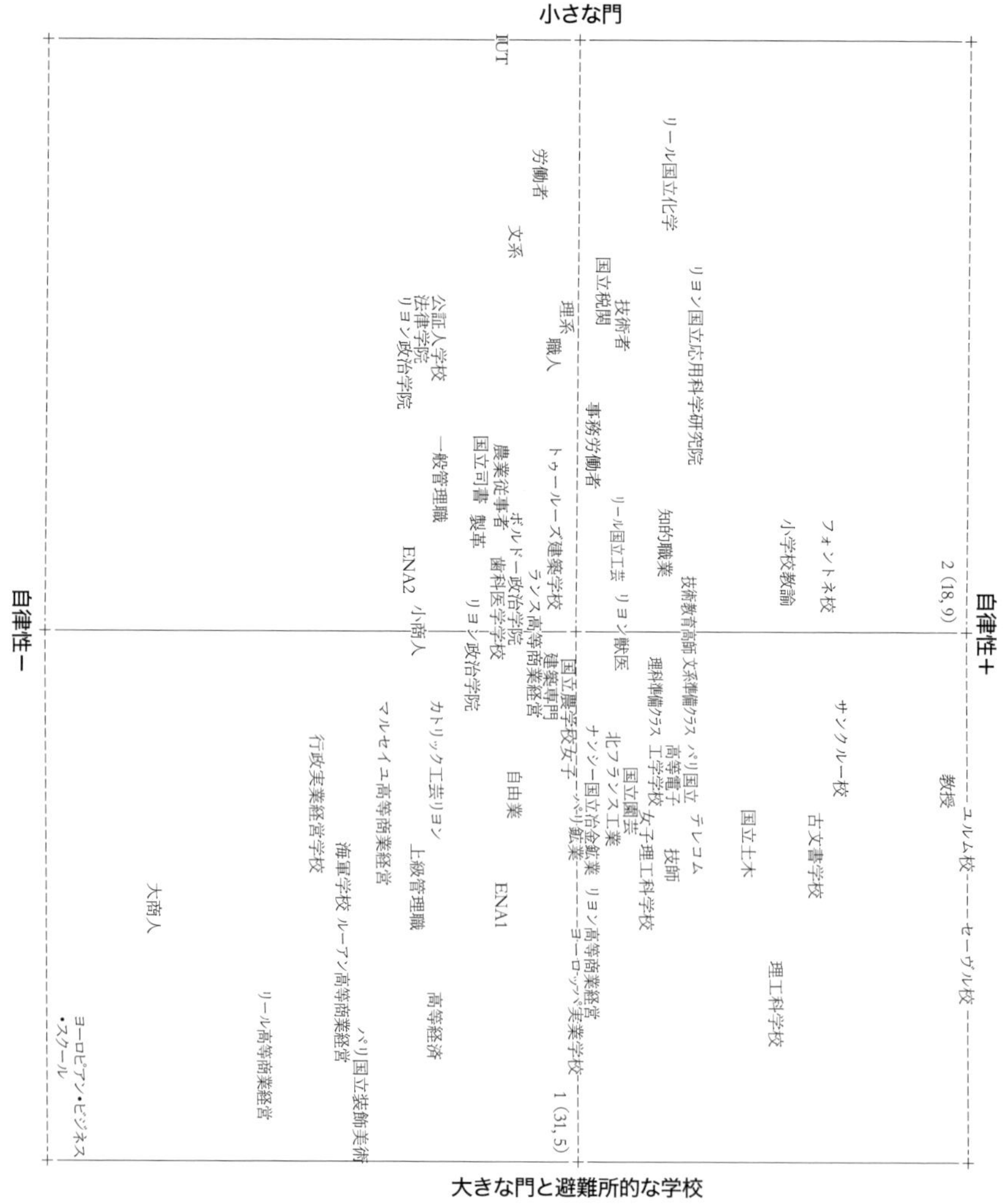

図12　在学生の社会的属性
（主要変数と補足変数）

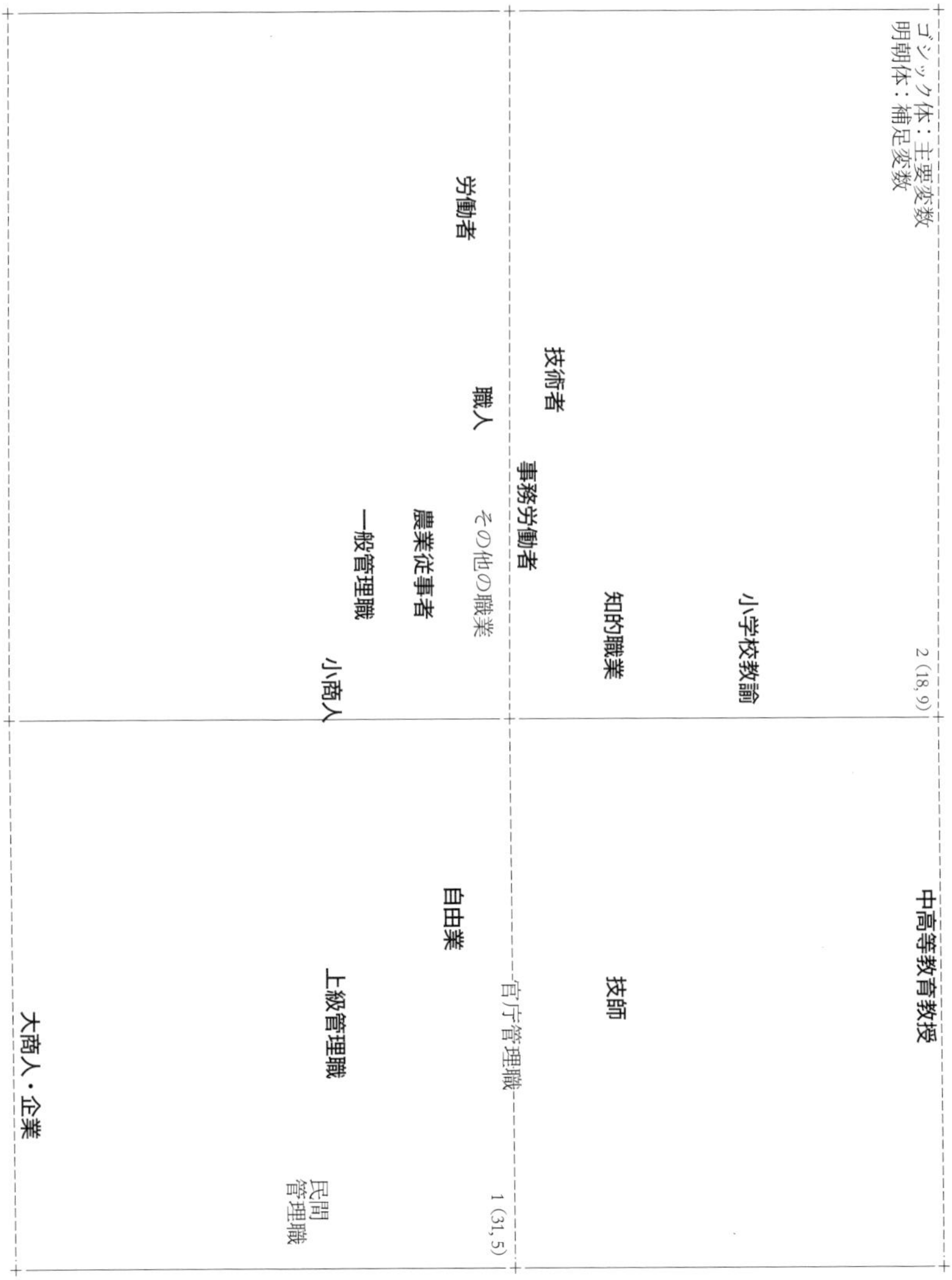

らの学校は、最難関のグランドゼコールの入試に失敗したが、ランクの下の群小専門学校《プティットゼコール》や大学学部に身を落とすのを拒否した、権力〈界〉の支配的領域出身の学生にとっても避難場所になっている。

　座標空間の第二の次元においては、教育や研究職にむけた養成にあたる学校機関と、技師や農学関係の学校、ほとんどが公立であり、強力な学力選別を行う学校が、前の時代と同じように、経営学や商学、行政学の学校に対立している（そしてまた、対立の度合いは弱くなるが、芸術、建築学系の学校とも対立する）。一方の側には、高等師範学校《エコール・ノルマル・シュペリウール》ユルム校、サンクルー校、フォントネ校、古文書学校があり、他方の側には、リール高等商業企業経営学校〔ESCAE〕、ヨーロピアン・ビジネススクール、実業行政経営学校があり、第二ファクターの構成に最も強力で絶対的な貢献を果たしている。このファクターは、慣性が一九％だが、前の時代にすでに見られた論理――継承資本の構造分布の論理――に支配され、教授や小学校教員の子息を、産業・商業関係経営者の子息に対立させている[4]。

　ようするに、主要な対立は、一九六八年の激動にもかかわらず、六〇年代から八〇年代にかけて維持されたのである。六八年の出来事は、高等教育機関の〈界〉構造に革命をもたらすどころか、構造を強化する傾向をもった個別のあるいは集団的な反応に有利に働いたようである。しかしながら、一まとまりの〈界〉の変形が観察される。それをどう解釈するかは慎重さを要する。本来的に社会的ヒエラルキーの頂点に恒常的におかれている学校では、社会空間の支配的領域出身の子息の比率がさらに上昇している。その結果、これらの学校を群小専門学校《プティットゼコール》や大学から隔てている乖離が拡大したのである。この傾向は、パリ政治学院《シアンス・ポ》のような分析対象に含められなかった学校についても観察され、一般事務員や下級公務員の子どもの比率が著しく減少し、高級官僚の子息の割合が上昇している。この減少は、競争の激化と学校による選別方法の強化に相関しているが、投資感覚を持つことが、恵まれた環境にいる子どもに有利に働いていることの結果である。投資感覚が、学校志望選択を有効に行い、場合によっては学力本位になると避けられない障害を入学時に回避するためにますます必要とされているのである。この点はよく見て取れる。たとえば、パリ・ドーフィヌ大学の場合、選別制度を取り入れた結果、それだけで評価と魅力が増して、教育内容や教育方法とは一切無関係に恵まれた環境出身の学生の比率が顕著に上昇したのである。[5] 同じ論理が、おそらく、学力選別の強化と相まって、高等師範学校《エコール・ノルマル・シュペリウール》ユルム校とサンクルー校との乖離が大幅に縮小したことを説明してくれる。まるで、大学の学部に流刑されるのをいかにしても逃れたいという必要性が重くのしかかる中で、かつてはブルジョアジーの子どもにとって、評価の落ちる、明確に教育分野に就職先を限定する学校を志望することは身を落とすことだったが、それを禁じていた敷居が取り払われたかのようである。[6]

ここで適用された方法は距離とその変化の正確な測定を可能にするものではないが、どこから見ても、継承された資本および卒業証書の社会的価値に関して、大きな門《グランドポルト》と小さな門《プティットポルト》との間の乖離は著しく拡大したと考えてよい。もっと具体的にいえば、権力の学校としての国立行政学院《エナ》、パリ政治学院《シアンス・ポ》（ここでは数字に出てこないが）、高等商業学校《アッシュ・ウ・セー》、パリ高等経済商業学校《エセック》が一方にあり、他方には、諸々の文系学部、理系学部、そして法学部もまたそうであるが、そのような教育機関があり、両者の間の乖離が拡大しているのである。法学部の場合は、女子学生の増加とともに入学者の社会階層が低下し続けている。さらにつけ加えれば、専門性の強い群小専門学校《プティットゼコール》、国立高等郵便電信電話学校、国立税関学校、国立司法学校、そして工芸系の学校、リール国立高等化学学校、応用科学系の国立学院は言うに及ばないのである。これらの学校は、かつてプチブルジョアジーの子息たちに公共関連機関で出世を窮める希望を与えてくれたものだった。ここには、まずは様々な異なった学校機関への入学者が差異化しながら増加した結果がある。様々な学校機関の学生数増加は、当該期間の初期において選別度が高かった学校ほど僅かであり、大学学部の学生数は大幅に増加する一方で、入学準備クラスや最難関のグランドゼコールの生徒数は事実上増加しなかった。その結果、相対的に稀少性の点において学校間の乖離が顕著に拡大したのである。

一九五〇年から一九七二年の間に、大学学部、とりわけ文学部と法学部の学生数が急激に増加している。特に顕著なのが、一九五九年から一九七二年にかけてである。増加率は大学全体で三・六%、文学部だけでは四・三%である。他方、入学準備クラスは全体で一・七%である（図13参照）。増加は、サンクルー校やフォントネ校のように「難易度が中位の」グランドゼコールを志望するクラスの方が、最難関の学校を志望するクラスよりも顕著である。たとえば、特別数学クラス〔理工科学校《ポリテクニク》を志望する生徒が入る〕の生徒数は一・三%しか増加していない。一九六〇年―六一年度においては、学部学生の四人に一人が入学準備クラスに新たに入っていたが、一九七二年―七三年度では、九人に一人しかいない〔入学準備クラスに入るものは、しばしば学部にも登録している〕。一九七二年以降になると、大学学部における学生数増加は大きく抑えられる。特に理系だが、これには幾つか要因があり、その一つは、一九六六年―六七年度に工業技術短期大学〔IUT〕が創設されたことである。その学生数は一九七四年―七五年度まで急激に増加した（一六四四名から四万一九四九名になる）。この傾向は、中等教育の終了時点から観察される。普通課程による大学入学資格試験合格者《バシュリエ》の増加は穏やかである（一九七二年を一〇〇として一〇五）が、技術系大学入学資格試験合格者《バシュリエ》の数は顕著に増大している（一〇〇にたいして一六三）。

図13　大学、技師養成学校、商業・経営学系学校在学生数の推移
(1950-1984年)

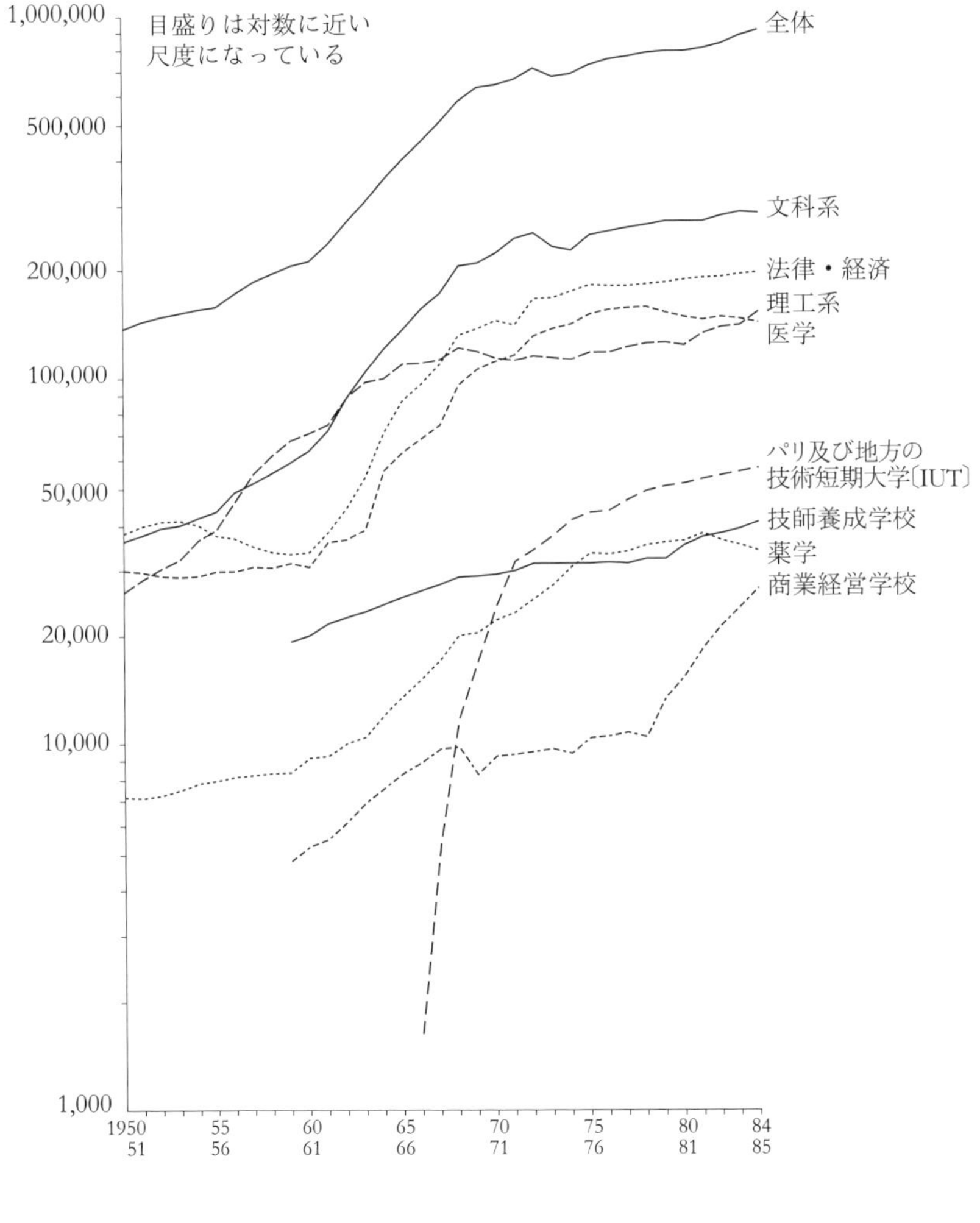

表9　社会的出自から見た高等教育機関在籍者の分類

父親の職業	大学：工業技術短期大学（IUT）	大学：理学部	大学：文学部	大学：法学・経済学	大学：薬学	大学：医学	入学準備クラス：文系準備クラス	入学準備クラス：理系準備クラス	入学準備クラス：リセ名門校・文系	入学準備クラス：リセ名門校・理系
農業賃金労働者	0.7	0.5	0.5	0.5	0.3	0.2	—	0.2	—	—
農業経営者	9.0	6.5	4.6	5.5	6.8	3.5	2.1	3.7	0.9	0.4
サービス業従事者	1.7	0.8	1.0	1.0	0.5	0.5	1.0	0.6	0.5	0.4
未熟練工	1.3	0.8	0.8	0.7	0.3	0.4	0.2	0.3	0.2	—
単能工、鉱夫	8.3	3.7	3.5	3.6	1.8	2.1	1.7	2.1	0.6	—
熟練工	9.8	5.8	6.2	5.8	3.1	3.1	3.6	3.6	2.8	1.8
現場監督（職工長）	4.8	2.4	2.2	2.2	1.6	1.6	2.6	2.6	2.4	1.2
職人	4.8	3.0	3.0	2.8	3.2	2.6	2.6	3.3	1.3	2.8
小商人	4.4	4.5	4.3	4.6	5.8	4.5	2.7	2.4	2.8	1.3
事務系労働者	9.8	8.3	8.9	8.9	6.2	6.4	8.8	8.0	4.3	4.8
職工	6.8	4.8	3.8	3.6	3.3	3.6				
医療・社会保証関係業務	0.6	0.6	0.9	0.8	0.8	0.8				
中級管理職	6.8	8.0	7.5	8.6	7.2	7.6	19.4	18.3	14.4	12.0
小学校教諭・教授・知的職業	2.5	3.6	3.2	2.3	2.9	2.9				
工業実業家、大商人	2.0	2.2	2.6	3.2	3.4	3.1	2.7	3.2	2.3	4.8
上級管理職	6.7	10.1	10.1	13.7	14.6	16.1				
技師	4.1	7.2	4.8	4.4	8.6	9.1	41.6	42.1	59.6	62.8
文系・理系教授	2.4	5.2	5.0	3.0	4.7	5.0				
自由業	2.2	4.9	5.7	7.3	13.1	13.2				
その他	5.5	6.2	7.5	5.5	3.7	4.4	3.5	3.2	1.9	2.5
無職	1.8	2.6	2.9	3.3	2.8	3.5	7.4	6.4	6.0	5.1
無回答	4.1	8.3	10.9	8.7	5.3	5.9				
総計	100.0	100.0	100.0	100.0	100.0	100.0	100.0	100.0	100.0	100.0

用いた資料：国民教育省、情報・統計研究課、統計・調査中央課、大学課、統計研究グループ、「フランスにおける高等教育、1959年−60年度から1977年−78年度の統計と変化研究、『研究と資料 Études et documents』80年2月。Tableaux et informations, fascicule 5-3 à partir de 1967-68 et Informations statistiques, n° 19, 23, 27 et 44 pour les années antérieures ; 国民教育省、情報・統計研究課、統計・調査中央課、Liste descriptive des établissements publics d'enseignement de second degré（indique depuis 1964-65 les effectifs des élèves inscrits dans les classes préparatoires par établissement）; 国民教育省、情報・統計研究課、統計・調査中央課、Enquête 13, 1980-81 dans les classes préparatoires ; 国民教育省、Repères et références statistiques sur les enseignements et la formation, édition 1986, Paris, Imprimerie nationale, 1986 ; 国民教育省、Notes d'information ; S. Breillot, « Les écoles d'ingénieurs regroupées par niveau principal de recrutement : Évolution sur vingt ans des effectifs », in Ministère de l'éducation nationale, Éducation et formations. Études et documents, 1, oct.-déc. 1982, p. 47 ; 国民教育省、secrétariat d'État aux universités, service central des statistiques et sondages, données statistiques sur le développement des effectifs de l'enseignement supérieur en France depuis 1960, Études et documents, 31, 1975; INSEE, Annuaire statistique de la France, Résumé rétrospectif, Paris, INSEE, 1966（pour les effectifs des universités de 1950-51 à 1963-64）et Annuaire statistique, 1984.

医学部では、一九七八年—七九年度以来継続的に減少し、薬学系も一九八二年—八三年度以降同様。技術系学校の学生数（特に、応用科学系の国立学院のような、専門が明確でない学校）は全期間にわたって漸増しているが、特に一九五九年—六〇年度から一九六七年—六八年度にかけて急増し、一九六九年—七〇年度から一九八四年—一九八五年度にかけて落ち着いた後、近年再び増加している。商学系の学校は、全体として一九七〇年代末まで相対的に穏やかな増加を示していたが、一九七七年—七八年度から一九八四年—一九八五年度にかけて倍増して、一万三三〇〇人から二万七〇〇〇人に達している。

全期間にわたって、年々、最難関のグランドゼコールへの合格者数の比率を上げているパリの有名リセの生徒数は、実質上増加していない。一九六四年—六五年度と一九八〇年—八一年度を比較すると、ルイ＝ルグラン校の入学準備クラス（文系と理系）に在籍している生徒数は八八〇人から九三七人、サンルイ校では一〇二七名から一一一〇名、アンリ四世校では、五六五人から六九二人に変化している。女子生徒は、一九六四年―六五年度においてはこれら三つの有名リセの生徒数の四・七%を占めるにすぎなかった（ルイ＝ルグラン校には女子生徒がいなかった）が、一九八〇年―八一年度には、入学準備クラス生徒数の二八・二%に達している。女子生徒は、特に文系クラスと生物学系部門に多く、ルイ＝ルグラン校のMクラス（数学クラス）、Pクラス（物理学クラス）に在籍する生徒の一一・六%にあたり、サンルイ校の一九・四%にあたっている（女子生徒は、男子生徒よりも年齢が若干低く、入学準備クラスに席を並べているのは、おそらくきわめて学業優秀だからだろう）。そこから帰結する競争の激化が、これらの学校の入学者の社会階層をたかめることになったのだろう。支配的カテゴリー出身の生徒の比率は、パリの有名リセのMクラス（数学）、Pクラス（物理学）の七〇%近い。一九六七年―六八年度の我々の調査では五五%から六五%の間にあったのである。

　学力レベルにおいて最も名声の高い学校群の入学者の社会階層が、競争激化の結果として上に移行すると共に、あるいは移行にもかかわらず、グランドゼコール〈界〉の二つの極の間の社会的距離は拡大した。乖離は、おそらくこれまでなかったほど、心構え《ディスポジシオン》のレベルにおいても、思想傾向にレベルにおいても、拡大したのである。一方の極には、伝統校にしろ新設校にしろ権力の学校があり、実業ブルジョアジーの子息たちが学業的障害を回避しながら、一定形式の聖別を確実に受けられるようになっており（とりわけ経営学の学校にそれがいえる。これらの学校は座標の右側に移動している）、他方の極には、高等師範学校《エコール・ノルマル・シュペリウール》や理工科学校《ポリテクニク》のように、知的な名声著しいグランドゼコールで、唯一、新参の支配者とともに、行政的・経済権力をめぐる競争ができるようにしてくれる学校がある。各校における、権力〈界〉に対応する位置《ポジシオン》出身の生徒の比率、つまり、高等師範学校《エコール・ノルマル・シュペリウール》における教授の子息、理工科学校《ポリテクニク》における技師および管理職の子息、国立行政学院《エナ》の高級官僚の子息、高等商業学校《アッシュ・ウ・セー》における産業・商業関係経営者の子息の比率は著しく高まっており、各校の均質性と自己閉鎖性を強めている。

最近二〇年来の高等教育学校機関の〈界〉に生じた構造的変化についての、以上のような最初の外観的把握をさらに越えて行くには、次に、この圏域《ユニヴェール》に影響を及ぼした二つの主要な変容を記述し、説明しなければならない。一つは、国立行政学院《エナ》の相対的比重の増加である。この学校は、卒業生が行政〈界〉、政治〈界〉、経済〈界〉において位置《ポジシオン》を獲得していることを梃子にして、グランドゼコール生が争奪している位置《ポジシオン》をますます高い比率で奪取し、それによって、〈界〉全体に深く進行している変容の中で決定的役割を果たしている。また、もう一つは、経営、マーケティング、広告、ジャーナリズム、コミュニケーションその他の新しい学校機関全体が発展してきたことである。これらの学校は、時勢にあった時に登場し、それぞれ別個に、しかしながら客観的に時を得た数々の戦略に仕えているが、実業ブルジョアジーの青少年や彼らの家族が増大する学力競争の厳しさをかわすための戦略にもなっている。

覇権戦争

特定の学校機関を対象とした個別研究が十分に蓄積されていないのが痛感されるのは、権力〈界〉の再生産に直接影響を及ぼすグランドゼコール群に生じた変化を理解しなければならないときである。この変化は、高等教育学校機関の圏域《ユニヴェール》内部においてグランドゼコールが構成している構造を把捉して初めて理解できる。変化の根底にある競争は、いうまでもなくグランドゼコール同士の間で各瞬間に定まる力関係の構造によって規定されている。一つの学校機関が自らの位置《ポジシオン》を確保するか改善するために展開できる戦略を左右するのは、固有の資本、分かちがたく社会的であり且つ学校的でもある資本のもつ総体的規模であり、また、この資本の構造、すなわち学校が保証する能力の代替しがたい稀少性によって測られる学歴資本と、現在・過去の在学生がもつ現時点での資本、あるいは潜在的な社会的価値に結びついた、本来的に社会的な資本との相対的比重である。構造的歴史は、社会的ヒエラルキーと学校的ヒエラルキーの中での相対的位置《ポジシオン》に応じて様々な異なった学校機関の間で定まる客体的関係を把捉しようとするものだが、そのような構造的歴史だけが、たいていは恣意的で偶然的な出来事の系譜的な継続しか人が見ないところに、変ることなく繰り返される、必然的なプロセスがもつ論理を認識しうるのである。だからこそ、驚かずにいられないのは、一見したところ時代も社会的場所も異なる二つの歴史の間の類似性である。一つは、一八八一年を起点として、高等商業学校《アッシュ・ウ・セー》が商学と経営学の学校の従属〈界〉にヘゲモニーを確立するに至った歴史であり、もう一つは、一九四五年を起点として、国立行政学院《エナ》がグランドゼコールの〈界〉にほぼ君臨するに至った歴史である。

高等商業学校《アッシュ・ウ・セー》は、大学から独立した自前の教育機関を持ちたいという、パリ商工会議所と実業界の焦慮から（私立校としてこの役目を果たしていた中央工芸学校をモデルとして）生まれたが、長い間、弱小の学校と見なされていた（サンシール校〔士官学校〕分校と呼ばれていた）。この学校は、出身に恥ずかしくない社会的成功を求められていた生徒たちに学業上の挫折（大学入学資格試験か、難関高等教育機関の入学試験での挫折）を取り繕う方法を提供する学校だったのである。そんな学校が、他の商学系学校よりも優位な位置《ポジシオン》を獲得したのは、個別のレベルや集団のレベルにおける、象徴資本の蓄積にむけた数々の戦略を集中させたためである。他校の中には地方校ではあったが、設立がもっと古い学校もあったのである。高等商業学校《アッシュ・ウ・セー》に、本来は一流校向けの特権や栄誉のあれこれをあたえる発案が積み重ねられた。たとえば、軍事教練の必修化やレジオン・ドヌール章、戦功賞などである（戦功賞は、一九二七年に厳かに授与され、身近なライヴァル校、サンシール校に対して、自らの位置《ポジシオン》を固めるのに役立った）[7]。また、栄光をまとわせる祭典の行事が数多くある。二〇世紀初めに開始され、一九六六年―六七年度まで継続された年度末の閲兵式（学生の行進）や、公共の広場での生徒の儀礼的な馬鹿騒ぎなど、グランドゼコールだけが誇らしげに行う行事の数々を実施し、学校を世に知らしめたのである。さらに挙げておかなければならないのは、有名な高等商業学校《アッシュ・ウ・セー》のパーティである。それは学校自体を商業的に喧伝する企画で、一カ月以上も生徒を動員し、実践的なマーケティングの演習をさせる。祭典の準備がそのまま職業訓練になるのである。超一流校の生徒との出会いの機会を提供するのが、スポーツ交流である。交流はフランス国内（理工科学校《ポリテクニク》、中央工芸学校）から、外国（ロンドン・スクールオブエコノミックス、ミラノ、ミュンヘン、アムステルダム、ローザンヌ、ストックホルムの大学、ヨーロッパの多くの商学系学校など）まで広がった。最後にあげなければならないのは、卒業生の校友会が組織し巧妙に連携された種々の企画である。その目的は、実業界市場において学校の卒業証書の価値を固めることにある。交友の連帯意識を合理的に活用する就職斡旋活動によって実践的に進められるとともに、象徴的にも、華やかな行事、宴会、チャリティーショー、創立記念儀式などによって進められる。そうした機会には校友会は、最も栄誉ある会員（アルベール・ルブラン、ポール・レーノーなど）を誇らしげに紹介するのである。また、企業の管理職やトップにむけた雑誌の編集もなされる。しかし、この学校は、実業世界での評判を向上させることを目的としたこうした活動だけでなく、学校が大学〈界〉と経済〈界〉の間に置かれ不安定な位置《ポジシオン》にあることから、逆の方向への努力もたえず行うように導かれるのである。

高等商業学校《アッシュ・ウ・セー》の存在自体が大学の正統性への抗弁であり、挑戦になっているにもかかわらず、大学から正統性のお墨付きを授与してもらうように働きかけるとともに、公権力からは、他の商学系学校との競争に優位にたてるような制度的な措置を獲得するのである（すなわち、場合に応じて、公教育省〔国民教育省の旧称 Instruction publique〕、大学評議会、その他正統性を授ける諸機関からである）。こうして、高等商業学校《アッシュ・ウ・セー》は、両大戦間に、大学入学資格試験に失敗した生徒のためにそれに代わる代替措置を得ようと手を尽くし、それに成功しないとなると、著名な教授の支援を得て、グランドゼコールの上位に自らを位置づけようと努めるのである。

競合している様々な学校機関の客体的な勢力関係、また、それに戦略的な工作を加える努力が歴然となるのは、ある学校が一方的に新制度を設ける時である。そうでなければ、ある準公式的な裁定機関（グランドゼコール協会など）や国家機関が、異なった学校機関の発行する証書を同等なものと見なしたり、学校間の生徒の移動を可能にする措置を講じたりする時のこともある。その狙いは、象徴資本の蓄積を企てるあらゆる試みに共通している論理によって、他校を排除するか、自ら退くことによって距離を置くことにある。一九一四年、高等商業学校《アッシュ・ウ・セー》は、入学準備クラスをはじめて開設し、フランス全土に広告を出すことによって、他の商学系グランドゼコールとは異なることを宣言する。全国規模の生徒募集をするという正面切った思い上がりに対する他校の反発を前にすると、学校は、自校生の年齢が上であり、学歴上のランクも上である（大学入学資格試験）と主張し、全ての商学系グランドゼコールが集まる合同会議への出席を拒否するのである。戦後まもなくすると、高等商業学校《アッシュ・ウ・セー》は、他校に対して優位な位置《ポジシオン》をさらに確かなものにするため、二年次から直接入学して、免状を取得できるコースを設立する。次に来るのが、試験の開始、さらには入学試験、そしてとりわけ修了年限の延長である。最後の措置は、他の措置と同様、教育上の純粋な必要性から来たというよりは、〈界〉の中での競争による結果に由来する。(8)

象徴資本を、それが拡大していると信じ込ませることよって拡大させることを狙った戦略は、いつでも、幾分かのはったりを含んでいるものである。その成功は、ひとえに象徴資本拡大に対する信頼感にかかっている。高等商業学校《アッシュ・ウ・セー》が他の商業学校と格差をつけようとしてとった戦略が成功する蓋然性が高かったのは、戦略の対象となっている者たち、すなわち、入学の可能性のある生徒やその家族の側に、学校が確立しようと狙っている格差を進んで認知する心積もりがあったからである。たとえば、複数の入学試験に合格したら、他校よりも高等商業学校《アッシュ・ウ・セー》を好んで選んだのである。学校当局は、格差を認知してくれるこうした行為によって権威を高めることができ、格差を知らしめ、認知を高めるための一致団結した運動を、時には裁判にも訴えて企て、新たな認知を雪だるま式に促進していったのである――雪だるまが逆の方向に転がると、パニックの結果を生み、信頼の危機が兆し、それはいわば自己拡大を否応なく続け、象徴的破産にまで進むものである。

国立行政学院《エナ》はグランドゼコールの〈界〉全体に君臨するように謀り、とりわけ、高等師範学校《エコール・ノルマル・シュペリウール》を教授や知識人を再生産するだけの学校に格下げし、理工科学校《ポリテクニク》さえも純粋にテクニカルな、すなわち下級の役職向けの学校へとしばしば追いやったが、そのプロセスは多くの点で、高等商業学校《アッシュ・ウ・セー》を商学や経営学の学校のトップクラスに持ち上げ、今日、経済〈界〉における支配的な位置《ポジシオン》を国立行政学院《エナ》（そして、パリ政治学院《シアンス・ポ》）とともに争うことを可能にしたプロセスに類似している。ある学校の奇妙な逸脱の軌跡を具体的な細部において分析することは、おそらく不可能である。この学校は、公明正大に表明され、おそらく真摯な意図をもって設立された。国家行政の最上層部の人材確保を合理的で民主的なものにし、縁故や、陰でなされる役職の世襲に基づいた門閥を廃絶しようとするものだったが、結局は、一九世紀末に高等商業学校《アッシュ・ウ・セー》や中央工芸学校が担っていた機能に極めてよく似た機能を果たすようになったのである。すなわち、支配的な位置《ポジシオン》に就くように社会的に求められた大ブルジョアジーの子息たちに、激化する進学競争の時代に学力的に最も正当的な学校がますます授与を渋るようになった学歴の保証を与えるという機能である。いかにして裏道が王道になったのだろうか。そして、いかにして、社会的な新しい要請（「すき間〔ないし、ニッチ〕」）があることに注意を払い、[9]改革の意図に燃えた前衛的な少数派の創案から誕生した学校機関が、次第に、それまでは他の学校でなければ公然と自己表明できなかったし、願望の成就もできなかった純粋に実社会的な野望を満たす学校としての位置《ポジシオン》を確立するに至ったのだろうか。

このような推移を理解するためには、新参の学校に競争を挑める学校だった高等師範学校《エコール・ノルマル・シュペリウール》と理工科学校《ポリテクニク》が、教員や技師を養成するという、公式の使命に狭く限定されてしまうにいたるまでにとられた数多くの個別的なあるいは集合的な戦略を詳細に分析しなければならない。そこには、ヘゲモニーが脅かされた学校の生徒による「見放し」があったのである。とりわけ、あの、学力の論理によって高等師範学校《エコール・ノルマル・シュペリウール》や高等商業学校《アッシュ・ウ・セー》を当初志望したが、国立行政学院《エナ》の入試準備をすることによって彼らの位置《ポジシオン》を回復しようと目指す、高級官僚の子息達である。また、脅かされた学校当局の誤った戦略があった。高等師範学校《エコール・ノルマル・シュペリウール》の当局のように、以前の位置《ポジシオン》から見ればふさわしくない対等の措置を求めて、拒否されるような戦略、あるいは逆に、位置《ポジシオン》を高めつつある学校の指導者による巧みな象徴的就職斡旋をもとめることによって、学校が劣位にあるのではないかという推測を追認してしまう戦略である。ここでは、人は象徴資本の論理の中にいる。大事なことは見せることであり、信じさせることであり、知らしめることであり、敬意を払わせることなのである。名誉を重んじる上流社会における縁組の論理である。求婚が拒絶されれば、二つのグループの間の上下関係が梃子でも動かないように固定されるのである。あるいは、プルーストがその詳細な記述を残した社交〈界〉の論理である。そこでは、株式のポートフォリオの運営と同じような、投資と交渉における慎重さが求められるのである。象徴資本が武器であるとともに、その賭金でもある闘争、この場合においては、一つのヒエラルキーの表象を受け入れさせることを目指す闘争において、国立行政学院《エナ》は、その発足から遥かに有利な立場にいた。競争校が一種正統な詐称とでも言うしかないものによってしか差し出すことができなかった全てのもの、すなわち、共和国大統領、大臣、大使、あるいは大会社社長のように、偉大な卒業生のキャリアを見ればそれらの権力の位置《ポジシオン》に到達できるという約束が、国立行政学院《エナ》においては、国家の最高のポストに向けた養成のために特別に整備された学校の教育課程と構想のなかにきわめて公式に謳われているのである（国立行政学院《エナ》の設立自体が、理工科学校《ポリテクニク》が支配している職団を除く職団への就職を可能にするそれまでの特別コンクールを廃止することであった。それはまた、理工科学校《ポリテクニク》生にとっては、国立行政学院《エナ》を通過することなしには、直接財政監察職団に入ることができないことを意味した。理工科学校《ポリテクニク》の生徒で、卒業時に成績が学年の上位三分の一に入っている者に二名の入学を許可する一九五四年の政令があったものの、国立行政学院《エナ》は、このようにして、国家行政の最上層の位置《ポジシオン》を真の意味で独占したのである）。唯一の名前〈ＥＮＡ〉の支配から帰結する象徴資本独占の効果が生徒にあたえる優位は、この名の下に、同じ象徴資本への参加によって結ばれ、名を知られ、敬意を払われる一集団が形成されることになり、「テクノクラート」の再編の時代にとりわけ際立ったものになる。それは政策に裏付けられ、政治〈界〉に近いことが可能にしてくれる実践的な利得（具体的には、第五共和政における大臣官房への配属）によって強化され、さらにまた、国家の支配によって得られる利益や名声に伝統的に結びついているパリのブルジョアジーのメンバーが連帯意識をもっていて、それが職団精神に転換しているためでもあった[10]。

支配的な学校機関が及ぼす誘引力の強度の変化を大雑把に示す指数がある（図14）。表は、様々な学校の生徒が、その学校の通常の進路から離れて、国立行政学院《エナ》の入学試験を受験することを受け入れ、合格した者の人数の推移を表しているが、そこに、国立行政学院《エナ》の歴史の様々な時点において、競争校に対してとられた社会的距離が読み取れる。棒グラフを比較すると、競争校の公式に表明された役割が――また、生徒が権力に対してもっとも通常に抱いている心構え《ディスポジシオン》が――隣接していればいるほど、そしてまた、学力本来のヒエラルキーの中で下位に位置していればいるほど、国立行政学院《エナ》の誘引力が早い時期からより強力に働いていることが見える。統計的に、また社会学的に意味深いのは、ここでもまた様々な異なる学校の間にある差異の構造である。高等商業学校《アッシュ・ウ・セー》の生徒は極めて早い時期から、きわめて多数が国立行政学院《エナ》に向かっているが、合格率は低い。理工科学校《ポリテクニク》生は、極めて早期から受験しているが、人数は限定されていて（特に生徒数を考慮するなら）、合格率は中程度である。高等師範学校《ノルマリアン》生が国立行政学院《エナ》に関心をしめすのは遅いが、人数は比較的多い。合格率は当初きわめて高いが次第に低下している。パリ高等経済商業学校《エセック》が国立行政学院《エナ》に目を向けるのは比較的遅く、いずれにしても高等商業学校《アッシュ・ウ・セー》よりもかなり後になってからのことである。合格率は低い。統計資料を構造的に読むことによって、学校機関の間で作用している法則、より正確に言えば、〈界〉の中で様々に異なる学校の占める相対的位置《ポジシオン》の変容に作用している法則を少しばかり明確にすること

図14　国立行政学院〔ENA〕の志願者数と合格者数の変動（1963-1985年）

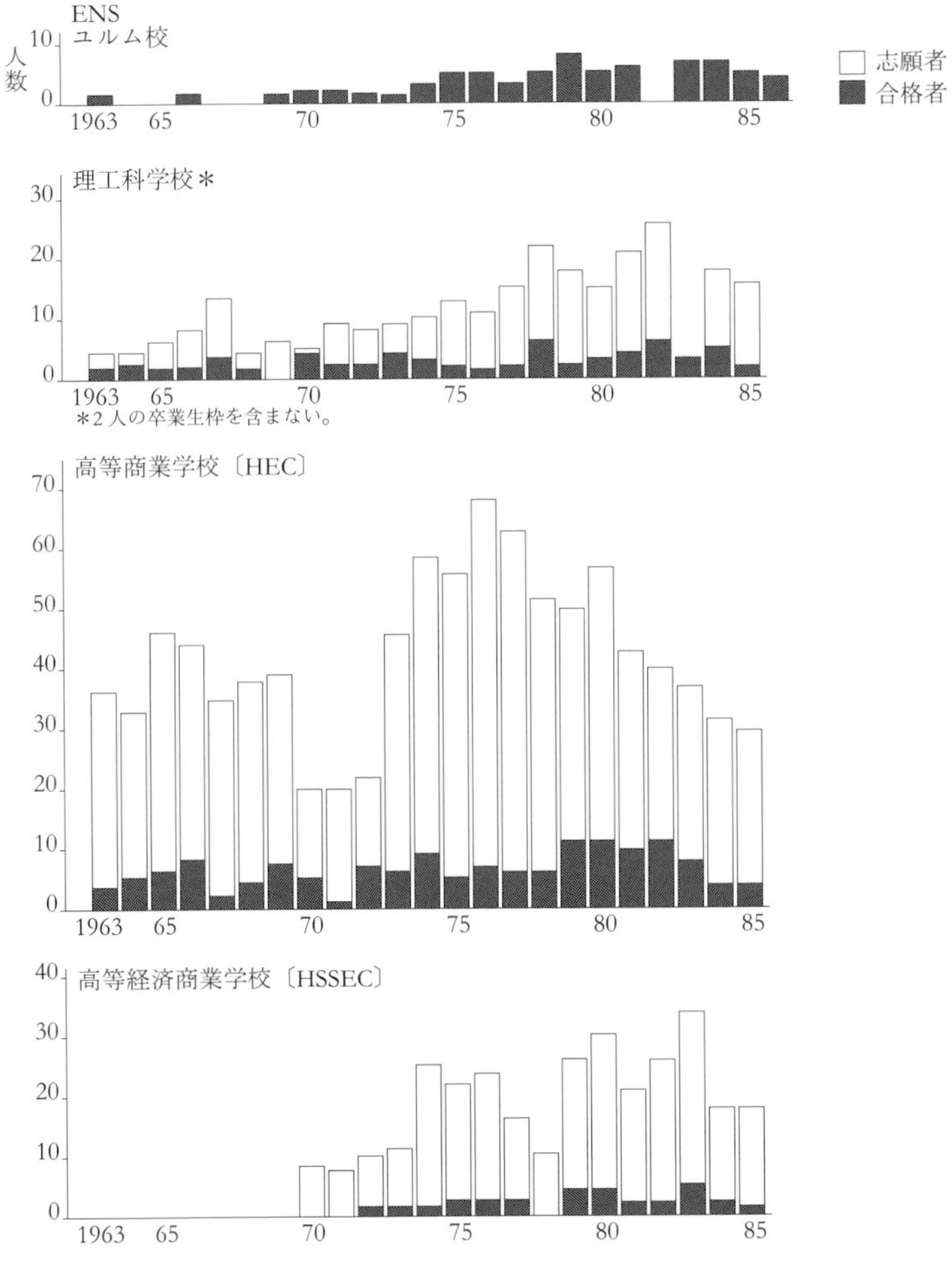

資料：国立行政学院、外部入学試験と内部入学試験、統計資料（1963年から1985年）。この資料では、ユルム校卒業生を他のノルマリアンと区別することができなかった（古い年度においては、アグレジェとの区別もできない）。ユルム校卒業生が統計資料の中で別に扱われるようになるのはようやく1984年からである。そこで国立行政学院卒業生名簿を手がかりに、ユルム校に在籍したことのある者を抜き出した。したがって、グラフのノルマリアンの数は、その年に入学した数を示している（各年度にある入学試験合格者の数ではない）。（生徒が兵役に行く時期によって、入学試験合格と入学年度との間にずれが出てくる）。

がてきる（この変容は、権力〈界〉において対応している卒業生の位置《ポジシオン》の変容に、一定の時間的乖離をはさみながら結びついている）[11]。

このようなわけで、高等商業学校《アッシュ・ウ・セー》の生徒は、六〇年代からこぞって、国立行政学院《エナ》の入学試験を受験している。おそらく、自分たちの学校に期待される権力の位置《ポジシオン》に到達する、より確実でより効率的な方法を国立行政学院《エナ》の内に見ているからである。この志向は、一九六七年の我々の調査によってはっきり浮かび上がっている。高等商業学校《アッシュ・ウ・セー》の生徒に対して、九つのグランドゼコール（理工科学校《ポリテクニク》、ユルム校文系、ユルム校理系、パリ高等経済商業学校《エセツク》、パリ政治学院《シアンス・ポ》、中央工芸学校、高等商業学校《アッシュ・ウ・セー》、国立行政学院《エナ》、ハーヴァード・ビジネススクール）について、一つは、名声が高いと思われる順に、もう一つは、各校の教育内容と養成目標となっている職業に対して魅力を覚える順に序列をつけるように求めたが、自校の序列については、教育と職業に対する魅力の点では、五位（理工科学校《ポリテクニク》、国立行政学院《エナ》、ハーヴァード・ビジネススクール、ユルム校の次――後に続くのは、中央工芸学校、パリ高等経済商業学校《エセツク》、パリ政治学院《シアンス・ポ》）、名声の点では六位（ここでは理工科学校《ポリテクニク》と高等師範学校《エコール・ノルマル・シュペリウール》が先頭に来ている）にしか評価していない。また、社会的出身が高い生徒ほど、相対的に低い評価を与えがちである。国立行政学院《エナ》に向かう比率は、一九七二年以降拡大するが、司法系と経済系の二つの部門が異なる入学試験を設けたからである。その後の受験生数の減少は、高等商業学校《アッシュ・ウ・セー》の新しい指導方針によって説明がつく。一九八三年以降、他の学校へ流出することを明白に抑制する方針をとるようになる（特に、「産業経済」コースの選択者が減少するように努めている。国立行政学院《エナ》受験を希望する生徒が従来選択してきたのが「産業経済」コースなのである）。この背景には、卒業生が理工科学校《ポリテクニク》出身者や国立行政学院《エナ》出身者と競り合い、しばしば勝利を納めることによって、経済〈界〉

において成功したため、学校の象徴資本が増加したことがある。また、企業に対する生徒の態度が変化したこともある。これは、一九八一年以降〔社会党が政権をとった年〕、経済〈界〉における支配的雰囲気が転換したことと無関係ではない。

　以上のことが指し示していると思われることは、支配的な学校機関が他校に対して及ぼす誘引力が大きければ大きいほど、象徴資本の乖離（すなわち、表象の乖離）が大きくなるのだが、ある一定の地点を越えると、誘引力が及ばなくなる。それを語っているのが、高等商業学校《アッシュ・ウ・セー》の生徒とパリ高等経済商業学校《エセック》の生徒の態度の違いである。パリ高等経済商業学校《エセック》のステータスが著しく向上するまでは——高等商業学校《アッシュ・ウ・セー》を脅かす程度までに——国立行政学院《エナ》への志望が形成され、表明されることはないのである。[12] 理工科学校《ポリテクニク》生は、八〇年代の初めまで関心を国立行政学院《エナ》に対して見せている（六八年前後の落ち込みは別であるが）。その点は、理工科学校《ポリテクニク》生に二人の入学枠を政令によって与えることによっていわば司法的に認知されているが、理工科学校《ポリテクニク》生の一貫した、年とともに増大していく関心は、彼らの大半が学問よりも、むしろ権力を指向している事実を示す種々の指標の一つである。国立行政学院《エナ》によって少なからぬキャリアの道が塞がれていることが反作用として働いた結果、研究への関心が継続的に強まっていることが観察されることも事実である。[13] 実のところ、理工科学校《ポリテクニク》生は、最も直接に脅威を受けているが故に、国立行政学院《エナ》の進出に対して真っ先に反応したのである。一九六二年には、「理工科学校《ポリテクニク》卒業後の進路選択」に関する同窓会ＡＸの委員会報告があり、とくに一九六七年の「高等教育とグランドゼコール」委員会報告（ピエール・クチュール委員長）[14]、さらに一九六八年のレルミット委員会が続き、学校関係者は組織をあげて防戦し、学校を宣伝するための言葉を考案している。[15] ルイ・アルマンは、建設省鉱山局の技術局長であり、理工科学校《ポリテクニク》再教育評議会議長であるが、一九四七年以来講義を受け持っている高等師範学校《エコール・ノルマル・シュペリウール》の理事会メンバーでもある。その彼が、『フィガロ』紙に二つの論文を寄せ、議論を公開の場に持ちだす（一九六七年七月一〇日および一一日）。記事の中で、彼はテクノクラートに抗して技術者の立場を擁護する形をとりつつ、理工科学校生《ポリテクニク》にもテクノクラートの位置《ポジシオン》を与えるように要求する。軍備関係技師の軍職団を創設するという構想の報告者が行った、一九六七年一一月一五日の国民議会での発言には、理工科学校生《ポリテクニク》集団を締めつけている不安がにじみ出ている。彼が提案する修正事項の一つを進言してくれたのは、「軍エンジニアの上層部数名であり、彼らは、出身が理工科学校《ポリテクニク》やその他の学校だが、国立行政学院《エナ》の若い卒業生が、行政のあらゆる分野、それも最も技術的な分野にまで進出していることに危惧を抱いている」[16]というものだった。このケースから、職団の防衛が、個人レベルの場当たり的な発議に任されているわけでは決してなく、この目的のために特別に指名され、適切な行動手段を授けられた当局の指導のもとに、職団に大号令がかけられていることが見える。こうした行動の最も基本的な役目の一つは、十分に検討された議論を網羅的に体系化したものを提供することである。それは、職業に関わるイデオロギーに形式を与え、定式化した表現に練り上げたものであり、少数のテーマとキーワードを中心にしてまとめられている。たとえば、総合の精神、公共福祉の重視、組織の中で仕事をする訓練を受けていること、強い責任感、決断を下し、指揮をする能力、高水準の科学的知識といった、理工科学校生《ポリテクニク》の他に代えがたい長所を示すとされているテーマとキーワードである。[17]

象徴的なプロモーションを目的としたこうした計画はどれも、ほとんど強迫的といってよいほど、新たな支配的学校機関に触れないではいられない。たとえば、将来に不安を覚える「若い技師」がいることを遺憾に思うことがある。彼は、「極めて厳しい基準に基づく選別試験に残り、最も長期間にわたり、つらいものとされている勉学を首尾よく終わらせたこと」を自覚しているにもかかわらず、「大局的な総合研究と、国家の命運に関わる重大な決断を用意する仕事に間近に参画する職から、前もって、正当な説明もなしに遠ざけられていると感じている」(18)かもしれないのである。また次のような意見が出されることもある。行政と産業の複雑な現象に取り組むには、「法と行政の教育を受けただけでは、たとえ、それが質的経済学によって彩りを添えられている（国立行政学院《エナ》の教育内容に対する明らかな言及）としても、行政の高級管理職に彼らだけが向いているとはもはやいえないだろう」(19)というのである。あるいは、次のような指摘もある。理工科学校《ポリテクニク》が送り出すのは、「あるタイプの技師」であって、それは「技術者、すなわち総合と決断の役職に就くことのないような一技術の専門家でもなければ、時に勝手に役職を自分に割り当てる「テクノクラート」でもなく、「テクノローグ」であるというのである（この新語は、理工科学校《ポリテクニク》生のもつ二重の差異を凝縮している。すなわち、中央工芸学校や種々の工芸学校のような群小理系学校の技術者とも、国立行政学院《エナ》の生徒とも異なる）(20)。さらには、職団の中にはある学校に独占され、その「縄張り」になってしまっているところがあると、厚かましくなくもないが、批判しつつ、「高度の理系教育を受けた官僚が、総合計画委員会、大臣官房、省庁上層部他のような組織に」(21)配属されていないと嘆くこともある。そして、「技師が管理職につくことや、外交関係の業務につくことになんの支障もない」と言い放ちつつ、こうしたこと全てにだめを押すかのように、「公共事業研究院」の設立を提案することもある。もちろん、これは理工科学校《ポリテクニク》生と国立行政学院《エナ》生向けに限定しての話である。

　こうした要求と平行して、教育の改善ないし調整が提案される。国立行政学院《エナ》生との競争を前にして理工科学校《ポリテクニク》生の能力を向上させるためである。「若い理工科学校《ポリテクニク》生の弱点は、この点はもっともと言わざるをえないが、自らの考えを表現し、それに秩序を与え、人に伝えるのが苦手なことである。(22) 彼らが受ける教育が、他校と較べて――国立行政学院《エナ》や文系の学校――スピーチや演説のための準備に欠けているところがあるのは明白である。(23) 同様に、クチュール報告書において勧告されているのは、生徒の一般教育の見直しである。「より系統的に、経済科学、経営工学、情報科学の科目を導入し、心理社会学やその応用（表現やコミュニケーションの技術、グループの活性化など）について十分に進んだ導入教育を施すこと」(24) である。さらに、数多くの教育改革がなされたが、理工科学校《ポリテクニク》への経済学教育の導入、(25) パリ国立高等鉱業学校、続いて理工科学校《ポリテクニク》への経営学の導入は、国立行政学院《エナ》との競争に向けた明白な反撃である。(26)

この、支配の仕事の分業を再調整しようとする闘争において、国立行政学院《エナ》の戦略は、学力的切り札と社会的切り札の学校間での配分において限界に突き当たる。たしかに、実社会の領域において勝ち誇っているし、押えている位置《ポジシオン》の数と質から出世を見るならば、経済〈界〉においても、官庁最上層部においてもしかりであるが、学力本来から見たヒエラルキーにおいては下位・被支配側にとどまるのである。認知をえようと努める象徴戦略において、とりわけ競争校からの認知をえる上で弱点になっているのは、有能性《メリット》と専門技能を保証していると見なされる学力上の聖別が付与する正統性が他校ほど与えられていないことである。それを納得するには、グランドゼコール卒業生に対して行った調査結果を一読すれば十分である（**表10**）。表によれば、国立行政学院《エナ》の卒業生は、理工科学校卒業生《ポリテクニシアン》を技術系の役職に、高等商業学校卒業生《アッシュ・ウ・セー》を商業系やマーケティング系の役職に、また金融の役職に追いやり、自分たちには執行部の役職を高い比率で割り当てる傾向が見られる（とはいえ、直接の競争相手の理工科学校卒業生《ポリテクニシアン》や高等商業学校卒業生《アッシュ・ウ・セー》が執行部の役職に自分たちを割り当てている割合よりは少ない）。(27) 競争者たちが各々欲しくてたまらない分野の全体を自分の

表 10 「あなたは、どのグランドゼコールの生徒が最適の養成教育を受けていると思いますか」

理工科学校		国立行政学院〔ENA〕		高等商業学校〔HEC〕		ルーアン高等商業学校		ナンシー国立高等冶金鉱業学校	
販売とマーケティング職									
高等商業学校	62	高等商業学校	65	高等商業学校	64	高等商業学校	29	高等商業学校	52
パリ高等経済商業学校	9	パリ高等経済商業学校	10	パリ高等経済商業学校	2	パリ高等商業学校	9	パリ高等経済商業学校	12
ヨーロッパ経営学院	3	パリ高等商業学校	4	パリ高等商業学校	1	パリ高等経済商業学校	8	パリ高等商業学校	3
他校(不特定)	26	他校(不特定)	21	他校(不特定)	33	他校(不特定)	54	他校(不特定)	33
計	100	計	100	計	100	計	100	計	100
技術職と工学職									
中央工芸学校	33	理工科学校	31	中央工芸学校	36	中央工芸学校	22	中央工芸学校	36
国立高等工芸学校	22	中央工芸学校	27	理工科学校	16	理工科学校	10	パリ国立高等鉱業学校	12
理工科学校	8	国立高等工芸学校	14	国立高等工芸学校	9	国立高等工芸学校	6	国立高等工芸学校	10
他校(不特定)	37	他校(不特定)	28	他校(不特定)	39	他校(不特定)	62	他校(不特定)	42
計	100	計	100	計	100	計	100	計	100
財務職									
高等商業学校	35	高等商業学校	42	高等商業学校	68	高等商業学校	42	高等商業学校	37
理工科学校	7	国立行政学院	12	国立行政学院	3	ルーアン高等商業学校	6	政治学院	3
政治学院	6	政治学院	5	パリ高等経済商業学校	2	パリ高等商業学校	5	ヨーロッパ経営学院	2
他校(不特定)	52	他校(不特定)	41	他校(不特定)	27	他校(不特定)	47	他校(不特定)	58
計	100	計	100	計	100	計	100	計	100
人事職									
政治学院	4	国立行政学院	6	高等商業学校	12	高等商業学校	8	政治学院	4
高等商業学校	3	高等商業学校	6	政治学院	11	ルーアン高等商業学校	2	ナンシー国立高等鉱業学校	3
パリ高等経済商業学校	1	政治学院	6	パリ高等経済商業学校	10	パリ高等経済商業学校	2	パリ高等経済商業学校	3
他校(不特定)	92	他校(不特定)	82	他校(不特定)	67	他校(不特定)	88	他校(不特定)	90
計	100	計	100	計	100	計	100	計	100
経営(執行部)									
理工科学校	33	国立行政学院	29	高等商業学校	57	高等商業学校	39	理工科学校	17
高等商業学校	13	高等商業学校	17	理工科学校	10	ルーアン高等商業学校	6	高等商業学校	8
ヨーロッパ経営学院	7	理工科学校	8	他のグランドゼコール	3	理工科学校	6	ヨーロッパ経営学院	8
国立行政学院	2	ヨーロッパ経営学院	1	国立行政学院	2	パリ高等経済商業学校	6	パリ国立高等鉱業学校	7
パリ高等経済商業学校	1	他のグランドゼコール	1	パリ高等経済商業学校	1	パリ高等商業学校	4	国立行政学院	4
パリ高等商業学校	1			パリ国立高等鉱業学校	1	国立行政学院	2	ナンシー国立高等鉱業学校	3
他校(不特定)	43	他校(不特定)	44	他校(不特定)	26	他校(不特定)	37	他校(不特定)	53
計	100	計	100	計	100	計	100	計	100

典拠：Heidrick and Struggles International / IPSOS, Paris, 特に1987年9月。および *L'Expansion*, 11-24 sept. 1987.

ものにしようとする傾向を見せる一方、他校の卒業生はより低い評価を下しているという、この交差する割り当ての中に象徴闘争の全論理が内包されているのである（こちらでは、執行を担当する役職を占有する権利であり、あちらでは、作家ないし大作家、哲学者ないし大哲学者などなどの肩書ということになる）。他方では、誰も望まない役職を自分たちが引き受けるよりも、他校出身者に押しつけている（この表では、たとえば、人事職は誰も引き受けたがっていない）。このような、鏡としての評価の配分構造は、それを通して、権力のグランドゼコール三校、国立行政学院《エナ》、高等商業学校《アッシュ・ウ・セー》、理工科学校《ポリテクニク》出身者が、三校のいずれかにどの程度執行の役割を与えているかを示しており、そしてまた各校の社会的に認知された自己主張《プレタンシオン》（その学校に与えられた認知、とりわけ競争校から与えられた認知）の指標とともに、他から認知された自己主張と、学校出身者自身が示す自己主張（自らが自らに与える認知）との間の乖離を示す指標を供するのであるが、そこから次の点が示されるのである。国立行政学院《エナ》は、他校が与えてくれるよりも遥かに高い頻度で執行の役職を自負するのであるが、そのことによって、それに比較して自己主張の程度が遥かに低く、いずれにしても競争校が与えてくれる認知からそれほど乖離していない理工科学校《ポリテクニク》と高等商業学校《アッシュ・ウ・セー》の双方と対照的である。自己主張《プレタンシオン》という語が、国立行政学院《エナ》とその生産物である卒業生に対する評価の中に繰り返し出てくるが、そこに、もっとも確実な正統化の武器の一つとなった学力的保証を、高等師範学校《エコール・ノルマル・シュペリウール》ないし理工科学校《ポリテクニク》と同程度に示すことができないにもかかわらず、この学校が権力の位置《ポジシオン》に樹立している支配、拡大する一方の支配に対して、競争校出身者だけでなく、より広汎な人々が抱く横取りされた感情が表明されている(28)。様々な異なる理由がどれも一致して示していることだが、そしてまた、その理由の中でも、審査員の構成、試験の性格、合格者の社会的性格も軽視できない要素であるが(29)、学力的な聖別行為が及ぼす正統化の効果は、高等師範学校《エコール・ノルマル・シュペリウール》や理工科学校《ポリテクニク》ほど強力には作用しないのであり、学力上の「実力」と社会的利得との間にギャップがあるという感情、それは「専門能力」が説得してくれるもの全てを疑問視することに繋がることがしばしばだが、その感情が、いずれにしても、極めて若くして権力の位置《ポジシオン》に登れることに対して醸しださないではおかない恣意的な印象を倍加するのである。

高等師範学校生《ノルマリアン》はといえば、高等商業学校《アッシュ・ウ・セー》の対極に位置しているが、そこには、国立行政学院《エナ》に対する関心を決定することに寄与している二つのファクターが作用している。高等師範学校生《ノルマリアン》が国立行政学院《エナ》入学競争に実際に加わるのは相当遅れたのであり（一九七〇年代の初め）、たぶん、自らの将来の可能性に対して一種集団的な落胆を抱いたことが生んだ結果である。この突然の幻滅の原因は、少なくとも一つには、生徒の社会的就職力の上昇に相関する心構え《ディスポジシオン》と希望とが深層から変容したからであり、もう一つは、実際に望める位置《ポジシオン》が客観的に変化したことだろう。一九七六年から一九八四年の期間には、毎年一二名以上の国立行政学院《エナ》への受験者を数え、一九七八年と一九七九年には二四名を数える。ところが、それ以前の時期においては、受験者は極めて稀で、学業の失敗を埋め合わせるためであることが多い[30]。事実、名称は同一であっても教育関係のポストは、第二次世界大戦の前と後では実質は似ても似つかぬものであるにもかかわらず、というのも、教育関係のポストは、生徒と学生の増加と、それに相関する教授団の増加によって変質し、おそらく全体的に価値が低下したのであるが[31]、中等教育で教える高等師範学校卒業生《ノルマリアン》と高等教育で教える卒業生の比率は逆転し、上に向かって全体的に大きく移動したのであり、それを純粋に名称上のものとして記述しては誤りだろう。いずれにしても、次のような結論を下せるようなものは何もない。高等教育や研究に就職できる機会が甚だしくかつ持続的に減少した（一九七〇年代や八〇年代に高等師範学校《エコール・ノルマル・シュペリウール》に入学した生徒が、六〇年代の大量雇用の帰結として経歴に若干の遅滞が生じたにしても）とか、あるいはリセやコレージュに追いやられた高等師範学校卒業生《ノルマリアン》の比率が高まった（たとえ、幾つかのポストの位置《ポジシオン》低下のために、人生の門出として大きなショックを受けるような経歴になることがあるとしても、いずれにしても精神の目を覚まさせるよい薬である）といった結論である。そのようなわけで、高等師範学校《エコール・ノルマル・シュペリウール》に起こった現実と、その現実について言われていること、特に高等師範学校《エコール・ノルマル・シュペリウール》内部で言われていることとの間にあるギャップの説明は、表象の変化にもとめる他ないのである。実を言えば、一部の生徒が抱いている将来への不安感は、学校の教授陣や当局によっても絶えず声高に語られ、煽り立てられていたのであり、それは、生徒が就職希望先を現実に合致させるためであるとの口実によるものだったが、この不安感は、実は、おそらく第三共和政から六〇年代まで続いた心構え《ディスポジシオン》と、社会的位置《ポジシオン》との間の調和に亀裂が入ったことに由来する。つまり、一方に、「解放学校」に捧げられた献身者〔oblat〕の大望があり（とりわけ、小学校教員や中等教育の教授の子息）[32]、他方に、高等師範学校《エコール・ノルマル・シュペリウール》が門戸を開いてくれる、共和主義的イメージによって称賛される経歴があるのだが、その間の調節を保証してくれる調和である。そこに亀裂が入ったのは、競争の激化とともに、生徒の社会的水準が（おそらく、最頻数の高等師範学校生《ノルマリアン》がもはや地方の小学校教員の子息ではなく、パリの高等教育の教授の子息になるまでに）全体的に上がった時である。八〇年代の高等師範学校生《ノルマリアン》は、国立行政学院《エナ》に入学することによって彼らの社会的願望を回復する手段が見つからない時には、以前の大部分の卒業生によってはいずれにしても思いがけない社会的上昇だったものを零落として体験しがちなのである――とはいえ、彼らの「落胆」は、また、彼らがキャリアを開始するのが、高等教育への就職機会が異例なほど拡大した時期の直後であったことによっても説明できるが。

入学者の社会的な階層が最も上昇したのは、おそらく、高等師範学校《エコール・ノルマル・シュペリウール》サンクルー校とフォントネ校においてである。一九六〇年—六一年度においては、庶民階級および中産階級出身の生徒が、サンクルー校文系の全生徒数の六五％、サンクルー校理系の七二・五％、フォントネ校文系の六〇％、フォントネ校理系の六二％である。一九六九年—七〇年度においては、それぞれ、四三％、四四％、三四・五％、三四％である。サンクルー校で凋落が特に目立つのは、労働者と小学校教員の子息で、フォントネ校理系では、労働者の子息、フォントネ校文系では、芸術家、一般事務員、小学校教員の子息である。逆に、上級管理職や技師の子息が、サンクルー校とフォントネ校で大幅に増加を見ている（最近では、それまでは実質上不在だった自由業関係の者の子息がサンクルー校に姿を表す。一九八五年—一九八六年度の生徒の一一％を占めている）。同じことが、教授の子息についても、とりわけ、理系において見られる。全体としては、文化資本に強い階層の内部で、中産階級から上流階級への移行が見られる。ただし、生徒の学力資本の増加は伴っていない。サンクルー校の生徒の中で、大学入学資格試験で「良」または「優」の評価を得た者の比率は、一九六九年—七〇年度において、一九六〇年—六一年度と同じレベルにとどまっている。(33)

将来への不安として体験される、心構え《ディスポジシオン》と位置《ポジシオン》との間の不一致は、おそらく、「教授たちの共和国」流の公教育で救われた子どもたちを一致団結させていた特権的関係の亀裂によって拡大している。第五共和政とともに、高等師範学校《エコール・ノルマル・シュペリウール》は国家の長女でなくなったのである。そして、学校を第三共和政下で国家に一体化させていた倫理的・政治的に緊密な協力関係が、以後、テクノクラート国家と、大部分がパリ出身のブルジョアであり、国立行政学院《エナ》を卒業した新たな「エリート」との間に定着するのである。高等師範学校生《ノルマリアン》は、ますます権力とその事業や哲学に無縁になり、第三共和政以前にしめていた位置《ポジシオン》に追いやられてしまう。そのため、社会的にも経済的にも格下げされた教員や研究員の役職への追放を階級喪失として体験しがちである。

象徴的な格下げは、教員数の増加、とりわけ地位の低い教員数の増加と、それに相関した稀少性の喪失に由来するものであり、大学人の経済的ステータスの格下げを伴った。教授の出世が遅滞するようになり、称号カテゴリーの頂点に到達する者がごく一部であるためでもある。ジョルジュ・ボネとジャン＝ミシェル・ド・フォルジュが示したように、大部分の教授は、彼らの経歴が専任講師よりも僅かに上回る程度の収入で頭打ちになり、かつてのように、三年か四年で第二級に昇給し、その後も定期的な指数の上昇を享受できるわけではないことを見るのである。教授は、高級官僚に与えられる特権（特別手当、補助的な種々の手当て、税の優遇措置など）をまったくうけとらないので、「実質購買力は、勤務年数が同じ場合、全ての公的収入を含めると、同等の指数をもつクラスの官僚よりも、一・五倍か、四倍低い」（すなわち、特別手当があるだけの省庁上級行政官との比較では、一・五倍低く、五つの副次的な公的職務を「主要な」役職とともに兼任する国務院評定官との比較では四倍少ない）[34]。この格下げの結果として、数多くの教授、とりわけ格下げが鋭敏に受け止められた法学部（おそらく、文学部や理系の学部ほどには研究への投資に結びついた固有の満足を与えてくれないため）では、専門家としての活動、法律相談、調停、さらには通常の自由業の活動によって補助的な収入を確保することに傾きがちになる。理系や文系の教授は、同様の恩恵を教育活動、特に外国、それも米国での活動や、ジャーナリズム、出版活動から期待することになる。そこから、フランスの知的生活に米国のモデルが侵入したことや、知識人―ジャーナリストが、ジャーナリズムや出版によって大学〈界〉に及ぼす支配力が増大したことへの説明がかなりの程度できるだろう。ついでながら、いかに経済的変化が知的〈界〉の固有構造に影響を与えるにいたるのか、また、大学の自律性の経済的社会的基盤の変質が、最頻数の同業者の変容と相まって、知的生活のスタイルの変容に波及するかが見て取れる。

この論理の中では、高等師範学校生《ノルマリアン》のごく少数だけに関わるとはいえ、国立行政学院《エナ》を直接受験することは、戦略的な意味をもっている。たぶん、この受験が、学校の没落をめぐる言説の根本にあるからである。言説は、自己満足的予言〔self fulfilling prophecy〕のもつブーメラン的な強化のプロセスのなかで自己肥大しながら、自らが予告するカタストロフィを招くことに貢献するのである（言説を担うのが、しばしば、それを悪魔払いしていると信じつつ強力にしてしまう学校当局であるだけに一層確実になるのだが）。はったりは、それが社会的に本当らしくみえる範囲に抑えられている限り、学校に対して、人があたえてくれるものを学校自らが自己にあたえるものの高さにまで少しずつ引き上げることがあるが、その逆に、不幸の予言は、潰走を促しやすい。そこでは、各人が、自らのチャンスに対してできるだけペシミスティックになされた評価をもとに行動するので、他の全員の自己評価に対する他の全員のペシミズムも強化され、没落への思い込みに信用があたえられるのである。没落への思い込みは、この場合のように、すべてが信仰と信用と自信と自己確信にかかっているようなゲームにおいては、すでにして、没落の一形態なのである。

学校の質や他校との相関的な位置《ポジシオン》を評価するために一般の人々の認識が依拠する諸指標は矛盾にみちたものであり、大部分は不確かであるか、錯誤に満ちた評定に基づいている。たとえば、入試に志願した受験者数がそうである。受験者数は、ほぼ募集人数に応じて変動するが、「難易度」に関する教師特有の神話が介入するので、学校当局の強い関心を惹く。この事実からして、国立行政学院《エナ》の入試への高等師範学校生《ノルマリアン》の受験は、既にして、認知の告白なのである（誰一人として、国立行政学院《エナ》生が高等師範学校《エコール・ノルマル・シュペリウール》の入試に合格するチャンスを予想しようとは思いもよらないし、国立行政学院《エナ》生の相当数がかつて文系の入学準備クラスか高等師範学校《エコール・ノルマル・シュペリウール》入試で挫折したためにパリ政治学院《シアンス・ポ》を経由してきたこともきれいさっぱり忘れているのである）。高等師範学校生《ノルマリアン》の受験は、相対的価値の絶対的物差しとしての価値をもってしまった。サッカーかテニスの対抗試合が明らかにすること以上でも以下でもないにもかかわらずである（対抗試合というものは、スポーツの実践が社会的地理的出自に密接に結びついていることから、多くのことを教えてくれるものだ）。事実、この学力的試練を機会にして、学校の相対的価値のもつ意識的ないし無意識的な表象が、多くの人にとって、パーフォーマンスの評価の中に入っていく。このようにして、高等師範学校生《ノルマリアン》の国立行政学院《エナ》入試合格率の低下は、実社会の支配に立つ学校のメンバーの自信が漸進的に上向いていることを示す指標として読まれるべきなのである。たしかに、すべてが次のように継起するのである。国立行政学院《エナ》当局は、学力的価値にいまだ支配されている時代には、高等師範学校生《ノルマリアン》を受け入れることによって自校の学力ランクを上げようと努めていたのかもしれない。そこには、他の圏域《ユニヴェール》であれば名声を上げるような婚姻の取り決めに導いてくれる論理があり、あからさまな計算によるものではないにしても学校の利益にかなう論理がある。しかし、一度、その時代が過ぎ去ると、国立行政学院《エナ》当局は、まるで、高等師範学校生《ノルマリアン》が繰り返し受験してくれること（入試失敗は語らないにしても）や、高等師範学校《エコール・ノルマル・シュペリウール》当局が証書の相互認証を申請することが含意する認知の証言に力をえて、彼らの価値と基準を、教養の領域も含めて、ますます自由に定めることができると感じたかのようなのである。高等師範学校《エコール・ノルマル・シュペリウール》当局と生徒の一部によるまずい戦略が定着させた社会的距離は、競合学校に与えられていた免状相互認定（理工科学校《ポリテクニク》は一九四八年から、ユルム校は一九八四年から）[35]が廃止され（一九八六年の政令）、また、入試の「客観的な」評価定着によって、公的な承認を受けたのである。[36]

当初、合格率は極端に高かったのである。まだ象徴的に支配をうけていた国立行政学院《エナ》（高等師範学校《エコール・ノルマル・シュペリウール》出身の国立行政学院《エナ》生が以前在学していた学校の話を誇らしげに出さないではいられない時代だった）は、まるで、諸手を上げて、そしてまた留保なしに、高等師範学校生《ノルマリアン》を歓迎する用意があったかのようである。最初の高等師範学校《エコール・ノルマル・シュペリウール》出身生は一九七三年に入学したが、古典文学の生徒で、特に準備もなしに受験したのだった。しかし、時がたつにつれて、受け入れ生には理系出身の者もまじるようになり、社会科学や政治学の教育を受けてからくるようになった。次に、入学合格率が低下する傾向が出てくるが、一九八二年を除けば、五〇％前後にとどまっていた。最近数年の受験生は減少しているが、その原因は学校の受け入れ体制が変化したというよりは、[37]一時期、高等師範学校生《ノルマリアン》を惹きつけ、呼び込んでいた国立行政学院《エナ》出身の財政監察官の理想化された表象が崩壊したこと(少なくとも、彼らの社会的出自からいって、期待される位置《ポジシオン》にもっとも近い高等師範学校生《ノルマリアン》)を明かしている。高等師範学校生《ノルマリアン》は、以降、成功のチャンス、とりわけ、用意されているキャリアの現状に対してより現実的になっている。国立行政学院《エナ》に合格しながら退学する一級教員資格《アグレジェ》教員たちが、そのことを証明している。

ここでもまた、表象のもつ力を認めるのであれば、学校の変化を分析するにあたって道徳家気取りの者が言い放っていることを、無邪気だと決めつけるわけにはいかないだろう。たとえば、パリの文系入学準備クラスの哲学教員はこう言っている。「高等師範学校《エコール・ノルマル・シュペリウール》の神話はもはやかつてのようなものではない。その原因はなんといっても国立行政学院《エナ》にある。倫理的に褒められるやつではないが、成績が優秀な連中、野心のある連中は、今では国立行政学院《エナ》の受験準備をするのだ。高等師範学校《エコール・ノルマル・シュペリウール》は、少しばかり古めかしい何かになってしまった。学校は第三共和政に結びついたままなのだ。国立行政学院《エナ》は第四共和政、第五共和政に結びついている」。以上のような評価は、正しくも、道徳《ラ・モラル》を我々が活力《ル・モラル》と呼ぶことがあるものに結びつけている。高等師範学校《エコール・ノルマル・シュペリウール》が差し出す職業的な命運と、それを引き受け完遂するエリートの能力に対する集団的信頼が、ベルエポックの高等師範学校生《ノルマリアン》（少なくとも、その大部分の生徒）においては、特定の社会経験に連合したエトスという意味での道徳の内にしっかり根付いていたのである〔ベルエポックは、一九世紀末から第一次世界大戦までの比較的安定繁栄した時代を指す〕。それが、約束された将来から見て最も割りのあわない部分をも受けいれることを当然視する態度をもたせた。無邪気にも魅せられてそんなことを引き受け、科学者や知識人の偉大な運命の如く英雄的な、しかし、とてもありそうもない側面を期待しないわけではなかったのである。集団的活力と道徳は、相互依存の関係にある。倫理的な心構え《ディスポジシオン》は、献身的態度をもった、あるいは諦念を含んだ、教育や科学の奉仕者を作り出したが、それは、役職やそこに就任する者に払われる敬意の避けがたい裏面でもある集団による支持と締めつけに呼応していた。高等師範学校《エコール・ノルマル・シュペリウール》の没落が語られるのは、それも真っ先に学校内部で語られるのは、おそらく、この活力と道徳との低下のためである。それは、二つの相乗効果をもつファクターがともに存在していることによって規定を受けている。一方には、特に七〇年代以降だが、恵まれた家庭出身の生徒の増大がある。彼らは、過去執着現象《ヒステレシス》の犠牲になっているのだが、高等師範学校《エコール・ノルマル・シュペリウール》に対して、学校が与えることができるものとは違うものをおそらく要求していた。すなわち、真の権力の学校からなら期待できるものである。(38) 他方には、ジャーナリズム〈界〉や政治〈界〉に対する大学〈界〉の自律性が弱体化したことがある。それとあいまって、知的と呼ばれる諸価値が下落し、世俗的な成功の価値が高まった。官庁や政治の〈界〉における権力の位置《ポジシオン》や、「メディアティック」と呼ばれる栄光であり、また、編集部やテレビ局のスタジオに足繁く通うことによって得られる実質的、象徴的利得でもある。

高等師範学校《エコール・ノルマル・シュペリウール》の象徴的弱体化と、「利害を超えた態度」と「無償性」の知識人の価値の没落は切り離しがたい関係にある。高等師範学校《エコール・ノルマル・シュペリウール》と国立行政学院《エナ》とのライヴァル関係は、文化生産者の支配的な人物像の決定と知識人的生活を生きる新しい方法の定着をめぐる闘争における、おそらく決定的に根本的な局面なのである。国立行政学院《エナ》を中心としてグランドゼコール〈界〉が単一化され、それと相関的な二極構造の廃絶、知識人に固有の分離した再生産の場を与えることによって、独立した、共約不可能な二つのヒエラルキーを基礎づける構造の廃絶がある。おそらくその結果として、時間的な間隔をおいてではあるが、サルトルがもっとも完璧な形で体現した、自律的知識人の消滅を招来したのである。そして、象徴的プロモーションの奇妙な企図が企てられ、知識人〈界〉を保守的な幻滅へと目立たない形で移行させようと、パリ政治学院《シアンスポ》と国立行政学院《エナ》のシンボル的な著者であるレーモン・アロンを、ジャン゠ポール・サルトルの正統な敵対者の地位に祭り上げたが、この企図は、それ自体がテクノクラートの自惚れの表明である。テクノクラートは、学歴の保証の名の下に実社会の権力を行使しつつ、彼らの実社会的権力の名の下に知的な権威を発揮できることを許されていると日に日に強く感じるようになっているのである。しかも、そこには一部の知識人の加担も忍び込んでいる。彼らは、知識人本来のヒエラルキーの中では二流の位置《ポジシオン》にあるので、このヒエラルキーの価値下落に密かに加担する方向に行きがちなのである。サルトルとアロン、その対決は用意周到に作り出され、（サルトルに対するアロンの「逆襲」、マルクスに対するトクヴィル、知的ユートピア主義に対する政治的現実主義の「逆襲」として描出されるところの）七〇—八〇年代の政治的転換と再転換にそったものだった。サルトルとアロンはまさに二つの陣営のチャンピオンとして構成されたのである。文化と政治の大局的な二つの表象の下に、そして、ユルム通りとサンギヨーム通りの閉じた同質的な圏域《ユニヴェール》の中で見事に展開している二つの文化、この語の民族学的意味における二つの文化の象徴的な人物として、知識人〈界〉において対決する二つの陣営のチャンピオンである。

分析をこれ以上掘り下げることはしない。もっとも、別の機会に出版した、大学〈界〉の変容に関する分析の中に主要な議論の要素が見出されるはずである[39]。ここでは、国立行政学院《エナ》の歴代校長の一人、以前にはサンゴバンの社長でもあった者の記事の一部を、典型的な事例としての価値があるので、手短に引用するにとどめておこう。記事はある本を取り上げているのだが、国立行政学院《エナ》の理念型ともいえる人物が、パリ政治学院《シアンス・ポ》や国立行政学院《エナ》に繰り返し生産されている通俗哲学[40]を時代の趣味に合わせたヴァージョンを提出している（その上、質の悪いヴァージョンである。というのも、巧みに左翼系の伝統的議論を保守の最も伝統的なテーゼに奉仕させているからである。たとえば、社会の周辺に追いやられた者を語ることによって、官僚、そしてとりわけ教授のステータスを廃止したほうがよいというのである。「知識人は姿を消し、フランスは、実業や社会を知らない思考の巨匠からの明晰さと美徳の教訓を受け取るのに倦み果てたとばかり思っていた。アラン・マンクの最新刊『平等主義の機械』は、哲学者の春を告げるものなのだろうか。もちろん、サルトルやフーコーのような哲学者を言っているのではない。老いたお月さま〔古びた思想の意〕はもう結構。そうではなく、むしろ、あの、一八世紀フランスの作家たちの流儀に似た哲学者だ。できるだけ政治にもサロンにも繋がりをもっていて、全てに関心を持ち、どこにでも顔を出し、権力に慣れ親しみ、かつ批判的で、恐るべき懐疑主義者であり、しかし、権利の擁護のためには全方位に立ち向かう作家である」[41]。見てのとおり正面攻撃である。理由はおそらく、新たな高級官僚の首領が、知識人〈界〉の只中からも支持が期待できると確信しているからである。つまり、ここ一〇年くらい前から、新聞や週刊誌で時代の知的大冒険の終焉を告げることを専門とし、知識人の定義をより彼らの身丈にあったものにし、テクノクラシーの期待により対応したものにして、それを押しつけようとやっきになっている者たちからの支持である[42]。そして、この勝ち誇った態度が、時に新興官僚をのぼせあがらせ、哲学の王座を要求させるまでになるのは、おそらく部分的には、左翼、そして哲学に対する彼らの表象が練られる世界では、左翼的立場が古い流儀の知識人を体現している哲学者に伝統的に充てられる位置《ポジシオン》であり、その位置《ポジシオン》を選択することは、「知的」な成功が今一つだった者をかなり密接に連想させるためのようである[43]。

こうして、学校間の権力闘争は、企業と官僚上層部の〈界〉内部における闘争の一局面である。同様に、高等師範学校《エコール・ノルマル・シュペリウール》と国立行政学院《エナ》との対決も、闘争の根本的な一局面である。この闘争では、文化生産の〈界〉内部において、経済的政治的権力の保持者たちが、今日、知的正当性の外観を装うことが日に日に多くなり、仲介的な知識人の支持を得て、経済的現実主義優先の名の下に、そしてまた、巷に膾炙した、責任あるエキスパートという米国流モデル（たいていは、エコノミストのそれに一致する）を合い言葉《レフェランス》にすることによって、文化生産者の、より従順というのでなければ、より有益な人物像を新たに押しつけようと自惚れているのである。

迂回路と避難所としての学校

様々な異なる高等教育機関の近年の歴史、そしてとりわけ、そこに迎えられる学生集団の不均質な増大、学生の社会的構成の変容、そしてそれに伴う諸結果を十全に理解するには、これらを一つにしている客体的関係構造を把握するところから始めなければならない。事実上の選別を行う入学準備クラスと大学との乖離、中でも理系学部や文学部との乖離は、量的かつ質的に拡大し、系列の対立的二重化がかつてなく顕著になっている。大学の学部は、高等教育機関ヒエラルキーの底辺に位置し、（とりわけ、一九五九年以来）一貫して増加を続ける学生集団の大部分、それも選別度が最も低い部分を受け入れるように運命づけられてきた。就学人口の増加、その社会的構成の変容、彼らを指導する役目を受け持つ教員の学歴的（そして社会的）性格の変容、それらの相乗的効果が、教育機関の変貌を規定してきたのであり、大学の学部をますます入学準備クラスのモデルからかけ離れたものにしてきた。支配的カテゴリーの子どもたちのほぼ全員が高等教育機関に入学するようになり、中流カテゴリーの子どもたちの進学が増加すると、文化資本に乏しく、暗黙の内に要求されている心構え《ディスポジシオン》のできていない者たちは大学に引き入れられるようになる。大学生たちは、システムとその価値観から個別的にはほとんど把握されることなく、成績による認定にも無反応であり、したがって、聖別と認知の弁証法に入ることはほとんどない。この弁証法が、システムの再生産を、それを変質させることなしに実現する能力にもっとも長けた者を引き寄せるのだが、大学生はその中に入る心構え《ディスポゼ》ができていないのである。それでも彼らは、在学することの伝統的な定義の中に内在的に書き込まれている上昇志向を抱くようになるのであり、彼らの出自が社会的に上であればあるほど、そしてその事実から、より高い志向を持てば持つほど、ステータスに内在する志望と学業的成功（あるいは、その結果としての卒業証書の社会的価値）との間の不一致に深い落胆を覚えるのである。潜伏する崩壊感覚《アノミー》、ないしそこから結果する危機の表面化が深刻化するしかないのは、学生人口の増加によって学生指導対応能力の（少なくとも量的な）低下を招いたからである。学生増加（特に、一九六五年から七五年）に伴って、教員数（特に、下級の教員）が加速度的に増加したのではあるが。

学力競争の激化は、ますます教育課程の下の水準にまで波及する。少なくとも、入学準備クラスを組織的なモデルにしている有名リセの第二学級Cの水準まで降りてくる。恒常的な学力コンクールの論理は、ますます早い段階から教育課程に入り込み、中等教育全体の中に単一的な階層化の原理とますます完璧に統一されていく評価基準システムを持ち込む傾向がある。異なった部門や異なった選択コースに対応する修了証書は、学校市場がより分断された状態にあったときのような相対的に共約しがたい能力を保証するものではなくなり、単線的なヒエラルキー（その頂点に来るのが理系のグランドゼコールの門戸を開くC部門）のグレードになる。次第に完璧になっていく市場統一化によって、学歴価値はそこで決定され、どの水準の教育課程であろうと、異なった証書がもはや上級段階への進学許可としての価値しか持たないようになる。最も評価が高く、稀少であり、競争率が高い証書は、最も難関の、最も遠い学校まで導いてくれる教育系列に残ることを許可してくれる証書である――学校機関と各選択コースのヒエラルキーは、最終学級クラスであろうと、入学準備クラスであろうと、それが最難関のグランドゼコールへ入学させてくれる可能性の大小によって測られる。これらの学校への入学可能性は、第二学級の段階から影響が出てくる。そして、その後の進路の分岐点の各箇所で試されるのである。最終学級での学校とコースの選択、理系入学準備クラスでの学校とコースの選択である。したがって、成功に必要な主要な条件の一つは、いまや、投資（位置取り《ポジシオン》）の感覚なのである。この、巧妙に階層化された圏域《ユニヴェール》の中で航行し、様々なヒエラルキーを認識し、前の学校での成績水準によって異なった系統の学校に入学が許可されることになるわけで、その可能性の大きさを見積もるために必要な投資感覚である。

　支配者を学校制度に結びつけている関係が両義的であるのは、学校制度が自らの世界観《ヴィジオン》と分類＝分業《ディヴィジオン》の原理を打ち出す能力をもち、その手段の限界内で、手渡された「相続者《エリティエ》」を成績判定し、学校固有の評価基準に従わせる能力をもっているためである。関係の両義性は拡大するしかない。というのも、一管理職や指導者に要求される客観的に測られた文化資本や技術的知識が絶え間なく増大していくばかりなので、支配者の生活スタイルができることなら学校によって支持され受け入れられることによって、支配者の生活スタイル――一九世紀における英国のパブリックスクールであれば、スポーツや男性的な諸価値への崇拝――を相互選出《コオプタシオン》の原理に置くという解決が望まれるが、それが社会的に受け入れがたいものになっていくばかりだからである。それはまた、学校教育による再生産様式が一般化した帰結として、中等教育への入学が拡大し、未曾有の学力競争の激化を招来し、権力〈界〉の中でも文化資本が最も乏しい領域を出身とする青年たちへの増大する脅威としてのしかかるからでもある。しかも、ちょうどその時期は、他の箇所において詳述された理由の結果として、学歴が、社会的位置《ポジシオン》の再生産にとって必要不可欠な条件として常に一層要求されることになり、それが、一見したところ経済資本だけに結びついている社会空間の諸部門にまで及ぶのである。(44)

競争の激化を示す最も明白な指標の一つは、二流校も含め、多くの学校で、暗黙の内に、あるいは公式に入学の敷居を高くしていることである。こうして、高等商業学校《アッシュ・ウ・セー》への入学準備は、決して一年を越えることはなかったのだが、二年にまで伸びることが多くなる傾向があり、一九八八年度入学からは、全受験生に二年を課すことが検討されている。高等商業企業経営学校〔ESCAE〕は、一九六七年までは志願者になにも要求しなかったが、卒業証書に基づく選別を導入し、一年の準備クラスを課した。パリ第Ⅸ大学（ドーフィヌ）は、主に経済と経営の教育を与えるが、一九七九年より補助的な成績基準を課している（大学入学資格試験CまたはDの取得者は、大学入学資格試験における各科目の得点が少なくとも平均一二点、他の部門の生徒には一三点）。同様に、パリ政治学院《シアンス・ポ》では、一九八七年以来、受験者は二回しか受験できない。一回目は大学入学資格試験の年、二回目はそれから最長一年以内である。二年次への直接入学志願者に対してはさらに厳しい選別がなされる。おそらく他の司法関係の職業（法律顧問や弁護士など）における競争の結果であろうが、公証人の資格取得に必要な養成さえも強化された。それまでは、まったく研修中心だったのである（志願者は、六年間の実習の後に、公証人と登記所係官を試験官とする試験を受けていた）。一九七三年の政令によって、志願者は法学修士課程修了を義務づけられる。さらに、三年の研修による職業コースを選択した場合は、職業教育地方センターによって授与される公証人資格証書を取得するか、大学コースを選択した場合は、公証関係法を専門とする上級課程の修了証書を取得しなければならない。

実業ブルジョアジー出身の青年の中で、学力的に最上位の学校から締め出された者、あるいは、伝統的に彼らの心構え《ディスポジシオン》をより積極的に受け入れる学校、中央工芸学校や高等商業学校《アッシュ・ウ・セー》、さらには政治学からさえも門戸を閉ざされた者は、学校空間の中で、自律性が低く、学力審査が厳格でない区域に向かうことを余儀なくされる。すなわち、最近二〇年間で、特に経営学の分野で増加した（同時に、需要の圧力も目立って強かった）避難所としての学校である。(45)

大学内に経営学を専攻とする学校《エコール》（ＩＡＥ、修士、博士課程）が多数設立されると共に、既存の学校《エコール》も再編と多様化の波を受けたが、それに伴って、授与される修了証書の数も飛躍的に増加した。ベルトラン・ジロ・ド・ランの調査によれば、経営学の「上級課程」では一九五〇年には一三〇〇くらいだったものが、一九七六年には七五〇〇に達している。商学や経営学関係の短期課程（上級技術者部門、技術関係短期大学、私立学校）を修了した学生の数はさらに急速に増加し、二〇〇〇だったものが、一九七六年には約一万七〇〇〇にまで伸びている。最近は増加数が、特にグランドゼコールや中級の学校の修了証書について落ち着いているが、それは歴史のある伝統校や難関の名門校が卒業生の数を増やさなくなったからである。最後に付け加えれば、様々な教育課程への志願者数、入学準備クラス、学校、パリ・ドーフィヌ大学の経営修士課程のように経営を専攻とする大学への志願者数も、一九五〇年以降、おびただしく増加している。他方では、入学準備クラスも、多くの民間のクラスが設立され拡大している。[46]

実業行政ヨーロッパ研究院〔ＩＮＳＥＡＤ〕は一九五八年に設立され、たいていがすでに就職経験があり、上級教育を修了した者だけが入学できるが、このような経営学の学校は、目指していた成績を学校で得られなかった生徒、そこにはかなりの比率で実業ブルジョアジー出身の生徒が混じっているが、そのような生徒に対して、いわば二回目のチャンスを差し伸べる。ジェーン・マルソーによれば、彼女が調査した五四名の生徒の内一〇名だけが、実業行政ヨーロッパ研究院〔ＩＮＳＥＡＤ〕入学前に入っていた学校がもともと志望していた学校だった。北フランス工業学院に入っていた生徒は、中央工芸学校入学を希望していた。ナンシー国立高等鉱業学校から来た生徒は、パリ国立高等鉱業学校を志望していた。パリ高等商業学校卒業生は高等商業学校《アッシュ・ウ・セー》の方を希望していた、といった具合である。[47]この学校のように、外見がいかにも近代的な印象――教授団と生徒が国際的であることを始めとして――を与える学校は、名門校の修了証書の代わりになるものをそれなりに提供するために最適であることは疑いない。そして、確かなことは、時の経過と共に、そして生徒がもたらす社会関係資本と共に、学校が設立の経緯を忘れさせるにいたるだろうということである。

実のところ、経営学の学校の成功は、二つの独立した、それぞれに固有な必要性に応じたプロセスが出会ったところに由来する。一方には、新たな教育需要の拡大がある。厳しい選別と名声をもつ課程から締め出されたブルジョアジーの子どもたちが、私企業においてさえ必要度が高まっている学歴を獲得するために迂回路を切り開く必要性があり、それに結びついて需要が拡大し、新しい学校に豊富な顧客をもたらしたのである。他方には、国際取引の増大のような経済〈界〉の変容に相関して、[48]技術者、技師、営業ディレクターのポストの供給が、とりわけ、一九六八年から一九七五年にかけて増大し、これらの学校が養成する者たちに、絶えず拡大していく就職先を確保したのである。このように数多くの独立した要因の出会いが後になって振り返ってみると、奇跡的な一種の偶然のように現れ、一般的に言って、相対的に自律的な〈界〉において進められる改革の成功のための主要な条件の一つとなる。おそらく、そのお蔭で、新参者が、外的な偶然的状況によって確保された資源の増加の中に、競争による選別を生き延びるための方法を見出したのである。必然的に不平等な選別は、すでに〈界〉の中に位置《ポジシオン》を占めライヴァルたちによって押しつけられたものなのである。

記録調査から作成された統計的データからは、一九五四年から一九八二年にかけての企業の管理職の役職別カテゴリー(生産、管理、経営、執行その他)の変化を詳細に分析することができなかった。名称の変化、新しい名称の出現、新たな質問の追加(一九八二年)のために比較が難しくなっている。たとえば、一九八二年の個人表に管理職と職工長の職種が導入されたので、「上級管理職、それ以上のデータなし」、「管理部門上級管理職」の数は、一九七五年から一九八二年にかけて半減しているが、「販売部門上級管理職」は激増している。[49]

幾つかの指標から判断して、一九六八年から一九七五年の間に、すなわち、商学や経営学系の学校が多数設立されるか、変革される時期が始まってまもなく、販売、テクノセールス、経営担当管理職の数が最も顕著に増加している。一九七五年に、情報関係の専門家が二万人、会社組織や経営の専門家が一万四〇〇〇人いるのに対して、一九六八年には、これらの職業に就いている人は八〇〇〇人を数えるにすぎない（年率二四％の極めて大きな増加率だったことになる）。テクノセールス技師も、一九六八年から一九七五年にかけて急激に増加している（九％）[50]。流通関係テクノセールスの職種の中には、同じ時期に極めて急速に拡大しているものがある（仕入れ係がそうで、一九六五年から一九七五年までに九〇〇〇人から一万六〇〇〇人に増加）。商業の集約に伴う職の再編とともに、小規模商人は、ある意味で部分的には、未熟練の販売従業員（レジ係、売り子）によって代わられている[51]。APECによれば、現代の流通機構は、「巨大な管理職雇用創出者である」。一九七五年から一九八二年の間に「大型スーパーマーケット、小型スーパーマーケット、通信販売会社の進出と発展によって、雇用数は三・五倍になっている[52]」。現場の叩き上げは、段階的に、商学系の学校、特に、高等商業企業経営学校〔ＥＳＣＡＥ〕の卒業生に、販売係や店長のポストにおいて取って代わられていく。サービス業のセクターでは、配送部長のような新たなポストが出現する[53]。

ブルジョアジー出身の若者が大量に商業関係の職業に向かった動きは、間違いなく、「事情に明るい人々」からの奨励や注意、警告によるものではなく、むしろ、継承した心構え《ディスポジシオン》と、以前の成功が差し出す可能性との間の関係が規定する個人の戦略のもつ論理にこそその原因を求めるべきである。実際、各種委員会（中でも、総合計画の学校整備委員会）も、一九七五年に至るまで、経営関係の人材不足を懸念するようなことは何も言っていない。むしろ、技師の不足に警告を発してやまなかったのである[54]。ブルジョア青年の強みの一つは、新たに開設された教育課程にすぐに対応できることにある。設置されたばかりの新設課程は、取り組みやすく、かつ結果を出しやすいものである。彼らは、社会関係、親類関係、さらには学校関係の人脈を通じて多くの情報を入手でき、それによって、様々な学校、系列、修了証書の「時価」に対する実践的直感に裏付けを与えることができる。新設でありながら将来性のある学校系列、リスクはあるが、利潤の大きい投資先を時宜よく発見する上でそうした情報は欠かせないからである。

この投資のセンス、将来性を予見させてくれる、〈界〉の構造とダイナミズムへの直感がなににもまして必要不可欠になるのは、様々な可能性の空間が多様化することによって、大量の客観的ファクターが誤った認識の土壌になりやすいときである。まずは、競合する学校機関の増加がある（IUT、群小専門学校《プティットゼコール》、経営管理学〔AES〕学士の後の新修士制度）。既成のヒエラルキーの目立たない変容もある。これらの学校階層を混乱させようと意図する新設校当局の情報操作がある。これらの学校の生徒や卒業生は、出身校のイメージを飾りたてがちなので、新設校当局の情報操作はそこでリレーされ、さらに伝播するのである。おそらく、投資のセンスがどんな時よりも有益になるのは、度重なる学業の挫折による困難な状況において、多少はリスクの伴う再転換に賭けて挽回できるかもしれない時である。

このようにして、ヨーロピアン・ビジネススクールでインタヴューを受けた生徒の大部分は、友達や家族の交際関係によって学校の存在を知ったのである。その中の一人は歯科外科医の子息だが、一貫して私立学校に通い、医学部に進学したが、中途退学した（学部の「雰囲気がたまらなかった」のだ）。その後、リセの入学準備クラスに入ろうと何度か試みて挫折したが、サントバルブの私立の入学準備クラスに滑り込むことに成功した。それから、彼は学校の校長に二度にわたって電話し、直接交渉したのである。彼は幾つかの商学系学校の受験に失敗した（「ESSEC（パリ高等経済商業学校《エセック》）」の入試にすべったよ」。そして、どの高等商業企業経営学校（ESCAE）にももぐり込めなかった）にもかかわらず、ヨーロピアン・ビジネススクールの入学コンクールには合格したのである。彼がこの学校を知ったのは、そこに通っている友人がいたためである。また、サントバルブの先生の一人がこの学校の話をして、「なかなかいい学校だよ」と言ったこともある(55)。また別の一人は父親が営業部長で、母親が通訳だが、ヨーロピアン・ビジネススクールを選択したのである。ヨーロッパ実業研究院もあったが、「活気がある学校だが、残念ながら中身がない」。管理職養成学校は、「ドラ息子を受け入れる」ところで、「ぱっとしない」のだった。

行為者が社会世界に適用する諸認識カテゴリーは、この世界の以前の状態の産出物である。諸構造が変化するとき、たとえそれが軽微なものであっても、認識と評価の諸カテゴリーの構造的な過去執着現象《ヒステレシス》が変質した臆見の多様な形態を引き起こすのである。文系の人間と理系の人間、あるいはグランドゼコールと大学の学部の間の差異化のように、教育システムの以前の状態についての通常の理解から生まれる分類的図式が人を導く現在の現実諸表象は、新たな現実を取り逃がしてしまう（たとえば、古い諸カテゴリーによって分断された諸集合が交差する所に生まれるあらゆる派生的現実）。どう見ても、次のように言えそうである。この構造的遅滞は、行為者たちが、彼らの占める学校圏域《ユニヴェール》内の位置《ポジシオン》のために、あるいは、彼らの家族の社会空間内の位置《ポジシオン》のために、急速な変化の時代に何にも増して必要とされる適切な情報から遠ざけられていればいるほど、大きくなるのである。進路の誤りの経験が引き起こす深刻な挫折感は、しばしば窮地に追い込まれた者を完全な放棄へと導く。学業を途中放棄する者たちの多くは投げやりな気持ちになるが、物事を見分ける原理原則を持ち合わせていないので、なに一つはっきりせず、なに一つたしかではない混濁した圏域《ユニヴェール》を目の当たりにして、そのような気持ちに追い込まれるのである。彼らは、未来に働きかける意図自体が前提とする未来に触れているという最低限の感覚を奪われているので、絶望の戦略のさまざまな形態に身をゆだねることになる。ちょうどルーレットでもするように、彼らは少しばかり幸運をあてにする気持ちもあって、あらゆる場所に勝負を張って、リスクを最小限にしようと努めることはできる。同時に幾つかの学校に登録を申し込み、まったくかけ離れた専門分野《ディシプリヌ》の科目を受講する者はそれに似ている。同じように、複数の学校を受験すれば、その数は増えるばかりなのである（たとえば、同一の生徒が、理系、商業、獣医の入学準備クラスに登録することもありうる）。高等教育への進学という学歴における決定的な岐路において、それは以前であれば第六学級への進学に対応する岐路であろうが、地理的な隔壁と社会的隔壁に結びついたハンディを背負った者は、無理な選択を迫られ、しばしば一種脱落を先送りするような選択をするのである。そのような事態を招くファクターの一つは、おそらく的確な情報の配分が一様でないことにある。無数の組み合わせによって混濁した圏域《ユニヴェール》を前にした不安は、指導を専門とする者や善意にみちた者の助言を鵜呑みにさせる。しかし、そうした助言は、きまって、彼らの目に最も手堅くみえる、すなわち、最も短くて、かつ学校じみた道を選ぶという（社会的に構成された）心的傾向を強めさせるだけである。

マネジメントのポストの求人増加と、教育と代替学歴の社会的需要の増加という二つの独立したプロセスの合流によって創出された好都合な状況の中で展開されたのが、新たな経営学系学校と他の高等教育機関間の競争であり、それらの学校が構築する従属〈界〉内部における経営学学校同士の競争である。グランドゼコールの〈界〉全体と同様に、経営学学校の従属〈界〉は成長プロセスの産物であり、それ自体はいかなる内在的合目的性によっても方向づけられていないが、一定の整合性と必然性の形式を備えた一現実を生み出す。そこに組み込まれている学校は各々存続期間も異なるが、長期にわたる個別の増設変更が継続した結果の産物であり、その存在自体の内部において、その生成を支配し機能を方向づけた客体的諸関係から作用を受けている。最も古い学校は、異なる時代に被った変形の跡を残している。学校を取り巻く環境は様々な変化にさらされてきたのであり、真っ先にあげられる変化が、競合する新設校が挑んでくる挑戦である。最新設校も創立時から、存立するために対峙しなければならない既存校の影響を受けている。そして、競争するという本質的に他律的な意思によって変容を被り、矛盾ではあるが、既存校を同化吸収する模索を積み重ねていて、時に剽窃にまで及ぶし、差別化《ディスタンクシオン》が追求され、実質的な差異はごく僅かであるだけに一層これ見よがしの差別化がなされるのである。

それは一八二〇年、最初の工学系学校ができて一世紀以上も経ってからのことである。パリの商工会議所の提唱で、パリ商業専門学校が設立されたのである。この学校は、ナポレオン三世の時代にパリ高等商業学校になる。新たな学校の出現を見るのは一八七〇年まで待たなければならない。ルーアンとルアーヴルの高等商業学校の二校である。その後、地方の学校設立が続くことになる。パリ高等商業学校は一八八一年に創立される。これもパリ商工会議所の発案になるもので、中央工芸学校という、すでに評価の確立した、実業界に深く結びついた学校をモデルとしていた。一時は、あらゆる学校新設につきものの同化模倣の努力を象徴するためであるかのように（初代校長は中央工芸学校卒業生である）、「商業中央工芸学校」と名付けようという話もあった[56]。パリ高等経済商業学校《エセック》は一九一三年設立である。一九四〇年には、二一の商学系学校があった。

商学、経営学、行政学関係の高等教育学校設立が再び盛んになるのは、特に一九五〇年代の半ば以降であり、六〇年代になるとさらに増加する。「商学と経営学高等教育全国年鑑」によれば、一九五〇年から五九年の間の新設校数は二三校、一九六〇年から六九年は二八校、一九七〇年から七九年には三一校である。一九八〇年以降もこの動きは継続している（一九八〇年から八三年にかけて一三校）[57]。一九五〇年代に大学内に設立されるのは、特に、企業経営研究院である（一九五四年から五八年の間に一二校）。六〇年代には地方で、高等商業企業経営学校〔ＥＳＣＡＥ〕網、特に、大学入学資格取得の後に入学する私立の群小専門学校《プティットゼコール》が展開される。また、高等教育の修了証書をもっていなければ進学できない学校が幾つか現れる。一九五四年の実業行政ヨーロッパ研究院〔ＩＮＳＥＡＤ〕、一九六九年のアキテーヌ高等学院〔ＩＳＡ〕。企業経営教育国立基金〔ＦＮＥＧＥ〕は、フランス経営者全国評議会〔ＣＮＰＦ〕、および商工会議所連盟、産業省によって設立されたが、一九六八年以降、数多くの学校に分散した経営教育のコーディネーターになる。七〇年代と八〇年代、高等商業企業経営学校〔ＥＳＣＡＥ〕網は拡大を続け、パリや地方で新設校の動きは止まらなかった。

最近三〇年間に、最難関のグランドゼコールにも、それはまた最も古い学校でもあるが、変化が生じつつある。広大で近代的な新キャンパスが求められ（ジュイ＝アン＝ジョザスに移った高等商業学校《アッシュ・ウ・セー》、セルジ＝ポントワーズ〔パリの北西、約三〇キロにある小都市〕に移ったパリ高等経済商業学校、リヨン市エキュリー地区の高等商業企業経営学校）、活動も多様化し、他の商学・経営学系学校との競争に応えようとしている。また、とりわけ教科に経営教育の導入を試みた技師学校との競争である。パリ高等経済商業学校《エセック》の歴史は、この観点から、特に意味深い。発足当時から高等商業学校《アッシュ・ウ・セー》や商工会議所と張り合わなければならなかったパリ高等経済商業学校《エセック》は、最初から、組織の面からも教育方法の面からも変革と現代性を売り物にしなければならなかった。より一般的にいえば、各校が、あまり差のない学校方針を掲げる多数の競争校に抵抗しなければならないという事実から、多種多彩な学校が、教育方法や教育設備を含め、あらゆる領域で競うことを強いられるのである（たとえば、ケーススタディー導入の歴史にそれが見られる）。また、定義のはっきりしない多元的な教育、技術者教育、一般管理職教育、上級管理職教育、管理職再教育研修、研究などを提供しなくてはならない。

全体的に見て、高等教育学校機関の〈界〉の学力的には中位ないし下位の領域に位置する経営学学校群の従属〈界〉は、需要への強度の依存関係にある。依存度は、経済の諸要求に対する選択的な服従に転換され、学校ヒエラルキーの下層に降りていくに従い増大していく。群小専門学校《プティットゼコール》は小企業のように機能する傾向があり、学校制度の論理を跳ね返す矜持を示し、学校の内部に、卒業生の未来の利用者からの要求や価値観を導きいれることがある。

> これらの学校は全て、学校的なところは最小限であり、またそうあろうとしている。――どこまでが選択なのか、必要性なのか、選択に変じた必要性なのか区別がつかない。校長は、相対的に脆弱な学歴資本の持ち主で、教授であるよりは、「教育の振興者[58]」であろうとしている。一人は地方都市の心理療

法士になっている。もう一人は、同じような学校の出身者であり、「大学におとしまえをつけるために」、後に専門研究課程DEAを修了している〔博士論文の提出資格が得られる〕。行政経営養成学院〔IPAG〕では、「研究をし、仕事の世界から完全に切り離されている純粋な教員はいない」。「教員コーディネーター」自身も、学校には「一日か、二日、最大限二日半しかいない。残りの時間は彼らの企業に携わっている」。生徒も、その大部分が重役か、企業管理職、あるいは技師の子息で[59]、学校にいるのと同じくらいの時間を企業で過ごす。

ヨーロピアン・ビジネススクールや、経営高等学院、あるいは行政経営養成学院〔IPAG〕は、国の助成金を受けていないし、国の認定を受けた修了証書を発行していないので、企業が支払う研修料金と家族が払う学費に依存している（一九八三年現在、ヨーロピアン・ビジネススクールで一万六七〇〇フラン、行政経営養成学院〔IPAG〕で一万六一五〇フラン、経営高等学院で二万一〇〇〇フラン）。したがって、これらの学校は、企業のように経営しなければならず、宣伝活動をおこない、研修料金獲得のためのキャンペーンを張らなくてはならない。そのようなわけで、行政経営養成学院〔IPAG〕の元校長は、学校の校長というよりも、企業のトップとしての役割を引き受けたと言う。「私は自分が教員であるという気持ちはもっていませんでした。（……）少なくとも、人々が密かに抱いている、あまり感心しない側面のことです。つまり、少しばかり責任感に欠け、（……）給料が空から降ってくるような人のことです。ところが、私は、たぶん人並み以上に、月末の支払いの問題がなんであるかを知っていました。つまり、私に二五人の一緒に働いている者がいて、何人いるのか生徒が大勢いて、援助をあてにできない学校に資金を確保しなければならないという現実のことです。私は自分を中小企業の責任者と見なしていました。ただ、その業務の分野は教育というわけです」。

学校企業トップの広報における要諦は、両親に強く印象づけるか、魅力で惹きつけることにある。両親は生徒たちの就職のためにもあてにできるのである（ヨーロピアン・ビジネススクールは、えり抜きの場所、コンシエルジュリやヴァンセンヌ森で両親たちとの夕食会を催している）。そして、要諦のさらに肝心なところは、両親を同盟者として引き入れ、あわよくば象徴的な株主にすることである。広報の成功は、本質的には創立メンバーの社会的・学校的資本次第であり、また、生徒の両親（評価が上の学校とは違って卒業生ではない）の社会関係資本を動員する才覚があるかどうかにかかっている。だからこそ、両親たちは一体になって、学校を、そしてまた学校を通して彼らの子息を象徴的にプロモーションするように誘われるのである。ヨーロッパ経済経営学院〔ＩＥＣＥ〕が銀行に見放され、重大な財政危機に陥ったときに、財界人をも含む保護者連盟が創設され、ヨーロピアン・ビジネススクールと改名して再出発が可能になったのは、このようにしてなのである。

こうした高度に外部依存的な学校の当局は、必要性を美徳とするしかなく、顧客、生徒、両親、企業の要求と価値観を丸飲みするしかない。まず、生徒の募集では、超名門校が学校の稀少性に基礎をおいている選別のプロセスをまったく放棄するか、ずばり通常の選別基準を逆転させる。「私たちは生徒の募集を、企業における求人にいささか似たやり方で行います。込み入った問題で知識を問う試験はやりません。反対に、受験生の人柄、物を考える能力、わが校のような学校を経営する将来的な能力、そういったものに関心を払います。私たちは筆相学者を使います。ですから、受験生に入学申し込みの手紙を書いてもらいます。手紙は、採用代行会社で審査されます。（……）多数の企業の社員採用審査を代行している会社です（ある学校の渉外担当。学校の広報のための「宣伝企画」やその他の仕事を担当）。

経営学系の学校は想像力を競い合い、受験者評価について新方式を提案する。受験者の人となり、自己主張の方法、人前での態度、場を支配する能力を正面から考慮に入れる。正統性のしっかりした学校では、建前上考慮しないか、受験科目についての知識の有無のなかで問われる要素である。生徒の欠点を長所に変え、学校の弱点を切り札にするために一般に受け入れられている学校的諸価値を転倒させ、教育上の正統性について新たな根拠を設定しようと努めることもある。ヨーロピアン・ビジネススクールや、さらに下の行政経営養成学院〔IPAG〕、管理職養成学校のような学校は、学校ヒエラルキーの一番下に位置し、大部分の生徒が、ランクの上の学校（高等商業学校《アッシュ・ウ・セー》、パリ高等経済商業学校《エセック》、高等商業企業経営学校〔ESCAE〕）や、分野の異なる学校（医学、法律、環境学、理系など）の入学試験に落ちた経験をもっているが、どの学校も共通して、対人関係の巧みさ、会話術、自分をプレゼンテーションするスタイルを評価する試験や研修形式を活用する。そのようなわけで、ヨーロピアン・ビジネススクールは、一般教養を問う古典的な口頭試験、国立行政学校のような超名門グランドゼコールの口頭試験をまねた試験だけでなく、「ビデオカメラで撮影される新聞・雑誌の要約試験」を口頭試験として課す。この試験は、「受験生が、ビデオカメラの前で口頭表現を行う能力の評価を目的」としていて、「その場で手渡された文書を用いて新聞・雑誌の要約を行わなければならない」。グルノーブルの高等商業企業経営学校〔ESCAE〕は、「通常と異なる、難しい」試験を発案した。この試験では、受験生は、企業の管理職でもある試験官の一人にインタヴューをしなければならない。試験の進め方に関する文書が試験官に配布されており、そこに説明されているように、試験官は、「受験者に対してできるだけ簡潔にそしてまた正確に答え、受験者の進行方法、質問の適切さ、状況への対応能力が明らかになるように(60)」心がけなければならない。それに続く自由な談話の中では、試験官は、「受験者の経歴の全般的な特徴、関心事、過去の経験、抱負」について質問しなければならない。とはいえ、試験の虚構的性格を重んじる他の学校において用いられるテクニックをまさに逆転させながらも、「受験生の居心地を悪くすること、落とし穴のある質問、厳しい質問、あるいは誘導質問、あまりに個人的な側面にわたる質問をすることは避ける(61)」ように求められている。他のケースでは、学歴にふれる質問は避けるようにとはっきり表明されている。「諸能力の測定」「人柄の評価」などが、行政経営養成学院〔IPAG〕の入学試験における公式に発表されている目的であり、「これまでに身につけた知識の評価を目的としていない(62)」のである。

実は、古い評価法に新しい装いをあたえることや、斬新な性格を誇示する方法の導入は、一つの全体的な戦略のもっとも目立つ一側面にすぎない。受験動機の根本にある学業の失敗を（自分へも含めて）糊塗し、それを資本に転換することによって復帰にむけたリハビリを確実に提供することを受験生に、そしてまた彼らを受け入れる学校に可能にする戦略なのである。「入学が認められたら、あなたの過去は抹消されます。いってみれば、あなたの犯罪記録は二重に鍵をかけられて封印されます。ですから、あなたは普通に勉強が続けられます。それがあなたにとって得になると考え、頑張るつもりがあればの話ですが。学校にとって大事なことは、あなたの個性です。昔の成績はどうでもいいのです」。学校について問い合わせにきた青年は、校長にこのような言葉で迎えられる。犯罪記録というイメージは行き過ぎではない。また、学業前歴と言ってもなんら誇張にはならない。それほどにも、学校権力の数々の中でも最も決定的なものの一つが何かといえば、栄誉を与えるか、あるいは逆に追放・落第させるか、象徴的な恥辱をあたえる能力だからである。この魔術的な効果に対して、ひどく痛めつけられてきた経済資本保有者が対置できるのが、過去の学業を白紙に戻して、学校によって加えられた社会的・心理的傷痕を消し去ることを主な役割とする学校の教育活動である。学校による判決が及ぼす支配力を振り払うために、これらの逆説的な学校機関は、すでに学校的論理を捨てかけている生徒に、反学校的な心構え《ディスポジシオン》を鼓舞し、彼らを迎え入れるのである。まことしやかな修了証書によると、どうみても上辺だけの栄誉を約束することによってではあるが。

したがって、次のことが理解される。極端なケースにおいては、これら学校効果を無力化することを使命とする学校は、学校としての自己を否定するように見えるのである。それも組織様態だけでなく、教育的活動においても。この自己破壊的教育プロジェクトの理念型を見事に示しているのが、北フランス高等商業学校である。この学校は、一九八五年の入学時に新入生に対して、三日間にわたって、ワインの取引会社を設立して、ワインの売買をし、従業員を雇用し、銀行融資を受けるゲームをするように求めたのである。「教員の研究室のドアには、新たなワイン原産地名称が書かれた名札がかけられる。右側には銀行がある。その横には社会事業省がある。少し離れたところに情報サービスコーナーか広告認証事務所がある」(63)。学校本来の資本に乏しい学校は、専門知識や知識に対抗した「個性重視」、学問の厳密性に対抗した人間性発展を喧伝し、実人生や企業に開かれたカード、「学校脱却」のカード、アカデミックな模範や拘束、形式の決まった試験、閉鎖的知識、解き方の決まった演習への拒絶のカードを切る——高等商業学校《アッシュ・ウ・セー》がいつでもしてきたことである。高等商業学校《アッシュ・ウ・セー》の文系・理系のグランドゼコールに対する位置《ポジシオン》は、群小専門学校《プティットゼコール》が高等商業学校《アッシュ・ウ・セー》に対してもっている位置《ポジシオン》と相同的である――。そのように仕向ける論理は、しかしながら、大学〈界〉への統合が追求されるときには平衡をとらなければならない。学校的資本を蓄積する努力をするなら、たとえ外面的な教育学的前衛主義を華々しく誇示することによってにせよ、大学〈界〉への統合の追求は避けて通れないからである。たとえば、最新のめざましい設備や方法の数々を披露する。設備面であれば、外国語のLLラボ、コンピュータ、視聴覚設備だろうし、教育方法にしても、常に一層活動的で、斬新で、国際的であろうとするのである（日本や米国での実習研修は、学校の革新能力のシンボルである）。

いかに経済〈界〉の要求に対応し、企業の論理を模倣することに熱心であろうとも、群小専門学校《プティットゼコール》は、学校の論理から完全に脱却することはできない。僅かであろうとも、学校機関が行使する固有の正統化効果を実効的にするには、最小限の自律性を、両親たちと企業からの要求に抗して確保しなければならないのである。両親や企業はなにをおいても学校を認知する用意があるのである。したがって、一九六〇年年代と七〇年代に設立された学校は、方法やリズムは様々とはいえ、同じようなプロセスの同じようなステップをたどることになる。就学期間の延長、入学試験の実施、国の助成の申請、修了証書の公的認定の要求などである。

　こうした学校の一つは、一九六七年に設立されているが、国の認定を受けるのに一二年間を要している。事務長によれば、「認定をうけることに校長が関心がなかったからです。なぜかというのですか。わが校の教育内容は、労働市場と日々の現実に対応して、どんどん変化してきたからです。（……）したがって、企業の必要性に真っ向から取り組んできたのです。いまでもそうですが。ところが、認定を受けてしまうと、教育内容が固定してしまい、動きがとれなくなってしまいます」。実際には、認定を受けた修了証書が与えてくれる象徴的な聖別と経済的安定性を無視することはできず、認定申請が一九七九年になされている。「奨学金の問題」があり、また「企業の中には、とくに国有企業ですが、認定を受けた学校を、等級やランクを設けて分類しているところがあるからです」。

新設校は、〈界〉の下部ゾーンから離脱し、顧客への全面的従属から漸進的に逃れるに従って、二つの矛盾した目標を調和させなければならない。まず独自性を確立するという目標がある。最高位の学問的聖別を受けている学校との関係において、その違いを確立することである。そのためには、聖別の欠如を聖別の拒絶に転換し、強いられた地位を選択された地位に転換することを狙って一般的価値体系を逆転させるか、あるいは、より根本的に、決まって経済活動（他の分野の学校であれば、「人生」の一言でもよい）の「現実」の名の下になされるのだが、学校的正統性から異端として決別がなされるのである。この場合、アカデミックな正統性から永久に追放される危険にさらされることにはなる。次に、逆の方向へと進み、正統性を自己主張するという目標がある。そのためには、権威ある教授、認定された修了証書、研究所など、アカデミックな威厳をあたえてくれる外観上のそれらしさを少なくとも受け入れることになる。しかしながら、そうすることによって、正統的学校圏域《ユニヴェール》の下位の位置《ポジシオン》に公的に追いやられることを受容することにはなる。異端的な学校が認定を受けるに従って、学校としての機関と経済〈界〉との間での揺れはますます大きくなる傾向がある。高等商業学校《アッシュ・ウ・セー》が、その教育方針において大学に対峙しながらも、その諸要求に対して自己調整する中で社会的評価を基礎付け、質のよい顧客を惹きつけようとするところから生じる両義的関係は、紆余曲折がありはしたものの、一九七〇年代に、高等商業学校《アッシュ・ウ・セー》を大学の免状と同等であると認定するための条件を規定した政令が出されることによって解決する。

学校の極と経済の極、自律性と他律性、学校世界およびその価値観の認知と拒否との間の動揺を律する原理は、学校〈界〉と経済〈界〉の関係の中に、そしてより一般的には、社会世界全体の中に書き込まれている。学校〈界〉内部で被支配の位置《ポジシオン》にある学校がエスタブリッシュメントとしての学校に対抗してその存在を確立するには、学校的論理が括弧にいれている「人生」の諸要求を対峙させることによって初めて可能になる[64]。しかし、学校として認知されるには、どうしても〈界〉固有の諸要求に服従しなければならない。すなわち、顧客の選択において、また運営の組織化、特に教育学的見地からの運営、成功の条件である固有の資源——社会的に認知された教員と生徒——が充実していればいるほど採用を迫られる戦略としての運営の組織化において、〈界〉に固有な諸要求への服従が避けられないのである。

以上の分析の末に現れてくるのは、学校本来の要求と支配者層の社会的再生産要求との矛盾を激化することよって、学力競争の激化が、ブーメラン的な衝撃によって、高等教育〈界〉の変容、とりわけ、グランドゼコールの従属〈界〉の変容を規定したことである。この変容は、逆説的にも、自律性の最も高い学校と共に、学校が引き寄せ聖別化した者たちの一種構造的な没落を招いた。経済〈界〉に最も近い学校市場のセクターにおいて増殖した、小さな教育的企業群が最後の救命具を差し延べるのは、実業〈界〉の名門の家の子どもたちや、高級官僚の子どもたちに対してである。パリ政治学院《シアンス・ポ》や国立行政学院《エナ》、高等商業学校《アッシュ・ウ・セー》のように、ブルジョア的心構え《ディスポジシオン》を最もよく受け入れてくれる伝統的学校が伝統的に確保してきたより栄誉ある避難所に席を見出せなかった子どもたちが対象である。こうした教育的企業がこれだけ見事に成功したのは、経済〈界〉に生じた深層からの変容と時期が一致したからである（たとえば、技術関係の役職に比して、金融・商業関係の役職が増大したことがある。それは、一九五二年から一九七二年にかけて、超一流企業の経営者の中に高等商業学校《アッシュ・ウ・セー》やパリ政治学院《シアンス・ポ》の卒業生が占める割合がめざましく増加したことと、理工科学校卒業生《ポリテクニシアン》が減少したことに現れている）。高等教育エスタブリッシュメント〈界〉が、権力〈界〉と相互依存関係にあることから、あるカテゴリーの支配的位置《ポジシオン》の数量と価値の上昇は、この位置《ポジシオン》への入り口になる学校機関の価値の上昇をともなう。同様に、逆の方向において、ある学校機関の生産物〔卒業生〕に対して認知された社会的・学校的価値の上昇はいかなるものでも、対応する「職団」に認知された価値の上昇と、権力〈界〉内部における自己主張能力の拡大とを伴う。同じ関係が逆方向に作用すれば、没落のケースになる。

　このようにして、高等教育機関の〈界〉の構造と機能様態は、それを研究する者に（そしてまた、たぶん、その読者に）、生物〈界〉における調節機能や芸術作品の「内在的合目的性」が想定させるような、奇跡的といってもおかしくない必然性を感じさせるのである。しかし、このように感嘆したからといって、それは正しい理解を助けるものではあるだろうが、最良ないし最悪の機能主義において考えられているように、主体のない神秘的な諸機能のうちに、社会的メカニズムと、そこから恩恵なり、害毒がもたらされる諸帰結の論理を律している原理とを突き当てるように促されるものではない。あるいはましてや、この、個人的意図を超越した論理を、個人や集団の意思に（陰謀理論を受けて）帰してしまうように促されるものでも全くない。民族学者が一軒の家の内部空間に認められる象徴的な組織化、あるいは親族構造の中に発見する驚くべき論理的必然性とまったく同様に、社会学者が、グランドゼコールのように極めて巧妙に調整された〈界〉

のもつ構造や機能様態の内に、そして特にその諸帰結の内に認識する論理的必然性は、原初から設定されている和音空間のような印象をあたえる性質のものであり、再生産を任務とする学校機関空間と、再生産すべき諸位置《ポジシオン》の空間との間の相同性を促すように完遂されるものであるが、そのような論理的必然性は、何らかの計画や得体のしれない内在的な理性に従うのでもなければ、かといって全くの偶然に委ねられてもいない漸進的で集団的な創造の歴史的プロセスが産んだものなのである。年を経た家の魅力というものは、時間の経過の中で、代々入れ代わった居住者によってもたらされた無数の改築・改装の産物であり、手を加えるにあたっては、前の居住者の選択によって遺贈された束縛に身の丈を合わせるしかない改築・改装の産物であるという事実から出てくるものである。そんな家にも似て、本書で分析されたような社会的メカニズムは、無数の個人的選択、それも束縛を受ける中でなされた選択の産物である。束縛というのは、内に組み込まれた構造が及ぼす束縛である。それは、各瞬間において、状況の認識と評価を方向づける。束縛というのは、客体化された構造のもつ束縛である。それは、どんな革新であろうと、積極的に公認されたものであるなら、それが具体的に構築されるためには、空隙、「空いている場所」を埋めることによってであろうとも、服従を余儀なくされる構造的束縛であり、また、一度、場所を得たならいつまでも服従しなければならない束縛である。構造の効果こそが、革新を規定するのである。つまり、構造の効果は、入り口において障壁として機能し、成功する革新、すなわち、構造の内部において持続的な効果を及ぼしうる学校形態の下に客体性の中に書き込まれる革新を規定するのである。学校機関が実現する分類選別の操作のもつ奇跡に近い論理が理解されるには、次のことを知っていなければならない。一つには、〈界〉が、その歴史の各瞬間において、固有の論理によって行う選別は、〈界〉自らの永続と、〈界〉を支配する者たちの永続という見地から「有効に機能する」諸特性を残すようにするのである。また、他方では、積極的に公認され、存在を確約される幸運を得る確率が最も高い革新とはどのようなものなのかといえば、〈界〉に内在している必然性を先取りするような個別的行為を可能にするような、〈界〉の構造とダイナミズムを実践的に自由自在にできる能力《メトリーズ》に原理的に支えられた革新なのである。実践的に自由自在にできる能力《メトリーズ》、あるいは、遊びの感覚といってもよい。それは、本質的に、内に身体化された構造（認識と評価の諸カテゴリー）と客体化された構造との間の即時の一致に立脚している。ハビトゥスが、自らの行動〈界〉を実践的に最もよく自前のものにするのは、諸力の〈界〉によって十全に住まわれた時である。なぜなら、ハビトゥスの構造は、諸力の〈界〉の産物だからである。

このようにして、顧客の社会的位置《ポジシオン》のみにしたがった（すなわち、出身家庭の所有する資本の規模と構造にしたがった）学校の分布は、学業の成績を考慮外におくなら、重要な啓示を与えてくれる。学校の分布が、社会空間内での職業位置《ポジシオン》の分布、それが生徒の出身点となる職業であるにせよ、将来あてがわれる地点の職業であるにせよ、職業の位置《ポジシオン》の分布に極めて類似しているという事実は、教育システムが、一見、偶然による徹底した攪拌であるような外観をそなえ、迎え入れた生徒の当初の位置《ポジシオン》と最終位置《ポジシオン》との間の対応を消失させてしまうように見えようとも、教育の介入前に生徒を分け隔てていた相違の空間を永続させる傾向がある（少なくとも、統計的な水準において）ことを証しているのである。たぶん、学校の顧客の社会的出身点だけでなく、学歴資本にしたがって分布された学校空間と比較するならばわかるように、軽微な修正がなされるだろう。最難関のグランドゼコールが導く位置《ポジシオン》が出身位置《ポジシオン》ではない一部の生徒にグランドゼコールに至る道を開いており、これらの学校から、ステータスから言って入学してもいい者の一部を排斥していることである。しかし、学力本来の基準によってもたらされる修正は、それ自体が訂正され、さらには無効にされるのである。一方では、「もって生まれた才能《ヴォカシオン》」の論理によって「救われた者」は、とりわけ、選別してもらった恩義がある学校によって差し出される位置《ポジシオン》の魅力に惹きつけられやすいため、学校のプロモーションによって門戸が開かれた権力の位置《ポジシオン》に背を向けやすいからである。他方では、経済資本に最も富む家庭出身の生徒は、学校システムの内部において、避難所——学校その他によって、学校の成績判定のもつ、相対的な自律性の効果によって脅かされた位置《ポジシオン》を復元するために補助的な無数の戦略を編み出すのであり、それによっても学力本来による修正が無効にされる。こうして逆説的にも、学力競争の激化は、学校による成績判定から逃れる方法を差し出してくれる学校の驚くべき立場強化を帰結するに至ったのである。

　学校の免状を取得した者の数の増加は、免状を持たない者や現場叩き上げの者（とりわけ管理職の）を排除し、出世の最も古い形式を廃絶させ、学歴に与えられる認知を一般化し、少なくとも、この関係において、労働市場を統一し、学歴保有者の間の競争を激化するが、それと同時的に、その反対物を産み出すプロセスにもなる。学校市場の多様化がそれである。また、文化資本に相対的に乏しい大ブルジョアジーからの要求と、人の意表を突く突飛な教育サービスセールスマンとの客観的な共謀によって、企業の需要により直接的に対応し、伝統的な学校施設の独占体制に競争を挑めるような夥しい学校機関の星雲が出現した。これらの「脱学校化された」学校、自律性が低く、しばしば企業によって設立され、資金を与えられ、監査をうけている学校は、労働市場での自己の価値を学歴に負っている中級カテゴリーの技術者と、経済の支配者たちとの間の闘争における武器になった。これらの学校は、必要に応じて、学力に乏しい後継者に適切な避難所を提供するだけでなく、彼らの都合にかなった教育者、こう言ってよければ、注文に応じて養成された、すなわち、最小限の技術的教育を授けられ、学校システムの専売特許の生産物にも似て、司法的に保証された「硬直性」による「能力低下」や「能力喪失」から守られた教育者を生産する場所を提供するのである。

補遺1　褒め言葉

学校の名声が高ければ高いほど、学校は言祝がれ、著書や記事を誘発する。一九世紀末には、すでに世紀を越える歴史をもっていた高等師範学校《エコール・ノルマル・シュペリウール》〔ENS〕や理工科学校《ポリテクニク》が、数多くの著書に素材を提供している。著者はたいてい学校の責任ある地位についている者で、校長や図書室司書であり、美化された学校史が編まれた（高等師範学校《エコール・ノルマル・シュペリウール》には、ポール・デュピュイ、フュステル・ド・クランジュ、デズィレ・ニザールが名を連ね、理工科学校《ポリテクニク》には、G・クラリス、A・ド・ラパラン、G・ピネ他がいる）(1)。

二〇世紀前半には、これら二校に捧げられた書籍がひしめき合っている。高等師範学校《エコール・ノルマル・シュペリウール》の場合、小説が目立つ（ジロドゥー、ジュール・ロマン他）。特定の著名な卒業生（シャルル・アンドレール、リュシアン・エール、ペギー、ジェール・タヌリ……）による回想もある。あつかわれた時代は一八八〇年から一九〇〇年に集中している。理工科学校《ポリテクニク》を舞台にした小説は少ないが、讃辞を連ねた作品は多い。学校もしくは、モンジュやその他学者の創立者への賛美である。また、特定の専門科目を論じた著書や記事、理工科学校《ポリテクニク》の隠語研究などもある(2)。

一九四五年以降になると、高等師範学校《エコール・ノルマル・シュペリウール》や理工科学校《ポリテクニク》を美化する作品がまだ散見されるが、すでに皮肉が交じっている(3)。しかし小説はほとんどないか、全くない。そして、学問的な研究が増加する。大部分がアメリカにおける研究である。六〇年代以降、とりわけ七〇年末以降になると、文句なしに、国立行政学院《エナ》〔ENA〕に注目と関心が集まる。学問的と称する評論や業績をまとめた作品、この学校を俎上にのせた論文や研究書が激増する。それに対して、知名度が相対的に低い学校を取り上げた作品は皆無に近い。高等商業学校《アッシュ・ウ・セー》〔HEC〕やパリ国立高等鉱業学校にしてもそうであり、まして、フォントネ校やサンクルー校はさらに少ない。中央工芸学校は中間的な位置《ポジシオン》にあり、一九世紀には相当数の作品があり、二〇世紀になると相対的に減少している。

　一般的に言って、学問的著作は名門校に傾きがちであり、学校擁護的な配慮から免れているものは例外的である。著作の対象となっている学校と著者との間に何らかの縁があることが、圧倒的多数のケースについて確認されている。例外があってもほとんどそれは外国人研究者である。国立行政学院《エナ》の例が、雄弁にそれを語っている。国立行政学院《エナ》を取り上げた最初の作品は物議を醸し、この学校の名声を高める上で大いに貢献したが、その著者J・マンダランとは、二人の卒業生の偽名であった。一九六五年の卒業生ジャン＝ピエール・シュベヌマン（一九三九―政治家。ミッテラン政権時代に度々国務大臣を務める）と一九五六年の卒業生ディディエ・モシャンである。七〇年代末、八〇年代初めに書かれた国立行政学院《エナ》関係の著作は、そのほとんど全ての著者が卒業生であり、そのうちの大部分が国立行政学院《エナ》かパリ政治学院《シアンスポ》（IEP）の教員か当局関係者である。ジャン＝リュック・ボディゲルは、パリ政治学院《シアンスポ》の講座担当教授である。ジョゼ・フレッシュは七八年卒で、彼の作品にはピエール・デプレリ（四八年卒）が序文を寄せ、「国立行政学院叢書《エナテック》」と題された叢書の一冊として刊行されている。ジャン＝フランソワ・ケスレルは（五九年卒の）卒業生であると共に、研究と生涯研修担当の国立行政学院《エナ》副校長である。彼は、一九八一年―八二年度、国立行政学院《エナ》改革委員会のメンバーだった。マリー＝クリスティーヌ・ケスレルは、国立科学研究センター（CNRS）研究員で、国立行政学院卒《エナルク》業生のフィリップ・ケスレルの配偶者であり、国立行政学院《エナ》創立者ミシェル・ドブレが彼女の著書に序文を寄せている。ギー・テュイリエは（五九年卒の）卒業生で、現在、パリ政治学院《シアンスポ》の教授である。オドン・ヴァレはといえば、七三年卒で、パリ政治学院《シアンスポ》の助教授である。例外となるのが、『ジュルナル・ド・ディマンシュ』主幹のミシェル・シーフルだろう。感動のルポルタージュといったスタイルで書かれた彼の作品は、過ぎ去りし時代の理工科学校《ポリテクニク》や同系の学校がそうであったような、大部数発行の新聞や、系列週刊誌のトップ記事になりうる学校の名声を伝えてくれる(4)。

補遺2　方法[1]

研究対象になっている集合体を構成するための原理は、研究が進行するとともに徐々にはっきりしてくるものである。特に今回のように規模の大きな調査においては、数多の社会的障害を乗り越えなければならないので、どうしても偶然的な要素や予期せぬ事態が招き寄せられる。しかし、ジョルジュ・カンギーレムが述懐していたように、実証をこととする研究者は海賊の血を引いている。獲物が眼前にたまたまあらわれると、それに応じて行動を決めるのである。海賊と違うところがあるとすれば、それは、航路を決める際に基づく原理が、一つの方法とまではいかないが、単純な理論的嗅覚を超えた何かであることにある。当研究の場合についていえば、学問的実践における、この統制原理は、〈界〉の観念に凝縮されている。ここでの視点に即していえば、空間として理解された〈界〉、すなわち、相互に他を排除し合う関係によって結ばれた様々な位置《ポジシオン》の集合体である。諸組織体の空間を構築するとは、したがって、それらの諸組織体を客観的に分け隔てている外示的《シニフィアント》で有意味《シニフィカティヴ》な示差的諸特徴の集合体を識別させてくれる諸標識のシステムを構築することである。あるいは、お望みとあれば、これらの諸機関の間の諸弁別特徴の集合体を生成させる諸標識システムといってもよい。この原理が定められれば、必要となる全ての組織体を一つに集めることによって、できるだけ漏れなく且つ精密に弁別的な諸対立要素のシステムを提示することが目指される。これらの対立的諸特徴のシステムは、最初の一瞥がもたらす対立特徴とは（たとえば、文系の学校と理系の学校のように、どんなに強力な表象であろうとも、そうした特徴とは）必ずしも一致するものではないのである。すなわち、セーヴル校とフォントネ校によって導入された、性別の対立。研究や大学へと生徒の将来を導く学校と、経済的・行政的権力の位置《ポジシオン》への門戸をひらく学校との間の、多元的な形態を持つ対立。後者の学校は、それ自体がまた、二次的な示差原理によって区別される。そして、最後になるが、なんといっても、グランドゼコールと群小専門学校《プティットゼコール》との対立。

三年間にわたって継続される中で、次々と偶然が気儘に介入してくるのを発見し、方法的意図の成果がいつ現れるかわからないと待ち構えている企画を、事後的に語るのはたやすいことではない。実のところ、科学的研究が現実にはどんなものであるかを教えてくれるものは全て披露すべきなのであろう。とりわけ、方針を次々に立てていく長い連鎖がある。それらは機をうしなってはならない急を要するものである。あるいは、理論的考察を無視して実施しなければならない作業操作がある。ただ、そこには、研究対象の科学的構成にあたって決定的な貢献を果たさない決断は、それがどんなに小さなものであっても一つとしてないのだという確信がともなっているのである。このことは、調査員のチームを編成するとき（チームの構成における、男女別、年齢、社会的出自、職業的ステータスが決定的影響を及ぼしうる）にいえることでもあれば、解読に用いられるコードの作成、研究対象の構成要素の決定、分析される文献コーパスの限定、さらにわすれてはならないのは、いうまでもなく、データの収集方法（観察、そしてまた質問表、質問の対象となるものや形式他）やコードを編んでいく方法があり、それらすべてについて言えるのである。こうした操作が必ず内包している恣意的な部分を糊塗する意図がない者は、認識論的な注意深さと社会学的な明晰さでもって武装するしかない。そうすることによって、たいていは社会的な論理から強いられる選択を学問的な論理からくる要請に従わせ、社会的な必要性を学問的な良心に転換するのである。

企画全体の出発点になったのは、高等師範学校《エコール・ノルマル・シュペリウール》〔ＥＮＳ〕連合の学生グループの発案だった。彼らは、フランス学生連合〔ＵＮＥＦ〕加盟校からの代表者を集め、『遺産相続者たち』が出版された後のことだったが、我々と協力して、それぞれが自校について調査を進めたいと自発的に申し入れてきたのである。協議の最初の段階から、少なくとも、学校の構造的比重からして圏域《ユニヴェール》の構造化に決定的に貢献しているような学校群全体についてアンケート調査を進めることの必要性は明白だった。すなわち、以下に記する学校以外の学校である。高等師範学校《エコール・ノルマル・シュペリウール》ユルム校、理工科学校《ポリテクニク》、国立行政学院《エナ》〔ＥＮＡ〕、高等商業学校《アッシュ・ウ・セー》〔ＨＥＣ〕、国立農学院〔ＩＮＡ、またはＡｇｒｏ〕。差異化の大原則、特に、グランドゼコールと群小専門学校《プティットゼコール》との対立の大原則が生む効果を測定できる可能性を確保するために、グランドゼコールの圏域《ユニヴェール》を構成していると伝統的に認められている五校だけでなく、研究を拡大する方向へとわれわれは導かれた。ユルム校とセーヴル校でのアンケート調査（一九六六年三月—四月）を終えた後、サンクルー校（一九六六年四月—五月）とフォントネ校（一九六六年四月—五月）についても調査した。(2) 国立行政学院《エナ》（一九六七年）を調査した後は、同じ年に、国立高等郵便電信電話学校、国立統計経済行政学校〔ＥＮＳＡＥ〕、そして、パリ政治学院《シアンス・ポ》〔ＩＥＰ〕（厳密な分類からいえば、グランドゼコールの圏域《ユニヴェール》に入らなかった）についても調査を行い、国立行政学院《エナ》の第一部門（学生）と第二部門（公務員）の入試を通して入ってきた学生の示差的特徴や、国立統計経済行政学校〔ＥＮＳＡＥ〕の第一部門と第二部門の生徒の示差的特徴の分析に特に注意を払った。最後に、とりわけ、理工科学校《ポリテクニク》の調査（一九六七年四月）を終えた後に、中位、低位の工業学校についても研究した。理系の学校の従属〈界〉は広大（当時、一三八校あった）で、きわめて多様であり、また、幾つかの基準（学力水準、社会的水準、公立、私立の別、パリまたは地方といった所在地など）からみて部分的に重なり合うこともあるので、以下の学校まで調査を広げなければならなかった。社会的には上位にあるが、学力水準は中程度の中央工芸学校（一九六七年）や高等電気学校〔ＳＵＰＥＬＥＣ〕、あるいは、社会的には上位にあるが、学力が下位にある高等電子工学学校や電気機械工学専門学校（一九六九年）、社会的に下位にあり学力的に中位にあるリール国立高等工芸学校（一九六七年）(3)、また、この従属〈界〉の中で関与的な位置《ポジシオン》を印している様々な学校、国立土木学校《ポンゼショセ》、高等工業物理化学学校、国立高等電気通信学校（一九六九年九月—一〇月）などである。パリ国立高等鉱業学校は社会的・学力的レベルがむしろ上位の学校なので、一九六七年に実施されたナンシーおよびサンテティエンヌ国立高等鉱業学校についての調査研究は、パリおよび地方の所在地による対立関係を分析し、それがどの程度に社会的対立関係と重なるのかを見ることを可能にしてくれるはずだった。高等商業学校《アッシュ・ウ・セー》の調査がなされたので（一九六七年五月—六月）、一般にみとめられたヒエラルキーにおいてそのすぐ下に来るパリ高等経済商業学校《エセック》〔ESSEC〕や地方の高等商業学校（たとえば、ル・アーヴルやルーアン）についても研究調査をしたいところだった。しかし、様々な行政的・実際的障害に直面した。経営学学校の従属〈界〉が、研究調査の期間中に根底からの変貌を遂げたので、これらの学校を特徴づける基準原理を打ち立てることを目的とした個別研究（創立年月日、入学選考基準、生徒の社会的学力的特徴、教育内容など）がなされた。理由は異なるが、軍関係の学校、海軍学校、航空学校、サンシール士官学校、そしてまた美術学校についても直接的な調査の実施は不可能だった。ただし、美術学校については、後に、我々の協力の下に我々の調査をモデルとして実施された調査結果を入手できた。

　農学関係の学校例については、可能な範囲内で、また幸運な機会をとらえて、〈界〉の一セクターの関与的な位置《ポジシオン》の限定を試み、その関与的な位置《ポジシオン》の定義を可能にしてくれる論理を記述することができた。調査は、一九六六年五月、六月、一〇月に、国立農学院〔Agro《アグロ》〕、パリ近郊のティヴェルナル・グリニョンにあるグリニョン国立高等農業学校において実施された。国立農学院では、ユルム校とは異なり、組合加入学生の比率が低いので、生徒関係の事務室の係官が生徒の一人一人に質問表を配布した。グリニョン校では、生徒全員が大教室に集められて質問表が配布された。パリの農学校と地方校との間の対立関係、また農業省管轄の学校と、より大学に近い国民教育省管轄の学校との対立関係を考察対象に含めるために、農業省管轄の地方校を二校選んで調査を行った。モンペリエ国立高等農業学校とトゥールーズ国立高等農業学校である。また、厳密な意味では「農学」ではないが、特定分野に特化した学校のモデルとして二校を選び調査を実施した。ヴェルサイユ国立高等園芸学校（園芸技師の資格取得をめざしている生徒。緑地意匠学科の生徒は除く）とマスィ国立高等農食品産業学校〈ＥＮＳＩＡＡ〉である。[4] 農業土木技術者を養成する国立治水林野農業土木学校もまた研究できれば、他の高級官吏職団《グランコール》を養成する学校（国立行政学院《エナ》、パリ国立高等鉱業学校、国立土木学校《ポンゼショセ》）と比較できただろう。また、国立高等女子農学校が調査の対象になれば、農学関係の学校における男女の対立関係がどのような形式をとるのかを分析できただろう。この欠落は、部分的には後になって、国民教育省の調査をもとにしたデータを二次的に分析することによって埋めることができた。

　それに目標は、グランドゼコールの生徒全体に関する数値的データを揃えることでもなければ、あれこれのカテゴリーに属する学校（たとえば、農学や工学関係の学校）の生徒全体に関する数値データを揃えることでさえない。ここでのように、一つの〈界〉の構造を把握することが問題になっている時はいつでもそうなのだが、任意に抽出されたサンプルを通常のやり方であつかうのでは不適切なのである（文学〈界〉においては問題はさらに深刻になる。幾つかの位置《ポジシオン》がごく少数の個人によって代表・表象されることがあるからである。場合によっては、たった一人しかその位置《ポジシオン》にいないこともある）。というのも、目的は、客体的な構造の真のイメージ、すなわち、構造的に相同的な代表・表象を提出することだ[5]というのに、任意に抽出することによってまさに、構造の決定的な要素の幾つかが欠落してしまう可能性がきわめて高くなるからである。代表・表象性《ルプレザンタビリテ》をこのように定義するなら、我々が研究した構造的サンプルが、グランドゼコール〈界〉の客体的な構造を代表・表象しているとみなすことができるのである。たとえ、方法論的に採用された立場決定の見地から見ても、埋め合わされないままに残る欠落が幾つか（軍事関係の学校）あり、関係する学校のファイルを渉猟するか（医学インターン、国立司法学校、司法学院の場合）、二次的な資料に頼るだけに終わることがあるとしても、以上のことは可能である。

質問表と直接観察

研究対象となる学校機関を、関与的な分類原理にしたがって区別することを可能にする情報の収集がなによりも重要だったので、質問表の中では、グランドゼコール空間内で様々な行為者が占めている位置《ポジシオン》の客観的指標、および彼らを通して所属学校が占めている位置《ポジシオン》の客観的指標を提供してくれる質問を優先させ、あれこれの従属〈界〉（たとえば、理系グランドゼコールの圏域《ユニヴェール》）の中、あるいは、特定の学校内部（たとえば、高等師範学校《エコール・ノルマル・シュペリウール》内部）での行為者の位置《ポジシオン》を定めることを可能にする質問は制限された。この方法論的選択から帰結することは、共通の質問を犠牲にして、在校生を喜ばせるような思想的質問を増やす誘惑に対して常に抵抗しなければならないことであり、同じ傾向をもつ学校当局関係者、あるいは調査チーム内部において、ある学校や幾つかの学校の調査を任されている者たちが及ぼす圧力に屈しないことであった(6)。

もともと、調査は、高等師範学校《エコール・ノルマル・シュペリウール》において採用された方法にそったもので、学校に所属するメンバーが実施することによって実現される研修企画として発想された。特定の研究補助金を一切受けずに、行政からの要求に対して独立した立場を維持できるようにするための配慮でもあった(7)。したがって、さまざまな学校における調査は、若い研究者の協力によって実施・管理された。対象となる学校を卒業した者もおり、中には、学校と太い人脈をもっている者もいた。クリスティアン・ボドロ、ノエル・ビスレ、アントニオ・リナールは技術者系の学校を担当した。理工科学校《ポリテクニク》、中央工芸学校、パリ、ナンシー、サンテティエンヌの国立高等鉱業学校、リール国立高等工芸学校である。ジャクリーヌ・ボトナは国立統計経済行政学校〔ENSAE〕を担当した。パトリック・シャンパーニュは、他の技術者系の学校を幾つか担当した。高等工業物理化学学校、電気機械工学専門学校、国立高等電気通信学校、高等電子工学学校、高等電気学校〔SUPELEC〕、国立土木学校《ポンゼショセ》である。クロード・グリニョンとパスカル・マルディディエは、上述の農学系の学校を担当した。ヴィクトル・カラディ、アンリ・ル・モルは、国立行政学院《エナ》を担当した。ジャン＝フランソワ・ケスレルは高等師範学校《エコール・ノルマル・シュペリウール》、ドミニク・シュナペルは、パリ、グルノーブルの政治学院と国立高等郵便電信電話学校、ピエール・ビルボームは、ボルドー政治学院、フィリップ・フリシュはナンシー国立高等鉱業学校を担当した(8)。

　質問表の大部分を共通質問にあてることにしたため、特定校に限られた質問については、別紙に記して間に挟むか、あるいは直接的な観察に委ねることになったが、この選択は事後的に根拠づけられることになった(9)。数多の技術的選択（採用する質問の選択から始まって、使用される分析コードや分析方法など）において、いつでも比較可能性を最優先させるという決断は、分析の段階になって、特定分野に最も固有な特徴を明らかにするための条件であることがはっきりした。それに対して、個別性を考慮に入れようとする配慮に譲歩した場合は、最終的に真の個別性への到達を可能にする比較を妨げることがあった。比較論的意図を土台にした個別研究が積み重ねられるだけでも、決定的により優れた進歩を印すことができたにちがいないと思われるのは、科学的立場にたつ研究といえども、システマティックな比較を行わなければ、同窓会などによって、学校弁護を目的とするか、実際的な目的をもって行なわれる研究と真の意味で区別するところがないからである。よくあることなのだが、あらかじめ構成された対象にこだわること、すなわち偏狭な関心の中に滑稽にも閉じこもることは、特定の学校との特別な関係が、そのままにしろ、逆転した形にしろ、いまだ残存していることを明かすものである。このようなこだわりは、上辺だけの距離をとった客観主義の中に身を隠していることもあれば、初期の熱愛の関係が華々しく逆転しているために隠れている場合もある。各学校の内部で生徒が考案する質問は、グループの内部に存在する相違に関わることに関心が向かいがちだが、そうした相違そのものが隠している驚くべき類似性が見えなくなっているのだった。たとえば、文系の高等師範学校生《ノルマリアン》が関心を抱いた問題の多くは、社会的出自と専門分野の選択の間や、専門分野と政治傾向との間に一定の関係が存在するかどうかというものだった。しかし、相対的に限定された集団に対する調査によって解答が真の意味で出てくることはなかった。

比較論的意図の下に全体的視野に立つときに起こりがちな問題点は、現実遊離の危険である。形式上まったく同一の質問が、異なった学校のそれぞれのコンテキストの中で、まったく違った意味に解されることがある——そして、それが見えないという危険である。それを避けるには、質問表による統計的調査を補う必要があり、各校について民族誌学的タイプのより踏み込んだ調査を行わなければならなかった。調査の内容を確定するにあたっては、きわめて具体的な観察と意見交換からひきだされる情報を基礎としながら、構造内部の学校の位置《ポジシオン》についての知識、および、その位置《ポジシオン》が再調整されるにあたって必要な特定分野の学校群についての知識を考慮にいれなければならなかった。そのようなわけで、より踏み込んだ聞き込み調査（個別レベルのこともあれば、集団レベルのこともあった）が各学校の内部で数多く実施された。対象は、当局関係者、教員（たとえば、ユルム校の様々な「一級教員資格《アグレジェ》補助教員《レペティトゥール》」、あるいは助教《カイマン》）、生徒である。質問内容は、とりわけ、各人がグランドゼコールの〈界〉について、そしてまた、彼らの学校がその空間の中で占めている共時的・通時的位置《ポジシオン》について抱いている代表・表象《ルプレザンタシオン》に関わるものだった。そして、この位置《ポジシオン》とその変化が実践活動において引き起こす効果の目に見える指標をすべて記録することだった（たとえば、高等師範学校生《ノルマリアン》が国立行政学院《エナ》入学試験の受験準備をする傾向、あるいは、理工科学校《ポリテクニク》生にとっての市場が国立行政学院《エナ》の競争によって脅かされるようになったが、そこにおいて卒業証書の価値を引き上げようとする努力）。また、特徴的な学校について多くの研究を行った（高等商業学校《アッシュ・ウ・セー》のクラブ、国立行政学院《エナ》や他の学校における口述試験受験、学校の行事、同窓会、その儀式と出版物、特に追悼文など）[10]。

さらに、グランドゼコール空間の本格的な構造的歴史を構築するために必要な歴史的情報を収集する努力をした。一校だけをあつかった歴史研究書は、たしかに、グランドゼコール〈界〉の全体的構造が変化することによって生じた諸帰結を見逃すか、無自覚のままに、それを混乱や衰退の顕れとしてとらえがちである[11]。たとえば、一九世紀末の高等商業学校《アッシュ・ウ・セー》の出現や、戦争直後の国立行政学院《エナ》の出現が〈界〉全体にもたらした重大な帰結を考えてみるだけでいいだろう。大学諸機関の構造的歴史はその全体において権力〈界〉の構造的歴史と不可分であるところから、膨大な仕事を前にすることになったのである[12]。財政監察職団、会計検査院などに関する部分的な業績がないわけではないが、それらは、職団のOBによって書かれていることが多く、我々の問題意識から見て最も重要な点、すなわち、権力〈界〉の構造と高等教育諸機関の構造の関係が闇に包まれたままなのである。誰もが、グランドゼコールが高級官吏職団《グランコール》を生産するという理論を無邪気に信じきっていた。そこでは、社会的差異があらかじめ存在するのであって、グランドゼコールはそれを聖別しているのだということが忘れられていたのである。

このようにして、空間全体における各機関の共時的かつ通時的位置《ポジシオン》を決定する可能性を手に入れることは、きわめて強力な武器になるのである。個別分野に固有の数々の情報は、それが各機関や各機関に位置《ポジシオン》を占めている者たちの実践や意見について多くの労力をかけて収集したものであっても、既知情報の反復であるか、瑣末なことである場合が多いのである[13]。

調査活動の組織化と回答者のサンプル

それにしても、社会的データは、手に入ったものをあるがままに受け入れるようにすれば、これほど楽に手に入るものはない。教会、経営者団体、グランドゼコールなど支配者の諸機関は、事前に作られた自己のイメージを提示するが、それも、自発的に差し出す（特に、祝辞のような言説によって）代表・表象だけでなく、熱心に配布さえする「データ」を通して行うからである。同様に、記念建造物や文献、そしてとりわけ保存する価値があるとされるもの、後世に伝えるだけの価値があるとされたものは、自己提示諸戦略の生産物、客体化された生産物である。そうした戦略を諸機関や諸行為者が展開するのだが、それは自覚されているのでもなければ、意図されているわけでもなく、社会学者が体現しているような客体化の脅しがあると、意識の表層に昇ってくることがある。

社会学者がもちいなければならない手管をここで書き留めておく必要があるだろうか。社会学者の客体化の仕事は、よいか悪いかは別として、そうした手管によって実現する。それによって研究対象の抵抗を打ち負かすのである。抵抗は、いうまでもなく、行為者や機関が採用してもらいたいと思っている視点から社会学者が離反すればするほど、強大になる。以下にごく部分的ながら、交渉の社会的苦労について書き留めておこう（そこには、人を惹きつけたり、隠したり、脅したり、ずるく立ち振る舞うなど、時と場合に応じて変化する部分が含まれている）。そうした交渉を通してはじめて、アンケート調査が実現する可能性が現実のものになるのであり、質問を多少でもすることが可能になり、文献やファイル、内部調査資料など、とりわけ、マル秘という語が押されて保護されている書類にまで到達できるのである。この語が保護している文書の幾つかは、たいていは白状するわけにいかないというほどではないが——社会学者にも秘密はある——、それでも狡知をもって振る舞わなければ入手できないもので、当該機関に関する極めて貴重な情報がそこに眠っていることがある。機関にとって「外部の目から」情報を守ることは、客体化から自己を守ることなのである（事例として、高等商業学校《アッシュ・ウ・セー》が実施した研究調査がある。それは、卒業生の職歴を、社会的出自と入学時の成績順位との関連から分析したものだった）。以上のことから、次のことが十分に証されるだろう。学問が解明する「客観的真理」は、いつでも全く行為者の目に触れないわけではなく、あるいは少なくとも、全ての行為者がそれに無知であるわけではなく、むしろ、少なからずの例において黙殺されているのであり、抑圧されているのである。そして、社会学的な客体化がしばしば物議をかもすのは（分かりきったことだとも非難されるのだが）、信仰による関係を破壊するからである。信奉者たちを彼らの機関に一体化させている信仰である。信仰とは、客観的真実を否定する知としての誤った知の上に据えられているものであり、信奉者集団の外への開示を容認しないのである。信奉者集団とは、まさに信仰への参加であり、集団的不誠実への、現実主義的であるとともに現実否認でもある二重の意識への参加として定義されるのである。実のところ、研究者の戦略や戦術が効力を発揮するのは、次の事実による。構成された対象と通常のイメージとの間には乖離があるために、行為者は何を隠すべきなのかを決して的確に判断できないからである。まして、研究者の戦略と戦術がなにを明かし、何を隠しているのか決して分からないのである。実際、有益な情報はほとんどが彼らの管理できる外にあり、情報間の客観的な関係の中にある。すなわち、彼らが（たとえ、抵抗を伴っていようと）公開せざるをえない情報と、外部において、とりわけ他の機関との関連で入手される情報との間の客観的な関係の中である。そのようなわけで、我々は、一時、実証的なお行儀のよさを無視して、対応分析の図表の中に、政治に関する理工科学校《ポリテクニク》生の想定される位置《ポジシオン》を書き込もうと思ったこともある。実際、思想傾向は、理工科学校《ポリテクニク》当局が政治傾向や組合加入に関する質問を一切拒絶したために実証的に記録できなかったが、高等教育諸機関の空間の中で占めている理工科学校《ポリテクニク》の（対応分析によって割り出される）位置《ポジシオン》についての知識から演繹できるのである。というのも、思想傾向は政治的位置《ポジシオン》と同じくらい雄弁な選択、たとえば日刊紙や思想学派への好みによっても、客観的な調査記録の中に捕えられるからである。

　企画が成功するかどうかは、いずれにしても、人間関係や交渉の作業いかんにかかっている。調査の実態が理論的要請からかけ離れたものにならないためになくてはならない作業なのである（たとえば、忘れられがちであり、無視されがちなことだが、特に消費関係の公的機関によるアンケート調査の回答拒否率が高率になる傾向が強くなっており、得られたサンプルが自然なサンプルからほど遠くなっている——少なくとも、サンプルの社会的構成を分析しなければならないのである）。もっとも大きな困難は、学校当局の許可を得つつ、生徒の熱心な協力も得なければならないという必要性の中にある。そして、調査が、生徒によって組織されているると認識されるのか、学校当局が課したとされるのか、あるいは生徒の承諾を受けて学校当局が課したとされるのかによって異なったあつかいを受けたと思われる傾向がある。

調査は、事務当局に招かざる介入として受け取られがちである。その都度、説明し、説得して、安心させなければならない。誓約書を出したり、保証人を立てたりしなければならない。この事前の交渉や話し合いの作業は、調査の実現がそれにかかっているだけでなく、得られたデータの質をも左右する。実際、回答数やその質にこの作業が極めて大きく貢献するのである（あるグループによって受け入れられなかった調査には様々なバイアスがかかるものであり、それを測定することは難しいことが多い）。ようするに、こうした調査の主要な利点は、それがなんとか存在するにいたったことにあるのだろう。調査が実現する際の社会的関係の形態は一様ではなく、そのことが質問表の配布回収の条件をも変えてしまうことから、完璧な調査にはならないとしてもである。たとえば、理工科学校《ポリテクニク》の研究のために公的な窓口を「選択」し、学校の将官指揮官の許可を求めるならば極めて高い回答率が保証されるが、学校の階級構造に内在する調査の承認形式を受け入れざるをえない。大教室に集められた生徒全体に質問表が幾分「軍隊式に」配布されるため、さまざまな巧妙な手口でなされる内にこもった抵抗を誘発したにちがいない（それに対して、それよりも何年か前に、生徒たちの仲介によって実施された趣味に関する調査は、ユルム校での場合となにがしか類似した結果を生んだ）。一般的にいって、学校当局の同意は多かれ少なかれ必要ではあるが、それだけで十分なわけではない。多くの場合、生徒は学校の方針だろうと想定される態度との対比で、態度を決定する傾向がある。したがって、いつでも、調査が疑わしいものではないこと、さらには必要であることを生徒たちに——少なくとも、生徒たちの特定のグループに――納得してもらう努力をした。

高等師範学校《エコール・ノルマル・シュペリウール》の場合は問題が解決済みにもみえた。生徒からの提案で実施されたからである。組合メンバーの一部であったため若干のバイアスがかかったが、組合が親睦会のように活動していたこと、また非組合員も調査に参加したことから、偏りがある程度修正されただろう。(14) たしかに回答者に占める組合員の比率は高かったが、調査実施を担当したチームが会場で観察してくれたことから判断すると、回答を拒否した者には国民教育総同盟〔ＳＧＥＮ　Syndicats généraux de l'Eduation nationale〕か全国中等教育教員組合〔ＳＮＥＳ　Syndicat National de l'Enseignement Secondaire〕のメンバーが数名いた(特に四年生。四年生の回答率が一番低かった)。また当時の組合路線に対立していたグループに属するフランス学生連合〔ＵＮＥＦ〕のメンバーが幾人かいた。

生徒が直接に実施を引き受けた調査の進め方がどのようなものであったか、また、この収集方法が回答を依頼された生徒たちの様々に異なったカテゴリー構成にどのような影響を与えたかについてもう少しはっきりさせるためには、高等師範学校《エコール・ノルマル・シュペリウール》のケースを更に詳細に検討するのがよいだろう。学生が自発的に調査実施を行ってくれたことは、調査への抵抗感をずいぶん和らげてくれたにちがいない。知的な職業に関わるグランドゼコールは、とりわけ強い抵抗感を抱くからである。私たちに入ってきた情報を見る限り、ユルム校では、引き受けたグループが膨大なエネルギーを費やして呼びかけを繰り返し、調査を管理し、再点検をしてくれた。学年ごとの非回答率は、実施を担当した生徒がどのくらい他の学生たちと交際があり、どのくらい信頼されているかによって変化している。非回答率が最小だったのは文系の三年生で、実施を担当した生徒がもっとも多くいる学年である。また理系の二年生もそうで、この学年には実施を担当した学生が一人含まれていたが、彼は九〇%の回答率を引き出した(セーヴル校の理系二年生も同じような状況だった)。

国民教育省によって公表された統計を高等師範学校《エコール・ノルマル・シュペリウール》のファイルを調査して作成した統計と比較し、アンケート調査を担当した生徒たちの観察も考慮にいれると次のように言える。非回答は、社会的出身（上層階級出身の生徒は、中流や下層の階級の生徒よりも回答率が僅かながら低い）と、居住地（外部生、特に理系の外部生には調査が及んでいないようだ）と、選択コース（古典文学の生徒の回答率が若干低い。またユルム校理系の一年生にはまったく回答していないグループがある）、宗教、政治との若干の関連（カトリック系活動家talasと保守派はたぶん回答率が若干低い）が見られる。[15] 実は、組合運動への敵意とアンケート調査への敵意は、やや同じ根拠に根ざしているらしい。突き詰めれば、それはなんであれ社会的なものを思わせるもの全てへの拒否である。セーヴル校では実施担当者たちが手際よく有能だったので、アンケート調査は完璧で、回答数（セーヴル文系が五七％、セーヴル理系が七三％）も多く、あまさず回答されていた。これは、たぶん生徒が、ユルム校と較べて、まとまりがよく外部に気をとられないからだろう。ユルム校の場合、外部生の中には事実上まったく学校に出てこない者もいる。そしてまた、セーヴル校では知的うぬぼれがそれほどでもないこともあるだろう（回答率が比較的よくなかったのは、理系では四年生、それも特に外部生で、文系では言語と歴史専修の者である）サンクルー校では、文系の一、二、三年生の回答率が三五％、理系の一、二、三年生の回答率が三四％だった。この比較的低い回答率は、調査担当の生徒たちの熱意がそれほど高くなかったからだと思われる（高等師範学校《エコール・ノルマル・シュペリウール》連合の責任者が当時ユルム校の生徒であり、発案がユルム校やセーヴル校からきていることも、マイナス要因だったのかもしれない）。質問表の配布と回収が、フォントネ校と同様に階ごとだった（ユルム校やセーヴル校では学年別で、たぶん顔見知りの生徒が多いことがプラスの作用を果たした）し、実施担当者は、やり方を変えるにいたらなかった。非回答率は、ユルム校以上に、社会的出身（上層階級の生徒の回答率がさらに低かった）と、専修コース（言語と自然科学の生徒の回答率が低かった）、政治、組合活動（非組合員の率が低かった）に相関していた（総合すると、こう言えるだろう。もしアンケート調査の実施体制がユルム校と同じようにサンクルー校でもしっかりしていたら、回答率はより高かっただろう。生徒の社会的出身が相対的により低く、知的うぬぼれがそれほどではなく、調査への敵意がそれほど強くなかっただけにそれが言える）。フォントネ校では、回答率が文系でサンクルー校よりも高かった（四九％）、理系でまったく同じだった（三三％）が、調査体制はセーヴル校よりも脆弱で、生徒たちは調査に対して相対的に無関心だった。例外は一年生のようで、回答率が一番高かった。サンクルー校と同様に、言語と自然科学の生徒の回答率は低いし、同様に上層階級の生徒も回答者が少なくなっている（組合への加入がどのような影響を与えているかは測定できない。当時の組合加入率、とくに理系の加入率に関するデータがないためである）。

高等師範学校《エコール・ノルマル・シュペリウール》の生徒たちによるアンケート調査を通して得られた経験をベースにして、定式化された質問表の回収方法が決められ、それが可能な限り厳格に適用された。事情の異なる諸機関それぞれに固有の束縛と許容の範囲の中でのことではある。可能な限りその都度、我々は生徒たちを調査に関わらせるにあたって、最良の方法について話し合った。質問表の配布・回収の方法（学年別、専門コース別、建物別あるいは階の別にするのか）、回答の催促の仕方、渋る者を説得するための議論など。アンケート調査が実施されるにあたっての状況が、後に調査結果を分析する際の限界を決定することになり、また、研究対象についての多くの情報を含んでいることに気がついていたので、我々は、調査の実施経過、調査が実施可能になるまでのやり取りについての報告を作成させるようにした。詳細な報告が、特に、学校当局や生徒による抵抗についてなされた場合もある。質問表によってもたらされる個別データだけでなく、我々は、各学校において入手可能な情報（以前のアンケート調査、事務的な書類、校長との対話、生徒との対話など）を全て収集し、閲覧できるときは必ず生徒たちについての記録を統計的な分析にかけた。

高等教育諸機関の〈界〉における「知的な」極から遠ざかるにつれて、アンケート調査や社会学への抵抗、より具体的にいえば、学業上の成功における社会的ファクターの研究に対する抵抗は弱まるか、その性格を変える。一度、学校事務当局の許可をえてしまえば、アンケートがあからさまな抵抗を引き起こすことはなかったが、障害はむしろ主に無関心だった。前述したように、理工科学校《ポリテクニク》では、調査は軍当局によって生徒に課された。質問表は、生徒全員に、同一の日、同一の時間帯、同一の条件の下、調査チームの研究員の監視の下に配布された。唯一残念な点は、政治的意見についての質問ができなかったことである（そのため、後の分析において多くの困難が生じた）。それに調査は、生徒の参加の度合い、学校当局の関わりの度合いによって多少の違いはあれ、ユルム校のような形態をとるか、理工科学校《ポリテクニク》におけるような形態をとるかのどちらかだった[16]。

回答率が一番高かったのは、エンジニア系の学校である。中央工芸学校は五三％（一年生と二年生は六四％）、ナンシー高等鉱業学校は七四％、パリ国立高等鉱業学校は七八％（エンジニアコース）、理工科学校《ポリテクニク》は八六％、リールの国立高等工芸学校（ENSAM）は九三％などである。調査は、ほとんどいつも学校当局の合意の下に生徒が集められて質問表が配布された。参加は強制的といってよかった。そして、大部分のケースにおいて事前に何度か生徒との間に集会が設けられ、調査の目的が説明され、議論された。一九六九年―七〇年度の学年初めに実施されたエンジニア系の学校では、たいていは、質問表が登録書類と一緒に学校当局から配布された。農学系では、事務当局が調査に理解を示して介入してくれる学校が多かったが、決して権威主義的ではなかった。グリニョンの国立高等農業学校でも、モンペリエの国立高等農業学校〔ENSA〕でもそうである。質問表の説明は、大教室に集まった生徒に対して、グリニョン校では研究員によってなされ、モンペリエ、ナンシー、レンヌの国立高等農業学校〔ENSA〕では、生徒会長によってなされた。そして、質問表は生徒と生徒会長によって配布されたのである。回答率は、調査の組織のされ方、生徒の有志たちの熱意や支持に大きく左右された。

高等商業学校《アッシュ・ウ・セー》では、質問表は依頼状と封筒と共に、生徒の部屋に配布された。調査の準備と実施を担当した生徒たちは、何度も催促し、回答するように呼びかけたので、比較的よい回答率をえた（六八％）。しかし、調査時に、学校当局と生徒会との間に摩擦が生じ、比較的緊張した雰囲気が生まれた。さらに、マルクス主義の生徒たちの小さなグループが調査反対を表明した。パリ政治学院《シアンス・ポ》では、助教授を通して質問表が生徒に配布された。公共部門の生徒の回答率が最も高く（六三％）、国際関係コースの生徒の回答率が最も低かった（四二％）。無視できない数の生徒が学年途中で学業を放棄したことを考え合わせると、実効的な回答率がもっと遥かに高かったと考えられる。パリ政治学院《シアンス・ポ》への入試準備クラスに登録した生徒は、第二学年に直接入学した学生よりも回答率が高かった。パリ政治学院《シアンス・ポ》に平行登録している学生は、パリ政治学院《シアンス・ポ》だけに登録している学生よりも僅かながら、比率が高くなっている。そのようなわけで、全体として六二四九件の回答が調査された。外国人学生は考慮に入らないので、統計調査からは外された。ただし、パリ政治学院《シアンス・ポ》の国際関係コースの学生は別である。

どうして行政機関によるアンケートではだめなのかと言う人もいるかもしれない。特に国民教育省の調査は内容が統一されているし、全体を統括する組織によって、真に同一の時期に一斉に行われるのである。実のところ、この種の調査は、ごく限られた数の情報しか提供してくれない。それだけでなく、非回答率が他と較べて少なくない。父親の職業を回答しなかった者は、一九六七年―六八年度、国立税関学校において二〇・九％である。ボルドー建築学校では二〇・五％にもなる。また「職業カテゴリーの記述なし」に分類されているのが、理工科学校《ポリテクニク》では一二・四％、パリ高等工業物理化学学校で二三・六％になる。その上、国民教育省の調査結果によるデータは、なんといっても信用がおけないところがある。たとえば、地方のある経営学学校では、一九六七年―六八年度に三二・六％の自由業の子息を受け入れているが、ありそうもない数字である。他の商学・経営学関係の学校では、多くても一〇％である。あるいは、他の理系の地方校では、「知的職業」就業者の子息が比較的高い比率（九・五％）に達しているところがある。ところが、他の類似した学校では二％止まりである。[17] このような変則的な数値をいくらでも挙げることができる。しかも、学校が行った分類やグループ化が不十分であるのは、おそらく、行政によるアンケート調査の提示形式から来ている。一九八四年―八五年度に実施された国民教育省によるアンケート調査の質問表の大部分は参照に値しなかったので、補助的な数値として参考にするにとどめた。多くの学校について、公務員の管理職と教授、理系の職業が区別されていなかったし、技師と技術系管理職、管理部門系管理職、営業系管理職との間の区別もなかった。また、小学校教員と、保健や社会活動関係の中間的職業が同一カテゴリーに入っていた。小規模商人、中規模商人、大規模商人との間に区別が設けられていない学校もある。おそらく、生徒の申告に十分な情報が欠けているからだろう。一般的にいって、用いられた収集方法、明確な指示が不在のために（「調査の作業を軽減するため」ではあるが）、収集されたデータが明確さと確実さに欠ける結果になっている。特に、社会的出身に関わるものについてそれが言え、極めて粗雑な統計的カテゴリーに甘んじなければならない。

それに対して、我々が用いた質問表では、父親、母親、二組の祖父母（父方と母方）の職業と学歴も含めた質問を通して、いかに厳密に定義されていようとも、社会的位置《ポジシオン》を性格づけるには父親の職業だけでは不十分な部分を補う方法を備えている。その上、「職業の詳細な記述」例を調査対象者に示して空疎な申告（「公務員」とか「父親死去」、あるいは漠然とした「農業従事者」）を避けるようにし、[18] また、調査時と出生時双方における父親の位置《ポジシオン》を性格づけるように求めて、年間行事のように記入される（それに、情報の保護が保証されていない）登録書類よりは正確な情報が提供されるように努めた。情報収集におけるこのような肌理の細かさによって、我々は、経営者、聖職者、高級官僚に関する研究において観察していたことを改めて裏付けることができたのである。国立統計経済研究所〔ＩＮＳＥＥ〕の社会・職業カテゴリーの用語ではまったく同じ分類に入るものが、高度に有意味な相違を隠していることがある。たとえば、美術学校の生徒の家が自由業である場合、むしろ建築家であることが多い。理工科学校《ポリテクニク》では、むしろ医師であり、理工科学校《ポリテクニク》に在籍する数少ない建築家の子息は、他の二次的な特徴によって美術学校や国立行政学院《エナ》に子どもを送る家との相違をしめしている。ユルム校やセーヴル校、特に理系では、やはり医師が多く、そして薬剤師が極めて目立つ。同様に、管理部門系一般管理職では、理工科学校《ポリテクニク》においては、むしろ会計士である。それに対して、ユルム校ではむしろ編集者や、市役所戸籍係のチーフである。このような二次的な小さな相違の累積によって、最初は理解しがたくみえる学校や選択コース、社会に出てからの経歴、政治的選択における相違を捕えることができるのである。たとえば、理工科学校《ポリテクニク》、とりわけ中央工芸学校、高等商業学校《アッシュ・ウ・セー》の家庭がいつでも民間に傾きがちであるのに対して、ユルム校ではむしろ公的なものと結びついているのは、倫理的、審美的、政治的選択の相違の総体に根拠をもっているようである。

アンケート調査結果の分析と、それを部分的な研究によるデータと突き合わせることから引き出された理由が、懐疑や確信のなさを乗り越えて当研究の出版に踏み切らせたのだが、それを余すところなく陳述しておくべきなのだろう。長年にわたって、我々は欠落（研究対象にできなかった学校群）、不完全な諸点（回答率が低かった学校群）、正確さに欠ける部分（特に、質問の表現や測定の期間に関してばらつきを管理しきれなかった）について強迫観念といってもよいほどの意識をもっていたが、そのために我々が落ち込んだ文字通りの実証主義的危機は、学問〈界〉が押しつける検閲がどれほど強烈なものであるか骨身に堪えるほど知らしめてくれた。この意識は逆説的にも、研究対象についての知見が深まれば深まるほど強くなったのである。実際、理論構築の論理が最初の研究の帰結を基に練られると、いわば賭金を倍にすることを強いてきた。したがって危険も同じだけ増大することになるが、同様の労苦を払って権力〈界〉の構造を研究し、それをその再生産に貢献している学校機関の〈界〉の構造と突き合わせることを強いてきたのである。[19]

データの収集は、高等師範学校《エコール・ノルマル・シュペリウール》の一九六六年三月から、技術系で残っていた学校（国立土木学校《ポンゼショセ》、高等電気学校（ＳＵＰＥＬＥＣ）、高等電子工学学校など）が終わる一九六九年一〇月までにわたった。調査にかかったタイムラグは、収集された情報が特定の時点や時期についてのものであるときは、厳密な比較を許さなくなる可能性がある。[20] たとえば、映画、コンサート、観劇に関する頻度を生徒に尋ねているが、高等師範学校《エコール・ノルマル・シュペリウール》や国立農学院、高等商業学校《アッシュ・ウ・セー》では、一〇月の新学年に入ってからの頻度であり、理工科学校《ポリテクニク》やパリ国立高等鉱業学校などでは九月以来の頻度なので、調査に要した期間が明らかに過小評価されていることも加わり、質問対象になっている期間が学校によって異なることもありえた（たとえば、国立農学院では、実施が高等師範学校《エコール・ノルマル・シュペリウール》よりも新学期が始まって遅い時期になっていた)。次に言えることは、父親の社会的・職業的位置《ポジシオン》や年齢によって変化する実践活動の研究は、同一学校内では可能だが、学校間の比較になると困難を伴うことである。とはいえ、調査日の違いからくる調査対象となる期間の長さを調整すれば、議論の余地のない傾向を引き出すことは可能である。たとえば、セーヴル校の生徒がユルム校の生徒よりも観劇に行く頻度が高く、後者は、国立農学院の生徒よりも頻度が高いことは明らかである。しかし、(たとえば、ある年に、評判の高い芝居が公演されるために)観劇に誘われる機会が増減する可能性を調整することは難しい。同様に、スポーツの実践も比較上の問題を提示する。特に実践にあたっての条件や頻度についての質問の仕方に不幸にも変化が生じたために、実践頻度に関する確実な指標を我々は全く持ち合わせていない。ただし、同じ学校内でのスポーツ実践の違いを分析することは十分に可能であり、貴重な情報に富んでいる。そのようなわけで理工科学校《ポリテクニク》では、庶民的な階層出身の生徒はむしろ集団的なスポーツをするのに対して、他の階層の生徒はフェンシングの方を実践する。このことは、各階層が後に理工科学校《ポリテクニク》生としての資本をどのように現金化するかについての重要な指標になる。また、他方で分かっていることは、スポーツの学校間の違いは偶然ではなく、スポーツの社会的ヒエラルキーがそのまま学校の社会的ヒエラルキーに対応していることである。理工科学校《ポリテクニク》ではスポーツが重要な役割を果たしているが、クロスカントリー、陸上、フェンシングでよく優勝するし、高等商業学校《アッシュ・ウ・セー》では、ボートレースやゴルフで優勝することが多い。パリ政治学院《シアンス・ポ》では当時スカッシュが急速に広まり、ラグビーのチームが強く、ゴルフで優勝することがある。いずれにしても、この分野については、他の分野も同様であるが、収集されたデータ以上のことをコード化段階で読み込まないことにした。

手段が不完全であることに対する過敏な意識にとらわれていたため、得られた素材の不正確さがほとんどの場合、高等教育機関の〈界〉をその全体において把捉しようという意図を最初に抱いたことがもたらした代償であるということを忘れてしまうほどだった。二〇年近くにわたって沈黙し、部分的で遠慮がちな発表を続けてきたが[21]、その間に絶望のエネルギーに駆り立てられて実施した数々の操作の中でも、最も典型的な操作は、サンプルを数学的に修正するプログラムを完成するという試みだった。数値のブレはかなり正確に計測できるので、データを修正するにあたって行政のデータに時に応じて依拠するというものだったが、その不正確さは修正できるようなものではなかったのである[22]。この点に関しては、行政による統計データを批判的にあつかった仕事が発表され[23]、また、特定の学校をあつかった研究書が現れることで貴重な情報が得られ、構造的把捉を補強してくれたことがあり、逆説的であるが、それらに助けられて実証主義的な不安を克服するに至ったのである。この不安は研究対象の知見によって増幅され、たえず研究のための手段が不完全であることを新たに発見し、際限もなく、新たなアンケートやデータ管理方法を案出しては前方への逃走を続けてきたが、それは発表を禁じる以上の結果はもたらさなかった。

補遺3　主な統計資料

表 11　父方祖父の職業

	ユルム校	セーヴル校	サンクルー校	フォントネ校	理工科学校	パリ国立高等鉱業学校	ナンシー国立高等鉱業学校	サンテティエンヌ国立高等鉱業学校	中央工芸学校	国立農学院	国立高等農食品産業学校	ENA第1部門	ENA第2部門	パリ政治学院	高等商業学校
無職	1.0	0.6	—	0.7	1.0	0.7	0.6	1.5	3.6	1.1	—	5.0	—	0.7	3.2
農業従事者	12.9	14.4	20.5	25.0	13.5	16.5	9.0	12.3	12.0	22.4	22.5	13.1	19.4	11.0	6.8
労働者	10.3	7.8	19.6	12.5	8.1	7.5	12.0	7.7	8.4	8.0	11.3	3.0	13.9	5.0	3.6
事務労働者	6.2	11.7	14.0	16.9	9.6	7.5	9.0	9.2	6.8	5.4	7.0	5.0	6.3	3.8	5.2
職人・商人	17.5	15.0	14.9	16.9	15.6	12.0	21.7	10.8	17.9	13.4	5.6	8.2	13.9	18.0	17.1
一般管理職	4.7	5.9	3.7	5.9	3.1	6.0	4.2	7.7	6.6	5.1	7.0	5.0	5.5	6.7	9.6
小学校教諭	5.7	4.6	5.6	1.5	3.1	—	3.0	1.5	2.9	3.6	2.8	3.0	5.5	1.8	1.2
上級管理職・自由業	30.0	26.7	5.6	10.3	31.0	28.6	23.5	24.6	24.0	28.2	25.3	40.4	19.4	44.1	42.5
その他	—	—	—	—	0.2	—	—	—	—	1.1	—	—	2.8	0.7	0.8
無回答	11.4	11.1	15.9	10.3	14.8	21.0	16.8	24.6	17.7	11.6	18.3	17.2	11.1	8.2	9.6
総計	100	100	100	100	100	100	100	100	100	100	100	100	100	100	100
定員数	193	153	107	136	519	133	166	65	441	276	71	99	36	599	550

表 12　母方祖父の職業

	ユルム校	セーヴル校	サンクルー校	フォントネ校	理工科学校	パリ国立高等鉱業学校	ナンシー国立高等鉱業学校	サンテティエンヌ国立高等鉱業学校	中央工芸学校	国立農学院	国立高等農食品産業学校	ENA第1部門	ENA第2部門	パリ政治学院	高等商業学校
無職	—	—	—	0.7	2.3	1.5	1.8	—	3.8	1.1	—	2.0	2.8	1.7	2.8
農業従事者	7.8	9.8	23.3	18.4	10.4	14.3	10.2	20.0	12.5	20.3	14.1	8.1	11.1	8.7	8.9
労働者	12.9	7.2	18.7	11.0	8.1	5.2	4.2	6.1	7.5	6.5	15.5	5.0	13.9	4.5	3.9
事務労働者	8.8	10.4	9.3	12.5	9.4	6.8	8.4	9.2	10.2	6.9	9.8	5.0	16.7	4.5	5.3
職人・商人	17.6	15.0	20.5	25.7	13.5	15.0	15.1	13.8	16.3	11.9	12.7	13.1	25.0	14.7	15.7
一般管理職	5.2	5.2	2.8	6.6	6.0	6.8	6.6	4.6	5.4	2.9	2.8	6.0	5.5	7.0	7.5
小学校教諭	3.6	9.1	3.7	7.3	3.3	—	4.8	3.1	1.8	1.4	5.6	2.0	—	1.8	1.1
上級管理職・自由業	30.6	34.0	6.5	8.8	32.2	28.6	25.3	26.1	23.3	35.1	18.3	40.4	11.1	46.7	42.3
その他	0.5	0.6	—	—	0.6	—	—	—	—	0.7	—	—	—	0.7	—
無回答	12.9	8.5	14.9	8.8	14.2	21.8	23.5	16.9	19.0	13.0	21.1	18.2	13.9	9.7	12.3

表 13　家族の規模

	ユルム校	セーヴル校	サンクルー校	フォントネ校	理工科学校	パリ国立高等鉱業学校	ナンシー国立高等鉱業学校	サンテティエンヌ国立高等鉱業学校	中央工芸学校	国立農学院	国立高等農食品産業学校	ENA第1部門	ENA第2部門	パリ政治学院	高等商業学校
1人の家庭(兄弟なし)	16.0	12.4	12.1	19.8	10.2	12.8	10.2	13.8	9.7	11.6	9.8	12.1	11.1	11.0	11.9
2人の家庭	24.9	33.3	30.8	23.5	29.3	29.3	30.1	29.2	26.7	17.4	19.7	23.2	33.3	23.4	25.2
3人の家庭	21.7	25.5	23.3	24.2	24.3	21.8	26.5	13.8	23.8	20.3	26.7	26.3	22.2	24.5	25.7
4人の家庭	17.1	8.5	17.7	16.9	15.8	17.3	12.0	12.3	14.7	17.7	18.3	16.2	11.1	16.8	18.0
5人の家庭	9.3	9.8	3.7	6.6	10.2	8.3	10.8	16.9	11.8	10.5	14.1	11.1	13.9	12.5	7.7
6人以上の家庭	10.9	9.8	10.3	8.1	9.8	8.3	10.2	13.8	12.7	22.1	11.3	11.1	6.3	9.0	11.1
無回答	—	0.6	1.9	0.7	0.4	2.2	—	—	0.4	0.3	—	—	—	2.7	0.3

表 14　高等教育を受けた親族のメンバーの数

	ユルム校	セーヴル校	サンクルー校	フォントネ校	理工科学校	パリ国立高等鉱業学校	ナンシー国立高等鉱業学校	サンテティエンヌ国立高等鉱業学校	中央工芸学校	国立農学院	国立高等農食品産業学校	ENA第1部門	ENA第2部門	パリ政治学院	高等商業学校
0人	26.4	20.2	60.7	43.4	20.6	26.3	18.7	20.0	26.5	22.1	39.4	17.2	52.8	15.7	16.1
1人	17.6	18.3	14.0	22.8	13.1	13.5	17.5	16.9	14.5	9.8	12.7	13.1	8.3	10.2	10.5
2人	6.7	12.4	7.5	7.3	11.9	6.8	13.2	13.8	11.1	11.9	11.3	4.0	11.1	9.8	8.7
3人	8.8	5.9	3.7	7.3	9.2	9.8	6.6	4.6	9.7	8.7	4.2	15.1	8.3	8.0	10.9
4人	9.3	9.1	1.9	8.1	7.7	3.7	9.6	1.5	4.5	7.2	5.6	8.1	2.8	6.7	9.1
5～8人	18.6	20.9	7.5	6.6	18.7	14.3	17.5	16.9	14.7	19.9	15.5	23.2	11.1	19.0	23.7
9～11人	3.6	5.2	2.8	2.2	6.0	3.7	5.4	4.6	4.7	6.9	2.8	9.1	—	9.2	7.7
12～15人	3.1	3.3	0.9	0.7	5.4	4.5	4.8	9.2	4.1	4.3	4.2	3.0	—	6.3	5.9
16人以上	5.2	3.3	0.9	—	6.2	13.5	5.4	6.1	6.1	8.3	2.8	6.0	5.5	9.0	6.1
無回答	0.5	1.3	—	1.5	1.1	3.7	1.2	6.1	3.8	0.7	1.4	1.0	—	6.0	1.2

親族のメンバーは親類を含む（祖父母、両親の兄弟姉妹、従兄弟・従姉妹）。ただし、兄弟姉妹は含まない。

表 15　第 1 学年時の在籍校

	ユルム校	セーヴル校	サンクルー校	フォントネ校	理工科学校	パリ国立高等鉱業学校	ナンシー国立高等鉱業学校	サンテティエンヌ国立高等鉱業学校	中央工芸学校	国立農学院	国立高等農食品産業学校	ENA第1部門	ENA第2部門	パリ政治学院	高等商業学校
ENI	1.0	—	44.8	32.3	0.2	—	0.6	—	0.2	—	1.4	—	5.5	0.2	—
公立コレージュ	5.2	4.6	3.7	11.0	3.3	9.8	12.0	9.2	12.9	18.5	18.3	4.0	16.7	3.5	6.2
私立学校	10.9	6.5	7.5	2.9	11.7	12.8	13.8	26.1	11.5	13.4	14.1	28.3	19.4	28.7	19.8
リセ	82.9	86.9	43.9	53.7	84.4	72.2	75.5	64.6	74.4	66.7	64.8	67.7	55.5	66.3	73.6
無回答　22	—	1.9	—	—	0.4	2.2	0.6	—	0.9	1.4	1.4	—	2.8	1.3	0.3

ENI ＝初等教育師範学校

表 16　留年した学年

	ユルム校	セーヴル校	サンクルー校	フォントネ校	理工科学校	パリ国立高等鉱業学校	ナンシー国立高等鉱業学校	サンテティエンヌ国立高等鉱業学校	中央工芸学校	国立農学院	国立高等農食品産業学校	ENA第1部門	ENA第2部門	パリ政治学院	高等商業学校
最終学年を含めて2学年					0.2	—	0.6	1.5	0.4	1.4	1.4	—	2.8	—	4.1
最終学年以外の2学年					—	—	—	3.1	—	0.3	2.8	1.0	2.8	—	1.1
最終学年					0.2	1.5	2.4	4.6	2.5	10.1	28.2	9.1	16.7	—	10.2
最終学年以外の1学年					5.0	3.0	7.8	9.2	6.6	19.9	15.5	7.1	13.9	—	11.9
留年なし					93.6	84.9	88.5	80.0	90.5	66.7	49.3	64.6	50.0	—	71.8
無回答					0.9	10.5	0.6	1.5	—	1.4	2.8	18.2	13.9	100.0	0.9

この質問は高等師範学校では行われなかった。

表 17　大学入学資格試験における成績評価

	ユルム校	セーヴル校	サンクルー校	フォントネ校	理工科学校	パリ国立高等鉱業学校	ナンシー国立高等鉱業学校	サンテティエンヌ国立高等鉱業学校	中央工芸学校*	国立農学院	国立高等農食品産業学校	ENA第1部門	ENA第2部門	パリ政治学院	高等商業学校
0点	5.7	5.2	13.1	8.8	3.8	5.3	16.9	26.1	4.5	45.3	50.7	12.1	16.7	44.4	39.1
1点	5.2	10.4	18.7	15.4	11.9	12.0	21.1	27.7	17.3	29.3	33.8	27.3	41.7	26.0	27.8
2点	14.5	20.3	21.5	29.4	24.5	15.8	24.1	29.2	16.5	13.0	12.7	26.3	22.2	15.4	19.3
3点	23.8	26.1	21.5	21.3	22.5	17.3	22.3	7.7	18.8	7.2	2.8	17.2	5.5	8.0	8.0
4点	26.4	24.2	15.9	18.4	20.2	29.3	12.0	6.2	9.8	3.3	—	15.1	—	4.0	3.6
5点	11.9	9.1	4.7	4.4	9.6	10.5	1.2	1.5	6.8	0.4	—	—	2.8	0.8	0.9
6点	11.4	3.9	4.7	—	6.0	5.3	—	1.5	1.5	0.4	—	1.0	—	0.3	0.4
7点	—	—	—	—	—	0.7	0.6	—	—	—	—	—	—	—	—
8点	1.0	—	—	—	0.4	0.7	—	—	—	—	—	—	—	—	0.2
無回答	—	0.7	—	2.2	1.0	3.0	1.8	—	24.8	1.1	—	1.0	11.1	1.0	0.7

＊中央工芸学校は、第2学年のみを対象にしている。
指数は次のように算出された。:
　1点＝評価：良 assez bien
　2点＝評価：優 bien
　3点＝評価：特優 très bien
調査の時点で、生徒の中には、数学基礎の大学入学資格試験と哲学の大学入学資格試験の双方を受けている者が混じっていた。

表 18　コンサートに行く回数

	ユルム校	セーヴル校	サンクルー校	フォントネ校	理工科学校	パリ国立高等鉱業学校	ナンシー国立高等鉱業学校	サンテティエンヌ国立高等鉱業学校	中央工芸学校	国立農学院	国立高等農食品産業学校	ENA第1部門	ENA第2部門	パリ政治学院	高等商業学校
0回	35.2	34.6	53.3	40.4	55.9	47.4	53.6	66.1	57.6	45.6	52.1	56.6	88.9	47.7	46.4
1回	18.6	20.9	9.3	13.2	13.1	21.8	24.1	13.8	15.9	18.1	11.3	16.1	2.8	12.7	23.4
2回	9.3	9.1	8.4	13.2	10.4	11.3	9.6	7.7	7.7	8.0	11.3	7.1	5.5	7.3	13.2
3回以上	26.9	24.8	15.9	22.1	16.8	17.3	10.2	9.2	18.1	12.3	11.3	16.1	—	13.0	14.5
無回答	9.8	10.5	13.1	11.0	3.8	2.2	2.4	3.1	0.7	15.9	14.1	4.0	2.8	19.2	2.5

表 19　芝居に行く回数

	ユルム校	セーヴル校	サンクルー校	フォントネ校	理工科学校	パリ国立高等鉱業学校	ナンシー国立高等鉱業学校	サンテティエンヌ国立高等鉱業学校	中央工芸学校	国立農学院	国立高等農食品産業学校	ENA第1部門	ENA第2部門	パリ政治学院	高等商業学校
0回	17.6	5.9	18.7	7.3	17.1	12.8	28.9	29.2	27.7	18.1	9.8	17.2	30.5	16.5	23.2
1回	11.4	11.1	15.9	9.5	11.9	12.0	21.1	16.9	17.9	15.6	14.1	13.1	22.2	16.0	16.8
2回	17.6	10.4	18.7	9.5	13.1	15.8	11.4	12.3	15.9	17.4	14.1	16.1	19.4	15.2	17.3
3回	8.8	5.2	12.1	15.4	11.4	9.0	9.6	7.7	9.5	17.0	21.1	10.1	8.3	14.7	11.1
4回	10.9	9.8	11.2	14.0	9.2	9.0	3.6	6.1	8.8	8.3	5.6	14.1	2.5	8.6	12.7
5回	9.3	10.4	6.5	11.7	9.8	9.0	2.4	9.2	6.8	4.3	5.6	3.0	5.5	7.3	4.6
6回以上	19.2	41.2	13.1	29.4	25.6	27.8	16.3	9.2	5.4	8.0	22.5	20.2	8.3	12.8	8.4
無回答	5.2	5.9	3.7	2.9	1.7	4.5	6.6	9.2	7.9	11.2	7.0	5.0	2.8	8.5	5.9

表20　スポーツの実践

	ユルム校	セーヴル校	サンクルー校	フォントネ校	理工科学校	パリ国立高等鉱業学校	ナンシー国立高等鉱業学校	サンテティエンヌ国立高等鉱業学校	中央工芸学校	国立農学院	国立高等農食品産業学校	ENA第1部門	ENA第2部門	パリ政治学院	高等商業学校
スポーツはしない	40.9	35.9	40.2	43.4	12.5	24.8	20.5	20.0	10.0	14.5	11.3	19.2	19.4	28.0	19.1
スポーツをする	54.4	59.5	57.0	51.5	86.9	73.7	78.9	80.0	89.3	82.6	87.3	79.8	77.8	65.9	80.7
無回答	4.7	4.6	2.8	5.1	0.6	1.5	0.6	—	0.7	2.9	1.4	1.0	2.8	6.0	0.2

表21　日常読んでいる日刊紙

	ユルム校	セーヴル校	サンクルー校	フォントネ校	理工科学校	パリ国立高等鉱業学校	ナンシー国立高等鉱業学校	サンテティエンヌ国立高等鉱業学校	中央工芸学校	国立農学院	国立高等農食品産業学校	ENA第1部門	ENA第2部門	パリ政治学院	高等商業学校
ユマニテ	11.9	1.3	20.5	5.1	0.9	—	1.8	4.6	0.4	3.2	1.4	—	—	1.7	0.2
ル・モンド	61.1	33.3	52.3	41.2	71.7	44.3	43.4	38.4	30.1	46.0	26.7	100.0	100.0	90.0	60.9
フランス・ソワール	6.3	1.9	0.9	2.2	4.6	3.0	19.3	18.4	7.2	6.2	7.0	5.0	—	4.7	3.9
フィガロ	5.7	1.3	0.9	—	6.5	16.5	13.2	13.8	20.8	19.6	28.2	11.1	2.8	15.0	10.0
無回答	3.6	5.9	3.7	1.5	1.1	0.7	0.6	—	1.1	6.5	8.4	—	—	0.7	0.3

表に記載されている日刊紙のどれかを日常に読んでいると回答した生徒の割合を%で示している。したがって、総計が100%を超えることがある。

表22　日常読んでいる週刊誌

	ユルム校	セーヴル校	サンクルー校	フォントネ校	理工科学校	パリ国立高等鉱業学校	ナンシー国立高等鉱業学校	サンテティエンヌ国立高等鉱業学校	中央工芸学校	国立農学院	国立高等農食品産業学校	ENA第1部門	ENA第2部門	パリ政治学院	高等商業学校
エクスプレス	7.2	4.6	2.8	5.1	20.6	12.8	19.3	13.8	16.3	22.1	8.4	31.3	30.5	28.5	24.6
ヌーヴェル・オプセルヴァトゥール	26.9	20.3	26.2	17.6	27.5	18.8	24.7	21.5	16.8	11.6	9.8	30.3	13.9	28.5	22.8
カナール・アンシェネ	5.7	5.9	12.1	8.8	5.4	5.2	7.2	3.1	5.0	2.5	5.6	9.1	8.3	5.5	3.0
無回答	4.1	5.9	3.7	1.5	1.2	0.7	0.6	—	0.9	5.8	7.0	—	—	0.8	0.3

表に記載されている週刊誌のどれかを日常に読んでいると回答した生徒の割合を%で示している。

表23　一般教養系雑誌の読書

	ユルム校	セーヴル校	サンクルー校	フォントネ校	理工科学校	パリ国立高等鉱業学校	ナンシー国立高等鉱業学校	サンテティエンヌ国立高等鉱業学校	中央工芸学校	国立農学院	国立高等農食品産業学校	ENA第1部門	ENA第2部門	パリ政治学院	高等商業学校
なし	70.5	74.5	71.9	75.7	94.8	85.7	94.6	98.5	94.5	90.6	90.1	75.7	83.3	91.1	89.6
1冊	12.9	11.1	9.3	13.2	3.3	5.2	3.6	—	3.2	3.2	2.8	13.1	11.1	5.8	5.7
2冊以上	10.9	7.8	14.9	9.5	0.9	7.5	1.2	1.5	1.3	0.3	—	11.1	5.5	2.0	4.1
無回答	5.7	6.5	3.7	1.5	0.9	1.5	0.6	—	0.9	5.8	7.0	—	—	1.0	0.5

一般教養系として選ばれた雑誌は次の通り。

『アルク』、『ビザール』、『クリティック』、『ディオジェーヌ』、『エスプリ』、『エチュード』、『ユーロップ』、『レットル・ヌーヴェル』、『ラ・ネフ』、『ラ・ヌーヴェル・クリティック』、『NRF』、『ラ・パンセ』、『プルーヴ』、『ルシェルシュ・アンテルナショナル』、『ラ・ターブル・ロンド』、『テルケル』、『レタンモデルヌ』。

表 24　政治傾向

	ユルム校	セーヴル校	サンクルー校	フォントネ校	理工科学校	パリ国立高等鉱業学校	ナンシー国立高等鉱業学校	サンテティエンヌ国立高等鉱業学校	中央工芸学校	国立農学院	国立高等農食品産業学校	ENA第1部門	ENA第2部門	パリ政治学院	高等商業学校
極左	14.0	11.7	26.2	11.7	**	10.5	11.4	6.1	7.5	3.3	5.6	5.0	2.8	5.5	5.5
左翼	45.6	51.6	49.5	54.4	**	33.8	29.5	29.2	30.6	26.8	14.1	28.3	36.1	28.0	28.6
中道左派	6.7	7.8	4.7	5.9	**	10.5	12.0	10.8	6.1	6.9	5.6	25.2	41.7	7.3	11.1
中道	10.9	9.8	2.8	8.1	**	18.0	16.9	18.4	27.6	23.2	18.3	4.0	5.5	20.2	20.0
中道右派	2.1	2.0	—	—	**	3.0	4.8	3.1	4.1	7.2	5.6	22.2	2.8	5.7	6.4
右翼	4.1	3.9	1.9	1.5	**	9.8	14.5	15.4	15.2	14.5	26.8	5.0	2.8	18.9	21.6
その他	2.1	—	—	2.2	**	1.5	0.6	1.5	1.4	2.5	1.4	3.0	—	2.3	—
無回答	14.5	13.1	14.9	16.2	**	12.8	10.2	15.4	7.5	15.6	22.5	7.1	8.3	12.0	6.8

＊＊この質問は理工科学校ではなされなかった。

表 25　宗教的所属

	ユルム校	セーヴル校	サンクルー校	フォントネ校	理工科学校	パリ国立高等鉱業学校	ナンシー国立高等鉱業学校	サンテティエンヌ国立高等鉱業学校	中央工芸学校	国立農学院	国立高等農食品産業学校	ENA第1部門	ENA第2部門	パリ政治学院	高等商業学校
無宗教	42.0	37.9	52.3	42.6	10.2	24.0	28.3	23.1	24.0	15.2	16.9	15.1	33.3	3.2	20.4
ユダヤ教	1.0	1.3	—	—	3.8	2.3	4.2	3.1	1.6	0.4	—	—	—	4.5	3.7
プロテスタント	4.7	3.9	—	2.9	3.8	4.5	3.0	1.5	3.6	4.0	5.6	4.0	2.8	3.0	3.2
カトリック（教会に行かない）	8.8	9.1	11.2	12.5	25.2	8.3	15.7	13.8	12.9	9.4	12.7	12.1	13.9	27.0	16.9
カトリック（教会にたまに行く）	5.7	10.4	7.5	11.0	16.2	15.0	14.5	15.4	16.3	14.1	18.3	21.2	22.2	20.9	22.3
カトリック（教会に常に行く）	29.5	31.4	22.4	27.2	35.2	33.1	28.9	40.0	36.3	51.1	29.6	39.4	22.2	36.2	31.4
その他、無回答	8.3	5.9	6.5	3.7	5.4	12.8	5.4	3.1	5.2	5.8	16.9	8.1	5.5	5.2	2.0

表 26　組合への参加度

	ユルム校	セーヴル校	サンクルー校	フォントネ校	理工科学校	パリ国立高等鉱業学校	ナンシー国立高等鉱業学校	サンテティエンヌ国立高等鉱業学校	中央工芸学校	国立農学院	国立高等農食品産業学校	ENA第1部門	ENA第2部門	パリ政治学院	高等商業学校
敵視	5.2	5.2	1.9	1.5	**	9.0	9.0	16.9	0.2	8.0	8.5	*	*	11.2	18.9
無関心	11.9	11.1	6.5	11.8	**	30.8	26.5	23.1	—	25.3	19.7	*	*	20.9	32.0
好意的	0.5	—	—	—	**	4.5	1.2	4.6	0.2	1.1	1.4	*	*	0.2	33.6
組合員	47.7	45.7	50.5	36.7	**	25.5	21.7	7.7	13.6	30.4	19.7	19.2	47.2	25.7	8.2
積極的活動	7.8	7.2	17.7	10.3	**	6.0	3.0	3.1	4.7	7.6	5.6	6.1	11.1	7.2	2.3
執行部	10.3	7.8	10.3	5.9	**	7.5	5.4	4.6	3.2	2.5	2.8	9.1	2.8	2.5	3.4
非加入（それ以上の記述なし）	11.4	17.6	7.5	24.3	**	15.8	30.7	38.5	73.9	20.3	35.2	61.6	30.5	26.9	0.5
加入（それ以上の記述なし）	2.6	0.7	1.9	6.6	**	0.7	—	—	0.7	1.1	—	—	—	1.7	—
無回答	2.6	4.6	3.7	2.9	**	—	2.4	1.5	3.4	3.6	7.0	4.0	5.5	3.8	1.1

＊＊理工科学校には学生自治会が存在しない。
国立行政学院〔ENA〕においては、次のような質問がなされた。「あなたは、国立行政学院〔ENA〕に入学する以前に、（一つまたは複数の）組合に加入していましたか。もし加入していたのであれば、組合名（複数名可）を挙げてください。また、それはどのくらいの期間でしたか。あなたは執行部、積極的活動家、単なる組合員のいずれでしたか」。

表 27　共感する思想

	ユルム校	セーヴル校	サンクルー校	フォントネ校	理工科学校	パリ国立高等鉱業学校	ナンシー国立高等鉱業学校	サンテティエンヌ国立高等鉱業学校	中央工芸学校	国立農学院	国立高等農食品産業学校	ENA第1部門	ENA第2部門	パリ政治学院	高等商業学校
マルクス主義	17.1	13.7	28.0	15.4	7.9	9.0	6.6	1.5	3.8	3.6	5.6	1.0	—	5.3	3.7
実存主義	4.1	3.9	1.9	4.4	9.2	6.8	9.0	—	4.1	4.3	—	4.0	—	2.5	10.3
キリスト教実存主義	7.2	6.5	5.6	8.1	10.8	9.0	7.2	9.2	7.5	12.7	2.8	14.1	5.5	8.7	12.3
カトリック	10.3	10.4	14.0	15.4	15.2	11.3	6.6	6.1	6.1	19.9	21.1	12.1	8.3	13.2	3.9
社会主義	2.6	0.6	1.9	0.7	3.8	4.5	3.0	1.5	4.1	1.1	1.4	8.1	13.9	7.0	5.9
合理主義	3.6	3.3	2.8	5.9	7.1	3.7	10.8	—	4.7	1.4	1.4	3.0	11.1	3.0	5.7
ヒューマニズム	3.1	4.6	0.9	2.2	3.5	1.5	5.4	—	1.3	3.2	2.8	—	—	2.0	2.5
テクノクラシー	—	—	—	—	1.3	—	2.4	—	1.3	1.1	—	4.0	2.8	2.7	3.7
折衷的	8.3	4.6	1.9	2.9	10.6	5.2	6.6	13.8	6.3	6.9	14.1	14.1	11.1	21.9	15.9
全くなし、無回答	43.5	52.3	43.0	44.8	30.4	48.9	42.2	67.7	60.5	45.6	50.7	39.4	47.2	33.7	35.9

補遺4　盲目であること

学校制度の社会的効果に関する分析のような問題は、その証明が何度なされようとも、絶えず改めてなされるべきものである。というのも、真実に対して立腹する者たちは、何度でも体制順応思考の持ち主たちが形づくる世論なるものの裁判に訴えて、学問による判決の再審を求めることができるからである。彼らはいつでも正論とみなされることだろう。純粋に学問的な方法で説得する術は、見たくないと思っている人々の目を開ける力をもっていない。学問的解明によって内密な確信の最深部を撃たれた人々、その生活を支えている死活に関わる原理を撃たれた人々、その社会的価値観、つまり、彼らをとらえてはなさない教養、彼らを作った学校、彼らの頭と体を一杯にする役職に関わる価値観を支えている生命線である原理・根拠を撃たれた人々は、常識によって分かちもたれている自明な事柄にいつでもしがみついて、少なくとも今日、他の学問科学の分野では考えられないような転倒を行い、科学の成果、この場合も他の場合もそうであるように、「良識」が信じている事柄を突き崩す産物であるところの科学の成果をイデオロギーだと決めつけるのである。

ここでは、このような盲目の意味深い例に触れておこう。国立行政学院《エナ》〔ENA〕についての研究書を出したジャン＝フランソワ・ケスレル氏は、この学校を卒業したといっても、よく人が言うように、そこに帰ってくるために卒業したのであり、副校長となって戻ってきたのだが、彼は、その研究書をこれ以上はない抑制した言葉で譲歩を示すところから始めている。「上層の社会的・職業的カテゴリー出身の受験生の合格率は、下層のカテゴリーの受験生よりもごく僅か高くなっている」。次に彼は、いま書いたことに全く矛盾するのもお構いなしに、これから見ていくように、五頁にわたる統計的なグラフを読者に示しつつ、「個人のファイル」を探査したことをベースにして、とはいえ、その帰結は読者に示すこともなく、「一九四五年から一九六五年にかけては、社会的出自と「最初の日」の間にも、社会的出自と「技術的な」試験との間にもいかなる相関関係も存在しない」と結論できると断言するのである。勝利に酔ったように、彼は文化一般についての考察の大風呂敷を広げる。「流行の理論とは逆に、文化はブルジョアジーのためだけのブルジョアジーの産物ではない。文化は、誰もが手に入れることができる共有財産なのだ。恵まれた環境出身の学生はいつでも教養からほど遠いところにいる（あるいは、書き言葉でいつでも正確に自己表現できるとはお世辞にも言えない[1]）」。彼のレトリックは政治論争のレトリックである。名を与えずに名付けられないもの（「流行の理論」）を告発し、批判の対象となるテーゼを馬鹿げた空虚なスローガン（「ブルジョアジーのためだけのブルジョアジーの産物」）に矮小化し、そこに共有されている価値観（「流行の」）に言及することによって信用をおとさせ、資格を剥奪するのである。このように次々と繰り出されるやり方は、事情通の人々への目配せから見ても、ある集団の暗黙の支持、常識への通俗的な帰依があることを思わせるし、なんであれ、その裏にあるのは「反論」、それも、すくめられた肩、軽蔑を表わす突き出された唇、同じ考えをもつ同僚同士が出会ったときにかわす罵倒にも似た宣告による「反論」なのである。しかし、このような臆見にみちた言説は、それを根拠づけている信仰の共同体サークルの中に留まっているかぎり反論の余地のないものだが、一度、軽はずみに反論の学問的論理の中に身を置くやいなや、ぐらついてくる。実際、ケスレル氏が自分で読むだけの労をとらずに、というのも、彼自身の抵抗と抑圧があまりに強くて学問的に自明なことが見えなくなっているのだが、それにもかかわらず掲載している国立行政学院《エナ》の統計表を見るならば、すなわち、国立行政学院《エナ》の受験生、合格者、入学者についての社会的出身別、地理的出身別、また出身校別に表した統計が、彼の「反論」を完膚なきまでに反論しているのである。そこには、国立行政学院《エナ》の入学コンクールがあるがままに評価できると想定されている、普遍的に共有された普遍的な文化なるものが、実は社会空間の特定の位置《ポジシオン》にある下位の文化であることが明白に示されているのである。この下位の文化の典型的な保有者は最上層の高級官僚たちの中に見出され、彼らは、学力コンクールという形式的には普遍的な論理を通して、自らそれに気づくことなく、なによりも自分たちの目に、その下位文化が普遍性をもっていると見えるように努めているのであり、ケスレル氏の盲目が証明しているように、反論の余地なく、それに成功しているのである。

表28、29、30[2]は、システマティックにバイアスのかかった選別ないし、フィルター操作が、四回連続的におこなわれたことを明瞭に示している（いうまでもなく、行為者の意識的な意図の完全に外側で）。これらの選択は、同じ原理に従っているので、最終的にはほとんど完全に排除されたカテゴリーが幾つかある（単能工、職人、商人、工業・商業関係従業員の子息）。それに対して、最上層高級官吏、工業・商業関係の管理職、自由業者の子息のように、人口全体の中では極めて比重の小さい他のカテゴリーは[3]、選別が進むにつれて全体に占める比率が上がっていく（高級官吏職団《グランコール》にまで至ると過半を占める）。一九八三年から一九八五年の調査の場合は、農業従事者、単能工、一般事務員、士官、企業のトップのようにカテゴリーの分析をさらに前に進めることができるが、そのような時には、これらの諸カテゴリーの中で最も恵まれた一部（給与所得者を抱える大農業経営者、熟練工、職工《コントルメートル》、事務職員、上級士官、大企業のトップの子息）が、残りのカテゴリーよりもいつでもより大きな成功を納めている（下級公務員、単能工、一般事務員、官庁のC種、D種に属する職員の子息は少数だが、それでも筆記試験から口述試験の間で完全に姿を消している）。

最上層部の高級官吏（A1種）の子息たちは、国立行政学院《エナ》ですばらしい成功を納めているし、国立行政学院《エナ》は彼らにとってすばらしく役に立つ。受験者の数が他と比較して多数であるが、いつの年度で

表 28 父親の職業から見た国立行政学院〔ENA〕の外部受験、受験者数、合格者数と入学手続者数（1952-1982 年）*

（単位：%）

父親の社会・職業カテゴリー	受験者数	合格者数	入学手続者数		受験者数	合格者数	入学手続者数		受験者数	合格者数	入学手続者数
農業従事者				公務員 C				工業・商業管理職			
1952-58	3.4	2.8	2.1	1952-58	1.7	0.7	—	1952-58	18.3	20.3	21.9
1959-65	3.5	2.8	3.1	1959-65	1.8	1.3	0.7	1959-65	20.2	21.0	22.1
1966-71	2.9	2.8	2.7	1966-71	1.3	1.0	0.5	1966-71	27.3	30.1	29.4
1972-77	2.7	2.6	2.5	1972-77	1.6	0.6	0.2	1972-77	32.6	33.7	36.2
1978-82	2.4	2.1	2.2	1978-82	0.6	0.6	0.2	1978-82	34.8	38.0	40.3
労働者				工業・商業従事者				自由業			
1952-58	1.4	0.9	1.4	1952-58	7.0	5.2	3.5	1952-58	15.0	15.3	15.3
1959-65	1.9	0.8	0.5	1959-65	6.0	7.3	6.7	1959-65	18.5	20.3	20.6
1966-71	2.1	2.3	3.4	1966-71	5.6	4.0	0.9	1966-71	17.1	17.0	17.2
1972-77	2.4	1.6	0.8	1972-77	9.4	8.1	7.8	1972-77	13.7	14.4	15.5
1978-82	3.4	0.9	0.7	1978-82	4.3	2.1	1.0	1978-82	12.9	14.2	14.7
職人、商人				公務員 B				上級公務員			
1952-58	14	12	10.4	1952-58	7.9	4.2	2.8	1952-58	20.4	24.3	24.6
1959-65	11.5	9.7	8.4	1959-65	4.2	2.7	2.9	1959-65	18.4	18.4	17.0
1966-71	8.5	7.2	7.5	1966-71	5.9	5.8	4.3	1966-71	16.0	16.2	16.6
1972-77	5.8	5.5	3.8	1972-77	4.4	3.7	4.4	1972-77	17.9	18.4	15.3
1978-82	1.9	0.8	0.5	1978-82	5.4	3.9	2.2	1978-82	12.9	12.8	11.0
公務員 D				工業実業家				高級官僚			
1952-58	0.5	0.5	0.3	1952-58	4.2	5.0	6.6	1952-58	4.2	7.1	9.0
1959-65	0.7	0.3	—	1959-65	4.3	3.4	4.3	1959-65	6.1	9.5	10.5
1966-71	0.2	0.2	—	1966-71	3.8	5.5	5.8	1966-71	7.6	9.3	11.4
1972-77	0.4	0.1	—	1972-77	3.6	3.4	3.1	1972-77	4.2	7.0	9.8
1978-82	0.3	0.2	—	1978-82	9.4	8.8	8.1	1978-82	11.3	15.3	19.1

＊1952年 -1958年の期間は、志願者数、それ以降は、受験出席者数。
ケスレル『国立行政学院、社会、国家』J.-F. Kesler, *L'ENA, La société, l'Etat*, Paris, Berger-Levrault, 1985, 584 p., p.238-242に採録されている国立行政学院〔ENA〕の統計資料を基に作成された。

表 29　父親の職業から見た国立行政学院〔ENA〕の外部受験、志願者数、受験出席者数、合格者数と入学手続者数(1983-1985 年)

父親の社会・職業カテゴリー	入試登録者（n＝3087）	入試出席者（n＝2139）	合格者（n＝485）	入学手続者（n＝230）
	%	%	%	%
農業賃金労働者	0.2	0.1	—	—
賃金労働者をもたない農業経営者	1.2	1.0	—	—
賃金労働者をもつ農業経営者	0.7	0.7	0.8	1.3
単能工	0.8	0.6	0.2	—
熟練工	2.2	1.9	1.0	1.3
職工長・現場監督	1.1	1.1	0.4	0.4
家庭使用人	0.8	0.8	0.2	0.4
職人	1.5	1.3	0.2	0.8
小規模企業チーフ（1）	7.4	7.5	6.6	4.8
下級公務員 C & D	1.3	0.9	0.4	—
商業関係従事者（店員）	1.7	1.6	0.4	—
事務従事者（事務員）	1.9	2.1	2.5	2.2
中級公務員 B	3.1	3.1	2.1	3.0
事務系一般管理職	9.1	8.4	9.5	9.5
一般技術員	1.7	1.5	0.8	0.2
下士官	0.8	0.8	—	—
小学校教諭	2.9	3.3	2.3	1.7
中規模企業チーフ（2）	1.3	1.2	0.8	1.3
大規模企業チーフ（3）	1.0	1.1	2.3	3.0
上級管理職、技師	23.0	22.7	21.6	20.9
士官	0.8	0.8	0.4	0.4
上級士官、将官	2.3	1.9	3.1	2.6
司法官	0.5	0.5	0.4	—
自由業、芸術家	13.4	13.3	18.1	17.8
中等教育教員資格〔CAPES〕教員	2.6	2.9	2.9	3.9
一級教員資格教員	1.6	1.8	2.3	3.0
大学教授	4.1	4.8	6.8	7.8
上級公務員	6.3	5.9	4.7	4.3
高級官僚	5.0	6.0	7.6	8.3
無職、無回答	0.7	0.4	0.4	0.4
総計	100.0	100.0	100.0	100.0

国立行政学院〔ENA〕作成統計資料。データ提供者、R・シェル氏に謝意を表する。

1—給与所得者数50以下。

2—給与所得者数50から199。

3—給与所得者数200以上。

〔n：実数〕

表 30　社会的出身別に見た、国立行政学院〔ENA〕生の卒業後の配属先（1953-1982 年、外部受験）

	外務省	国務院	財政監査局	会計検査院	高級官吏職団（グランコール）全体	民間重役
父親の社会・職業カテゴリー						
農業従事者						
1953-63	4.0	2.0	8.0	2.0	4.0	5.0
1964-73	2.2	—	3.9	5.7	3.0	6.0
1974-82	2.1	2.3	2.1	2.0	2.0	3.0
労働者、職工長						
1953-63	—	3.0	—	—	1.0	3.0
1964-73	1.1	2.1	—	1.9	1.0	2.0
1974-82	4.2	—	2.1	2.0	1.0	5.0
職人、商人						
1953-63	7.0	10.0	15.0	8.0	12.0	17.0
1964-73	5.6	10.6	9.8	11.3	11.0	7.0
1974-82	4.2	2.3	2.1	2.0	2.0	7.0
公務員 C & D						
1953-63	—	—	2.0	4.0	2.0	5.0
1964-73	—	—	—	1.9	1.0	4.0
1974-82	—	—	—	—	—	3.0
工業・商業従事者						
1953-63	6.0	3.0	4.0	2.0	3.0	11.0
1964-73	9.0	10.6	2.0	13.2	9.0	11.0
1974-82	3.1	—	—	2.0	1.0	4.0
公務員 B						
1953-63	2.0	2.0	4.0	6.0	4.0	12.0
1964-73	3.4	4.2	3.9	7.5	5.0	6.0
1974-82	4.2	4.5	2.1	4.1	4.0	6.0
工業実業家						
1953-63	9.0	—	6.0	10.0	6.0	3.0
1964-73	4.5	4.2	3.9	3.8	4.0	3.0
1974-82	7.3	13.6	12.8	10.2	12.0	10.0
工業・商業管理職						
1953-63	19.0	23.0	17.0	18.0	19.0	13.0
1964-73	30.3	23.4	41.2	11.3	25.0	25.0
1974-82	32.3	22.7	31.9	16.3	24.0	24.0
自由業						
1953-63	13.0	16.0	11.0	18.0	15.0	8.0
1964-73	15.7	12.8	13.7	11.3	13.0	15.0
1974-82	13.7	15.9	27.6	20.4	21.0	12.0
上級公務員						
1953-63	20.0	25.0	20.0	20.0	21.0	18.0
1964-73	12.3	10.6	5.9	17.0	11.0	15.0
1974-82	8.3	13.6	8.5	22.4	15.0	17.0
高級官僚						
1953-63	20.0	14.0	12.0	13.0	13.0	5.0
1964-73	14.6	21.3	13.7	15.1	17.0	7.0
1974-82	16.7	25.0	10.6	18.4	18.0	11.0
年金生活者、無職						
1953-63	—	2.0	1.0	—	1.0	1.0
1964-73	1.1	—	2.0	—	1.0	0.2
1974-82	—	—	—	—	—	—

典拠：「国立行政学院統計資料」。
ケスレル『国立行政学院、社会、国家』パリ、Berger-Levraut、1985年、p.244-246から再録。

も、筆記でも口述試験でも極めてよい成績を納めている。そして、合格者の中で占める彼らの比率は、時代と共に持続的に増加している。まるで、学校に次第に身内を見抜く力がついているかのようである（そう考えてもみたくなるのは、上級公務員の子息が一九五二年から五八年の時期によい成績を納めているのに、その後、衰退している。また、中級公務員や下級公務員の子息は極めて僅かな比率しか占めていないし、ヒエラルキーに対応した配分しか受けていない）。最上層高級官吏の子息と共に、これら毎年繰り返される選抜のお気に入りは、工業・商業関係の管理職、自由業の子息である。どれも、権力〈界〉において中央の位置《ポジシオン》を占めるカテゴリーである。それに対して、対極にある二つの極を出身とする志望者、教授の子息（高等教育を除く）や工業・商業関係経営者の子息は低い評価を受けているようである。前者の合格率はいつでも（相対的に）かなり低いし、時代を経るにしたがって、彼らの占める席は（高等師範学校生《ノルマリアン》の合格数と軌を一にして）持続的に減少している。後者は、時代によって華々しく成功することがある。そして、差異化による排斥のプロセスが完遂されるのは卒業時の就職選別である。様々なカテゴリーの中の勝ち残り達が高級官僚の地位に就く比率は、彼らの社会的出身の位置《ポジシオン》に対応しているのである。この点は、選抜修正がなされているにもかかわらず変わらない。そんなわけで、国立行政学院《エナ》に合格したC種*、D種の下級公務員や単能工の子息や娘たちは、ほとんど不可避的に民事行政官になるように運命づけられている。高級官吏職団《グランコール》や外交官になるチャンスはきわめて低いのである（しかも、時代を経るとともに低くなっている）。それとは逆に、高級官僚と自由業者（こちらは、後の時代になってからだが）の子息は、工業実業家の子息と同様に、高級官吏職団《グランコール》に入る可能性が遥かに高くなっている。

六八年における単能工の子息の合格率の上昇、八二年の教授の子息の合格率の上昇という、この二つの異変は統計的な偶発時とかんがえるべきではなく、おそらく全く無意識ではあっても、時代の雰囲気に対する一定の感受性をしめしているのかもしれないが、いずれにしても、それらを別にすれば、指数はどれを見ても、一つの集団が自己を閉鎖していく過程を証しているのである。この集団の社会的成功故にますます自己への確信に傾いているが、知的な世界が新たな官僚の知的うぬぼれを前にして魅せられたような自己放棄に傾き、彼らの「輝かしい孤独」の邪魔をするものは何もないだけに、その確信は強まるばかりである。

＊公務員はA種、B種、C種、D種の四等級に区分される。A種は、高等教育三年以上の学歴が求められる。B種は大学入学資格（バカロレア）、C種はBEPやCAPが必要。

（以下 II巻）

のケースについては、入学年次、専門コース、父親の社会的・職業的カテゴリーについて、他の学校については、入学年次と父親の社会的・職業的カテゴリーについて修正を試みた。しかし、この統計学的代表・表象性への配慮は必要性に欠けるし、それというのも、計算の結果を学校全体について総合することはできなかったからだが、それだけでなく、数学的修正が訂正を加えているつもりの誤り以上に由々しい誤りが入りこみかねなかった。それに、いずれにしても、修正はバイアスを糊塗するだけのもので、それを一種見かけだけの操作を行うわけで、バイアスが真の意味で除去されるわけではない。まったく形式的な操作をほどこして欠陥を排除したという幻想をいだくよりは、バイアス（どの学校でも同じ理由から生じているわけではない）を明晰に自覚しつつ、回答率が一定の数値を下回るサンプル集合については、その分析を潔く放棄する方が望ましく思われた。例外的扱いをしたのが、高等師範学校サンクルー校とフォントネ校である。この2校は、比較の上で重要な位置をしめているし、生徒のカードを分析することによって正確にバイアスが生じる原因を割り出すことが可能であった（対応分析については、主要変数として我々の調査によるデータを用い、補足変数として学校のカードの調査によるデータを用いた。その結果、フォントネ校についても、サンクルー校についても、カードによるデータと我々の調査によるデータに照応点が極めて接近していることが確認できた）。

(23) 特に以下を参照——D. Merllié, « Une nomenclature et sa mise en oeuvre : les statistiques sur l'origine sociale des étudiants », *Actes de la recherche en sciences sociales*, 50, nov. 1983, p. 3-48.

補遺4　盲目であること

(1) ケスレル『国立行政学院、社会、国家』J.-F. Kesler, *L'ENA, La société, l'Etat*, op. cit., p. 243.

(2) 表は次のように読まれる。1952年から1958年にかけての国立行政学院の入試コンクール受験者100名のうち、4.2%が最上層高級官吏（A1）の子息であり、20.4%が上級公務員の子息である。合格者100名の内、最上層高級官吏（A1）の子息が7.1%であるというように続く。

(3) 考察の対象となる集団（受験者、合格者、入学者）における各職業カテゴリーの比率に見られる乖離は既に著しいが、相異なるカテゴリーの比重（あるいは、全人口の中でカテゴリーが占める割合）が極めて異なることを考慮にいれて、それぞれのカテゴリーの人々が表に占める可能性を比較するならば、乖離ははるかに拡大する。高級官吏（A1）（本社重役、知事、大使、将軍、国務院評定官、財政監察官、鉱業技師、土木局官吏他）のカテゴリーは極めて小さい（多分、公務員全体の5%に満たない）。B、C、Dの官吏は、表の中では、32.4%、35.1%、5.8%をそれぞれ占める（省別、階層カテゴリー別文官公務員数）『国家公務員　1984年度』*La Fonction publique de l'Etat en 1984*, Paris, La Documentation française, 1984, p. 134-135）。

している生徒だった（組合の集会にも会議にも出席しないことも頻繁だった）。例を挙げておけば、高等師範学校では、1965年-1966年度に、UNEF加入者が約160名、SNES加入者が100名、SGEN加入者が95名（それにほぼ全員がUNEFに加入）である。以上は、約320名の生徒集団についてであるので、3名の生徒の内の2名が少なくとも加入していたことになる（しかし、投票時には、100名程度しか参加しなかった）。サンクルー校では、約360名の生徒の内UNEFに約180名が加入していた。セーヴル校では、ユルム校に較べて、組合が相対的に若干弱かった。全体で約230名の生徒の内、UNEF加入者が102名、SNES加入者が65名、SGEN加入者が27名だった。

（15）他のバイアスもありうる。生徒たちは、彼らの回答が学校当局によって見られるのではないかと懸念することもありえた。匿名でも、名前を特定するのはかなり容易である（特に回収順によって）。質問表にこう書いている者もいる。「君は匿名だという。それなら、どうして君が僕のところに催促に来るようなことが起こるだろう」。ユルム校文系では、名前が簡単に特定化できることに対する極めて激しい抗議があった。それに対して、ユルム校理系では次のように書いている生徒がいる。「匿名だというのは嘘だ。でも、そんなことどっちでもいい」。

（16）研究対象となったサンプル集団の属性に、調査実施時の事故によって影響を受ける部分が出てくることがあることを否定できない。国立農学院では、質問表は、事務か学科の責任者である生徒9名によって配布されたが、1966年5月および6月のことだった。すなわち、生徒たちの一部がすでに学外に去っている時期である。そこで、1966年10月に調査をやり直し、1966年10月に入学した生徒に対しては1967年初めに新たな調査をおこなわなければならなかった。同様に、大部分の農学校では、3年生が第3学期（調査時）に不在であることが多く、回答数が少なすぎて分析の対象になり得なかった。

（17）60年代および80年代における高等教育諸機関の〈界〉を記述するために利用されるデータを提供した国民教育省の担当者に対して、我々は学校名を明示してデータを公表することはしないと約束している。

（18）国立高等農業学校群においては、父親が農夫であるか、自営農業従事者である場合には、耕作面積を書くように求められた。

（19）平行して、グランドゼコールの〈界〉に最も直接的にリンクしている権力〈界〉の諸領域についての一連の調査が企画された。高級官僚の〈界〉（分析中）、民間、公共の大企業の〈界〉、大学〈界〉、知識人〈界〉、宗教〈界〉である。人名録辞典のような不確実な資料を拙速に調査する者もいるが、それに甘んじるわけにはいかないとしたら、各圏域に固有な論理に入り込み、そうした世界の上層部では初対面の人に手渡してくれないような信頼できる情報を入手するためには多くの時間をかけなくてはならない。

（20）調査の大半が実施された1966年と1967年は、戦略的な価値をもっている。旧制度の大学の最後の状況（高等教育の教授について調査も同様である）と共に、その後の状況を予告するものがそこで観察されるからである。

（21）Cf. P. Bourdieu, « Reproduction culturelle et reproduction sociale », *Information sur les sciences sociales*, X, 2, 1971, p. 45-71 ; « Epreuve scolaire et consécration sociale, les classes préparatoires aux grandes écoles », *Actes de la recherche en sciences sociales*, 39, sept. 1981, p. 3-70.

（22）1969年に、サンプルを修正するプログラムを作成したことがあった。高等師範学校つけ合わせることがそのまま、客観化と科学的検討の初期段階になった。

(10) グランドゼコールが他と違うところは、選ばれた者たちだけに許された慣習、儀式、信仰があることであり、卒業生は、暗黙の態度や、わけ知り顔の微笑によってそれを暗示してみせるのが好きなのだが、そのような神話に追従するのではないものの、各校がその歴史に由来する特殊性をもっていることには同意しなければならない。したがって、各ケースについて、現場にインフォーマントを確保し、連絡を密に保つようにし、在校生の目から見て大事なのかそうでないのかを見分けるにあたって助力を請う必要があった。

(11) 特定の学校を対象とした研究書は、質のばらつきはあるが、以下の通りである(発行年順)T.-B. Bottomore, « La mobilité sociale dans la haute administration française », *Cahiers internationaux de sociologie,* vol. XIII, 1952, p. 167-178 ; G. Grunberg, *Les élèves de l'Ecole polytechnique 1948-1967*, Paris, Centre d'études de la vie politique française, 1970, 107 p. ; J. Marteau, INSEAD, *The Social Origins, Educational Experience and Career Paths of a Young Business Elite,* Final Report for SSRC Grant, 1973-1975, 118 p. ; J.-L. Bodiguel, *L'Ecole nationale d âdministration, les anciens élèves de l'ENA, Paris,* Presses de la Fondation nationale des sciences politiques, 1978, 271 p. ; M.-C. Kessler, *L'Ecole nationale d'administration : la politique de la haute Jonction publique*, préface de M. Debré, Paris, Presses de la Fondation nationale des sciences politiques, 1978, 299 p. ; T. Shinn, *L'Ecole polytechnique, 1794-1914,* Paris, FNSP, 1980, 263 p. ; J. Marteau, *Les familles et les affaires. La formation d'une élite multinationale,* Canberra, Australien National University, oct. 1981, 345 p. (Rapport final pour le CORDES en anglais, version résumée en français) ; M. Meuteau, *Histoire d'une grande école*, HEC 1881-1981, Paris, Dunod, 1981; T. Shinn, « Des sciences industrielles aux sciences fondamentales. La mutation de l'Ecole supérieure de physique et de chimie (1882-1970) », *Revue française de sociologie,* XX, 1981, p. 167-182 ; J.-N. Luc, A. Barbé, i, Paris, FNSP, 1982 ; J.-F. Kesler, *L'ENA, La société, l'Etat,* Paris, Berger-Levrault, 1985, 584 p.〈エリート〉や〈支配階級〉を扱った仕事の中には、グランドゼコール全体に関心をしめしたものが幾つかある。しかし、具体的なアンケートに依拠したものはない。以下を参照。. E.-N. Suleiman, *Les élises en France. Grands corps et grandes écoles*, Paris, éd. du Seuil, 1979 ; P. Birnbaum, C. Barucq, M. Bellaiche, A. Marié, L*a classe dirigeante en France. Dissociation, interpénétration, intégration*, Paris, PUF, 1978, notamment le chap. IV.

(12) クリストフ・シャルルの、19 世紀末における支配階級の歴史を扱った仕事は、この論理関係を論じている。C. Charle, *Intellectuels et élites en France* (*1880-1900*), Paris, Université de Paris-I, doctorat d'Etat, 1986)〔クリストフ・シャルル『「知識人」の誕生 1880-1900』白鳥義彦訳、藤原書店、2006 年〕.

(13) 関与的な位置をほぼ全て押さえておけば、唯一の、しかしきわめて強力な指標、学校の生徒たちの社会的出身という指標を基にして、高等教育諸機関の空間を構成することができたし、司法学校や医学のインターンのように、直接研究できなかった施設が空間内で占めている位置を決定することができた。

(14) 当時、高等師範学校では組合がきわめて重要であり、生徒たちは大部分が学生組合(UNEF)か教員組合(SNES、SGEN)に加入していたし、一番多いのは、双方に加入

(5) すでに他の箇所で述べたことだが、いま1度だけ次のことを確認しておきたい。構成しなければならない（そしてまた、そこでは照応する諸要素の分析が図によって提示される）多次元的空間は、グランドゼコール〈界〉の同形の表示である。そこでは、2つの空間における異なった諸要素（行為者や学校、あるいは属性）の間に両者が対応する相関的関係が打ち立てられ、2つの空間の中で、行為者と属性との間の関係全体が同じ構造をもっていることを示す。

(6) この問題は、社会空間の1セクターを研究するときに必ず生じた。たとえば、「職業」である。このセクターの現場から上がる質問に譲歩する気持ちになると、当然のことながら限定されている質問表の中に内部的な差異を律している原理に関する情報——政治、組合、職業的実践などに関する情報——を過剰に盛りこむことになり、全体としての集団的特徴を明らかにする手段を失うのである。したがって、社会空間内でのその差別的位置に根拠をおく実践活動が真に理解できなくなるし、したがって、同一集団内での上述の位置へのほのめかしを含ませる様々に異なったやり方も真に理解できなくなる。

(7) この調査はいかなる研究補助金も受けなかった。後になって補助金を受けることになった（データ解読費用に当てられた）が、これは、大蔵省の予算局からの要請によって企画された行政に関する調査を枠組みとするものだった。「教育システムの移行」に関する個別研究補助〔ATP〕という枠組みとして、国民教育省から受けた補助金によって、補助的な会見申し込みが実現でき、1984年における高等教育諸機関に関するデータを統計学的に処理することができた。

(8) この研究が首尾よく進められたのは、次の方々のお蔭である。我々の研究調査実施に許可を与え、研究の様々な段階で支持してくださった学校当局責任者、校長の方々、質問表の配布回収に協力した教員、母校で調査を組織化し、また学校内の活動についてとても貴重な情報と観察を集めてくれた生徒諸君、必要な書類や文献、データの閲覧を可能にしてくれた国民教育省や様々な学校の事務その他のセクションの責任者、司書、資料管理者、事務の方々、また、会見において質問に答える労をとってくださった方々に、厚い感謝の念を表します。また、次の方々にも感謝いたします。データ処理を管理したサラ・ブーエジャ、パリとその周辺、リヨンおよびグルノーブルの地域で、学校施設に出向いて資料収集を行い、施設の責任者や校長、あるいは生徒や学生に会見を行ったロジーヌ・クリスタンとクレール・ジヴリ。この研究計画から直接または間接に生まれた業績の中で、アンリ・ル＝モールの博士論文は、当初の研究計画をもっともよく明かしている。すなわち、教育機関の〈界〉を構成している諸関係の構造の分析に基づいて、個別の学校に関する諸研究を網羅的に統合し、分析するという構想だった。H. Le More, *Classes possédantes et classes dirigeantes. Essai sociologique sur l'Ecole des hautes études commerciales*, Paris, 1976, thèse de doctorat, 3e cycle, 301p.

(9) 質問表について集団で討議したことは、特定分野に限られた質問を際限なく追加する結果を生みがちだった。そのため、比較の用をなさなかった（特定分野に特化する方向への圧力が極めて強かったのは、理系の学校の微妙に階層化された圏域においてであり、そこに区分を設けようとする希望があったためである）。しかし、参加者の大部分が、研究対象となっている学校群のどれかと特別な関係をもっていたので、彼らは研究対象を想起させる空間を構成する傾向があり、そのようにして明確になった様々な視点をぶたっては、あらゆる領域で生じる影響をその都度考慮にいれる」ことである。

(64) パリ高等商業学校〔ESCP〕が、1968年に、統一的で、定型的な高等商業企業行政学校〔ESCAE〕組織から脱退したのは、この論理による。パリ高等商業学校は、戦後、国の援助と引き換えに組織に加盟することを受け入れたが、企業の必要性に密着して、徹底的に実践を重視した教育に特化することにしたのである。

補遺1　褒め言葉

(1) それ以前にも、理工科学校を扱った著作は何点かある。フルシの『理工科学校の歴史〔*l'Histoire de l'Ecole polytechnique* de A. Fourcy〕』は1828年に刊行されている。理工科学校の教授だったフランソワ・アラゴも何点か、学校を扱った著作を著している。

(2) 1930年代に刊行された『我がグランドゼコール』叢書に入っている著作は、高等師範学校、理工科学校、そしてまた、中央工芸学校、海軍学校、サンシール士官学校を取り上げており、当時の有名校について証言をもたらしてくれる。

(3) A. Peyrefitte, *Rue d'Ulm, Chroniques de la vie normalienne*, *op. cit.*, J. A. Kos-cuisko-Morizet, *La « mafia » polytechnicienne*, Paris, éd. du Seuil, 1973.

(4) J.-L. Bodiguel, *L'Ecole nationale d'administration : les anciens élèves de l'ENA*, volume sociologie, Paris, FNSP, 1978 ; J. Freches, *L'ENA : voyage au centre de l'Etat*, Paris, Conti-Fayolle, 1981; J.-F. Kesler, *L'ENA, la société, l'Etat*, Paris, Berger-Levrault, 1985 ; M.-C. Kessler, *L'Ecole nationale d' administration : la politique de la haute fonction publique*, vdume histoire, Paris, FNSP, 1978 ; J. Mandrin *L'Enarchie ou les mandarins de la société bourgeoise*, Paris, La Table ronde de Combat, 1968, nouv. éd. 1980 ; M. Schifres, *L'Enaklatura*, Paris, J.-C. Lattès, 1987 ; G. Thuillier, *L'ENA avant l'ENA*, Paris, PUF, 1983 ; O. VaIIet, *L'ENA toute nue*, Paris, éd. du Moniteur, 1977.

補遺2　方法

(1) このテキストは、モニック・ド・サンマルタンとの共同執筆になる。

(2) 普通教育と技術教育との2次的対立は、教育システムの内部においてきわめて重要ではあるが、それを把捉するためには、国立高等技術教育学校の調査を実施し、高等師範学校ユルム校と技術教育高等師範学校〔原文に誤りあり。Normaleがnationaleとなっている〕との対立関係を探究する方法を手にしなければならなかったであろう。それはそれとして、相同的な対立関係がどのように機能しているかを見るには、エンジニア学校の従属〈界〉(たとえば、理工科学校やリール国立高等工芸学校との対立関係)や高等行政の従属〈界〉(国立行政学院〔ENA〕と国立高等郵便電信電話学校との対立関係)を観察すればよい。

(3) 社会的に低位で、学力的に極めて高いレベルの技術系学校は存在しない。

(4) 大学入学資格試験のレベルの生徒を募集するか、学校自身が入学の準備をする「群小専門学校」(アンジェ、ピュルパン、ボーヴェ、リールの農学校、パリ実用農学技術学院、ボルドー農業工事技術者)については調査を行わなかった。相対的に生徒数の少ない専門学校(熱帯農学、油脂製品、乳製品産業と経済)についても調査は実施されていない。しかし、マスィ国立高等農食品産業学校によって、最後のカテゴリーの学校は代表されていると考えることができる。

1984.

(53) J. J. Gurviez et P. Beaudeux, *art. cit.*

(54) B. Girod de l'Ain, *L'évolution des écoles de gestion,* Paris, Université de Paris IX-Dauphine, 1976.

(55) 私立のコレージュは、私立の新設経営学学校と極めて深い親近性がある。高等電子工学学校や電気機械工学専門学校のような避難所的学校ともおそらく親近性がある。こうした学校を経てきた生徒にとっては、最も学力が高いグランドゼコールへの入学準備クラスは「地獄」に見えるだけで、なんとしてでも逃れなければならない所である。なぜなら、「家畜のように勉強しなければならない」からである。逆に、商学・経営学学校で与えられる教育は、より「開かれていて」より「応用が利く」。

(56) Cf. H. Le More, *Classes possédantes et classes dirigeantes, Essai sociologique sur l'Ecole des hautes études commerciales,* Paris, EHESS, 1976, thèse de 3e cylce, p. 33-35; M. Meuleau, *op. cit.* 略号をほとんど同じにすると、本物と類似物との間に意図的な混同を引き起こしやすい。これが、「はったり」の数ある戦略のうちの1つである。新しい学校——たとえば、高等綜合関係学学校〔HEP〕——は、類似の略号によって、受験者の願望と名称のあたえる満足感とをインフレーションに巻き込むことによって、地歩を固めようとしている。

(57) これらの数値は、経営学学校の発展を全体としてとらえるためのものであり、参考的な価値しかない。実際、この分野では区分がきわめて曖昧で、エンジニアの学校のように、経営学士の免状を発行する資格のある学校を規定する資格審査委員会が存在しない。特に、以下の資料に依拠している。*l'Annuaire national des écoles de commerce et des formations supérieures à la gestion,* Paris, éd. Génération, 1984 ; H. de Bodinat, « Les écoles de gestion au banc d'essai », *l'Expansion,* 63, mai 1973 ; H. de Bodinat, « Le guide Michelin des écoles de gestion », *l'Expansion,* 122, oct. 1978 ; B. Girod de l'Ain, *op. cit.*; B. Magliulo, « Les grandes écoles de commerce et de gestion et les autres formations à la gestion comptable », *Profils économiques,* 8, avr.-mai 1982 ; Y. Ménissez, « L'enseignement de la gestion en France », *Notes et études documentaires,* 4529-4530, 24 sept. 1979.

(58) B. Girod de l'Ain, V. Eyrignoux, P. Eyrignoux, *Institut de préparation à l'administration et à la gestion* (IPAG), Paris, Unversité Paris IX-Dauphine, 1976, p.6. ronéotypé.

(59) 1975年には、「IPAGの生徒の90%が、管理職系か自由業者の子息である」。
Cf. B. Girod de l'Ain, V. Eyrignoux, P. Eyrignoux, *op. cit.*, p.2bis.

(60) European Business School, *Concours d'entrée en première année,* mercredi 30 mai 1984, plaquette de présentation, p. 4.

(61) グルノーブル高等商業企業経営学校〔ESCAE〕の入試審査委員に配布された指示書からの抜粋。1985年6月、口頭入学試験の準備会合で配布された。

(62) Institut de préparation à l'administration et à la gestion, plaquette de présentation, Paris, IPAG, 1983, p. 17〔行政経営養成学院、学校紹介小冊子〕.

(63)「EDHECワールド　1984」(Château EDHEC 84)、新入生歓迎ゲーム」、『ル・モンド』、1985年11月29日、29頁〔EDHECは高等商業学校の略号〕。ゲームの発案者で、情報科学担当教員M・ド・ミルヴィルはこう説明している。「生徒たちに、入学準備クラスで習った教育方法から決別してもらいたいのです」。ポイントは、「決断を下すにあ

(43) フランス民主連合〔UDF〕や共和国連合〔RPR〕と全く同様、社会党の政治家たちも極めて高い比率で国立行政学院〔ENA〕を経由しているが、成績のレベルが下のようである。社会党の「エナルク」は、教員の家庭出身者が相当数いるようで、共和国連合〔RPR〕や特にフランス民主連合〔UDF〕の者たちよりも遅れがちで、しかも、そこまで「優秀」とはいえない学業の成功を納めたようである。以上のメモは、諸政党の大臣経験者の経歴に関する簡略な研究に基づくものであるが、方法的な検討が必要だろう。大臣官房に関するピエール・ガボリとジャン＝ピエール・ムニエの観察は、これを裏付けるものである（cf. P. Goborit et J.-P. Mounier, « France », in W. Plowden ed., *Advising the Rulers*, Oxford, New York, Basil Blackwell, 1987, p. 92-123）。

(44) 再生産手段として学校を利用することが一般化したことについては、ブルデュー『ディスタンクシオン Ⅰ』202 頁以下を参照。実業ブルジョアジーの再生産様式が変化したことについては、本書第Ⅳ部第 1 章の「再生産戦略」以下で扱われている。

(45) 自由業者や高級官僚の子息で、高等商業学校〔HEC〕のような学校を志望する場合、学力競争の激化とやはり無縁ではないとはいえ、事情は異なる。これらの学校は、顧客がすでに決まっていて、本質的に、産業〈界〉や商業〈界〉の経営者、あるいは民間企業の管理職の子息である。階層化された入学コンクールでの成績が「天職」を決定する理系の学校を選択する際により明確に観察されるメカニズムによれば、社会的だけではなく、学力的にも階層化されている学校を選択するという論理は、たとえ出身世界ではあまり評価されていない職業への道だとしても、「グランドゼコール」の 1 つと見なされ、それ故に、たとえば政治学院よりもはるかに高く評価されている学校を受験生に選ばせる傾向がある（自由業者の子息の比率は、次のように推移している。1950 年、7%。1960 年、11%。1970 年、10%。1980 年、15%。また、高級官僚の子息の比率の推移は次の通り。1950 年、2%。1960 年、4%。1970 年、6%。1980 年、9%。Cf. M. Meuleau, *op. cit.*, p. 117.）。

(46) 新設校への入学志願者は際立って多かったようである。リヨン高等商業学校は、新制度に移行したばかりだったが、受験者数は、1968 年の 184 名から 1981 年には 2688 名にまで増加している。合格者数は 72 名から 175 名に増えている。

(47) J. Marceau, *Les familles et les affaires, La formation d'une élite multinationale*, Canberra, Australian National University, oct. 1981.

(48) 1949 年から 1969 年にかけて、貿易額は、国内生産のほとんど 2 倍の速さで増加する。20 世紀の前半は、輸出入額は、国内生産と同じ成長率で増加しているのである。1951 年から 1957 年の間に鈍化したとはいえ、輸出入額は、1949 年から 1969 年にかけての時期にめざましい発展を遂げる。国際取引全体は 5 倍に膨らんでおり、年率にすると平均 8.4%の成長率だった。

(49) M. Gollac et B. Seys, « 1954-1982. Les bouleversements du paysage social », *Économie et statistique*, 171-172, nov.-déc. 1984, p. 154.

(50) Cf. L. Thévenot, « Les catégories sociales en 1975. L'extension du salariat », *Économie et statistique*, 91, juill.-août 1977, p. 30.

(51) Cf. L. Thévenot, *art. cit.*, p. 23-24.

(52) Cité par J. J. Gurviez et P. Beaudeux, « Salaire des cadres 1984 », *l'Expansion*, 240, 8-21 juin

組織設立の数々が含まれる（高等師範学校研究・発展の会。高等師範学校専門技術・未来学研究所。産業動向・協力細胞）。こうした設立は、別の時代に HEC の中国共産党員細胞が話題になったのにほぼ較べられるが、知識人〈界〉でも実業界でも同じように、場違いで、現実離れしているとしか見られていない。実業界でも、高等師範学校は極めて高い評価を維持しているからである（応用科学の仕事をわざわざ高等師範学校に振り分けようと考えないのはそのためである）。

(37) 高等師範学校生は、特に 1976 年以降、ENA のコンクールに参加するものが多かったが、次第にコンクールを敬遠する傾向がでている。その理由はたぶん、ENA の内部コンクール受験に要求される奉仕が 1982 年の改革によって延長され、高等師範学校の研修や学習の年数が考慮に入れられなくなったからである。高等師範学校生に規約によって認められていた優遇措置に多くの制限がかかったのである。また、コンクールに極めて配点の高い新しい科目が導入され、それが、教員よりも中央省庁の職員に有利だったことが挙げられる（書類を用いて首相や公職の高官のためにノートを作成する課題）。

(38) 短絡的な社会学主義だと不評を買うかもしれないのは百も承知だが、1970 年代に高等師範学校で哲人政治を理想とするような突飛なテーゼを説いたレーニン主義一派が人気を得たのは、一種のガス抜きだったと私には思えてならない。それは確かに予期しない事態だったろうが、社会一般に醸成されていた「力への意志」を「新しいノルマリアン」たちが学校に持ち込んだのであり、それがレーニン派によってより直接的な形で自己表現できる機会を与えられたのである。以上の仮説に意味があるとしたら、政治的な転向が体験され、それが理解しがたいこととして論じられてきたからである。仮説は、それを理解できるものにしてくれるのである。そして、そう見れば、大局的に寛恕してやれることであり、褒めてやってもいいのである。革命主義によって多くの「道を外れた者たち」がその気になれば独裁主義者になり、テロリストになってもおかしくない状況だったにもかかわらず（50 年代のコミュニストや 70 年代の毛沢東主義者）、そのお蔭で、遥かに抑制された形へと導かれたのである。

(39) ブルデュー『ホモ・アカデミクス』参照。

(40) この通俗哲学は、テクノクラートの評論に置換可能な表現を見出すが、そのマトリックスを構築しようとする試みが、次の文献でなされている。P. Bourdieu et L. Boltanski, « La production de l'idéologie dominante », *Actes de la recherche en sciences sociales*, 2-3, juin 1976, p. 9-31. 最近 5 年間の国立行政学院卒業生の文章を手早く検討してみてわかることは、見事な恒常性が、主題（いつでも、移民、自由主義、国有化、「社会から排除された者」など、時事的な政治に密接に結びついている主題）についても、文体についても、プレゼンテーション（いつでもきわめて短い本で、200 頁を越えることは絶対にないし、余白の多い印刷がされている）についても見出されることである。エナルクたちの「哲学」である。

(41) R. Fauroux, « Alain Minc ou le révolté », *le Monde*, 23 sept. 1987, p. 2.

(42) 知的に支配的な思潮の終焉を告げるという戦略は、ごくありふれたものである（すでに、ユレの自然主義をめぐる調査の中にそれを見出す）。断絶を主張する者も餌食にされた敵対者も事実（構造主義の終焉）を確認するという装いの下に、願望を隠しているという点で意見が一致する。真の象徴的殺人の願望（構造主義の終焉、万歳）である。

mines à celle de l'Ecole polytechinque », *La Jaune et la rouge*, 305, oct. 1975, p. 17-24.

(27) HECには、圧倒的に（ENAさえも）営業職と財務職を与えているが、経営については、理工科学校生からもENAの学生からも、各々自校を筆頭に置いた上で、2番目の地位が与えられている。理工科学校生には、圧倒的に技術職が与えられているか、彼ら自身はそれを否認し、むしろ鉱業系の学校に（中央工芸や工芸学校）に譲り、自校には経営を与えている。その比率は、HECよりも高く、とりわけENAよりも高い。しかし偏差は、ENAほど大きくない。

(28) 乖離は、二流の学校の卒業生の判断において特に顕著である。ESSECやナンシー鉱業学校などである。彼らは、経営職を圧倒的にHECや理工科学校に与えているが、彼らが学力ヒエラルキーを確固として認知していることを証している。

(29) 1960年から1982年の間、外部コンクールの試験選考委員は11人だったが、その内の半数だけ（年度によって5人のときも、6人のときもある）が教授だった（その大半が、法学部の二流の教員である）。1983年からは、試験選考委員の数は13名になり、その内の約3分の1（4、5名）が教授である。残りの内の3分の1は高級官吏で、最後の3分の1は会社取締役である。試験選考委員長は、1982年以来、大学教授、高級官吏（会計監査院評議官、国務院評定官）、あるいはジャーナリストである。

(30) 転向者は、出自のカテゴリーが上位で、1級教員資格試験に失敗した生徒であることが極めて多い。1970年代における危機と新校長の任命の後、そしてまた、極左運動の沈静化に伴って大学への就職口がなくなったことが話題になった。ENAとの免状相互認定が最初に提案されたのは1973年のことである。

(31) 教員職団の形態的変化とそれがもたらしたものについては、ブルデュー『ホモ・アカデミクス』191-227頁参照、原著p. 171-205。

(32) ロバート＝J. スミスが示したように、高等師範学校は、「解放学校」のイデオロギーが纏わせている才能の発見校という役割を現実に果たしたことは1度もないし、農民、労働者、下級事務員の子息の比率はいつでもきわめて低かった。もう1つ、構造的に確認できることは、産業・商業経営者の子息の比率が、教授や教育関係公務員の子息、あるいは小校学校教員の子息と較べてさえ、比較にならないほど低いことである（cf. R.-J. Smith, *op. cit.*）。

(33) 以下の資料が供するデータを我々が二次的に分析したものである。A. P. Emmenecker, R. Paturel, *Etudes démographiques des élèves des Ecoles normales supérieures*, Mémoire pour le DES de sciences économiques, Paris, oct. 1971.

(34) Cf. G. Bonet et J.-M. De Forges, « La condition des universitaires en France », *Commentaire*, 38, été 1987, p. 332-344.

(35) 1985年の政令は、毎年度、4名の高等師範学校生が直接ENAに入学を認められるというものだったが、一斉に抗議の声があがった（1985年7月20日付、および9月20日付『ル・モンド』紙、1985年9月18日付フィガロ紙参照）。中心になったのはENAの同窓会で、国務院に請願書を提出している。1983年に「第3の道」が制度化されたときも、激しい反応（社会党のエナルクも含まれた）が起こった。

(36) これらの誤った戦略の中には、免状の相互認定の提案や、ENA（あるいは政治学院さえも）への受験推奨の他にも、「高等師範学校を企業に向けて開く」ことを目指した

ないので、名声の上に眠っていると言う人もいる」。更に先には、こうある。「高等経済商業学校の成功は懸念材料ではあるが、両校の入学コンクールに合格した受験生はHECを選択しているので、胸を撫でおろしている」(M. Meuleau, *op. cit.*, p. 107 et 109)。

(13) 1959年に設置された「研究」コースは、研究者になることを希望する生徒に対して官吏職団に入らなくても学費返還を免除するもので(ただし、6年以内に理学博士号を取得しなければならないという条件がある)、きわめて大きな成功をおさめた。なんと生徒の5分の1の応募を受けた(Cf. G. Grunberg, « L'Ecole polytechnique et ses grands corps », *Annuaire international de la fonction publique, 1973-1974*, Paris, Institut international d'administration publique, 1974, p. 388, n.3)。

(14) すなわち、1973年-74年度の激しい批判よりもだいぶ前である(報道記事の調査に基づいて作成された、国立行政学院批判のきわめて精緻な年譜がある)(M. Ch. Kessler, *La politique de la haute fonction publique*, Paris, Presses de la Fondation nationale des sciences poitiques, 1978, p. 67-109.)。

(15) また、委員長名をかぶせた委員会がいくつも設置された。クチュール委員会、1962年。ギヨーム委員会、1963年(国防省への報告)。ブロッシュ委員会、1963年(グランドゼコールに関して)。ナルディン委員会、1964年(先進技術コレージュ)。ロン委員会、1967年(理工科学校生への研究オリエンテーション)。クチュール委員会、1967年。コ委員会、1968年(技師高級官吏職団の改革)。レルミット委員会、1968年(グランドゼコール改革)。さらに、AX(理工科学校同窓会)と理工科学校の各種報告をつけ加えなければならないだろう。特に、理工科学校生のプロフィールに関する報告書(1967年)、教育に関する報告書(1968年)。そして、『黄と赤』に掲載された卒業生の記事。

(16) Cité par G. Grunberg, *loc. cit.*, p. 492.

(17) « Le profil du polytechnicien de 1975-1980 »〔「理工科学校生のプロフィール。1975年-1980年」〕, *La Jaune et la rouge*, 225, avr. 1968, p. 11-17〔発行年(1968)と記事の標題(1975-85年)に矛盾がある〕.

(18) 会長ピエール・D・コ(P. D. Cot)のAX(理工科学校同窓会)委員会報告 « Le rôle des grands corps d'ingénieurs dans la société moderne française »〔「現代フランス社会におけるエンジニア官吏職団の役割」〕, in *La Jaune et la rouge*, 230, oct. 1978, p. 7-45(p. 9). 傍点は筆者。

(19) *Ibid*, p. 18-19.

(20) *Ibid*, p. 22.

(21) *Ibid*, p. 33.

(22) *Ibid*.

(23) J. Majorelle, « réflexions sur l'X »〔「理工科学校についての考察」〕, *La Jaune et la rouge*, 232(supplément) déc. 1968, p. 49-62(p. 51).

(24) Rapport Lhermitte, *La Jaune et la rouge*, 232(supplément) déc. 1968, p. 67-112(p. 87).

(25) J. Ullmo, « La réforme de l'école et le nouvel enseignement de science économique »〔「生徒——技師への経営教育:鉱業学校での経験から理工科学校での経験まで」〕, *La Jaune et la rouge*, 242, nov. 1969, p. 9-11.

(26) Berry, « L'enseignement de la gestion aux élèves-ingénieurs : de l'expérience de l'Ecole des

様に増加した（入学手続者は、合格者数とほぼ同じように変化しているようである)。
(7) 教育課程が極めて似通っていて、入学準備クラスは共通である。
(8)「3年に卒業年限を延ばす改革は、さらに格差を拡大する。唯一修学年数の長い商学系グランドゼコールなので、他の高等商業学校卒業生を第2学年から編入する制度を維持できるというのである。修学年数は1年長くなる。それは知識を補強し、確固たるものにするというよりも、新たに就学することを意味する。1948年、パリ高等商業学校〔HECP〕は卒業年限を3年に延ばす。すると2年後には、それが一般化した。行政委員会は、3年後には、たとえ名門校であろうと他校の免状をさらに2年の勉学を続けて取得してもいいと考える生徒はほとんどいないことを意識して、他高等商業学校の成績優秀者については、学校からの勧めがあった場合のみ、卒業よりも1年早く入試に挑むことができるように提案した。関係学校当局からの激しい抗議のため、提案の実施は見送られた。そんなことをしたら、HECの草刈り場になってしまい、他の高等商業学校にとってはなんの利益もないままに一番優秀な生徒たちを奪われてしまうだろう」(M. Meuleau, *Histoire d'une grande école, HEC, 1881-1981*, Paris, Dunod, 1981, p. 109)。
(9) その論理は、19世紀末の政治学自由学校〔l'Ecole libre des sciences politiques〕の創立を導いた論理にとてもよく類似している（cf. D. Damamme, « Genèse sociale d'une instituiton scolaire : l'École libre des sciences politiques », *Actes de la recherche en sciences sociales*, 70, nov. 1987, p. 31-46)。国立行政学院〔ENA〕について、創立後40年経過した時点で、この学校が変えるはずだった公務員採用システムの批判と向き合ってみることは、守旧的勢力の力と、障壁として設けられた司法的な、あるいは技術的な障害物をすり抜ける能力とを証明してみせる、またとない例になるだろう（cf. G. Thuillier, *L' ENA avant l'ENA*, Paris, PUF, 1983, p. 234-256 及び特に次を参照。M. Ch. Kessler, *La politique de la haute fonction publique*, Paris, Presses de la Fondation nationale des sciences politiques, 1978, p. 35 sq.)。
(10) 同様に、卒業生が政治や行政の〈界〉で成功することによって、在校生が権力闘争においてより大きなチャンスをもてるという、円環的な強化のプロセスにプラスに働いている要因の集合全体をはっきりさせなければならないだろう。たとえば、経済〈界〉の変容と、技術的役職よりも財務・商業の役職に与えられる優位。政治〈界〉の変容と、官僚と政党の人間との関係。ジャン＝クロード・トゥグが指摘しているように、第5共和政下において、「テクノクラート」への権力の集中が大幅に進行したのである（cf. J.-C. Thoenig, *L'Ere des technocrates*, Parsi, Ed. d'Organisation, 1973)。
(11) モデルの中に法学部も入れるべきだったろう（その社会的進出は、女子学生が多くなるにしたがって低下している)。法学部は、他の学部以上に国立行政学院創設によって影響を受けた。その制度的な関係は、理工科学校と高等師範学校が、理系や文系の学部に対してもった関係に相似しており、法学部とそれが発行する卒業証書の構造的地位低下を決定づけただけでなく、法学部の就職先になる職業の地位低下を招いた（たとえば、司法〈界〉であれば国務院や憲法院のように、国立行政学院卒業生によって支配された機関の重みが増したためである)。
(12) HECの公式の沿革史に書かれているように、今日、「高等経済商業学校〔ESSEC〕だけが、その競争相手になっている。そのため、企業主の中には、HECは刺激を受け

れる情報資本とともに、おそらく、学歴のいくつかの価値を決定する最も重要な要素である。

(54) モデルが強力な説得力をもつことを示すには、ここでいくつかの固有名詞をあげればすむことだろう。しかし、こうした考察が実際に理解をもたらしてくれるには個別的ケースを出発点にしなければならないので、個人的な攻撃にみえるかもしれない。そのような危惧から、ここでは、証明や具体例を熱望する人たちのために、「道を外れた者」の典型的な軌跡をいくつか描き、高等商業専門学校生「フィティシ」の中に紛れ込んだ「教授の子息」が、教育において、級友に関して、将来の経歴に関してどんな経験をしたかを教えてくれる頁を参照するように求めるだけにしたい（M. Nouschi, *Histoire et pouvoir d'une grande école, HEC*, Robert Laffont, 1988, p. 216-231）。

第2章　構造的歴史

(1) 1987年6月になされた調査では、理工科学校、国立行政学院、高等商業学校、ルーアン商業高等学校、ナンシー国立高等鉱業学校の卒業生で、5年以上企業に勤めている500名を対象にしたもので、その結果によれば、国立行政学院卒業生は、他校卒業生に較べて、グランドゼコールシステムが「十分に現代世界に対応した教育をしていない」と難じる傾向が強い（65%、対するに、理工科学校卒業生は62%、高等商業学校卒業生は39%）。また、「フランス社会の閉鎖的な要因」になっているという意見（37%、対するに、それぞれ17%、18%）も同じ傾向を示す。だからといって、彼らがグランドゼコールの存在を、他校卒業生以上に肯定していないわけではない。グランドゼコールは、「大学が送り出さないエリートをフランスに提供している」のである（cf. J. J. Gurviez, « Miroir, mon beau miroir, sommes-nous encore les mielleurs ? » *L'Expansion*, 11-24 sept, 1987, p. 171-173）。

(2) Cf. R. J. Smith, *The Ecole Normale Supérieure and the Third Republic*, Albany, State University of New York Press, 1982.

(3) 高等商業学校〔HEC〕、高等電気学校、国立統計経済行政学校、サンテティエンヌ国立高等鉱業学校等のように、過度にまとめられたデータ（たとえば、小学校教員、中間管理職を一緒にしたり、教授と上級管理職をまとめている）を提供した学校は、補完的な参考例として取り扱わなければならなかった。

(4) 補足変数として置かれた学校群の投象は、第1のファクターに関わる分析を跡づける。第2の対立関係は、考慮の対象になった統計データにおいて技師と教授の息子を他の上級管理職から区別しなければ顕在化しない。

(5) ドーフィヌにおけるイメージと選別試験についての研究グループ——「パリ第9大学ドーフィヌ——イメージと実相の間」パリ、1987年5月、謄写印刷。*Paris IX-Dauphine : entre l'image et la réalité*, Paris, mai 1987.

(6) 理工科学校の入学者数は、長期間にわたって、ごく僅かしか増加していない。ユルム校は、1956年以来、大幅に増加している。対するに、国立行政学院では、1966年から76年にかけて目立った増加をしたものの、それ以降は落ち着いている。サンクルー校では、継続的にかつ急激に増加している（ユルム校を1966年に追い越したほどだった）。理系の学校では中央工芸学校のような二流の学校において、学生数がサンクルー校と同

(48) だいたいプチブルジョアジー出身の生徒だが、他の者よりも多くの知識人、芸術家、作家を挙げて、集団の中で際立つ者が数名いる（例を2つ挙げておこう。「クーヴ・ド・ミュルヴィル、ニーマイヤー、ダリ、サルトル、ブーヴ・メリ」、「サルトル、ピザニ、マンデス＝フランス、ゴダール、マルロー」）。公務員部門からの生徒は、学生入試の同僚に較べて、左翼系政治家の名前を幾分多く挙げる。マンデス＝フランスは過半の生徒から名前があがった。時に、組合関係者（名前は特定されていない）を希望する者もいる。公務員出の学生は、人道的な関心や第三世界への関心が僅かながら高い。ジョズュエ・ド・カストロ、ドン・エルデル・カマラを挙げる生徒がいたが、技師の子息である。学生入試系の生徒から出された意表をつく例に次のようなものがある。「L・ポーリング、ジャン・ロスタン、スタインベック、フィデル・カストロ、マンデス＝フランス」（一般事務員の子息）、あるいは、「マンデス＝フランス、ジャン・ヴィラール、ファブル・リュス、ジャン・ロスタン、ドバティス」（一般事務員の子息）。政治学院生（特に、公共部門）の選択は国立行政学院生によく似通っている。

(49) 自由業や知的職業についている親をもつごく少数の生徒が、知的極により近い選択をしている。たとえば、「アルチュセール、バルト」（医師の子息）、「毛沢東、フィデル・カストロ、アルチュセール、サルトル、ディオップ将軍」（改革教会神父の子息）、さらには、「ジスカール＝デスタン、マンデス＝フランス、サルトル、レヴィ＝ストロース、ロブ＝グリエ、ブレッソン」（建築家の子息）。

(50) 仲間を認知するにあたっての直感的な親近感をよりよく理解するために、各種の入学試験における口頭試験の答弁を比較分析してみたいところである。実際に比較可能なところに話をかぎるならば、たとえば、国立行政学院の「大口述試験」をとりあげるべきだろう。この試験では、公的なインタヴュー、パーティーや夕食会の会話、あるいは行政的な任務による報告といった具合に多種多様な、社会における複雑なシチュエーションに対応できる能力が要求される。そしてこれを、高等師範学校の口述試験と対比するのである。こちらは、一種の口頭でなされる筆記試験であり、一種の「授業」である。そこでは、うまく立ち回る能力や機転のきく注意深さよりも、明晰さと自信をもった態度が要求される。そこから見えてくることは、言説の分析が今日、テキスト分析に矮小化されているが、そうではなく、言説の思想的立場の空間と、言説の生産者と受取人とが占める位置空間とを方法的に連関させる形でなされなければならないだろう。——すなわち、個別的な例をあげれば、グランドゼコールの〈界〉全体と、それがもつ権力〈界〉との関係を連関させることである（それは、少し前に行ったように、講演者の選択に関して行った操作に類似している）。

(51) アングロ・サクソン系大学の「兄弟愛〔fraternities〕」や「姉妹愛〔sororities〕」〔学生社交クラブ〕は、我が国の同窓会や友の会のように、この絆の制度化された形態を示している。

(52) コレージュという、貴族やブルジョアの子弟を囲い込むこの新たな形態は、17 世紀から 18 世紀にかけて漸進的に発明されたもので、それによって、思春期が友情に特別にふさわしい年齢になった（cf. M. Aymard, « Amitié et convivialité », in Ph. Ariès et G. Duby (eds), *Histoire de la vie privée*, t.III, Paris, Armand Colin, 1986, p. 490-497）。

(53) 天下りにおいてよく見られるように、この社会関係資本は、高級官僚になって得ら姻上の戦略自体が、この原理の産物である。同族結婚の回路は、『ディスタンクシオン』において示されたように社会空間構造を組織する傾向がある（Cf. A. Desrosières, « Marché matrimonial et classes sociales », *Actes de la recherche en sciences sociales*, 20-21, mars-avril 1978, p. 97-107)。

(41) 家族的伝統と学校的伝統が最も重なり合っているのは、理工科学校である。51%の生徒が、第3学年になる前に、家庭の中で母校が話題になるのを聞いたことがある。それに対して、高等師範学校生では26%、高等商業専門学校では24%であり、国立行政学院ではごく僅かな者だけである。卒業生の子息が最も多い（9%）のも理工科学校である。また、それが声高に語られる。同窓会雑誌『黄と赤』では、在学生に子息や孫、曾孫がいる卒業生の統計が掲載されている。また、他の理工科学校生との縁戚関係も進んで語られる（たとえば、婚姻の公告)。在学生は、有名な卒業生の名前をよく知っている。こうした指数の全て、また記憶へのこだわりは、強い団結意識を物語っている。

(42) 高等師範学校生は、おそらく、グランドゼコール生の中でパリ出身者が最も少ない。第6学年入学時にパリまたはパリ近郊に居住していた者は、僅かに3分の1である。次の3分の1は、人口10万人以上の大都市、残りの3分の1が、小都市あるいは農村である。

(43) コンサート、観劇、ブリッジの遊びに関する社会的出自による相違は、理工科学校では縮小している。特に、優先的に受け入れている庶民階級出身の生徒は、他の学校におけるよりも、演劇やコンサートに行くからである。

(44) 補遺4で、国立行政学院の入学選別過程の異なる段階における様々な社会的カテゴリーの比率の詳細な分析がなされている。

(45) 国立行政学院は創立されてから日が浅いので、調査の時点ではまだ親子にわたる卒業生、在学生はいなかった。しかし、政治学院における絆は太く、9%の生徒がこの学校の卒業生の子息だった。

(46) ジャン＝フランソワ・ケスレルが、学校を擁護するのではなく、科学的な意図をもっていたなら、国立行政学院生がフランス国民全体にどの点で似通っているか（「国立行政学院生は他のフランス国民と同じように投票する。(…)UDR（共和国民主連合)、UDF（フランス民主連合）といった半国家的な政党に癒着しているわけではない」――ケスレー『国立行政学院、社会、国家』J.-F. Kesler, *L'ENA, La société, l'Etat*, Paris, Berger-Levrault, 1985, p. 409-417）を追求するのではなく、政治的な意見や他の分野において、他のグランドゼコールの学生と異なる点を探究したことだろう。

(47) 質問は次のようなものだった。「あなたの学校に講演にきてほしい人物を5名挙げてください」。「講演」にすることによって、暗黙の内に、本来的には文化活動に対応すると判断される人物を選びやすくするようなバイアスをかけてある。回答率は学校によって大きく変わる。回答率が最も高いのは、高等商業専門学校と理工科学校である（84%と82%)。回答率が最も低いのは、理系のユルム校、セーヴル校（51%と38%)。無回答には、無知をわびる言葉が添えてあるものがあった（特に、理系セーヴル校、理系ユルム校、国立農学院)。しかし、質問を軽蔑する無回答もあった。特にユルム校（アホな質問)。回答をはっきり拒絶するものもあった（「著名な人物による講演に意味があるとは思いません」技術教育の数学の教師の子息。理系ユルム校)。

て一時的に支配されている極を強める傾向がある。

(31) 大学入学資格試験における成績や全国学力コンクールへの推薦が入学準備クラス希望生に要求されるが、その入学準備クラスが有名であればあるほど、難関校入試への合格率が高ければ高いほど絶対の必要要件になる。パリのある有名高校の入学準備クラス1年次選抜試験委員会は、70年代においては、一委員の見解を支えとしていたが、それによれば、入学試験の合格率は、大学入学資格試験における成績と密接な関係があり、そうすることによって、他の考査基準（たとえば、各校の学力水準）や推薦、コネなどを無視できるということであった。

(32) 周知のように、女性やユダヤ人、社会空間の被支配領域出身の新参者（たとえば、同性愛者がそうだろう）が占める割合は、大学〈界〉において、実社会的に支配的領域から被支配的領域に行くにしたがって増大する。この傾向は、文系学部や人文系学部の下部〈界〉においても検証される（ブルデュー『ホモ・アカデミクス』81-99頁参照)。

(33) 特に以下の2著を参照。*A quoi tient la supériorité des Anglo-Saxons ?,* Paris, Firmin-Didot, 1897, *L'éducation nouvelle, l'école des Roches*, Paris, Firmin-Didot, 1898.

(34) 保守主義者の見解を示すには一例をあげれば事足りる。彼らは、義務教育を、家族の権威と権利の侵害と見なし、国家による子どもの掌握であるとして反対した。「……またもやいつもの通り、子どもの利益が語られる。しかし、改革を進めようとしている者たちの思惑は、国家主義とよぶべきもののために利用することであり、強化することなのである。だからこそ、子どもは誰のものでもないと言いながら、国家は子どもを支配する権利と義務があると言い張る。(……) 国家の利害が子どもの利害と一緒くたにされており、それによって国家が家族に圧力をかけることを正当化し、義務教育を押しつけ、かわりに無償であることを保証するのである」(L. Delzons, *La famille française et son évolutions*, Paris, Armand Colin, 1913, p. 151-152.)。

(35) この敵対関係は、利益を追求する企業の〈界〉の只中にまで入り込んでいる。特に、経済〈界〉の対立しあっているセクターで（すなわち、民間企業と、多かれ少なかれ国家に密着した企業において）権力を行使している経営者たちのあいだの対立を通してであり、そこでものを言うのは、程度に大いにばらつきがあるものの、学歴資本である。

(36) L. Pinto, « L'école des philosophes, la dissertation de philosophie au baccalauréat », *Actes de la recherche en sciences sociales*, 47-48, juin 1983, p. 21-36〔L・パント「哲学流派、バカロレアにおける哲学小論文」〕.

(37) 高等商業学校〔HEC〕生が「フィスティスィ」〔fisticis〕と自称するのは、「その息子がここにいるぞ」〔Le fils est ici.〕という叫びが変形したものらしい。生徒たちの前で、産業関係や商業関係の大企業の名前が言われる時、生徒たちは「その息子がここにいるぞ」と叫ぶ慣習がある。

(38) 士官の子息は軍隊に入る者が相対的に最も多い。技師の子息は、関連学校に入学する者と、就職する者とがほぼ同数である。

(39) これらの情報に接する便をはかってくれたアラン・デロズィエとロラン・テヴノに謝意を表するものである。

(40) 周知のように、──高等師範学校生や卒業生における同窓生同士の婚姻比率は極端に高く、きわめて均質的な集団を形成していることを明確に示すことができたが、婚て、このファクターによって、古典的文学教育（ラテン語、ギリシア語、諸言語）を中等教育で受けた生徒と、理系および、あるいは技術教育を中等教育で受けた生徒が区別される（グランドゼコールだけが扱われる第3番目の分析では第1ファクターは消えるので、この差異化ファクターは論理的に第3番目の位置から第2番目の位置に移行する）。

(21) グランドゼコール名門校についての我々の調査から引き出された統計的データの主要なものは、補遺3にまとめられている。

(22) 主要変数の下に、第1ランクと第2ランクのグランドゼコール15校全体を取り上げれば、第1のファクターによる学校間の相互対立は、前述されたような分析、すなわち、所有する資本構造ではなく、生徒が身につけている資本の全体量に従ってなされる。したがって、一方には、社会的によりブルジョア的な階層から生徒を募集する学校（高等商業学校、パリ政治学院、国立行政学院）があり、他方には、中流階級出身の生徒を相対的に多く抱えている学校（フォントネ校、サンクルー校）がある。したがって、第2のファクターは、主に、生徒の学歴資本によって学校を区別するのである。

(23) 調査の時点では、女子生徒は――セーヴル校とフォントネ校を例外とする。2校は女子校であり、主に教育職の養成をしている――ごく少数しかデータに反映されていなかった。女子生徒が多い学校は、パリ政治学院（パリ校の20%、しかし公共部門では10%だけになる）、国立統計経済行政学院第2部門（23.5%、第1部門は10%）、高等工業物理化学学校（13.5%）、国立高等園芸学校（7.4%）、国立高等農業学校（3%）。他の学校でもどこも、2%を越えることはなかった（国立行政学院第2試験部門だけは別で、5.5%に達していた）。

(24) ブルデュー『ディスタンクシオン』Ⅰ 180-186頁、Ⅱ 95-96頁、参照。原著：*op. cit.*, p. 130-134, 364. また、本書第Ⅳ部参照。

(25) 学校の卒業証書の市場的価値に従った学校ヒエラルキーを作成するにあたって、企業が支払う給料水準の調査に基づくならば、卒業時においては、理工科学校が高等経済商業学校よりも前にきて、トップに立つが、『エクスパンシオン』誌の調査が始まった1969年以降、継続的に乖離が減少している。

(26) 中央工芸学校と経営者集団との関係については次の文献参照。M. Lévi-Leboyer, « Le patronat français a-t-il été malthusien ? », *Le Mouvement social,* 88, juill.-sept. 1974, p. 1-49 及び、J. H. Weiss, *The Making of Technoligical Man : the Social Origins of French Engineering Education*, Cambridge, Mass., MIT Press, 1982, XVII.

(27) 商学関係の高等教育学校卒業生の全国連合が、加入学校の卒業生約2000人に調査を実施したが、それによれば、高等商業企業経営学校17校の卒業生の給料は40歳以後減少している。それに対して、高等商業専門学校、高等経済商業学校、パリ高等商業学校〔ESCP〕の卒業生の給料は、上昇を継続している（*Trait d'union*, ESC, 31, juillet 1972, p. 22）。

(28) Cf. P. Beaudeux, « La cote des débutants », *L'Expansion*, 287, juin-juillet 1986, p. 142-143.

(29) R. Alquier, *l'Usine nouvelle*, printemps 1967, p. 25.

(30) 以上の点は、どこまでも男子の場合にしか当てはまらない。男子は彼らにとって有利な分業原理に女子に較べてより完璧に支配されている。実際、性による分業の客観化され、身体化された構造は、女子の場合には、他の条件が同じ場合、あらゆる選択によっ校機関の下位の〈界〉としては、建築学校全体ではなく、パリの建築学校の一例として建築専門学校、地方にある建築学校としてナントとトゥールーズの2校を取り上げた。ただし、比較のための標識として機能している全体的な位置をマークするときには、集団も考慮にいれた。たとえば、文系・理系のグランドゼコール入学準備クラスの場合である。ここでは、2地点（カーニュとトープ）だけによって代表されている。大学の場合もそうで、技術系、様々な学部、法学、経済学、理工、文学、医学、薬学などである（厳密には、都市毎に評価できたし、そうするべきだったろう）。

(12) 補足変数を座標に投影することによって見えてくることは、第1の軸が学生を地域的な出自に応じて対立させていることである。両親がパリか、パリ近郊に住んでいる学生は、支配的学校施設の象限に位置している（座標の右側）のに対して、両親が地方に居住している学生は、被支配下にある学校の側に位置している（座標の左側）。

(13) ここでは、第1ファクターしか検討しない。実は、後に見るように、第2ファクターによる第2の分析を待って完全に明らかになる構造が素描される（第2の分析において、学校成績の指標など、各学校が顧客対象にしている生徒たちの属性が本格的に介入してくる）。

(14) 同じ対立が見られるのが、より歴史があり高貴な、また就職先のレベルがより高い古文書学校と、ここでは比較対照のために取り上げられている国立高等司書学校である。

(15) 国立司法学校や司法学院は、実際には、図表上にみえる以上に国立行政学院や政治学院から距離がある。というのも、中間職の仕事についている公共部門の高級官僚の子息の比率が高いが、逆に民間部門の支配的な管理職や高級官僚の子息は極めて限られている。その点が、国立行政学院や政治学院（ただし、管理職の種類を区別できなかったが）とは異なる。

(16) 電気機械工学専門学校は明らかな例外である。空間の構成にあたって、学力的特徴が考慮の外になることから理解できる。この学校は専門学校でもなければ職業学校でもなく、かといって、特定の分野に限定されていないグランドゼコールでもない。むしろ、避難所的学校で、上級管理職や自由業の子息だが、学力成績があまり優れていない者を高い比率で受け入れているので、超名門校の近くに位置するのである。

(17) 実際、これらの学校では一般労働者や一般事務員の子息や娘の比率が顕著である（リヨンのフランス製革学校では、43.1%、リールの国立高等工芸学校では39.3%、ルーベの国立織物工業学校では34.5%である。対するに、理工科学校では僅かに7.7%、パリの国立高等鉱業学校では7.5%である）。

(18) 2つのコンクールを同時に受験する例は極めて稀である。

(19) このようなメカニズム全体に対して、今日、疑問が呈されている。それは、教育水準全般が上がったためでもある。そのため、昔は中等教育への入学時に行われた切断が、教育課程（中等教育）のはるかに上の水準に移行した。

(20) どちらの場合も、第3のファクターによって、さまざまな学校が、主に各校の教育内容と就職先となる職団に従って互いに区別される。行政の役職向けに「一般的な」準備を提供する学校（国立行政学院、第1部門入学試験と第2部門入学試験、パリ政治学院）が、この点で、相対的に専門化された高度の技術教育を提供する学校（国立高等農食品産業学校、サンテティエンヌ国立高等鉱業学校、国立農学院）と対立する。同じ論理に従っ

第Ⅲ部　グランドゼコールの〈界〉とその変容

第1章　構造の現状分析

(1) この章は、モニック・ド・サンマルタンとの共同執筆になる。

(2) 補遺1「褒め言葉」参照。

(3) 他校にそれとなく触れている唯一の例として、AX（理工科学校同窓会、会長は P. D. Cot）の委員会の報告を引用したものがある。1968年10月発行の当該同窓会の機関誌『黄と赤』に掲載されたものである。「たとえ定性的な経済学が添えられていようとも、もはや法学的・行政的教育だけが行政の上級管理職にふさわしいとは言えないのである〔政治学院や国立行政学院が担う教育への言及が透けて見える。原注〕」（「現代フランス社会におけるエンジニア職団の役割」、『黄と赤』230号、1968年10月。18-19頁）〔p. 290の注と発行年に相違あり〕。

(4) Cf. W. V. O. Quine, "Epistemology naturalized", in *Ontological Relativity and Other Essays*, New York, Columbia University Press, 1969.

(5) 学校機関の構造的見本の構成作業においてとられた方法、また、調査方法については補遺2を参照。

(6) Cf. C. Thélot, *Tel père, tel fils ? : Position sociale et origine familiale*, Paris, Dunod, 1982.

(7) 職業的継承が、地位の構造的後退を伴う場合を考えてみるだけでよい。小学校教員の子息が、全構造の上部へ移行する過程において小学校教員になるような場合である。

(8) 括弧に入れられているのは、合理的主体による意識的な選択ではなく、「投資」における「実践感覚」による、無意識的なオペレーションであることを示す。

(9) このような効果を生むプロセスの真理と複雑性を理解し、それを明らかにするために陋習的な思考に抗して構築しなければならない行為理論を理解することには心理的障害が伴う。だからといって寛恕されるものでないにしても、そうした心理的障害から見えてくるものがある。いかに明確に反論されようとも、それを日の下にさらすような分析がなされると、決まって（とりわけ、真実を明かされては困る人々によって）陰謀に理論的な形式をあたえたものにすぎないとか、特定の者の利益をはかった理論にすぎないとされるのである。

(10) 高等教育機関のシステムによって産出される階級集合体の1つ1つを決定する統計学的法則は、あくまで集合体メンバーとしての個人の属性を扱う。「全てか無か」という公理に一見背くようにみえるが、個別対象は無規定であるのに対して、クラスは規定されている。あるいはより正確に言えば、個別対象の規定はあくまで否定的になされるのであり、その無規定性の境界はクラスの境界に他ならない。そこから理解されることは、ヴァリエーションの極端な例が、幸運の主観的な評価においてきわめて重要であることである。実際、行為者の自発的な統計は客観的に可能な（実現性は乏しいかもしれないが）経歴の中でも極端な価値を崇める傾向が見られた（たとえば、理工科学校準備クラス生の嘆き節に見られるように、作家か大使、でなければリセの教授）。

(11) 学校集団よりは個別の学校を考慮の対象とした。たとえば、リヨンなら、この都市の技術系の学校全体を扱うのではなく、技術系グランドゼコールの一例としてはリヨン中央工芸、様々なステータスや専門をもつ群小専門学校としては、リヨン高等化学工業、カトリック工芸、製革学校を取り上げた。あるいは、芸術や建築関係の職業へと導く学

し高等技術修了証書〔DEST〕が、あれらの修了証書、特に化学技術者や物理学技術者の修了証書と一緒になり、同列に並ぶのであれば、逆にそれを受け入れるいかなる障害もない。技術教育なり高等教育なりによって受け持たれ、高等が真にそのための使命をもっているのだと認めるのであれば問題ない。しかし、既存の修了証書よりも一段高い位に位置づけられる免状であるならそれは困るのである」(M. Arnaud, « Union des industries chimiques », *Ibid.*)。

(8) 学校制度の役割について単純で一面的な判断を下すことはできないことが分かる。学校制度は、再生産の道具であるが故に、被雇用者が経済権力の保有者と交渉するにあたって最低限の権利を保証してくれる限りにおいて「民主的な」と言える役割も果たす。いずれにしても、確かなことは、被支配者は、要求される適正能力においても、それを教えたり評価するやり方においても、また、肩書によって保証される属性の規定においても、合理的な制度になることにおそらく全面的な利益を見いだすことである。

(9) 生産の技術的要請が再生産の社会的要請に従属していることが生む生産効果の低下を証明するものの1つとして、米国の3大大学(ハーヴァード、イエール、プリンストン)においてユダヤ人が犠牲になっていた差別を挙げることができる。彼らの技術的能力が化学と経済学の発展にとってとりわけ必要とされていた時期のことである(cf. J. Karabel, « Status-Group Struggle, Organizational Interests and the Limits of Institutional Autonomy : The Transformation of Harvard, Yale and Princeton, 1918-1940 », *Theory and Society*, vol.13, 1, janv. 1984, p. 1-39). 同じような生産効果の低下が、より一般的に、被支配者が受ける扱いのうちに観察されるが、その第1の犠牲になっているのが社会科学である。

(10) 労働市場は、社会的アイデンティティにおけるこの恒常的な闘争と取引きの数多くある場の1つにすぎない。

(11) 官庁の分類表とは交渉から帰結されるものであり、そこに関与している様々な集団の圧力によって強いられる変形に絶えず晒されているため、実践的な機能をもっている。まして、通常の言語で用いられる分類表はコード化がより曖昧であるだけに一層そのことが言える。社会的コード化においては、語は結果を伴う。すなわち、身体障害や病気の証明書は、年金や休暇を申請する権利を含意している。ある職業名に対応する業務の定義設定において1語抜けてしまえば、望まない業務を遂行しなければならなかったり、逆に、引き受けたい業務の遂行が認可されないことがありうる。

(12) このようにして、エスノメソドロジー論者が科学を単なる登録(ガーフィンケルが愛用する用語 account を的確に翻訳する語である)に還元してしまう事実の中に含意されているものがなんであるかをよりよく見ることができる。世界を構築する言語的装置として理解された共通感覚の登録である。この方法論的な公準は真の現象学的精神よりは実証的伝統により近いもので、研究者が所与をそれが与えられるがままに受け取るように仕向ける。つまり、所与が示す外観を打ち破り、そこから可能性としての社会的条件と構築の歴史的法則を再構成するのではなく、市役所の身分吏〔出生(婚姻・死亡)証書の作成などを職務とする公務員で、市(町、村)長または助役などその代理人を指す〕よろしく、概念構築される前の状態に留まっているのである。

あるいは図らずももらしている実践行為を分析したものが稀——まったくの不在といいたいところだが——であることである。このことは、おそらく、客観的分析が不可避的に自己分析を内包するためである（例外が、ルヴァンソンやランジェその他のように歴史学者からくるのは偶然ではない。彼らにとっては、時間的距離、また時には文化的距離が仕事を容易にしている）。批判的ヴィジョンは、科学精神の構成要素であるが、たしかに、その対象から聖性を剥奪するものである。それは、知識人の目に裏切りとして見える。それに加えて、聖域の秘密に通じている度合いは、聖なるものの最上層部に入り込んでいる度合いに比例するし、エリートグループの最も親密な信仰に自己投入している度合い、したがって、それらの秘密をめぐる、無意識に帰着しうる沈黙の広がりをともなっているのである（一般人には禁じられている自由な行為を共通の信仰と共に行うことも、内情に通じた者たちの特権でもあるが）。ようするに、「えり抜き」のグループが分析から守られているのは、それを知っている者は口を開かないし、口を開く者は知らないという事実によってである。あるいは、もっと正確にいえば、批判的であろうとする分析は、周辺的な人間か排斥された人間の産物なのである。

(2) 幾分無理な表現になるかもしれないが、「解放学校」は民衆の新たな麻薬であると書けるだろう。少なくとも、いまだに脱宗教性〔ライシテ〕の旗を高く掲げる者たちがいかに的外れであるかをみせるだけの意味はあるだろう。1つの闘争が別の闘争を見えなくする（それに役立つ）ことがある。境界線と戦線が移ったことを見せてくれる社会学は、遅れて戦闘参加する者たちをぐらつかせるのである。秩序の擁護者には居直り感情を吹き込み、進歩の信奉者には両義的な感情を吹き込むことによって。

(3) Cf. P. Bourdieu, « Les rites d'instituion », *Actes de la recherche en sciences sociales*, 43, juin 1982, p. 58-63.

(4) こうして、重要なコンクールの結果が（官報や官報に準じる大新聞に）公表されることの重要性が理解できる。それが、（次元は異なるが、婚姻の通知のように）社会的身分の変化を公式のものにするのである。

(5) 前掲論文（注3参照）において私が明らかにしようとしたことは、むしろ「制度的儀式」と呼ぶことにしたい儀式は、「通過儀礼」という表現が増幅させている初歩的なイメージとは逆に、試練に耐えた男子をより若い（まだ割礼を受けていない）男子全体からではなく、それ自体で特権を構成する儀式的なもの（たとえ、現代社会でいえば、兵役や入学準備クラスのように極めて厳しい試練の形をとるにしても）に服さない女性全体から分離するものであるということである。

(6) 学校貴族の独占が、過去の貴族の独占と較べて一層技術的能力の独占化に結びついているのかどうかを問うことが適切であるかどうか、そして、問いに対して科学的な回答が出せるかどうかは疑わしい。「合理性」の前進と、属性原理〔ascription〕に業績原理〔achievement〕が取って代わったと信じている技術優先的・能力主義的な思想の支持者がこの問いをどう考えているにせよ。

(7) 2つ例を挙げよう。「これらの青年たちに与えられる証書の中に高等という語があることによって引き起こされる危険な幻想を彼らがいだかないようにするにはどうすればいいのだろうか」（M. Lehmann, « Compagnie générale d'éléctricité », in *L'Expansion de la recherche scientifique*, 14, oct. 1962; 傍線は筆者）。もう1つの例はもっと単純である。「も

とりわけ、自己評価や自信の向上を語っている（cf. R. H. Wilkinson, *loc. cit.*, p. 126-142, spécialement p. 133）。

（34）P. Gréco, in A. Peyrefitte, *op. cit.*, p. 276.

（35）H. Bellaunay, in A. Peyrefitte, *op. cit.*, p. 185-186. 社会学が高等師範学校生の書いたものの中に多数の例証を見出し、そこから、高等師範学校生の格別の明晰さなり、彼らに対する社会学者の特別な迎合的態度を結論づけるなら、この場合、制度が生み出す韜晦の典型的形態、すなわち制度がそれによって選ばれた者たちを鼓舞する認知と誤認の関係に対して無知であることになる。悪ふざけ（あるいは喧騒）は、学校のもっとも栄光ある伝統から、学校への馴れ合い的抗議の材料を引き出すように、韜晦的な韜晦の解除は、それが冷や水をかけるようなものであるときでさえ、すっかり心を奪われた迎合を露わにしている。まさにだからこそ、定型的伝統の気の抜けた賛美の言葉よりも、こうした韜晦解除のほうが、学校の客観的機能とそれが隠しているメカニズムの双方を確立せんとする探究の二重の問いにより巧みに応えてくれるのである。

（36）屋根の上を歩くという儀式が、高等師範学校の神話の中でおそらく重要な位置をしめているのは、この町中の登山が、学校を取り巻いているラスチニャック風〔バルザックの小説に出てくる野心的な人物〕の野心に強固に結びつけられているからだろう。その証拠に、次のような典型的テキストがいくつかある。「屋根の上から、高所にいることがもたらす高揚感と権力の感情に包まれ、パリの南半分の全貌が見渡せるのだった。地平線は覆われ、ドームや鐘楼、雲や煙突が破線をなしていた」（Paul Nizan, *La Conspiration*, Paris, Gallimard, 1938〔ポール・ニザン『陰謀』ポール・ニザン著作集 5、晶文社、1971 年〕. A. Peyrefitte, *op. cit.*, p. 59. よりの引用）。「野心に満ちた夢想にうってつけの散歩」（Jules Romains, *Les Hommes de bonne volonté*, t. III〔J・ロマン『善意の人々』三笠書房、1954 年〕. A. Peyrefitte, *op. cit.*, p. 63 よりの引用）「彼らは、雨樋の猫のような生活をしながら、エリオや、ダルデュー、ジュール・ロマン、ジロドゥーのような運命を夢見ていた」（P. Guth, *Jeanne la mince et l'amour*, Paris, Flammarion,1972, cité in A. Peyrefitte, *op. cit.*, p p. 87, 傍点は筆者による）。

（37）P. Gréco, in A. Peyrefitte, *op. cit.*, p. 275.

（38）P. Prévost, in A. Peyrefitte, *op. cit.*, p. 316.

（39）知り合うことができた有名人に関して、高等師範学校で彼と一緒だったとか、あるいは、ごく単純に、彼は理工科学校出だとか言い放つようにしむける動機を分析する必要がある。このような発言によって得ることができる参加の利得（主観的客観的利益）は、社会資本の所有によって確保される利得の一部をなす。

（40）E. Aronson and T. Mills, « The Effects of Severity of Initiation on Liking for a Group », Journal of American Social Psychology, 1959, p. 177-181; H. B. Gerard and G. C. Mathewson, « The Effects of Severity of Initiation on Liking for a Group, A Replication », *Journal of American Social Psychology*, 1966, p. 278-287.

第 3 章　能力の曖昧さ

（1）この象徴的な付与による権力をもっともよく証明してくれるのは、学問的文献をいくら見ても、学校世界に特有な実践行為、とりわけ、大学の無意識の構造を示している、ジは、たわいないものである。prep schools は厳しい場所であり、暁から黄昏まで各自の生活が律されているので、自由は人目に隠れて手にするしかない」(P. W. Cookson Jr. and C. Hodges Perselle, Preparing for Power, *America's Elite Boarding Schools*, New York, Basic Books, 1985, p. 19-20)。

(27) Cf. R. H. Wilkinson, *loc. cit*,; W. J. Ong, *loc. cit.*; F. Cambell, « Latin and the Elite Tradition in Education », in P. W. Musgrave (ed.), *op. cit.*, p. 249-264.

(28) 数学の現代教育の本来的に技術的な有効性を評価するにあたって最適な場にいる研究者の言葉を紹介しよう。「私は、数年来、研究技師を養成する学校を運営していますが、我が国の学校システムの失敗を痛感いたします。特に、リセ最終学年と入学準備クラスです。確信をもって言えますが、現代数学の強制的な導入、そしてさらに一般的にいえば、演繹的で形式主義的なある種の精神の導入は、我が国の青年の創造性にとって破滅的です。合成ダイヤモンドの製作にしろ、マイクロ回路の特許取得にしろ、あるいは、薬剤製品の的確な検査にしろ、定理から出発して開発すべきではないのです。より一般的にいえば、リセの生徒に刷り込まれる教条主義は、今後の社会生活にとっての重大な障害になっていると思います」(P.-G. de Gennes, *Discours pronocé le 5 mars 1981 à l'occasion de la remise de la médaille d'or du CNRS*, p. 4)。

(29) Lord Plumer, « Speech to the old Etonians », cité par B. Simon and I. Bradley (eds), *The Victorian Public School, Studies in the Development of an educational Instituion*, Dublin, Gill and Macmillan, 1975, p. 23.

(30)「陽光の注ぐ芝生のクリケット競技場や泥まみれのサッカー場で過ごした時間」を正当化しようとするテキストの幾つかの例が、次の文献に掲載されている。J. A. Mangan, « Athleticisme : A Case study of the Evolution of an Educational Ideology »in B. Simon and I. Bradley (eds), *op. cit.*, p. 146-167, specialement p. 154.

(31) 信仰の循環的な増幅のメカニズムの中で決定的な役割を果たしているのが卒業生(「同窓生」old boys) である。実際、卒業生は、彼らの卓越性に結びついた教育行為=事業の目的と方法をもっぱら正当化するだけである(正当化は次のようなタイプの論理でなされる。私たちはすばらしい。なぜなら、私たちを生み出した教育がすばらしいからだ。それに、私たちを生み出してくれた教育がすばらしいのは、私たちがすばらしいからである)。

(32) 言い方を変えるなら、たとえば、「強者」か「弱者」のグループに配属するという、学校的賞罰が及ぼす効果は、学校システムが持続的に及ぼす諸効果の1つの顕在化であり、さらに一般論的には、貴族の生産、あるいはお望みなら、合法的エリート生産へと方向づけられているあらゆる聖別化制度に共通している。一研究者の栄光と、彼の生産性の効果が排除した上での彼の学歴の栄光との間の統計的関係を測定しようとする者たちが無視している点がここにある。まるで、生産性と現在の栄光とが相互に独立しており、とりわけもともとの学歴から独立しているかのようであるが、学歴によって許される志望や、学歴が強いる諸義務を媒介にして、学歴はそれが稀少なものであればあるだけ一層高い生産性を求めるのである(cf. Bourdieu, « Le champ scientifique », *Actes de la recherche en sciences sociales*, 2-3 juin 1976, p. 88-104, spécialement p. 94)。

(33) R・H・ウィルキンソンは、「エリートのスタイル」が個人に及ぼす「心理的効果」、

cf. W. J. Ong, « Latin Language as a Renaissance Puberty Rite », in P. W. Musgrave, *op. cit.,* p. 232-248).

(16) A. Hermant, *Monsieur Rabosson*, Paris, Dentu, 1884, cité in A. Peyrefitte, *op. cit.,* p. 96.

(17) たとえば、次の文献参照。R. M. Marsh, *The Mandarins, The Circulation of Elites in China, 1600-1900*, New York, The Free Press of Glencoe, 1961.

(18) 袁枚が、郷試の試験官だった験鄧時敏のために 1768 年に書いた詩（前掲書に引用されている。Robert M. Marsh, *op. cit.*, p. 8)。次の論文にも優れた証言が読まれる。J.-F. Billeter, « Contribution à une sociologie historique du mandarinat, *Actes de la recherche en sciences sociales*, 1977, 15, p. 3-29〔袁枚（1716-1797）は清の詩人。銭塘（浙江省杭州市）の人。引用の詩は、『小倉山房集』より。訳およびテキストは、アーサー•ウェリー『袁枚――18 世紀中国の詩人』（東洋文庫、1999 年、加島祥造・古田島陽介訳）によった〕.

(19) 聖別の学校的儀式の機能を条件づけているものの内には、グランドゼコールに関する成功物語文学、グランコンクール全合格者名、コンクールの問題、最優秀小論文の大新聞への準公式的掲載も考慮にいれなくてはならない。

(20) M. Weber, *Wirtschaft und gesellschaft*, Cologn-Berlin, Kiepenheuer und Witsch, 1964, II, p. 861.

(21) E•デュルケム『宗教生活の原初的形態（下）』古野清人訳、岩波書店、1975 年、149 頁（注 24)。

(22) M. Weber, *ibid.* そこから、入学準備クラスやグランドゼコールは、一般に信じられているほど、マオリ族における貴族の子どもにあてがわれる「聖なる学校」のように聖別機能を明らかに備えた学校からかけ離れたものではない（cf. R. H. Lowie, *Social Organization*, New York, Holt, Rinehart and Winston, 1960, 1948, p. 197)。あるいは、日本の徳川時代において、侍の名門の長子を集めた寄宿学校（cf. R. P. Dore, *Education in Tokugawa Japan*, Londres, Routledge and Kegan Paul, 1965）や、ヴィクトリア朝時代の boarding schools を考えてもいいだろう（J. Wakefod, The cloistered Elite, *A sociological Analysis of the English Public Boarding School*, Londres, Macmillan, 1969)。

(23)「カーニュのいじめは――同様のグループのいじめに較べればはるかに緩やかなものだが――気が利いている。詩作のコンクールがあって、私はアンドレ・シェニエを真似た小篇に大いに期待したが、恥じ入ることになった。結果が出るまでは審査員によって秘密にされている決まりによれば、最も純潔な者に賞を与えることになっていた。過剰な興奮や期待にブレーキをかけ、調子を落とさせるために、人を担ぐ工夫がいろいろなされていた。上級生は、高等師範学校の入学試験を語ることを私たちに禁じていた。学部の奨学金試験だけが唯一口にしてよいことだった（この奨学金は、次点者たちを慰撫するために与えられるのである)」(J. Prévost, *Dixhuitième année*, Paris, Gallimard, cité in A. Peyrefitte, *op. cit.*, p. 83)。

(24) E•デュルケム『宗教生活の原初的形態（下)』古野清人訳、岩波書店、1975 年、145 頁。

(25) 女子に課される倫理的統制が美容の規律の間接的な道（服装や化粧、あるいは「下品な」身だしなみの排除）を通してなされるのと同様に、男子の性的統制は学校生活の時間的規律を通してなされる。

(26)「学習のオアシス、また、スノビスムの学校という prep schools の一般に流布したイメー

館・博物館公務員、学士資格を2つ所有。母方の祖父、物理学教授。ケース3―父、無職、大学入学資格一部。母、医師、パリ地区病院インターン。母方祖父、金利生活者。ケース4―父、郵便局検査官、CEP（職業教育証書）（初等学習証書）。母、司法情報提供者、法学士。ケース5―父、銀行員、CEP（職業教育証書）（初等学習証書）。母、小学校教諭、大学入学資格。ケース6―父、電話工、CAP（職業適正証書）。母、社会保障、医療関係事務員。ケース7―父、従業員、母、学校付カウンセラー、心理学士。それはそれとして、もっとも重要なことは、社会的出自は、いかに正確に測定しようとも、一指標であって、説明原理ではない。そこに、文化資本伝達作用の様々な形態が、読み取れるのである。

(10) 外見上、あるいは部分的に社会的差別（たとえば、人種差別）の通常形態から解放されているので、一種奇跡的例外のようにみえる世界は、魅了された感情を生み出す。それが最高潮に達するのは、〔差別の〕傷痕を印づけられたグループを出自とする生徒たちの場合である（そこから説明されることは、出身母体がどこであろうと、とりわけ、共和国学校の英雄的な時代におけるユダヤ人、また、極端な度合いにおいて被植民者が、「解放学校」に対して、献身者によく似た政治活動的熱意を示すことである。補遺にあるレオポール・セダール・サンゴールの証言参照）。

(11) この点に関しては、地方訛りを矯正するプロセスを分析しなければならない。このプロセスは、栄冠へ向う行進に付随して進行し、社会的切断の顕著に目につく印の1つである。「エリート学校」は、正統的な発音を選別の内在的基準とし、発音の（また、統辞上の）矯正を無言であっても有無を言わせぬ形で押しつけ、根無し草になることを成功の条件（パリの入学準備クラスの特権を知らない者はいない）とするのだが、そうすることによって、ナショナル（国家の）と言われる、すなわち地方的係累から切断された「エリート」を生産する傾向がある。

(12) すでに見たように、全国リセ学力コンクール受賞者集団の中で、古典語で優秀賞を受けた中流階級を出自とする生徒が他の受賞者――特に、支配階級を出自とするフランス語受賞者――と異なる点は、出身階級に対して様々に異なる一連の特質をもっていることである。すなわち、彼らは小家族に属し、ほとんど全員、就学前に読むことを学んでいる。また、学校へ自己の全てを委ねるのが見られるのも、彼らである。その大部分の者が、入学準備クラスを志望し、教員や研究者の職業をもっとも高いものとみなす。

(13) J-P. サルトル『シチュアシオン Ⅳ』（サルトル全集第30巻）佐藤朔也訳、人文書院、1964年、106-157頁。

(14) この意味において、社会空間や地理空間の被支配地域を出身とする作家たちの自伝的色彩を多かれ少なかれもつ物語は、社会学にとって、このうえない資料になる。それは結局のところ、もっとも信頼できる証言である。というのも、この社会的軌道に結びついた体験（それに対応する「現実」ではなく）に対して信じられないほど無邪気な証言だからである。

(15) 終点の儀式に分類できるものとして、他に博士論文、中世のインセプティオに源をもつ就任講義の儀礼がある。この開始の教育行為は、ギルドにおいて、修行の年月における試練の終わりを印づけるものであった（アングロ・サクソン系の国では、大学の証書に、「試練を乗り越えたので」〔periculo facto〕という記載表現に名残がみられる）。

明確に限定された階級であり、神の計画に対応していた。それは、はっきり言って1つの制度であった。もはや、剥き出しの現実にすぎないものではなかった」(M. Bloch, *La société féodale, les classes et le gouvernement des hommes*, Paris, Albin Michle, 4e éd., 1949, p. 49. 邦訳、マルク・ブロック『封建社会』岩波書店、1995年、389頁。但し、本訳文は拙訳)。

(4) O. Lattimore, *Inner Asian Frontiers of China*, Boston, Beacon Press, 1962, p. XLVI.

(5) Cf. R. H. Wilkinson, « The Gentleman Ideal and The Maintenance of a Political Elite, Two Case Studies : Confucian Education in the Tang, Sung, Ming and Ching Dynasties and the late Victorian Public Schools, 1897-1914 », in P. W. Musgrave (ed.), *Sociology, History and Education*, Londres, Methuen, 1970, p. 130.

(6) 読者には、ここでの入学準備クラスと大学の扱い方が平等でないと思われるかもしれない。そして、この違いは、社会学者の主観と2つの統計対象に対する絆が異なることに理由があると思われるかもしれない。しかし、次のことを忘れるわけにいかない。2つの学校制度の象徴的影響力には著しい相違があり(入学準備クラスやグランドゼコールを寿ぐ言説が夥しくあることがそれを物語っている)、学問的な手順として、予想される抵抗に対応すべくいわば断固とした修辞的言辞を放たなくてはならない。とりわけ、支配的な学校制度に縁の深い読者から、ここで提示されている分析に対して抵抗を受ける可能性が充分にある(もちろんのこと、支配を甘受している学校制度に縁のある読者とは違って、支配的学校制度に挑んだにもかかわらず、挫折した読者、そのパラダイムが「次点落第者」である読者にまといついている怨嗟に迎合するという危険も存在する)。

(7) このような効果は、生き残った者たちと排除された者たちとの間の分離が厳かに決定される高度な学歴水準においてのみ一層目立つのであるが、学校教育のあらゆる分岐点で作用している。つまり、相対的に重要な選抜操作——たとえば、かつては第6学級への進級、今日では、中学進級がある——によって、生徒の集団は階層化されたクラスに分割される(Cクラスとそれ以外、など)。

(8) この効果のために、あるカテゴリーの行為者は、大学教授の位置を求め、それ自体を愛するのだが、この効果のお蔭で、経済的・社会的に下位に位置する位置の内に、より稀有な資格を手に入れ、最高位の位置に迎える能力をもった人々を押しとどめておくことの矛盾を解決することができる。

(9) 一般的に言って、父親の職業は出身位置を示す指標として不完全であることが知られている。位置がある程度の正確さで位置づけるには、全ての調査において試みたように、2つの出身家系の構成員の位置を示す指標を考慮にいれなければならない(父と父方の祖父、母と母方の祖父)。それも、彼らの軌跡の様々な時点について、また、兄弟の位置も考慮にいれなければならない。そのようなわけで、高等師範学校受験クラス生では、母の出身が——父が学歴と社会階層の中で比較的低い位置を占めているときはなおさらである——父親よりも社会的に僅かながら上位にあり、文化資本が特に文学や芸術面で少し上回っていることが多い。ルイ゠ルグラン校の高等師範学校受験クラスにおける調査例を挙げよう。ケース1—父親、工業実業家、ドラジェ〔アーモンドを糖衣で包んだボンボン〕製造工場、薬学士の資格所持。母方の祖父、SNCF〔国鉄〕職員。母親、画家。母方の祖父、国立美術学校建築士。ケース2—父、技師、大学入学資格。母、国立美術

以前の経歴によって、また、当面の未来への進路傾向（そして、それは、一定の年齢において占めている位置を通して捉えることができる）によって変化する。このため、もっとも学校的な教育実践は、とりわけ、最も古典的な教科の教員、それも、長い間中等教育にいた後、大学の拡大時期に就職した教員にみられる。

(30) そこから、学生の遅刻に対する2つの典型的に異なる発言がでてくる。教員のそれと助手のそれである。「彼らに望む礼儀はごくかぎられたものです。あまり音をたててほしくないということ、僕の要求はそれだけです」「遅刻者を締め出しはしません。小学校ではありませんから」。助手が学生にすっかりあきらめたように要求することは、初歩的な礼儀をまもってほしいということだけであり、教授は、そのリベラリズムによって、初等教育の先生と一緒にされてはかなわないと釘をさしているのである。

(31) ブルデュー『ホモ・アカデミクス』189-227頁参照。

(32) そこに、大学と入学準備クラスとの間の最も大きな相違がある。入学準備クラスの生徒は選抜の度合いがより高いので、大学生よりも均質度が高い。社会的出自の面からも、出身校の面からもそうである。トープ生の86.5%、カーニュ生の84%が評言付きの大学入学資格を得ている。カーニュ生のほとんど全員（95%）が古典語部門を選択している。学校言語の使用と理解能力を測定して判明することは、カーニュ生が学部生よりも成績が上であるだけでなく、語の定義をする演習においてカーニュ生が獲得する点数の分布が、通常の形態から大きく逸脱している。低得点の者がほとんどいないためである（cf. P. Bourdieu, J.-C. Passeron et M. de Saint-Martin, *Rapport pédagogique et communication*, Paris, Mouton, 1966, p. 66-68）。したがって、入学準備クラス教員は、もっとも困難な教育的問題がどういうものか知らない。とりわけ、理系の学部で顕著なのだが、学生の理解度のばらつきが極端に大きいときに生じる問題である。

(33) 同じ逆説的な関係が、英国や米国にも見られる。米国のpreparatory schoolには、生徒と学校に献身する教員がいる（これらの教員について、二重の義務が語られるほどである。cf. P. W. Cookson Jr. and C. Hodges Persale, *Preparing for Power*, New York, Basic Books, 1985, p. 85-88）。しかし、彼らの給料はたいてい極めて低く、たいていはあまり恵まれない家庭の出身である。

第2章　制度化の儀式

(1) この表現は、デュルケムが、「否定的信仰」ないし「修行」について行った記述から拝借されている（E•デュルケム『宗教生活の原初形態』（下）吉野清人訳、136頁参照）。

(2)「ソルボンヌにおいては、僕たちは成績順のグループに分かれて上から下へと座った。貴族は卑しい者たちのグループに1人で行くことはないと言われていた。階段教室で、僕たちは最上段に陣取った。僕たちが小声で交わす冷やかしは恐れられていた。それに、僕たちは宿題をやらなくてもよかった。僕たちは批判を認めた。批判はたやすくなされた。ノートはとらなかった」（J. Bompaire, in A. Peyrefitte, *op. cit.*, p. 365.）。

(3)「誰かを、単に《騎士にする》だけですむのではない。騎士をそのようなものとして《叙階する》のである。（……）叙任された騎士は全体で1つの階級（ordo）を形成する。キリスト教作家たちが古代ローマから借り受けた語彙の中で、オルド（ordo）とは、社会の一階級であり、世俗的であるとともに聖職的なものであった。しかし、規則に則った、

(20)「課題の採点では、〔準備クラス〕3 年生には青字で、4 年生には赤字で下線を引くようにしている。いうまでもなく、私は、毎年、コンクールの口述および筆記の全員の点数をもっているので、合格の可能性のある生徒については、別のページにコンクールの点数を記載している。それ以外に、イポカーニュからカーニュへのクラス変更のための認定書がある。学期毎に、コンクールの配点係数を加えて、科目毎の成績段階をクラス全員について出す。赤字は小論文の平均、青字は言語の平均です。私は、一種の度数分布表にあたるものをもっています。総合と成績段階です」(高等師範学校入学準備クラス教員、哲学)。

(21) 教員がイエズス会系学校に典型的な〔教育〕実践を復活させることもある。たとえば、ある特別数学クラス〔理系入学準備クラスの 1 つ〕の教員は、生徒に対して他の生徒を監視するように求めている。「各生徒は、隣の級友が欠席したら私にその名前を言わなければならないということになっています。この点については生徒を信頼していますよ。そんなに長くはごまかせませんからね」(理工科学校準備クラス教員)。

(22) Cf. G. Fauconnier, *Espaces mentaux, Aspects de la construction du sens dans les langues naturelles,* Paris, éd. de Minuit, 1984.

(23) ここには、「運命的な愛〔amor fati〕」の典型的な表現が認められるだろう。客観存在となった制度と、内面化された制度との出逢いである。補遺の「永劫回帰」を参照。

(24) カーニュによって生産され、再生産される思考の図式がもつ、構造的な力を示す指標として、フランスの知識〈界〉の機能以上のものはない。その強烈な統合力は、ステレオタイプ的な言に表れているようにパリへの一極集中にあるのではなく、同質的で同質化作用をもつ社会化の効果に由来する。駆け出しの評論家が、哲学や文学の先生はいうまでもなく、ジャーナリストと週刊誌編集長との協力を得るには、決まりきった話題、決定論的でありながら自由であり、構造でありながら歴史であり、意識的でありながら無意識である話題のどれかを市場に投げかければいいのである。「社会的」成功と言われるものは、作品と、テイストメイカー〔原文英語〕といわれる学校的に組織された期待との邂逅に依拠しているのが一般的である。

(25) そのような理由で、『ル・モンド』が 1970 年 2 月にパリの入学準備クラスの生徒たちについて「よりよく勉強ができるようにストをする」という見出しで報じている。

(26) Cf. J. R. Levenson, *Modern China and its Confucian Past*, New York, Anchor Books, 1964, p. 31.

(27) Cf. A. Charlot et al., *Les universités et le marché du travail*, Paris, La Documentation française, 1977.

(28) 入学準備クラスにおいては、組織への溶け込みは学校活動を中心にして進行する。基本条件に根ざした連帯心を基盤にしているので、学業面から規定できるグループによってなされる。グループは持続的な絆によって(入学後、さらにはそれ以降も)一体になっている。大学では、組織への溶け込みは、2 次的なレベルの連帯心(宗教的サークル、政党、組合、小グループ)によって進行する。それは、知的な役割への象徴的溶け込みという形態をとり、共通の計画や、カースト意識によって突き動かされた仲間グループへの真の溶け込みではない。

(29) 大学教員の教育実践は(そしてたぶん、入学準備クラスでも)、教科によって、それ

意するために用いた道具を尋ねられて、評論作品や原典版を挙げずに、ラガルト・ミシャール版やシャサン・セナンジェ版、カステックス・テュレル版などの教科書、あるいはボルダス社の撰文集、ラルースの小古典叢書を挙げる者が圧倒的に多かった。

(13) Cf. J. Wellens, « The Anti-Intellectual tradition in the West », *British Journal of Educational Studies*, VIII, 1, nov.1959, p. 22-28. L. Stone, « Japan and England : A Comparative Study », in P. W. Musgrave (ed.), *op. cit.*, p. 101-114.

(14)「今日、かつての大学は革命の助産婦になりさがった。大学は国が必要としている指導者も学者も養成はしない。落ちこぼれやアジテーターを作り出す。例をあげてほしいというのなら、パリ第7大学である。古典文学や現代文学の学生は入学した年に本格的に洗脳されるにちがいない。というのも、必修基礎科目のプログラムにメインディッシュとして、マルクス、レーニン、毛沢東がならんでいる。当然のことながら、パリ第7大学の学生は、うまく進級できるようにモンテーニュ、モリエール、ラシーヌ、ユゴーを勉強するには、マルクス、レーニン、毛沢東について学んだことをしっかり答えておかなければならないことになる。とんでもない話だ。1人のドイツ人（彼の政治経済学は、今日では、ディアフォワリュスの医学にほぼ相当する）と、1人のロシア人（我が国の文明と我々の自由を破産させる方法以外のことを教えたことがない男）と、1人の中国人（中国の十二支は思考の拒絶にちがいない）とが、いまや大学において、我が国の大思想家や大作家を学ぶには避けて通れない入門指導者なのである。中国人とロシア人とドイツ人の迷いごとに漬かっていなければ、フランス国立大学の卒業証書を手にできないのである」（P・ガグゾット、「女王への上訴」、フィガロ、1970年7月25・26日付）。

(15) 高等師範学校について以下を参照。A. Peyrefitte, *op. cit.*, p. 289-405, 理工科学校については以下を参照。R. Smet, *Le nouvel Argot de l'X*, Paris, Gauthier-Villars, 1936.

(16) J.-P. Sartre, *Critique de la raison dialectique*, Paris, Gallimard, 1960, p. 23〔J.-P. サルトル『弁証法的理性批判』人文書院、1962-73年〕.

(17) E. Durkheim, *L'évolution pédagogique en France*, Paris, Alcan, 1938, t.II, p. 107-108. エミール・デュルケム『フランス教育思想史』小関藤一郎訳、行路社、1981年、513頁（本文の訳は拙訳）。

(18)「彼らに手早く仕事をし、限られた時間内でさまざまな領域を往来するのを教えるのだと思う」（高等師範学校教師、フランス語）。「先生の重要性は、勉強を指導してくれることにある。私たちに教えてくれること以上に何を学ぶべきかを教えてくれる点で役に立つのです」（カーニュ生、ルイ＝ルグラン校、20歳）。

(19) 彼らに高等教育で教えたかったかどうか、あるいは教えたいと考えているかどうかを尋ねると、大部分の者は否定的な回答を寄せる。「高等教育の風潮や勿体ぶった態度は嫌ですね。ポストが得られるかどうかは、「能力」次第ではなく、人脈ですよ」（理工科学校入学準備クラス教員、数学）。「私は、こちらの指示に従う生徒、進路をはっきり選択した——と思われる——生徒の方が好ましいですね。たとえば、私の入学準備クラスの生徒がそうですが」（理工科学校入学準備クラス教員、数学）。「大学では学生がどんな人間なのか分かりません。それでは、教育の仕事とはいえませんよ」（理工科学校入学準備クラス教員、物理学）。「〔大学で教えるのは〕嫌です。私は教えることが好きです。専門研究は面白くありません」（高等師範学校入学準備クラス教員、文学）。

Allen and Unwin, 1932)。

(4) 質問表によるアンケートや統計分析によって把捉できることの限界がここにある。いかに精妙に考えられた間接質問によってであろうと、勉強法を編み出し、組織し、実現するやり方や、そこに密接に関わる文化表象や知的活動の表象が、行為者自身にもともすれば意識されない実践の真相においてどのように規定されているのかを把握できると期待したのは、いささか無邪気だった。

(5)「私は、とりあげた課題をどう書けばよいかを示す構図を生徒に与えます。後は、むしろ具体例を通して教えます。生徒はどのように私が講義するかを見ています。私の卒業生たちは、それを面白がって、私の伝授法だと呼んでいますよ」(カーニュ教員。歴史)。

(6)「そこ〔入学準備クラス〕に座っている者はそこに座ることを選んのだ、というのも、それに値するからなのだ、(……)というのが私の基本的な考え方です。もしついてこられないのなら仕方ありません。次の機会に挽回するでしょう。彼らを信頼していますから……中学生の前にいるときと同じ義務感にはとらわれていません。中学生がもたもたしていたら、ほっとくわけにいきませんからね。しかし、ここではね、まあいろいろあるにしても、そう簡単には人参をやりません。それを悪いともあまり思いません」(カーニュ教員、文学)。

(7) F. Charmot, *La pédagogie des jésuites*, Paris, SPES, 1943, p. 221.

(8)「学校当局は、リセの日課をコンクールに合わせて決めています。たとえば、半寄宿生〔昼食を学校で食べる生徒。放課後の学習にも参加する〕は、食事後の外出が禁じられている。時間が無駄だからです。休みの先生がいれば、生徒監督が休講を告げにきて、生徒に課題を出します。そしてこう言い残すのです。『これでよしと。君たちは課題をやるのに2時間ある。無駄にする時間はないよ』(カーニュ生、女子、フェヌロン校、20歳)。

(9) 大部分の「エリート校」の1特性がおそらくそこにある。たとえば、ナショナル・オピニオン・リサーチ・センター(*Report to the National Center for Education Statistics Under Contract*, n. 300-78-0208, Chicago, NORC, nov. 1980, p. 8-9)によれば、3分の2のプレップ・スクール生は、「しょっちゅう」エッセー、詩、物語を書かなくてはならないのに対して、パブリック・ハイスクール生は4分1の者がそう言うだけである。

(10) 古典文学、数学、物理学のように直接的に比較可能な科目に留まらず、社会学や心理学、外国語のような科目をとりあげていたら、入学準備クラスとの乖離はさらに大きくなったことだろう。

(11) トポスとは、「小銭」とかPQとも呼ばれ、作文を書く際の基本単位である。たいていは講義や教科書から借りてこられる。また、使用者が適当につくることもある。それは、必要に応じて翻案し、書き直すことによって多様な作文の中に入れることができる。よきトポスは、多種多様な機会に何度でも再利用でき、時には同じコンクールにおける作文(哲学、フランス語、歴史)で何度も利用できるものである。高等師範学校入学準備クラス生が自慢げに吹聴する「何度でも現金化できる」能力とは、「トポスをいくつもつなげながら」作文を際限なく書き進めることができる組み合わせの技術をマスターすることにある。

(12) ルイ=ルグラン校の高等師範学校入学準備クラス生は、一番最近書いた小論文を用

察される。

(7) 同じような規則性が、複数の科目を受験した受賞者に見受けられる。文科系よりも、理系の方が多いのだが、彼らは、社会水準においても（70%。1科目から受験していない者は56.5%）、文化水準においても（52.5%の父親が学士以上の学歴をもつのにたいして、他の受賞者は41%）、恵まれた家庭の出身者である。

補遺3　受賞した2点の小論文において目立つテーマ

(1) 問題文は次の通りである。

「創造は読書のなかでしか完成しない。芸術家は自分のはじめた仕事を完成する配慮を他人に任せなければならないし、読者の意識を通じてしか、自分を作品に本質なものと考えることができない。従って、あらゆる文学作品は呼びかけ（appel）である。書くとは、言語を手段として私が企てた発見を客観的な存在にしてくれるように、読者に呼びかけることである。(……) すなわち作家は、読者の自由に呼びかけて、読者が自由に作品の制作に参加することを求めるのである。(……) 芸術作品は、呼びかけであるが故に、また価値（valeur）でもある、とサルトルは1948年に断言していた。1953年には、ガエタン・ピコンが、それに呼応するようにして、次のように断言している。あらゆる作品は価値判断を求める。この求めに答えてくれない批評に対して私たちは欲求不満におちいる」。あなた自身の読書体験は、文学作品とその読者との関係をめぐる作家サルトルと批評家ピコンの意見に一致しますか。

（ここで検証された2つの小論文は、1969年6月21日付の『ル・モンド』紙、文芸欄に掲載された〔サルトルの文は『シチュアシオン II　文学とは何か』加藤周一訳、人文書院、改訂3版、1964年より引用〕。

第II部　叙階

第1章　一貴族階級の養成

(1) 切断の戦略は必然的に逆説的になるが、通念・定説の自明性を覆そうとするときにいつでも要請されるのであり、いうまでもなく、通念・定説に真っ向から対立する様相を呈している。そこで、誰かが出てきて、共通感覚に対するこの挑戦に対抗する良識を訴えるなり、教育事業の技能的有効性もそれなりの意義があるとことさらに言い出すことは充分ありうる（一定の戦略に従ってのことであるが、経済資本は学校における振るい落としに一定の役割も担っているとか、被支配者は、学校的強制に対してなんらかの「抵抗」をぶつけることもできるとかことさらに言う戦術に類している）。

(2) M. Corday, Préface R. Smet, *Le nouvel argot de l'X, Paris*, Gauthier-Villars, 1936. 補遺の「魅惑の経験」も参照のこと。

(3) バートランド・ラッセルは、通常は、独創性や自由の自己主張と捉えられがちな、エリート伝統の順応主義的効果をうまく説明している。「ごく若い時から、所属集団の非難を最悪の不幸として恐れることを学んだ者にとっては、まったく理解できない戦争に行って戦死するほうが、くだらん連中の軽蔑をかうよりもましなのである。英国のパブリックスクールは、このシステムを完璧なものにした。そして、1度ならず、知性のある者を集団に従わせ、駄目にしたのである」（B. Russel, *Education and the Social Order, Londres,*

しかし、彼の奇妙な徳は、
機知を示したことだ。
我が友よ……

（P. Roussel, Le livres des cubes. cité in A. Peyrefitte, *Rue d'Ulm, Chroniques de la vie normalienne*, Paris, Flammarion, 2e éd., 1963, p. 316-319.）

(12) 目立たないことは、決してそれ自体としては求められるに値する価値として賛美されることはないが、それが含意すると想定される積極的な徳、栄誉への侮蔑、大学の外での名声追求を拒む態度としてなら認知を受けることができる。次の言葉はまさにその証言である。20 年ほど前に、ソルボンヌの教授が放った言葉で、哲学的な著作によって大学外で名が知られており、評論家、ジャーナリストでもある求人応募者に向けられていた。「あなたは十分に目立たない存在ではないからね」。

(13) ジュール・ロマンの追悼記事。高等師範学校年報、1974 年、43 頁。

補遺 2　選別と選別性向

(1) 生徒全体については、年度の 1 月 1 日時点での年齢である。受賞者は、6 月 1 日時点の年齢である。受賞者と非受賞者との実際の年齢差は、当論よりも僅かながらより開いていることになる。

(2) 上層階級出身の生徒の比率は、理系では、数学受賞者と物理受賞者において更に高い。文系では、フランス語受賞者と古典文学受賞者において高い。周知のように、彼らは、他の教科の受賞者よりも入学試験準備クラスに向かうことが多い（受賞者の 74%が、入学試験準備クラスに進学することを希望している。大学進学希望者は 26%である。それに対して、入学試験準備クラスは、高等教育進学者の約 20 分の 1 しか受け入れない）。

(3) 入学試験準備クラスにおいても、よく類似した関係が認められる。高等師範学校入学試験準備クラスでは庶民階級出身の生徒の 28%が 6 つかそれ以上の優秀賞を受けている。それに対して、中間階層出身の生徒は 15.5%、上層階級出身生徒は 14.5%である。

(4) 生産労働者階層出身の受賞者は、たいてい、たまたま優位に働いた事情があるようだ。たとえば、父親が断念しなければならなかった道に進んだ（「私の父はエンジニアになるつもりで学業を続けていましたが、両親が病気だったので、続けることができませんでした」輪転機操作士の息子。職業適正証書〔CAP〕を保有。技能工の孫）とか、あるいは、母親が相対的に高い教養の持ち主であったり、年上の兄弟が模範となって、突破口を得たり、成功の切っ掛けをつかんでいるなどの事情がある（「姉のおかげで、姉が見出した道をもっと早く、もっと容易に発見できたのです」左官の娘。姉がフォントネ高等師範学校入学の試験勉強をしている）。

(5) これら「農業経営者」の家庭の非類型的な性格は、この出身者である受賞者の中で、高級なスポーツ（テニス、馬術、フェンシング、ヨット、スキー）をしている者（38.5%）が、自由業の家庭の息子（58.3%）よりは多くないが、上級管理者（42%）や教授（38%）の家庭と較べると、同程度であり、小学校教員（33%）、一般管理職（27%）、事務職員（38.5%）、職人（22%）、生産労働者（4%）の家族の出身と較べると、あきらかに比率が高い。

(6) そこまで顕著ではないが、同じタイプの相違が、文系と理系のノルマリアンの間に観とえば、「南フランス」の訛り。「彼はピレネー地方のゴツゴツした訛りをもっていた。『R』を巻き舌にし、幾つかの子音は二重に発音した」（G・リュモーの追悼記事。オート・ピレネー県アルベオスト生まれ。小学校教員の息子。高等師範学校同窓会年報、1962年版、42頁）。「渋みのある声。彼は、郷土の響きを隠しはしなかった」（A・モンサラの記事。タルン県カストル生まれ。高等師範学校同窓会年報、1963年版、51頁）。発音は、たぶん人となりをあらわすすぐれた部分であり、長期にわたり、ときには忘れがたい印象となって、この人の習得様態を保存してくれるし、だからこそ、社会的標識の強力極まりない道具として機能する。

(9) 対象となった高等師範学校同窓生の大部分は、1880年から1890年にかけて生まれ、1905年から1955年にかけて現役だった。したがって、そこに描かれるノルマリアンのイメージは、システムの相対的に古い段階に対応している。この研究分析がなされたあとになって実施された検証によって判明したことは、追悼記事に社会的出自が明記されていない卒業生（6人は中間階級、5人は上層階級に属しており、他の5人についてはまったく情報が得られなかった）も、研究対象になった見本集団との関係で有意味な相違はみられなかったし、彼らに用いられている修飾語も、この研究から引き出された法則に正確にしたがうものだった（資料の検討からは、学校の成績評価と追悼記事の評価とのあいだにはっきりした対応があったことも確認できた）。追悼記事が掲載された卒業生を、死亡した卒業生全体と較べても大きな違いは認められなかった。たぶん1つ違いがあるとすれば、学校への帰属意識であろう。このようなわけで、終身購読者の中に追悼記事の対象になった者の数がそれ以外の者の数よりも僅かながら多かった。ともかく、いずれにしてもたしかに思われることは、記事の著者と扱われた故人との関係は偶然的なものではなく、一般的に言って、大雑把に定義された社会的出自、教科、経歴のタイプに共通性がある。

(10) 社会空間の下位領域を出自とする卒業生15名のうち、12名が、中等教育か、中等教育上級（グランドゼコール入学準備クラス）の教授になり、3人だけが、高等教育の教授になった。といっても、大学では下位に見られている科目（現代語、化学）か、多くは地方の教員である。逆に、上位領域の卒業生19名のうち、2人だけが、中等教育の教授になったのに対して、2人が外交官の道に進み、2人が作家となり、高等教育の教授が13名いる。その大部分はパリであり、内の4人はコレージュ・ド・フランスである。

(11)「しがないノルマリアン〔高等師範学校卒業生〕」と題されたユーモアに満ちた詩がある。そこには、ほとんど真実であるものを中和させる効果を著しい特徴とする自嘲的態度を引き受けつつ、ノルマリアンの典型的な道程が喚起されている。

Ⅶ

彼の死後、上司が
墓前を訪れた
そして、陰鬱な口調で
こんな言葉を吐いた。
彼は良き夫、良き父だった。
良きフランス人でもあった。

Gauthier-Villars, 1967.

(3) カードに貼りつけられた写真の画質が悪いので、用いられた形容詞群と、教師が生徒の身体的外見を通して抱いている可能性がある認識とを関係づけることは放棄せざるをえなかった。

(4) 生徒の社会的出自を暗黙のうちに考慮することは、学校で普通に行なわれている自動的なプロセスである。ほぼ確実なことだが、大部分の教師は、受け取るやいなや忘れてしまう情報を利用するようなことは絶対にしない。いずれにしても、社会的出自が、成績判定の根拠にそのままなることは全くないし、実際的な評価においてもそうだろう。そのようなわけで、伝記というジャンルにつきものの約束事にもかかわらず、社会的出自に触れていない追悼記事の数は多い。以下に分析されている記事(50点の内の16点)では、著者が追悼の対象になっている人ときわめて近しいにもかかわらず、そこに書かれた情報を集めるには、特別な調査の実施を強いられたと口々に言っている。

(5) ラカンの次のような指摘「『いかなる公共の思想も、いかなる広く受け入れられた慣習も愚かであると考えてまちがいない。なぜなら、大多数の者の間尺にあっているのだから』というシャンフォールの箴言は、この法則から自分は外れると考えている人々を間違いなく喜ばせるだろう。すなわち、まさに大多数の人々をである」(J・ラカン『エクリ　I』邦訳、弘文堂刊、21頁)に大いに賛同したい。ただし、分析者は肝心なことを忘れているので、――分析者が駆使している読者への魔術の法則がたぶん働いているために、暗点化が生じているのだろう――それを付け加えなければならない。「大多数」とは、社会世界と学校制度が「幸福な少数者」〔スタンダール『赤と黒』の末尾にある言葉〕として取り扱っている人々のことである。

(6) より一般的にいえば、かつてキケロに倣って「平民的哲学」と呼ばれていたものに属するもの全てに対する面とむかった、あるいは無言の侮蔑を挙げておかなければならない。すなわち、唯物主義や実証主義のような、あるいは「常識」にあまりに近すぎる「低俗な」全ての理論である。ヒューム、コント、あるいはデュルケムのような幾分野暮な哲学者が、講義や教科書でどう扱われているかみれば分かるし、小論文などでも、序論が終わらぬうちに簡単に切り捨てられている通りである。ほかにも、科学的言説の厳密さ、くどくどしい鈍重さの信用を失わせる方法は無数にある。もったいぶった追放宣言や口汚い罵詈雑言(「科学主義(科学馬鹿)」「心理学主義」「社会学主義」「歴史主義」)もあれば、すべてを歪曲して従属させるやり方もある。

(7) グループが、同僚の人に対して最後の評価を下すときは、しかるべく委任された代弁者(讃辞を捧げるのは同期生の1人だが、それがかなわぬ場合は、他の人に任される。しかし、必ず同窓生であり、たとえば、入学試験の試験官だった人が選ばれる)を介在させてなされる。こうした讃辞はいつでも共同作業の産物であり、時にその跡が見えることもある。著者が、様々な情報提供者から受け取った情報や評価を取り込むのである(グループは、象徴的産物――そしてまた、倫理的産物でもある――の制作作業を管理しており、必要に応じて、故人の名前の上に蓄積された象徴資本を簒奪するための闘争も行う。讃辞はその絶好の機会なのだ。このような機会にグループの正当な代弁者に誰もがなれるわけではない)。

(8) 追悼記事の中で言及されるのは、しかるべき話し方から逸脱した訛りだけである。た

ストテル、アズフェルド、トマによる辞典にもそのような意味は記載されていない)、それも「文芸批評、美術批評、そして教育学において」と限定され、「思考、感性、表現のあり方」を形容するために用いられる。

(5) 補遺3参照。フランス語、哲学、また言語(特に、英語)の優秀者に占める女子の割合は大きい。彼女たちは、知識人や熱心なカトリック教徒の家の出であることが多く、文学的な価値観や知的活動のカリスマ的表象を強く信奉している。男子の方が優等賞を受けることがはるかに多いが、理系の科目や、それほど「高貴」ではない文系の科目、古典文学、歴史、地理学、自然科学に占める割合が大きく、権力の地位を目指す場合が多い(もし、男女差の意味が学校の論理において現れるようなものであるなら、教授団の女性化によってもたらされるものは、とりわけ文系の学部では、この種の学問を支配している高度の精神性の雰囲気がますます強まるだろうと予想できることになる)。

(6) 全国リセ学力コンクールの諸特徴の分析から引き出される各教科間の相違の様相が、学校課程の別のレベルにも見出されるというのは注目に値する(特に、パリの大学教授についてそれがいえる)。ブルデュー『ホモ・アカデミクス』(石崎晴己・東松秀雄訳、藤原書店、1997年)参照。

(7) フィリップ・アリエス『〈子供〉の誕生』(みすず書房、1981年)、179頁参照。原著202頁。

(8) そこからあの乖離、不一致が由来する。つまり、意識的に統制された教育的な、あるいは政治的な言説に対して、政治的超自我による指令の言葉と、ハビトゥスからのそれとない語とが無作法に結びつくという、押さえ込んでも押さえきれない本音が透けて見える不注意としかいいようのない語の結びつきが生む乖離、不一致。

(9) ここに、典型的な一例がある。「粗雑さと暗語のごった煮だ。今流行りの大胆な語と、俗受けする乱れた文体とが共に投げ込まれている。こんな不統一なものは、不潔な肌の上の安物の宝石を見せつけられるのと同じで見苦しいことこのうえない。我が受験生のなかでも一番頭がいい連中がどうしてショックを受けなかったのだろう。彼らが磨き上げた思想には高度で、なるほどと思うものがあるが、それが、彼らの面前で、こんな耳障りで、品のないやり方で表現されることがあっていいものか」(文系男子1級教員資格)。

(10) 同様に、入学準備クラスの生徒の中でも、労働者の息子は、才能を成功の決定的要素とみなす傾向が一番低い。逆に彼らは、勤勉な学習が成績をトップにしてくれると考える傾向が最も強い(44%。同様に、中間管理職と初等教育教員の息子が45%。それと異なるのが特権的な家庭の息子である。35.5%)。

(11) G. Gusdorf, *Pourquoi des professeurs ?*, Paris, Payot, 1963, p. 10, 49, 105(傍点はブルデュー).

第2章　正当に評価されないことと象徴的暴力

(1) 当該資料の「プライヴェート」な性格からいって、他のクラスについての同様な情報をえることはできなかったし、研究対象が、学校、生徒(女子)、また教員の個別的特性に依拠している部分を厳格に決定することはできなかった。しかし、概ね、採用されている分類選別原則が偏っていないこと――とりわけ、コンクールの成績評価用語についての分析――を保証していると思われる。

(2) J. Bertin, *Sémiologie graphique, les diagrammes, les réseaux, les cartes*, Paris, La Haye, Mouton,

らの性格を擬似的に客体化するのであり、真理の啓示に対する稀に見る恐るべき防御である「もっともらしさ」を巧みに築き上げるのに長けている。
(4) ここで私が言っていることは、ジル・ドゥルーズが別の道筋を通って自由を「意識の拡大」として分析していることに通じている（ジル・ドゥルーズ『襞――ライプニッツとバロック』宇野邦一訳、河出書房新社、1998年。90-102頁）。逆説的としか言いようがないが、意識と外在化に開かれた空間を拡大しようとして、その対象となる人々（たとえば、ここでは教員）に解放の可能性を差し出している分析を「決定論的」だと決めつける人々がいる。
(5) 以下を参照。ブルデュー『ディスタンクシオン　社会的判断力批判 Ⅰ、Ⅱ』石井洋二郎訳、藤原書店、1990年。および、« L'espace social et la genèse des classes Actes », Actes de la recherche en sciences sociales, 52-53, juin 1984, p. 3-14.
(6) 私の頭の中にあるのはとりわけ教員の認識構造の分析であり、その分析が引き起こした苦痛にみち、憤激を伴った反応である（第2章参照）。

第Ⅰ部　分類選別の学校的形式

＊第Ⅰ部の最初のヴァージョンは、モニック・ド・サン・マルタンとの共著だった。

第1章　二元論思考と相反命題の調停

(1) 学業成功の要因についての質問に対して「天賦の才能」を挙げているのは、フランス語受賞者が50%に対して、ラテン語・ギリシア語受賞者は40%、自然科学受賞者は6.5%である。方法的でコンスタントな勉強を挙げる者の比率は、それぞれ、25%、50%、46.5%である。フランス語受賞者の50%が、理想的な先生は創造的でなければならないとする。地理学の受賞者の17.5%、そして特に自然科学受賞者の40%が、先生にまず「誠実」であることを求める。これは、フランス語受賞者が最上位に挙げることのない長所である。ラテン語・ギリシア語受賞者の場合、10%が、先生に博識であることを求める。それに対して、フランス語受賞者は0%、哲学、歴史、地理学の受賞者は5%である。
(2) ラジオやテレビについても同じような対比がみられる。高級な教科の受賞者が「教養」番組の放送をもっぱら聞く（フランス・ミュージック、フランス・キュルチュール）のに対して、地理学の受賞者、そしてとりわけ自然科学受賞者が通常聞くのは、一般向け放送（フランス・アンテール、国外ラジオ局〔本社と送信施設をフランス国外においたフランス向け放送〕）ばかりである。同様に、スポーツに関しても、哲学の受賞者は、スポーツの知的ないし審美的な意義を強調するのに対して、地理学や自然科学の受賞者は、道徳的な意義を重視する。
(3) 彼らの提出物は文学的事件として扱われた。アカデミー・フランセーズ入会演説と見紛うばかりに、全国学力コンクールやバカロレアの最優秀フランス語小論文は、文芸紙に発表されるのが常だった（『フィガロ・リテレール』、『ル・モンド』紙文芸付録版）。
(4) ラランドの辞書〔『哲学語彙辞典』のこと〕によれば、形容詞「個性的」が、「独創的、記憶や模倣ではなく、真正で、誠実な思考や感情から出てくる」という称賛的な意味において用いられるようになったのは、ごく最近のことであり（リトレ辞典にも、ダルメ

原 注

序　社会構造と心的構造

(1) 学校的分類選別の愛好者は構築主義（構成主義とも言う）を「再生産」に対置させる（たとえば、A. Cicourel et al., *Language Use and School Performance*, New York, Academic Press, 1974. が考えられる）。古い仕事になるが、典型的な構成主義的研究を予告する仕事の中で示したことは、いかにして先生と学生が暗黙の内に一致してコミュニケーションにおけるある種のシチュエーションを受け入れるかであった。その技術的効率を厳格に測るならば、全くの機能不全に見えるシチュエーションだが、先生はまるで自分たちが理解されているかのように振る舞い、ともかくも理解度を評価することは回避するように心がけているのに対して、他方、学生たちはいかにも理解しているかのように行動し、教師然としたスピーチの知性を問題視することは避けるようなシチュエーションである。

(2) 本書全体を通じて明らかになることなので、個々の学派の見せるセクト的な拒絶に対する私の妥協の余地のない拒否を表明するのはここだけにしたい。ある派は、質問表によるアンケートや統計による手法を拒絶する。彼らは、言説の分析と直接的な観察からしか結論を引き出さない。また他の派は、質的と評されるアプローチを拒絶する。彼らは、統計を極めて特殊なやり方で、そしてまたコード化されたやり方でしか用いず、それ以外のことにはまったく無関心である。科学としての社会学のごく基本的な方法論に依拠するだけで、次のことを明らかにできるだろう。エスノメソドロジストによる社会学者に対する批判は、アメリカの学会では支配的らしい社会科学の考え方の1つの流儀に単純しごくに結びつけられているが、それが多くの支持を獲得したのは、彼らに学者としての教育に欠けている部分があり、それを多数決による拒絶に転換できるからなのだ。エスノメソドロジストは、厳格極まりないやり方で打ち立てた狭苦しい規範から僅かでも逸脱するものに対して侮蔑を示すが、それは想像力の欠けた研究の実態に見られる決まりきった平板さから目を逸らすためのものでしかない。そこには、方法と手続きに関する反省的な批判という、真の厳格さのための真の条件を構成するものが決まって欠けているのである。

(3) 科学的な分析に対する抵抗が用いる戦略の中でも最も効果的なものの1つは、客体化の企図をその意図において挫くことで、異化による記述を日常的な意味での「批判」、さらには、揶揄や悪口におとしめるのである。異化による記述は、信仰（あるいは、通常の態度に特徴的な通念への肩入れ、と言った方がよいが）を一時的に括弧に入れることによって、ときに嘲笑じみた、情熱の喪失に見えないこともない。科学的な分析の、このような矮小化がたやすくなされ、もっともらしく見えるのは、実践や制度を客体化する必要があるという考えを伝える努力が、えてして、誤解されがちだからである。でなければ、まったく逆に歪曲され、典型的に機能主義的な正当化の試みだと単純に捉えられてしまう。この問題が学問のとりわけ痛い所を突くことになるのは、大学〈界〉や知識人〈界〉のような社会的領野を扱うときである。これらの〈界〉は、自己の客体化を独占していると自惚れており、その行為者は、自らの敵の一面的な客体化を行い、自

著者紹介

ピエール・ブルデュー（Pierre Bourdieu）

1930-2002年。高等師範学校卒業後，哲学の教授資格を取得，リセの教員となるが，55年アルジェリア戦争に徴兵。アルジェ大学助手，パリ大学助手，リール大学助教授を経て，64年，社会科学高等研究院教授。教育・文化社会学センター（現在のヨーロッパ社会学センター）を主宰し学際的共同研究を展開。81年コレージュ・ド・フランス教授。主著『ディスタンクシオン』『再生産』『芸術の規則』『パスカル的省察』『科学の科学』『自己分析』（邦訳藤原書店）ほか多数。

訳者紹介

立花英裕（たちばな・ひでひろ）

1949年生。フランス語圏文学。早稲田大学教授。共訳書，フリオ・コルタサル『海に投げ込まれた瓶』（白水社），ミシェル・ヴィノック『知識人の時代』（紀伊國屋書店），ブシャール『ケベックの生成と「新世界」』（彩流社），『月光浴――ハイチ短篇集』（国書刊行会），エメ・セゼール『ニグロとして生きる』（法政大学出版局），訳書，ダニー・ラフェリエール『ハイチ震災日記』（藤原書店）。

国家《こっか》貴族《きぞく》 I ――エリート教育《きょういく》と支配階級《しはいかいきゅう》の再生産《さいせいさん》

2012年2月29日　初版第1刷発行 ©

訳　者　立　花　英　裕

発行者　藤　原　良　雄

発行所　株式会社　藤　原　書　店

〒162-0041　東京都新宿区早稲田鶴巻町523

電　話　03（5272）0301

ＦＡＸ　03（5272）0450

振　替　00160-4-17013

info@fujiwara-shoten.co.jp

印刷・製本　中央精版印刷

落丁本・乱丁本はお取替えいたします　　Printed in Japan

定価はカバーに表示してあります　　ISBN978-4-89434-841-7

初の本格的文学・芸術論

芸術の規則 I・II

P・ブルデュー
石井洋二郎訳

作家・批評家・出版者・読者が織りなす象徴空間としての〈文学場〉の生成と構造を活写する、文芸批評をのりこえる「作品科学」の誕生宣言。好敵手デリダらとの共闘作業、「国際作家会議」への、著者の学的決意の迸る名品。

A5上製 I三一二頁 II三二〇頁 **各四一〇〇円**
(I一九九五年二月刊 II一九九六年一月刊)
I◇978-4-89434-009-1
II◇978-4-89434-030-5

LES RÈGLES DE L'ART
Pierre BOURDIEU

知と芸術は自由たりうるか

自由―交換

(制度批判としての文化生産)

P・ブルデュー、H・ハーケ
コリン・コバヤシ訳

ブルデューと、大企業による美術界支配に対して作品をもって批判＝挑発し続けてきた最前衛の美術家ハーケが、現代消費社会の商業主義に抗して「表現」の自律性を勝ち取る戦略を具体的に呈示。ハーケの作品写真も収録。

A5上製 二〇〇頁 **二八〇〇円**
(一九九六年五月刊)
◇978-4-89434-039-8

LIBRE-ÉCHANGE
Pierre BOURDIEU et Hans HAACKE

ブルデューの原点

遺産相続者たち

(学生と文化)

P・ブルデュー、J-C・パスロン
石井洋二郎監訳

『再生産』(1970)『ホモ・アカデミクス』(1984)『国家貴族』(1989)へと連なるブルデューの原点。大学における形式的平等と実質的不平等の謎を科学的に解明し、見えない資本の機能を浮彫りにした、文化的再生産論の古典的名著。

四六上製 二三二頁 **二八〇〇円**
(一九九七年一月刊)
◇978-4-89434-059-6

LES HÉRITIERS
Pierre BOURDIEU et Jean-Claude PASSERON

大学世界のタブーをあばく

ホモ・アカデミクス

P・ブルデュー
石崎晴己・東松秀雄訳

この本を焼くべきか？ 自己の属する大学世界の再生産を徹底的に分析した、科学的自己批判・自己分析の金字塔。世俗的権力は有するが学問的権威を欠く管理職的保守派と、その逆をゆく知識人的革新派による学部の争いの構造を、初めて科学的に説き得た傑作。

A5上製 四〇八頁 **四八〇〇円**
(一九九七年三月刊)
◇978-4-89434-058-9

HOMO ACADEMICUS
Pierre BOURDIEU

危機に瀕する「科学」と「真理」

科学の科学

(コレージュ・ド・フランス最終講義)

P・ブルデュー
加藤晴久訳

トーマス・クーンの『科学革命の構造』以降、その相対性、複数性が強調され、人文科学、社会科学、自然科学を問わず、軽視され、否定されてきた「真理」の唯一性。今日の学問的潮流に抗して、「科学」と「真理」を真正面から論じる渾身の講義！

四六上製　二九六頁　**三六〇〇円**
(二〇一〇年一〇月刊)
◇978-4-89434-762-5

SIENCE DE LA SIENCE ET RÉFLEXIVITÉ
Pierre BOURDIEU

「これは自伝ではない」

自己分析

P・ブルデュー
加藤晴久訳

父母や故郷など自らの出自から、一九五〇年代のフランスの知的状況、学問遍歴、アルジェリア経験、そして「取り返しのつかない不幸」まで。危険を省みず、自己自身を容赦なく科学の対象としたブルデューの絶筆。『パスカル的省察』『科学の科学』に続く晩年三部作、ついに完結！

四六上製　二〇〇頁　**二八〇〇円**
(二〇一一年一月刊)
◇978-4-89434-781-6

ESQUISSE POUR UNE AUTO-ANALYSE
Pierre BOURDIEU

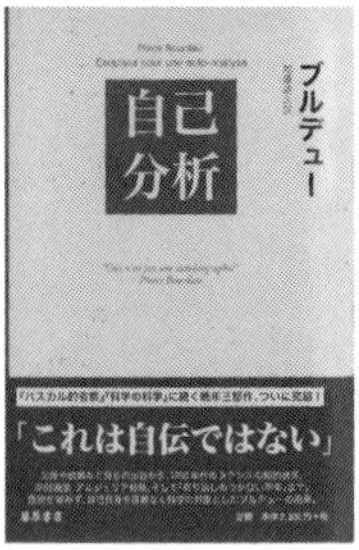

ブルデューの国家論

国家の神秘

(ブルデューと民主主義の政治)

P・ブルデュー、L・ヴァカン ほか
L・ヴァカン編／水島和則訳

民主主義の構成要素として自明視される「国家」「政党」「イデオロギー対立」「選挙」「世論調査」「メディア」「学校教育」の概念そのものを問い直し、冷戦後、ネオリベラリズム台頭後の、今日の政治的閉塞を解明し、これを打破するための〝最強の武器〟。

四六上製　三四四頁　**三八〇〇円**
(二〇〇九年一月刊)
◇978-4-89434-662-8

PIERRE BOURDIEU AND DEMOCRATIC POLITICS
Pierre BOURDIEU & Loïc WACQUANT et al.

一人称で語る初の〝理論体系〟の書

パスカル的省察

P・ブルデュー
加藤晴久訳

ブルデュー自身が「最も優れた社会学者」とみたパスカルの加護の下、「知」の可能性を真に擁護するために、哲学的伝統が再生産する「知」の自己欺瞞(スコラ的幻想)を容赦なく打ち砕く！パスカル主義者、ブルデューが一人称で語る。

四六上製　四四〇頁　**四六〇〇円**
(二〇〇九年九月刊)
◇978-4-89434-701-4

MÉDITATIONS PASCALIENNES
Pierre BOURDIEU